Editorial
NUN

Historia de
Jesús de Nazaret

Ficha bibliográfica

Adame Goddard, Jorge

Historia de Jesús de Nazaret
1a. edición, 2021

ISBN: 978-607-99468-1-4

Editorial Notas Universitarias, S. A. de C. V.
Colección Fides et Ratio

Impreso en Ciudad de México, 10 de septiembre de 2021
Formato: 15 × 21 cm

392 pp.

Editorial NUN

Es una marca de Editorial Notas Universitarias, S. A. de C. V.

Xocotla 17, Tlalpan Centro II, alcaldía Tlalpan,
Ciudad de México, C. P. 14000

www.editorialnun.com.mx

Versión impresa, ISBN: 978-607-99468-1-4
Versión digital, ISBN: 978-607-99468-2-1

Los textos aquí presentados fueron arbitrados (doble-ciego) y dictaminados por especialistas nacionales. Posteriormente, fueron revisados, corregidos y modificados por los autores antes de llegar a su versión final.

Dirección editorial y diseño de portada: Miryam Meza Robles
Cuidado de la edición: Felipe G. Sierra Beamonte
Corrección de estilo: Óscar Díaz Chávez
Diagramación: Carlos A. Vela Turcott

Impreso en México

Historia de Jesús de Nazaret

Jorge Adame Goddard

Índice

Capítulo 8
El sembrador que salió a sembrar: los discípulos de Jesús

Capítulo 9
Jesús, el pan de vida

Capítulo 10
Su entrada final en Jerusalén y el fin de su predicación pública

Capítulo 11
Su pasión y muerte 295

Introducción

El propósito de este libro es difundir el conocimiento de quién fue, qué hizo y qué enseñó Jesús de Nazaret, de acuerdo con lo que nos han transmitido quienes lo conocieron personalmente, es decir, según lo que dicen los cuatro evangelios. No trata de presentar datos nuevos sobre su vida, ni hipótesis arriesgadas sobre lo que pudo haber sido, ni reflexiones teológicas o filosóficas acerca de su persona o de su mensaje. El objeto es más sencillo: componer una imagen completa, no exhaustiva ni detallada, de la vida y palabras de Jesús de Nazaret, a partir de lo que nos informan los cuatro evangelios.

Eso puede ser interesante para el cristiano que, aunque conozca y haya leído los evangelios, suele tener una imagen fragmentada de la vida y las palabras de Jesús, de modo que este libro le da una visión de conjunto, que puede ayudarlo a profundizar su conocimiento de Jesús y a recordar más fácilmente sus actos y palabras al relacionarlos con el conjunto de su vida y los acontecimientos de la historia de Israel y del imperio romano.

Es también útil para quienes no reconocen que Jesús es Dios, pero aceptan la existencia de Dios y que Dios cuida de la humanidad. Es el caso de los judíos, los musulmanes y otros creyentes que pueden decir que Jesús es un profeta o un hombre o maestro ejemplar, o simplemente un maestro que vivió en una determinada época y murió. Para ellos, el libro les ofrece la oportunidad de conocer en su conjunto la obra de Jesús para así poder dar una respuesta mejor fundada en la pregunta ¿es realmente Jesús el Hijo de Dios?

Finalmente, a los escépticos, a quienes dudan de la existencia de Dios o la niegan, este libro les puede servir para entender el cristianismo en sus fuentes originales y comprender mejor ese gran fenómeno cultural que ha influido, durante siglos, en la historia de muchos pueblos de Occidente, principalmente, pero también en muchos pueblos de Oriente, y especialmente en la historia de México. A ellos les pido que lean el libro asumiendo que Dios existe y que es bueno con la humanidad; de esa manera la lectura no les será fastidiosa y podrán comprender quién fue Jesús, sus actos y sus palabras y por qué han seguido su enseñanza millones de personas, de todas las culturas y condiciones sociales durante más de veinte siglos.

Pensando en esos posibles lectores que no son creyentes cristianos, he titulado el libro *Historia de Jesús de Nazaret*, y no Historia de Jesucristo, pues este nombre ya implica la aceptación de que Jesús es el Cristo, el Ungido de Dios, el Mesías esperado por el pueblo judío. En cambio, llamarle Jesús de Nazaret hace pensar en un personaje histórico, en un hombre que vivió entre nosotros y que es parte de nuestra historia común. Ese punto de vista me parece importante y enriquecedor para el creyente, que puede tender a olvidarse de la historia del hombre Jesús y concentrarse en la divinidad de su persona o de su doctrina. Jesús mismo insistió en llamarse el "Hijo del Hombre".

Los cuatro evangelios nos ofrecen cuatro visiones distintas, y a la vez complementarias, de Jesús de Nazaret. Cada evangelio tiene sus propias peculiaridades, que derivan principalmente del entendimiento que tuvo su autor acerca de las cosas que narra y del público al que dirige su escrito. Cada evangelio es también un testimonio independiente, pues si bien todos tienen fuentes comunes y se nutren de la misma tradición oral, cada uno es diferente en su composición y cuenta con algunas noticias que no poseen los otros, pero sobre todo, cada evangelio tiene un autor que es quien da testimonio de lo que escribe.

La historia de Jesús que documentan los evangelios se concentra en su vida cuando predicó públicamente, un periodo que sólo comprende dos años y cuatro o cinco meses. Respecto de lo que ocurre en ese tiempo, los evangelios dan mucha información y todavía más respecto de los días previos a su muerte. De lo ocurrido antes de ese período, se conservan muy pocas noticias. Dos evangelios, el de Lucas y el de Mateo, se refieren, con algunos pormenores, al nacimiento de Jesús y a lo que ocurrió en los días posteriores, y luego simplemente indican que sus padres y él se establecieron en Nazaret de Galilea. De la vida que llevó allí no se tiene ninguna noticia documentada, y ese fue el periodo más amplio de su vida, de unos treinta años.

Por esa limitación impuesta por el contenido de las fuentes, la historia de Jesús es básicamente la de sus dos años y medio de predicación pública. Se ha intentado reconstruir la vida pública de Jesús con una secuencia temporal, pero las noticias cronológicas de los evangelios no son suficientes para poder fijarla con certidumbre.

La historia que aquí se presenta combina una exposición cronológica con una exposición temática. El primer capítulo, de carácter introductorio, analiza las diversas fuentes de la historia de Jesús y el país donde se desarrolló. El segundo se refiere a su nacimiento y a los sucesos inmediatamente posteriores. El tercero trata de lo que pudo ser la vida de Jesús en Nazaret, considerando las condiciones socioeconómicas y políticas de Galilea y luego presenta, en orden cronológico, los primeros días de la predicación de Jesús en Judea, desde su bautismo y hasta que decide establecerse en Galilea. Los siguientes capítulos, del cuarto al noveno, son de carácter temático y en cada uno se analiza un aspecto de la actividad de Jesús: su mensaje (cuarto), su oración (quinto), sus milagros (sexto), su llamado a los pecadores (séptimo), sus discípulos (octavo) y su promesa del pan de vida (noveno). En los siguientes capítulos se retoma la exposición cronológica: su entrada final en Jerusalén y los últimos días de su predicación pública (décimo), su pasión y muerte (undécimo) y su resurrección y ascensión al cielo (duodécimo). El libro termina con un epílogo con algunas noticias sobre la difusión del cristianismo en los cuarenta años posteriores a la muerte de Jesús y una reflexión sobre la veracidad de su historia narrada en los evangelios.

He procurado transmitir los hechos y palabras de Jesús según lo que dicen los evangelios, los *Hechos de los Apóstoles*, y algunos otros libros de la Biblia. Por eso hago frecuentes referencias a ellos y pocas a bibliografía especializada. Las referencias a los evangelios y a la Biblia son a estas ediciones: Sagrada Biblia. Santos Evangelios, 2a. edición, Ediciones de la Universidad de Navarra, Pamplona, 1985, y a la Sagrada Biblia. Edición Latinoamericana, hecha por la Facultad de

Teología de la Universidad de Navarra, Ediciones de la Universidad de Navarra, Pamplona, 1997-2016.

Capítulo 1

El país y las fuentes de la historia de Jesús de Nazaret

Sumario. Introducción: perspectiva histórica. I. Las fuentes no cristianas. A. Flavio Josefo. B. Tácito. C. Plinio el joven. D. Suetonio. E. Adriano. F. La tradición judía. II. Los evangelios. A. La tradición oral. B. La redacción de los evangelios. C. Contenido de los evangelios. D. Autores de los evangelios. 1. Mateo. 2. Marcos. 3. Lucas. 4. Juan. E. La cuestión sinóptica. F. La datación de los evangelios. G. La transmisión textual. H. Autoridad de los evangelios en la Iglesia de los primeros años. I. Los evangelios apócrifos. III. El país de Jesús. A. Geografía. B. Situación política. C. Situación social. D. Situación religiosa.

Introducción: perspectiva histórica

El nacimiento, vida, muerte y resurrección de Jesús de Nazaret son hechos históricos que se conocen con los recursos propios de la ciencia histórica, es decir, por medio del análisis de las fuentes que los narran. Las fuentes son siempre testimonios o afirmaciones de personas que conocieron los acontecimientos y que los narran según lo que cada persona conoció y entendió. Los hechos históricos son actos y sucesos pasados y, por eso, no pueden conocerse directamente ni reproducirse. Los conocemos únicamente por medio de testimonios.

Conocer los hechos históricos es conocer los testimonios o fuentes. Entender o interpretar las fuentes significa entender lo que el autor quiso decir

23

en su momento. La objetividad en el conocimiento histórico es fidelidad a las fuentes.

Las fuentes históricas son siempre documentos, es decir, palabras humanas, principalmente escritas, pero también otros signos humanos, como pinturas, monedas, por los que se transmite un mensaje. Las fuentes comprenden dos aspectos: el soporte material, esto es, el documento mismo y el mensaje. El conocimiento histórico abarca ambos aspectos. Primero, se debe hacer la crítica externa o juicio acerca del documento: determinar quién es su autor, fijar el texto que contiene, su fecha de composición, si el documento es el original o una copia, el origen histórico del documento, el contexto social en que se produce, etcétera. Luego, la crítica interna o juicio acerca del mensaje que transmite, cuyo objetivo es conocer qué es lo que el autor del documento transmite, es decir, se trata de interpretar el mensaje de manera objetiva, para lo cual debe hacerse la interpretación gramatical del documento y, si esto no fuera suficiente, la interpretación del sentido posible del documento.

Después de conocer lo que la fuente dice, es necesario preguntarse si aquello que afirma el autor de la fuente es verdadero, si corresponde o no a lo sucedido y si tiene alguna importancia o significado hoy para mí: hacer la crítica de la autoridad que merece esa fuente. Las palabras de los autores de las fuentes tienen un significado que va más allá de la simple narración de los acontecimientos: las fuentes no son simples "crónicas" o recuentos de datos; contienen también la asimilación o entendimiento personal que hace el autor acerca del acontecimiento narrado, que puede ser también comprendido, aceptado o rechazado por el lector actual.

El juicio de autoridad se hace con base en la credibilidad que merecen los autores de las fuentes por razón de su cultura, de su conocimiento directo o indirecto de los hechos narrados, de la congruencia o incongruencia de lo narrado con lo que afirman otras fuentes históricas y lo conocido por otros medios, como los conocimientos obtenidos por la arqueología, la geografía y otras ciencias sociales y naturales. Finalmente, el conocimiento histórico depende de la confianza que el lector deposite en los autores de las fuentes, gracias a la cual puede considerar verdadero aquello que los autores de las fuentes afirman o niegan.

La confianza en los conocimientos de los autores de las fuentes está basada en la experiencia cotidiana de conocer objetivamente, con más o menos profundidad, lo que nos ocurre. Sin esa experiencia sería imposible el gobierno de la propia vida. Gracias a ella se puede afirmar que los autores de las fuentes pudieron conocer objetivamente aquello que relatan. Es cierto que podían haberse equivocado o tener la intención de engañar; por eso se procede con cautela y se hace la crítica del documento, de su contenido y de la fiabilidad del autor. La posibilidad del error o del engaño no invalida la comunicación de los conocimientos que tuvieron los autores de las fuentes a los lectores actuales, simplemente exige que se proceda críticamente.

Ese juicio o crítica de autoridad es especialmente importante cuando se trata de documentos, como los evangelios, que son las fuentes que aquí se van a considerar principalmente, que contienen un mensaje sobre el significado de la vida personal y de la historia de la humanidad y de su relación con Dios, mensaje que afecta directamente la ordenación de la vida personal, de modo que aceptarlo como verdadero implica una reordenación de la vida personal. Este juicio lo tiene que hacer cada persona y no puede presentarse como una conclusión del estudio histórico. El historiador puede concluir señalando la fiabilidad y congruencia de las fuentes y de sus autores, pero el juicio de aceptar o rechazar el mensaje contenido en los evangelios es de orden estrictamente personal.

Esta confianza o fe en el testimonio que ofrecen los autores de las fuentes es una fe meramente humana, esto es, la confianza en su capacidad de conocer y de transmitir lo conocido. El creyente tiene además el auxilio de la fe divina o teologal, es decir, de la confianza en que el autor de los evangelios es finalmente el mismo Dios que no se engaña ni nos engaña.

Las fuentes que relatan la vida de Jesús de Nazaret son principalmente los cuatro evangelios, escritos respectivamente por Mateo, Marcos, Lucas y Juan. Pero hay otras fuentes no cristianas.

I. Las fuentes no cristianas

Son fuentes de autores judíos, griegos o romanos.

A. Flavio Josefo

Las fuentes no cristianas más antiguas son las obras del historiador judío Flavio Josefo, escritas a fines del siglo primero. Flavio Josefo nació hacia el año 37 d. C. Fue sacerdote en Jerusalén y, cuando se produjo la sublevación de los judíos contra el imperio romano, fue jefe de un grupo de guerrilleros. Estuvo presente en el asedio y destrucción de Jerusalén por el ejército romano de Tito, el año 70. A pesar de su pasado, logra allegarse, en Roma, a la *gens Flavia* (a la que pertenecían los emperadores Vespasiano, Tito y Domiciano), y obtiene el oficio de cronista imperial. Entre los años 75 y 79 escribió su *Guerra judaica*, en la que narra la caída de Jerusalén; luego escribió, hacia el año 95, las *Antigüedades judaicas*, que es la historia del pueblo hebreo, desde los orígenes hasta la destrucción de Jerusalén. En esta obra menciona a Juan el Bautista y refiere su muerte violenta;[1] a Santiago, "el hermano de Jesús, llamado el Cristo", y también refiere su muerte violenta.[2] Se refiere a Jesús en estos términos:

> Existió en este tiempo Jesús, hombre sabio [si cabe llamarlo hombre], ya que hacía obras extraordinarias y era maestro de hombres que acogen con placer la verdad. Atrajo a sí a muchos judíos y también a muchos griegos. [Era el Mesías] Habiéndole castigado Pilatos con la cruz, por denuncia de los varones notables entre nosotros, sin embargo, no desistieron aquellos que le habían amado desde el principio. [Se les apareció al tercer día de nuevo vivo, según habían dicho de antiguo los divinos profetas acerca de él y otras mil cosas admirables] Todavía hoy no ha decaído la tribu de los que, a partir de él, son llamados cristianos.[3]

---

[1] *Antigüedades judaicas,* XVIII, 116-119.

[2] *Antigüedades,* XX, 200.

[3] *Antiquitates Judaicae,* XVIII, 63-64. Traduzco al español el texto inglés que propone Meier I, p. 60. Entre corchetes pongo las palabras que Meier considera, con aparente razón, que son interpolaciones hechas por una mano cristiana. Las referencias a este autor corresponden a los volúmenes I y II citados en las referencias al final del texto.

Este texto es conocido como el *Testimonium flavianum*, está en todos los códices manuscritos de esta obra y es citado, ya desde el siglo IV, por Eusebio de Cesarea, en su *Historia eclesiástica*. Como es muy favorable a Jesús, y se ha conservado principalmente en ambientes cristianos, es verosímil que haya sufrido alteraciones, pero dada la coincidencia de todos los manuscritos, las alteraciones no pueden documentarse. Por otra parte, hay un texto árabe del siglo X, escrito por el obispo Agapito de Hierápolis, en su *Historia Universal*, en el cual recoge, casi al pie de la letra, en árabe, el *Testimonium flavianum*.[4]

Este testimonio es muy importante. Afirma la existencia de Cristo y su muerte por acusación de los jefes judíos y aprobación de Poncio Pilatos. Afirma que fue un sabio, como podía decirse de los profetas del Antiguo Testamento, que hizo actos extraordinarios y enseñó y atrajo a muchos judíos y griegos, y que sus discípulos le han sido fieles después de su muerte. No dice nada que no conste en los evangelios, pero es una fuente externa a ellos que confirma su veracidad.

B. Tácito

El historiador romano Tácito (56/57 ca. 118) escribió una historia de Roma, llamada *Anales*, que pretendía cubrir el período de los años 14 a 68; desgraciadamente no se conservan los libros que trataban de los años 29, 30 y 31, que con mayor probabilidad corresponderían al proceso y muerte de Cristo (el año 30, es el más probable), donde debería haber hecho mención de ese proceso, llevado por Pilatos; no obstante, cuando describe la persecución de Nerón contra los cristianos y el incendio de Roma, afirma que Nerón presentó como culpables a los cristianos, que se llaman así por el nombre "de Cristo, al que, bajo el imperio de Tiberio, el procurador Poncio Pilatos había condenado al suplicio". Esta fuente afirma directamente la existencia de Cristo, y la sitúa cronológicamente, durante el imperio de Tiberio (14-37 d. C.), y muerto bajo el procurador Poncio Pilatos (26-36 d. C.); afirmación que coincide completamente con lo que dicen los evangelios en ese punto.

---

[4] Véase Ocariz, F., Mateo Seco, L. F. y Riestra, J. A., *El misterio de Jesucristo*, pp. 83-84.

C. Plinio el Joven

Siendo procónsul de Bitinia (provincia del Asia Menor, con costa en el mar Mármara y el Mar Negro) el emperador Trajano escribió varias cartas (de la 111 a la 113), y en una dice que "los cristianos se reúnen en un día fijo, al alba y cantan un himno a Cristo como a un Dios".[5] Este testimonio afirma, 80 años después de la muerte de Jesús, la existencia de un grupo de personas llamadas cristianos, que se reúnen a adorar a su fundador, a Cristo, como si fuera un Dios. No afirma directamente la existencia de Cristo, sólo la presupone; pero es importante la afirmación de que los cristianos tratan a Cristo como a un Dios.

D. Suetonio

Por el año 120 escribió, en su biografía sobre el emperador Claudio, que expulsó de Roma a los judíos, los cuales, según dice, incitados por "Cresto", causaban muchos problemas;[6] el texto no afirma la existencia de Jesús, sino de un "Cresto" (Cristo), que Suetonio piensa que estaba vivo en tiempo de Claudio, pero sí afirma la existencia de una comunidad cristiana; el mismo autor, en la biografía de Nerón, dice que el emperador sometió a los cristianos a suplicios porque eran seguidores de "una superstición nueva y maléfica".[7]

E. Adriano

Hay también dos cartas del emperador Adriano: una del año 125, en que da instrucciones al procónsul de Asia para proceder contra los cristianos, y otra, hacia el año 133, donde incidentalmente menciona a Cristo y a los cristianos. Son fuentes que prueban la existencia de grupos cristianos y que era conocido su fundador llamado Cristo.[8]

F. La tradición judía

Fue conservada por los rabinos y se puso por escrito a partir de mediados del siglo II d. C., en una obra llamada Mishna, que consideraban como complemento

---

[5] *Epistula* X,96.

[6] *Claudius*, 25.

[7] *Nero*, 16.

[8] Citadas por Eusebio en *Historia Ecclesiastica*, IV, 9.

de la ley. En ella hay una oposición al cristianismo, al que consideran una herejía del judaísmo, que los autores prefieren no tratar, y cuando lo hacen es en tono despectivo, por ejemplo, cuando se refieren a Jesús, con el nombre de *Jeshu'a*, como un mago que llevó a Israel por mal camino, que aprendió las artes mágicas en Egipto, y que fue ahorcado en vísperas de la Pascua. Son fuentes que no desean conocer quién fue Jesús, sino desacreditarlo, pero de cualquier modo hacen constar la existencia de Jesús y el impacto que tuvo su presencia y vida en el pueblo de Israel.

De todos los testimonios analizados, los que se refieren directamente a Jesús son el testimonio de Flavio Josefo y el de Tácito, que afirman la existencia de Jesús, la época en que vivió, las circunstancias y el tiempo de su muerte, así como algunas características de su personalidad: sabio, maestro, obrador de prodigios y el hecho de que dejó discípulos que le seguían incluso después de su muerte.

II. Los evangelios

Son cuatro relatos acerca de la persona, la doctrina y actos de Jesús. Cada uno escrito por un autor diferente: por Mateo, que fue uno de los apóstoles elegidos por Jesús y que compartió con él el tiempo de su ministerio público; por Marcos, uno de los primeros discípulos de Jesús, compañero y auxiliar de Pedro y de Pablo en sus viajes apostólicos; por Lucas, médico, originario de Siria y uno de los primeros cristianos convertidos del paganismo, y Juan, otro de los elegidos por Jesús como apóstol, el más joven entre todos, y quien acompañó a Jesús desde el inicio hasta el fin de su ministerio público.

Los evangelios de Mateo, Marcos y Lucas tienen una estructura semejante y muchas coincidencias, incluso de redacción, de tal modo que, si se ponen en tres columnas juntas, se advierten inmediatamente muchas semejanzas, así como algunas particularidades de cada Evangelio, lo cual permite que se complementen entre sí; por eso se les ha llamado "sinópticos", y se ha planteado el problema denominado "cuestión sinóptica", de cómo explicar esas coincidencias y diferencias.

La composición de los evangelios se da en varias etapas.

A. La tradición oral

El origen de todos los evangelios es, en primer lugar, la tradición oral de las enseñanzas de Jesús y de los apóstoles, que se conservaban en las diversas comunidades cristianas. Se han distinguido tres etapas en esta tradición. La primera fue la misma predicación de Jesús, que además de dirigirse a las multitudes, se dirigía especialmente a los discípulos asiduos, de entre los cuales eligió a los apóstoles. La segunda etapa es precisamente la predicación que hicieron los apóstoles, una vez muerto Jesús. Ellos predicaban el mensaje de Jesús, llamado "kerygma", el cual contenía el anuncio del nacimiento, muerte y resurrección de Jesús y una invitación a la conversión;[9] como iba dirigida inicialmente a los judíos, se mostraba como cumplimiento de lo anunciado por los profetas. A quienes se convertían, era necesario darles una instrucción más completa o catequesis sobre la vida y enseñanzas de Jesús, antes de que recibieran el bautismo.[10]

Para ayuda de los predicadores y catequistas, pronto pudieron hacerse colecciones de dichos de Jesús, en arameo, agrupados por temas, que son también reconocibles en los evangelios. Se ha conjeturado que una de estas colecciones, oral o escrita, denominada Q (*Quellen*), fue usada por Mateo y Lucas, para componer sus propios evangelios.[11]

La segunda etapa es la predicación apostólica. Es lo que los apóstoles enseñan acerca de la vida y palabras de Jesús. Si bien cada apóstol puede tener sus preferencias personales acerca de lo que es más o menos importante de la vida y palabras de Jesús, y que cada uno tiene en cuenta también las necesidades de aquellos a quienes predican, todos procuran transmitir los actos y las palabras de Jesús, pues saben que no predican una doctrina propia que ellos

---

[9] Una muestra de esta predicación está en los discursos de Pedro recogidos en los *Hechos de los Apóstoles* (Hch 8, 4, 12; 3,12-26; 2,14-36, y sobre todo 13,16-41).

[10] Un resumen de esta catequesis previa en Hch 10,37-43. La estructura de esta catequesis es reconocible en el Evangelio de Marcos, quien puso por escrito la predicación de Pedro.

[11] Se considera que Q se conoce por las coincidencias de Mt y Lc en oposición a Mc. Sobre esta cuestión, véase más adelante, en el rubro *la cuestión sinóptica*.

hayan elaborado, sino que transmiten lo que "vieron y oyeron".[12] El cuidado que tenían los apóstoles en mantenerse fieles al mensaje original se manifestó en la decisión que tomaron en el concilio de Jerusalén, del año 49, en la cual, dirigiéndose a los cristianos de origen gentil, se lamentan de que algunos cristianos de origen judío, que los apóstoles no enviaron, los inquietaron, y que los apóstoles y el concilio deciden no imponerles el cumplimiento de los aspectos rituales de la ley de Moisés, como algunos pretendían. El concilio decidió, con base en la doctrina de Jesús, enviarlos a bautizar y no a circuncidar.[13] En la tradición oral se va formando también una tradición "cultivada", es decir, un grupo de expertos que procuran recoger y conservar con fidelidad las enseñanzas de Jesús.

Debe tenerse en cuenta, para valorar la importancia de esta tradición, el papel que tenía la memoria en el nivel educativo. Muchos de los dichos de Jesús conservados están redactados de modo que sea fácil retenerlos en la memoria, con juegos de palabras y rimas, como lo demuestran los estudios filológicos y gramaticales que se han hecho de ellos. Por eso es confiable que la tradición apostólica fuera fiel al contenido de los mensajes de Jesús, a veces conservando incluso la literalidad.

La tercera etapa de esta tradición es el periodo en el que se redactan los evangelios. Los autores eligen de la tradición oral, y también de lo escrito en los evangelios previos, lo que les parece necesario para los fines que se proponen, de acuerdo con las condiciones de los fieles a quienes se dirigen. De ahí que haya diferencias entre ellos, pero sin contradicción del mensaje principal. Los autores se encuentran con una gran variedad de materiales que, si bien todos derivan de la primera tradición apostólica, cuentan también con diversos contenidos en las iglesias locales, donde los catequistas y predicadores formaron tradiciones locales derivadas de la primera; y algunas enseñanzas y episodios de la vida de Jesús eran más recordados en unas comunidades que en otras.

Los evangelios se escriben en el seno de la Iglesia, de la comunidad creyente, la cual reconoce esos escritos como fieles a su tradición, al mensaje de

---

12 Cuando el Sanedrín les prohíbe a Pedro y Juan predicar en el nombre de Jesús, ellos responden (Hch 4,20) que "no podemos dejar de hablar lo que hemos visto y oído".

13 Hch 15, 23-29.

Jesús. Lucas lo dice expresamente:[14] Muchos han puesto por escrito la narración de las cosas acerca de la vida y palabras de Jesús, "conforme a lo que nos transmitieron quienes desde el principio fueron testigos oculares y ministros de la palabra".

Los evangelistas no fueron meros recopiladores de los contenidos de la tradición, sino autores, en el sentido que ellos eligen sus materiales y los acomodan y redactan según sus preferencias, es decir, los interpretan y hacen una transmisión inteligente de los contenidos que procura ser fiel a los originales.

B. La redacción de los evangelios

Se puede afirmar que los evangelistas reelaboran las tradiciones acerca de Jesús conservadas en las iglesias primitivas, con el objeto de dar su propio testimonio de la vida y palabras de Jesús, y procuran que sea verdadero (el creyente entiende que el Espíritu garantiza que es verdadero), fiel a las palabras y actos de Jesús, y los redactan de modo que sean asequibles a quienes se dirigen. Los evangelios son libros escritos por seres humanos y, bajo ese aspecto, pueden ser estudiados y sometidos a crítica, como cualquier otro escrito.

La veracidad de los evangelios, considerados como textos escritos por autores humanos, ha sido probada por razones históricas, literarias y filológicas, a lo cual debe agregarse la prueba que dan los propios evangelistas con su vida, que la dedican a transmitir un mensaje que choca con la cultura dominante, a pesar de las persecuciones que sufrieron y de la perspectiva de una muerte violenta. Tres de ellos, Mateo, Marcos y Lucas, aparentemente sufrieron el martirio. ¿Qué interés económico o político podían tener para predicar una doctrina que les traía tanto malestar? Ellos sabían, como dice Juan, que su testimonio era verdadero.

Los cuatro evangelistas escriben con el fin de suscitar o reforzar la fe en Jesucristo, es decir, el conocimiento de que Él es Dios y de que ha venido al mundo para salvar a todos los hombres, y hacerlos, desde ahora, partícipes de su vida. No tienen la intención de hacer un libro de historia al modo moderno, sino de dar testimonio de lo que conocen acerca de la vida y palabras de

---

[14] Lc 1,2.

Jesús, a fin de que sus lectores crean en Él. El Evangelio de Marcos, que es el único que lleva título, inicia así: "Comienzo del Evangelio de Jesucristo, Hijo de Dios", es decir, comienza con el testimonio de que Jesús es el Hijo de Dios;[15] Lucas advierte a su destinatario hipotético (Teófilo) que ha escrito "para que conozcas la indudable certeza de las enseñanzas que has recibido";[16] y san Juan concluye su Evangelio con esta afirmación: "Este es el discípulo que da testimonio de estas cosas y las ha escrito, y sabemos que su testimonio es verdadero";[17] más fuerte es la afirmación que hace después de narrar que un soldado atravesó el cuerpo de Jesús con una lanza, pues entonces dice: "El que lo vio da testimonio y su testimonio es verdadero; y él sabe que dice la verdad para que también ustedes crean".[18]

Se puede pensar que si los evangelistas escriben para que otros crean su intención no parece ser la de narrar una historia objetiva sino la de proponer argumentos que convenzan. Pero lo que ellos quieren es que sus lectores crean que Jesús es el Hijo de Dios, para lo cual tienen que proporcionar datos sobre la persona y la vida de Jesús de Nazaret, que lleven a sus lectores a concluir que Jesús es el Hijo de Dios. Los evangelios no son escritos teológicos ni filosóficos, sino escritos históricos que dan cuenta de la persona, palabra y obras de Jesús, con palabras sencillas y nada grandilocuentes, a diferencia de los escritos hechos, por ejemplo, para exaltar la memoria de los emperadores.

C. Contenido de los evangelios

No son propiamente biografías de Jesús, sino testimonios que relatan episodios de la vida de Jesús, de sus actos y palabras. Los evangelios de Lucas y Mateo comienzan con sendos relatos de la infancia de Jesús. El de san Juan, con una contemplación de Jesús como el Verbo Eterno del Padre, encarnado para hacerse un hombre como cualquiera de nosotros. Marcos empieza directamente con el inicio de la vida pública de Jesús.

---

[15]   Mc 1,1.

[16]   Lc 1,4.

[17]   Jn 21,24.

[18]   Jn 19,35.

Los cuatro evangelios siguen más o menos este esquema de la vida pública de Jesús: primero el bautismo por Juan y las tentaciones en el desierto, que son como la preparación al ministerio público. Luego se narra su actividad pública, refiriendo la formación de un grupo de discípulos, sus milagros, su mensaje, que llega a contrastar con lo que enseñaban los escribas y doctores de su tiempo, y la oposición de los jefes de los judíos, que culmina con la aprehensión de Jesús. Los cuatro evangelios concluyen con una descripción detallada y extensa de la detención de Jesús, del juicio por el que lo condenan, de su muerte en la cruz y de su posterior resurrección y aparición, por varios días, a sus discípulos.

Son relatos sencillos y sobrios, al alcance de cualquier persona; el de Juan, no obstante ser el más reflexivo, es igualmente asequible.

D. Autores de los evangelios

Las cuatro narraciones de la vida y las palabras de Cristo fueron escritas por testigos cercanos. Mateo y Juan fueron apóstoles, de modo que conocieron directamente a Cristo, lo acompañaron en sus viajes, oyeron sus palabras, presenciaron los milagros y las reacciones del pueblo y de los jefes de Israel. Marcos fue uno de los discípulos que seguían a Cristo (posiblemente el que la noche del jueves santo huyó abandonando su túnica, pues él es el único que narra este suceso, que es irrelevante para la historia de Jesús), y luego, compañero de Pablo y de Pedro en su trabajo apostólico, por lo que él vio posiblemente muchas de las cosas que narra, y otras las conoció por el testimonio directo de Pedro; de hecho, se considera que los recuerdos de Pedro son la fuente principal de su evangelio. Lucas fue de los primeros discípulos no judíos, tal vez de los convertidos en la primera predicación de Pablo en Antioquía, de donde era originario; fue compañero de viaje de Pablo. Él escribe guiado por lo que oyó de Pablo y de la primera comunidad cristiana; tuvo el cuidado de informarse de lo que escribió y posiblemente conoció de labios de María[19] los sucesos del nacimiento e infancia de Jesús.[20]

1. *Mateo.* También llamado Leví, es el publicano elegido por Jesús para ser apóstol, y que lo acompañó a lo largo de su vida pública. Escribió un evangelio en arameo, que se ha perdido, del cual hay testimonios de que fue el primero, pero no se conserva alguna copia o fragmento; luego se tradujo al griego, que es el texto que conocemos, del cual nos han llegado varios manuscritos. El autor no firmó el escrito, lo cual también ocurre en otros evangelios, pero la tradición constante, desde el siglo II, atribuye este Evangelio a Mateo, o Leví, el que fue publicano y llamado a ser apóstol. Papías, obispo de Hierápolis, hacia el año 130 dice: "Mateo, en lengua hebrea, ordenó las palabras (y los actos), pero cada uno las tradujo (e interpretó) como mejor podía".[21] Hacia el año 400, san Jerónimo, dice: "Mateo, también llamado Leví, publicano antes de apóstol, fue el primero que compuso un Evangelio de Cristo en Judea para los creyentes de la circuncisión, con letras y palabras hebreas [...] El texto se conserva todavía hasta el día de hoy en la biblioteca de Cesarea". Este original arameo se perdió, y sólo conocemos una versión en lengua griega. Se ha discutido si este ejemplar es una mera traducción o una reelaboración. Actualmente, la mayoría de los especialistas consideran que es una reelaboración, posterior a la muerte de Mateo; algunos opinan que fue un grupo de escribas cristianos quienes hicieron esa reelaboración, pero es sólo una hipótesis, que no parece muy convincente, si se toma en cuenta la gran autoridad que tenía Mateo.

Ese evangelio, como todos los demás, está destinado para que los lectores crean que Jesús es el Hijo de Dios, pero especialmente se dirige a los cristianos procedentes del judaísmo. Por ese motivo, el autor insiste en mostrar a Jesús como el Mesías anunciado y esperado, pero uno muy diferente del conquistador militar y político que muchos esperaban. Por la misma intención, el evangelio presenta que el Reino de los Cielos o Reino de Dios, ya anunciado

---

[19] Esto se infiere de la afirmación que hace dos veces en su Evangelio (2,19 y 2,51) de que los sucesos de la infancia de Jesús, María "los guardaba en su corazón"; no tiene sentido hacer esta referencia si no fuera porque Lucas transmite recuerdos que oyó de María.

[20] Para una exposición detallada de las noticias fidedignas o dudosas que se conservan de los cuatro evangelistas conviene véase O. Hophan, *Los apóstoles,* Madrid, Palabra, 1982.

[21] Citado por Eusebio de Cesarea, *Historia eclesiástica* III, 39,16 (principios del siglo IV).

en el Antiguo Testamento, ha sido inaugurado por Jesús y comienza a desarrollarse en el nuevo pueblo de Dios, convocado por Jesús.

Una peculiaridad de este Evangelio es que presenta largos discursos de Jesús, como si fueran pronunciados en un solo momento, como el Sermón de la Montaña, cuando se sabe, por los otros evangelios, que contienen mensajes y palabras que fueran dichos en diversos momentos y lugares.

No se tienen muchas noticias acerca de la vida de Mateo, además de lo que dice el Evangelio. Como publicano, era un hombre rico y que gozaba de buena posición social. Dejó sus bienes para seguir a Cristo. Después de la muerte de Jesús, aparentemente permaneció en Palestina algunos años, según lo afirma una tradición de escritores cristianos del siglo II al siglo IV, donde posiblemente compuso su Evangelio, y después salió a evangelizar otros países; los testimonios históricos que hablan de su actividad son contradictorios y poco fiables; la más antigua tradición señala que predicó en Arabia, Persia y principalmente en Etiopía (Abisinia); y allí murió mártir.[22]

2. *Marcos.* Las tradiciones de la Iglesia primitiva atribuyen el segundo Evangelio a Marcos. Lo refiere el texto de Papías, citado por Eusebio de Cesarea, hacia el año 130, y después lo citan san Justino Mártir hacia el año 155,[23] y san Ireneo, a fines del siglo II;[24] a partir del siglo III hay muchos testimonios.

Marcos, conocido también como Juan Marcos, no fue de los doce, pero posiblemente fue uno de tantos discípulos de Jesús que fue testigo directo de muchos acontecimientos que narra;[25] además, acompañó a Pablo, a Bernabé y, sobre todo, a Pedro; de modo que muchas de las palabras y actos que narra, los pudo saber por Pedro; Eusebio de Cesarea dice que fue discípulo e intérprete de

---

[22] Hay una leyenda etíope sobre la muerte de Mateo, que fue luego vertida al latín como *Passio Mathei*, que se recoge en el breviario romano, según la cual, después de haber convertido al rey y a la familia real, fue muerto por orden de un hermano del rey, mientras celebraba la Santa Misa.

[23] En su obra *Diálogo con Trifón*, 106,3.

[24] En su obra *Adversus Haereses*, III,1,1; III,10,5.

[25] En Mc 14,51-52, donde se narra el episodio del joven que soltó la túnica para escapar de los soldados que aprehendieron a Jesús, los intérpretes suponen que ese joven fue el mismo Marcos, pues es un suceso que sólo viene en este Evangelio y es completamente irrelevante en la historia de Jesús.

Pedro.[26] Escribió en griego, como los demás evangelistas, posiblemente cuando estaba en Roma con san Pedro, en la década de los años sesenta, como lo afirman varios escritores antiguos, aunque se duda si lo concluyó antes o después de la muerte de san Pedro.[27]

Tiene muchos latinismos, lo que es un indicio de que fue escrito en Roma y dirigido a los cristianos de esa ciudad y de otras comunidades cristianas de Italia. Es el más corto de los evangelios sinópticos y, a diferencia del de Mateo, casi no contiene discursos de Jesús, sino principalmente sus actos.

La mayoría de los investigadores actuales opina que el Evangelio de Marcos fue el primero que se escribió y que proporcionó el marco histórico narrativo que siguieron Mateo y Lucas, quienes habrían añadido una cantidad de dichos o palabras de Jesús, que posiblemente habían sido recogidos en alguna colección hipotética de dichos de Jesús, a la que se denomina Q.

La peculiaridad de este Evangelio es que sitúa al lector directamente ante Jesús, le presenta los acontecimientos más significativos, sin desarrollos explicativos, sin citar muchas palabras de Jesús (a diferencia de Mateo) y sin hacer reflexiones teológicas (a diferencia de Juan). Hace relatos sencillos, destaca las circunstancias particulares, lo que hace que sean muy vívidos. De acuerdo con el testimonio de Papías de Hierápolis (siglo II) la fuente principal de Marcos fueron los recuerdos y la predicación de Pedro, a quien acompañó muchos años.[28]

Marcos era primo de Bernabé, y éste lo eligió para que ayudara en la evangelización de Antioquía, y luego acompañó a Pablo y Bernabé a su primer viaje de misión a Chipre; pero de ahí se regresó a casa y abandonó la misión. Al planear su segundo viaje, Bernabé quiso llamar a Marcos, pero Pablo se opuso, lo cual generó un conflicto que resolvieron haciendo cada uno su propio viaje; Bernabé volvió a llamar a Marcos para que lo acompañara a visitar las comunidades fundadas en Chipre. Diez años más tarde, los *Hechos de los Apóstoles* lo mencionan acompañando a Pedro en Roma (antes del año 61) y ayudándole como intérprete;

---

[26] Comentario, *Introducción al Evangelio de san Marcos*, p. 1026, n.2.

[27] Que lo escribió en Roma, lo afirman Clemente de Alejandría, hacia el año 200, Tertuliano, hacia el 220.

[28] Citado por Eusebio, *Historia eclesiástica* 3,39, 14-15; véase Comentario, *Introducción al Evangelio de san Marcos*, p. 1026. Sobre esa base y otros testimonios antiguos se ha mantenido la afirmación de que Marcos transmite la predicación de Pedro.

posteriormente, aparece como ayudante de Pablo (año 62). Después del año 66 (Marcos tendría 50 años) no se tienen noticias ciertas suyas, pero Eusebio de Cesarea y san Jerónimo recogen tradiciones anteriores que afirman que Marcos fundó la iglesia de Alejandría; según otras tradiciones, murió mártir en el pueblo de Búcoli, cercano a Alejandría; sus reliquias, en el año 825, se trasladaron a Venecia.

3. *Lucas.* La tradición cristiana es unánime en atribuir el tercer Evangelio a Lucas. El Fragmento Muratori (hacia el año 180) afirma que "El tercer libro del Evangelio es según Lucas, médico...".[29] Hay muchos testimonios, pero es especialmente interesante el de san Jerónimo, que dice: "Lucas, médico de Antioquía de Siria, discípulo del apóstol Pablo, compuso el volumen en Acaya y Beocia; en él, con una visión más amplia, repetía algunas cosas de otros y, como confiesa en el prólogo, describía cosas oídas, no vistas".[30] Se han propuesto otros lugares de composición, pero, de acuerdo con la tradición, el más probable es el ya señalado, Acaya y Beocia. La fecha de composición se ha conjeturado en relación con la del otro libro de Lucas, los *Hechos de los Apóstoles*, que, como concluyen cuando Pablo fue liberado de su primera cautividad en Roma, lo cual ocurrió el año 63, algunos autores suponen que el evangelio debió de escribirse después del año 63, en el que terminó su cautiverio, y antes del año 65. Otros autores se inclinan por una fecha más tardía, entre los años 67 y 80, porque consideran que las características del relato, principalmente su serenidad y equilibrio, son propias de una persona madura, como lo sería Lucas en esas fechas.[31]

Lucas fue compañero de Pablo: lo acompañó a Macedonia, donde permaneció en Filipos, y luego regresó con él a Jerusalén; después fueron a Roma, y permaneció con él en su segunda cautividad. Según una antigua tradición, después de la muerte de Pablo, predicó en Bitinia y Acaya, y murió, muy probablemente, martirizado, cuando tenía 84 años. Sus restos fueron trasladados a Constantinopla, durante el reinado de Constantino, a la Iglesia de los apóstoles, y después se dispersaron por varios templos, y quizá la mayor parte se encuentra en la iglesia de santa Justina, en Padua.

---

[29] En *Enchiridion Biblicum*, Nápoles, Pontificia Comisión Bíblica, 4a. ed., 1961, n. 1.

[30] Citado en Comentario, *Introducción al Evangelio según san Lucas,* p. 1061.

[31] *Ibidem.*

Este Evangelio se distingue por tener un capítulo sobre el nacimiento e infancia de Jesús, mucho más extenso que el de Mateo. También por la narración del viaje de Jesús, cuando deja definitivamente Galilea y se dirige a Jerusalén para su Pasión y Muerte;[32] narración que es muy amplia, abarca 10 capítulos (Lc 9,51-19,28), y muchos de los episodios que narra no los contienen los evangelios de Mateo ni de Marcos.[33] Sus relatos sobre la resurrección y ascensión son también más extensos.

Lucas, como Mateo, recopila muchos dichos o palabras de Jesús, pero los relaciona con circunstancias concretas en que los pronunció, a diferencia de Mateo, que los agrupa para formar "discursos". Por eso se ha dicho que Lucas fue el primer historiador de Jesús. Da una gran importancia a Jerusalén, la ciudad santa, y al templo, donde inicia y concluye su Evangelio, de tal modo que su narración se presenta como un continuo caminar hacia Jerusalén.

Otra característica muy importante es la dimensión universal del Evangelio, como Buena Nueva para todos los gentiles, y de Jesús, como salvador de todos los hombres, como lo expresa en el cántico de Simeón, donde dice del Niño que es "luz que ilumina a todos los gentiles". Él es el único evangelista que no fue judío y cuya lengua materna fue el griego.

Es muy propio de Lucas la descripción que hace de María, por lo que se le ha llamado "pintor" de la Virgen. Es él quien narra la anunciación del ángel a María, la visita de la Virgen a su prima Isabel y la presentación del niño en el templo.

4. *Juan.* El Evangelio de Juan fue el último que se escribió. La tradición sitúa su composición en Éfeso, donde Juan residía, y en la década de los años noventa, cuando ya se había producido la ruptura del judaísmo con los cristianos, a quienes expulsaron de las sinagogas. El Canon de Muratori (hacia el año 180-190) afirma, como algo sabido, que el cuarto evangelio es el de Juan, que él mismo comunicó a las iglesias mientras vivía. San Ireneo, en el mismo tiempo,

---

[32] El esquema común es: 1. Preparación del ministerio. 2. Predicación en Galilea. 3. Desde Galilea a Judea y Jerusalén. 4. Ministerio en Jerusalén. 5. Pasión, Muerte y Resurrección.

[33] A esta parte del Evangelio de Lucas se le ha denominado el "gran viaje", que se entiende en un sentido teológico de predicación y extensión de la Buena Nueva, o también "la gran inserción de Lucas".

confirma esa noticia y añade que lo escribió en Éfeso, y hay muchos otros testimonios coincidentes. Hay papiros del siglo II, donde se reproducen fragmentos de este Evangelio que coinciden completamente con los manuscritos del siglo IV que tenemos, lo cual echa por tierra la hipótesis de que el Evangelio fue escrito en el siglo segundo o tercero. Es posible que el Evangelio fuera el fruto de una comunidad cristiana, de la cual Juan era la cabeza.

Es particular del Evangelio de Juan, el conocido prólogo, en el cual se remonta al Verbo como la Persona que se encarna en Jesús. De esta manera, desde el principio, Juan afirma al lector que Jesús es Dios.

A diferencia de los evangelios sinópticos, el de Juan se concentra en lo ocurrido en Judea. Mientras los sinópticos refieren sólo una subida, la última, de Jesús a Jerusalén, Juan narra tres o posiblemente cuatro.

Juan fue el discípulo predilecto de Jesús, y lo siguió desde el principio de su vida pública. Después de la muerte de Jesús, Juan aparece acompañando a Pedro en Jerusalén, y en el primer concilio ecuménico en Jerusalén es considerado como "columna" de la Iglesia. De Palestina, marchó a Éfeso, posiblemente después de la muerte de Pablo (año 67) y la guerra de Judea (a. 70), que hizo que muchos cristianos salieran de Palestina. Permaneció en Éfeso, hasta que fue desterrado por el emperador Domiciano a la isla de Patmos (a. 95), donde escribió el Apocalipsis; regresó a Éfeso tras la muerte de Domiciano (a. 96), y murió el año 98, al comienzo del imperio de Trajano.

E. La cuestión sinóptica[34]

Los tres primeros evangelios, los de Mateo, Marcos y Lucas, tienen muchas coincidencias entre sí acerca de los dichos y actos de Jesús, a veces coincidencias literales, pero también, cada uno tiene noticias propias que no contienen los otros dos o sólo uno de ellos. Las concordancias y diferencias entre ellos se perciben con una sola mirada (*sinopsis*) si se ponen los textos de estos tres evangelios en columnas paralelas; por eso se les ha denominado "evangelios sinópticos". Para explicar estas concordancias y discordancias, se han dado varias teorías: *i)* la teoría de los dos evangelios, que, de acuerdo con la tradición histórica, afirma que

---

[34] Una exposición breve, pero completa de estas teorías en Casciaro, pp. 145-151.

primero se escribió el Evangelio arameo de Mateo, luego el de Lucas y finalmente el de Marcos; esto coincide con el testimonio de Clemente de Alejandría, citado por Eusebio de Cesarea, de que los evangelios más antiguos son los que tienen las genealogías de Jesús, pero se le ha objetado que hay partes de los evangelios de Mateo y Lucas que parecen haber sido correcciones al texto de Marcos, lo que hace suponer que el de Marcos fue el más antiguo; *ii)* la teoría de las dos fuentes, que supone que los tres evangelios se derivan de dos documentos: el primero, es el Evangelio de Marcos, que aportó el esquema histórico narrativo básico de los actos de Jesús, y el segundo es una hipotética colección de dichos de Jesús, que habría servido a Mateo y Lucas para completar sus evangelios, y que se suele denominar Q, cuyo contenido se infiere de las coincidencias que hay entre Mateo y Lucas y que no están en Marcos; esta hipótesis no explica las coincidencias que hay entre Mateo y Lucas, que parecen divergentes de lo que afirma Marcos, el cual sería supuestamente fuente común de Mateo y Lucas. Es una teoría que se basa en la presunción de que existió esa fuente común y que va en contra de la atribución tradicional, desde Papías, de que el primer Evangelio fue el de Mateo; *iii)* la teoría de los niveles múltiples, que parte del hecho de que los textos antiguos, una vez redactados, no quedaban fijos, sino que tenían correcciones y modificaciones, por lo que pudieron existir "preevangelios" de Mateo, Marcos y Lucas, que se van corrigiendo, de acuerdo con las tradiciones locales y a la vista de los otros evangelios escritos o de la tradición apostólica, hasta que finalmente quedaron fijos, y entran al canon de la Iglesia en el siglo segundo.

Ninguna de las tres teorías explica suficientemente cómo fueron redactados los evangelios. Actualmente, la más seguida es la teoría de las dos fuentes, pero hay también partidarios autorizados de la teoría tradicional de los dos evangelios. La tercera teoría puede ser complementaria de las otras dos.[35] En

---

[35] Combinando ambas teorías acerca de los sinópticos, se me ocurre esta otra: el primer Evangelio es la versión aramea de Mateo, que contiene principalmente dichos de Jesús. Lucas escribe su Evangelio, posiblemente en Acaya, en los años sesenta, y traduce al griego las palabras arameas de Jesús. Esta traducción de Lucas fue tenida en cuenta por quienes hicieron la versión griega de Mateo, y de ahí las coincidencias entre ambos evangelios, a veces literales, que no procederían de la supuesta fuente Q, sino del evangelio arameo de Mateo. Mientras Lucas componía su Evangelio, Marcos hacía lo propio en Roma, y quizá trabajaron sin compartir sus redacciones, lo que explicaría que Lucas no tenga (la "gran omisión") el pasaje de Mc 6,45 a 8,26, que sería muy adecuado para los lectores de Lucas, y que Marcos no tenga los pasajes

todo caso, la falta de seguridad acerca de cómo se escribieron los evangelios no afecta el hecho de su existencia, ni la posibilidad de entender su contenido.

F. La datación de los evangelios

No se puede datar con exactitud la redacción de cada evangelio, pero sí precisar un margen de tiempo. Cabe afirmar de modo general que los cuatro se escribieron en la segunda mitad del siglo primero.

La datación de los evangelios sinópticos depende de la teoría que se siga acerca de su composición. Conforme a la teoría tradicional de los dos evangelios, que es la que me parece mejor, el más antiguo sería el evangelio arameo de Mateo,[36] que habría sido escrito entre los años 45 y 55; luego el de Lucas, entre los años 58 y 62 (terminado antes que la otra obra del mismo Lucas, los *Hechos de los Apóstoles*, que debió terminarse poco después de la liberación de Pablo de su primera cautividad romana el año de 63) y el de Marcos, entre el 45 y el 65, concluido posiblemente durante el cautiverio de Pedro en Roma o poco después de su muerte, el año 64. Mientras se componían los evangelios de Lucas y Marcos, pudo aparecer la versión griega del Evangelio de Mateo, antes del año 70, porque todavía predice la destrucción de Jerusalén, ocurrida en ese año, como algo por suceder.

Conforme a la teoría de las dos fuentes,[37] se considera que el más antiguo fue el de Marcos, hacia al año 70, y que luego siguieron los de Lucas y Mateo, compuestos cada uno por separado, entre los años 80 y 90, a partir de una supuesta colección de dichos de Jesús (Q) y del Evangelio de Marcos.

Todos los estudiosos coinciden en que Juan escribió su Evangelio durante los años noventa, posiblemente en Éfeso, y que tenía conocimiento de

de Lucas, llamados la "gran inserción", que relatan muchos episodios relacionados con el último viaje de Jesús a Jerusalén (Lc 9,51-19,28). Juan, hacia los años 90, redacta su Evangelio conociendo los tres sinópticos, con la finalidad de transmitir su propio testimonio, completar los sinópticos, especialmente con las noticias del ministerio en Judea, aclarar algunos puntos que le parecen oscuros, como el día que tuvo lugar la Última Cena.

36   Respecto del Evangelio de Mateo, deben considerarse las fechas de redacción de cada una de sus dos versiones; la versión en arameo, que fue la más antigua, y me parece que fue el primero de todos los evangelios, y la versión griega o versión revisada que bien pudo ser posterior a los otros dos sinópticos.

37   Esa es la opinión común hoy entre los especialistas; véase Meier I, p. 43.

los evangelios sinópticos, por lo que redacta su Evangelio para dar información complementaria, que no está en ninguno de los otros tres evangelios, y que es una muestra de que Juan tiene otros recuerdos y fuentes distintas de las que usaron los tres evangelistas sinópticos.[38]

G. La transmisión textual

Los cuatro evangelios, incluyendo la versión revisada de Mateo, fueron escritos en lengua griega, en la modalidad llamada *koiné*, que era entonces un lenguaje internacional. Los ejemplares autógrafos u originales de los evangelios se han perdido, porque seguramente fueron escritos en papiro, que es un material fácilmente corrompible, salvo en climas muy secos. A partir del siglo II d. C. se difunde el uso del pergamino, material resistente hecho a base de pieles de animales, pero era muy caro. Los primeros cristianos, en el siglo II, usaban copias en papiro de los originales, de los cuales se han conservado algunos ejemplares, la mayoría fragmentarios. A partir del siglo IV usaron copias en pergamino, de las cuales se conservan muchas.

De acuerdo con datos de 1978 se conservan 88 papiros con textos del Nuevo Testamento. El más antiguo, fechado en el año 60, que aparentemente contiene algunas palabras del Evangelio de Marcos, y otras de la primera epístola de Timoteo. Hay otro papiro, denominado *Papiro Roberts* o *Ryland*, datado hacia el año 125, que contiene fragmentos del Evangelio de Juan, cuyo descubrimiento fue muy importante para destruir las hipótesis de que ese Evangelio debía haberse redactado después del año 150. Del año 200 es el papiro denominado *Bodmer* II que contiene unos dos tercios del Evangelio de Juan, y otro, llamado *Bodmer* XIV, que contiene casi todo el Evangelio de Lucas.

A partir del siglo IV se conserva una cantidad creciente de códices griegos de los evangelios, que suman ya más de cinco mil. Los más valiosos son el *Códice Vaticano* o *B(03)* que contiene toda la Biblia en griego y, aunque faltan los folios del principio y del final, los cuatro evangelios íntegros; es un manuscrito hecho en Egipto que se conserva en la Biblioteca Apostólica Vaticana, y el *Códice Sinaítico* o *S(01)*, que se considera el segundo en importancia, muy

---

[38] *Ibid*, p. 44 y Comentario, *Introducción a los Santos Evangelios*, pp. 968-969.

afín al anterior, escrito en el siglo IV o principios del V, contiene toda la Biblia en griego, y le faltan sus primeros y últimos folios; se conserva en el museo Británico.

Existen ejemplares de los evangelios y de todo el Nuevo Testamento escritos en otras lenguas antiguas. Suman más de 50 mil. Los más importantes son los latinos, fechados desde el siglo II, que fueron sustituidos por la *Vulgata latina* de san Jerónimo, a partir del siglo V. Hay una versión siríaca del siglo V, y versiones coptas de los siglos II y III. Hay versiones armenias y etíopes del siglo IV.

Además, hay citas de los evangelios en los escritos de los autores cristianos, y las copias conservadas de algunos de estos escritos son más antiguas que los códices griegos en pergamino.

En conclusión, se puede afirmar que no hay ningún otro documento de la antigüedad griega o romana que tenga tantas pruebas de su fiel transmisión textual como los evangelios y el Nuevo Testamento.

H. Autoridad de los evangelios en la Iglesia de los primeros años

La Iglesia primitiva reconoció solamente cuatro evangelios, como inspirados por Dios y canónicos, o "auténticos".[39] Este reconocimiento se basaba en que el contenido de estos evangelios concordaba con la tradición oral de lo que los apóstoles y demás discípulos habían visto, oído o dicho acerca de Jesús. La condición de veracidad histórica fue clave para su reconocimiento. Los hechos que relatan los evangelios eran recientes, se contaba con la tradición oral para contrastarlos y había testigos directos que podían haberlos confirmado o refutado; por otra parte, era totalmente ajeno a la mentalidad de los cristianos de origen judío inventar un mito de un hombre que se igualara con Yahvé.

La Iglesia desechó otros muchos "evangelios" atribuidos a algún apóstol, porque no concordaban con la tradición apostólica, aunque su autor hubiera

---

[39] El Fragmento (o Canon) Muratori, de fines del siglo II, advierte que hay libros que todos tienen como sagrados e inspirados, entre los cuales cita los cuatro evangelios; otros, que no todos tienen como sagrados o inspirados y no pueden leerse en las iglesias; unos más, que, aunque no son reconocidos como inspirados, pueden leerse privadamente, y otros que la Iglesia rechaza, por ser apócrifos o agnósticos.

tenido alguna intención piadosa; a esos se les conoce como evangelios apócrifos, es decir, fabulosos o fingidos.

Los cuatro evangelistas reconocidos escriben de acuerdo con la tradición oral, y son sumamente respetuosos de ella, por lo que es difícil discernir en cada Evangelio lo que es propio del autor de aquello que toma de la tradición oral. San Lucas es especialmente respetuoso, de modo que hasta cambia su estilo para transmitir el tenor de las fuentes. El material del cual se sirven, oral o escrito, ya estaba debidamente formado y estabilizado, como lo demuestra la coherencia de los cuatro evangelios entre sí.

La tradición preevangélica fue conservada y transmitida no por comunidades entusiastas o anárquicas, sino por comunidades jerárquicamente constituidas, que no desean crear una nueva religión, sino transmitir fielmente las enseñanzas y los actos de Jesús. La sobriedad de los cuatro evangelios abona la seriedad de la tradición en la que se fundan, en la que no aparecen elementos literarios encomiásticos o ponderativos.

Otra prueba de la autenticidad de los evangelios es la continuidad y discontinuidad, a la vez, con el ambiente judaico de la época, que presenta la conducta narrada de Jesús. Frente al sistema legislativo de su tiempo, Jesús, según afirman los cuatro evangelios, admite y respeta la ley transmitida por Moisés, pero al mismo tiempo se manifiesta como alguien que interpreta auténticamente el contenido de esa ley, sin haber estudiado en las escuelas rabínicas y que declara su sentido apoyado en su propia potestad y autoridad. En la historia del pueblo de Israel, muchos profetas habían hablado en nombre de Dios, especialmente Moisés; pedían la adhesión del pueblo a las palabras de Dios que ellos transmitían, y hacían milagros con la autoridad y el poder de Dios. Jesús, en cambio, pide adhesión total a su propia persona, y actúa por su propio poder. Frente a las esperanzas mesiánicas de Israel, que algunos interpretaban en el sentido del advenimiento de un Mesías Rey poderoso que exaltara a Israel por encima de los demás pueblos, y otros que no esperaban un Mesías en una persona humana, sino la intervención providencial de Dios, Jesús se presenta como un Mesías único, muy diferente de lo que muchos esperaban, pero plenamente conforme con las escrituras: es descendiente de David, pero es también el siervo humilde que describe Isaías, y es glorificado después de haber sufrido tormentos impensables.

I. Los evangelios apócrifos

Se da este nombre a relatos acerca de la vida y palabras de Jesús, o que contienen datos acerca de él, que son llamados evangelios por sus autores o bien por el público, pero que no fueron reconocidos por la Iglesia como inspirados ni fueron incorporados al canon o lista de relatos auténticos. De muchos de esos apócrifos sólo se conservan algunos fragmentos. Hay dos que nos han llegado completos, el *Proto evangelio de Jacob* y el *Evangelio de la infancia*, atribuido a Tomás, que contienen narraciones sobre la infancia de Jesús, las cuales son combinaciones de las noticias que dan Lucas y Mateo, con algunas elucubraciones y fantasías propias de sus autores, como la que contiene el Evangelio de Tomás, de que el Niño Jesús, maldijo a un niño que lo perseguía y éste cayó muerto al instante. De los demás apócrifos, como el Evangelio del Nazareno, el Evangelio de Pedro o el Evangelio de la Cruz, entre otros, sólo nos han llegado fragmentos. En general, los evangelios apócrifos se originan en el siglo segundo o posteriormente, no demuestran tener contacto directo con los acontecimientos que narran ni tener noticias sobre los actos y palabras de Jesús que provengan de tradiciones independientes de los evangelios canónicos. John Meier,[40] después de analizarlos críticamente, considera que son documentos importantes para conocer la imaginación exagerada de algunos cristianos del siglo segundo, pero no para conocer la vida y palabras de Jesús.

Hay otros documentos que se descubrieron el año 1945, en el pueblo de Nag Hammadi, en Egipto, que eran los restos de una biblioteca de cristianos coptos. Contienen, entre otros, fragmentos de la *República*, de Platón, de libros de moral pagana, como las *Sentencias de Sexto*, de libros judíos y también de libros cristianos, que reflejan puntos de vista gnósticos. La mayor parte de este material no contiene algo relacionado con la vida y palabras de Jesús, y los pocos que sí refieren sus actos y palabras, no son propiamente narraciones de su vida, sino exposiciones teológicas, aun cuando se llamen "evangelios",

---

[40] John Meier I, p. 122.

como el *Evangelio de la verdad*. Hay algunos que relatan pasajes de la vida de Jesús, como el Evangelio de Felipe, pero las noticias que dan fueron tomadas de los evangelios sinópticos y no reflejan conocer ninguna fuente independiente de los sinópticos.[41] Mención aparte merece el Evangelio de Tomás, que es una colección de 114 dichos de Jesús, sin ninguna referencia a las circunstancias en que fueron pronunciados; al analizar su contenido, Meier concluye que está dominado por la visión gnóstica, y no cabe verlo como una fuente confiable de las palabras de Jesús;[42] como muestra de ello, cita el pasaje donde Pedro le dice a Jesús que María tendrá que abandonarlos porque las mujeres no merecen la vida verdadera, y Jesús le replica que va a convertirla en varón para que pueda acceder a ella. Contiene muchos dichos de Jesús que coinciden con los que hay en los sinópticos, pero no se ha podido probar que provengan de una fuente distinta, por lo que es más probable que sean dichos tomados de los sinópticos, especialmente de Mateo.

Del análisis de las diversas fuentes de la vida y palabras de Jesús se puede concluir que las únicas fuentes críticamente confiables de los actos y las palabras de Jesús son los cuatro evangelios; de los otros libros del Nuevo Testamento, especialmente las cartas paulinas, sólo ofrecen algunos datos, pocos, no conocidos en los evangelios. Y de las fuentes no cristianas, la más importante, que parece proceder de una fuente distinta de los evangelios, es el llamado *Testimonio Flaviano*, que coincide con lo que dicen los evangelios, pero no aporta datos nuevos. Lo que dice Tácito acerca de Jesús puede proceder de otra fuente independiente de los evangelios, pero no aporta nada nuevo.[43]

---

[41] Meier, *op. cit.*, p. 124, quien refiere que Cristopher Tuckett (*Nag Hammadi and the Gospel Tradition. Studies of the New Testament and Its World*, Edinburgo, Clark, 1986) después de analizar este material, concluye que, salvo el Evangelio de Tomás, nada de este material muestra una fuente independiente de los sinópticos.

[42] *Ibid.*, p. 127. Analiza también las opiniones de otros autores que llegan a afirmar que tal Evangelio de Tomás da muestras de poseer fuentes de los dichos de Jesús, independientes de los evangelios sinópticos, y previas a ellos, pero Meier considera que no pueden probar sus afirmaciones, pp. 128 a 131.

[43] *Ibid.*, pp. 139-140.

III. El país de Jesús[44]

A. Geografía

Palestina es una franja de tierra fértil a lo largo de la orilla suroriental del mar Mediterráneo. Era la tierra que, de acuerdo con la Biblia, Dios había prometido y entregado a su pueblo, Israel.[45] En tiempo de Jesús, estaba dividida en cuatro regiones, tres del lado occidental del Jordán: Galilea, al norte; Samaria, al centro y Judea, al sur; del otro lado del Jordán (Transjordania) estaba Perea y, al norte de ella, algunos distritos que se mencionan en los evangelios: Decápolis, Iturea, Traconítide y Abilene.

Galilea fue la región donde Jesús vivió la mayor parte de su vida. Está en el norte de Palestina. Se extiende desde las laderas del monte Hermón, al norte, hasta el valle de Esdrelón, al sur; y desde el río Jordán y el lago de Galilea, en Oriente, hasta la costa del mar Mediterráneo, en el occidente. Al sur de Galilea, separada por el valle de Esdrelón, se encuentra Samaria, cuyo núcleo lo constituye un macizo de montes y colinas. Galilea tiene un relieve ondulado; sus colinas están revestidas de olivos y viñas; en los valles se cultiva trigo y cebada. El lago de agua dulce tiene unos 21 km de largo y 12 de ancho, y gran abundancia de peces. Durante su vida pública, Jesús predicó principalmente en las ciudades de la orilla noroccidental del lago: Corazaín, Betsaida, Cafarnaúm, pero fue en esta última donde fijó su residencia. Ahí todavía se conservan las paredes de una habitación que, de acuerdo con una antigua tradición, confirmada por las investigaciones arqueológicas, fue la casa de san Pedro, donde se hospedaba Jesús.

En Galilea, vivía gente de dos culturas distintas. Una parte importante era de cultura helénica, hablaba griego, se dedicaba principalmente al comercio o a la industria, y vivía en las grandes ciudades como Tolemaida (con puerto en el Mediterráneo), Séforis, en el interior, o Tiberíades, en la orilla del mar de Galilea. La otra parte, la población rural, era eminentemente judía, hablaban arameo y vivían en aldeas o en pequeñas poblaciones, como Nazaret, Caná,

---

44 Se puede ver una descripción del país de Jesús, así como de la sociedad en que vivió en Fillion I, pp. 31-110.

45 Gen 13,15-16.

Cafarnaúm o Betsaida. No parece que hubiera un trato muy frecuente entre ambas poblaciones. Cristo predicó a la población judía y no tenemos constancia en los evangelios de que lo haya hecho en las ciudades helenizadas; no obstante, existen relatos en los evangelios de que acoge a los gentiles que lo buscan.

En la Galilea media, al sureste del lago, estaba, y sigue estando, Nazaret, donde vivió Jesús treinta años. Era una aldea desconocida, donde vivían unas cuantas familias pobres, dedicadas en su mayoría a la agricultura y algunas, como la de José, que vivían de su trabajo artesanal. Las casas estaban adosadas a las rocas. Por lo general, eran de dos habitaciones, una era una cueva que servía de bodega y despensa, y que tenía adosadas tres paredes de adobe, que formaban la segunda habitación, techada con maderas, ramas y hojas, donde vivía la familia. Gran parte de la vida familiar discurría en el terreno al frente de la casa. Los habitantes de Nazaret eran judíos y hablaban arameo.

B. Situación política

En el tiempo de Jesús, la nación israelita había perdido mucho de su antigua grandeza. Quedó sujeta al dominio de Roma desde que Pompeyo entró en Jerusalén el año 66 a. C. Desde entonces, Roma gobernaba Palestina mediante monarcas que pactaban con ella. Herodes el Grande, accedió al trono con el apoyo de los generales romanos Antonio y Octavio; un senadoconsulto (40 a. C.) lo nombró rey de los judíos; gobernó durante 37 años (40-4 a. C.). Reconstruyó el templo, pero no era un hombre religioso, de hecho, no era judío, sino de Idumea (suroeste de Judea). En su testamento, dividió su reino entre sus tres hijos: al hijo mayor, Arquelao, le legaba Judea y Samaria, con el título de rey; a Herodes Antipas, le dejó Galilea y Perea, y a Filipo, los distritos del noreste: Gaulanítide, Traconítide, Iturea y otros. Para validar el reparto de territorios, era necesario el consentimiento de Augusto, al cual acudieron los tres hijos. El emperador confirmó el reparto, pero dio a Arquelao el título de etnarca o gobernador de un pueblo, y a Antipas y a Filipo, el de tetrarca, es decir gobernador de una cuarta parte. Arquelao, antes de partir para Roma, tuvo que reprimir una sedición en Jerusalén; sus soldados mataron a más de tres mil judíos. Durante la ausencia de los tres herederos, se produjeron rebeliones en toda Palestina, sobre todo en Galilea. Tuvo que acudir el procónsul de Siria, Varo, para restablecer el orden con una gran represión. A su vuelta de Roma, Arquelao se encontró con mucha oposición entre la población, que Arquelao aumentó con sus propios actos, hasta que fue denunciado otra vez por los jefes judíos ante Augusto, quien lo desterró a Viena. Entonces, la Judea y la Samaria quedaron bajo el dominio directo de Roma por medio no del procónsul de Siria, sino de un gobernador especial, que, durante la vida pública de Jesús, fue Poncio Pilatos (26-36).

Jesús vivió sus años de infancia y juventud bajo la jurisdicción de Herodes Antipas. Los emperadores romanos que gobernaban en tiempo de Jesús fueron Augusto, quien logró unir el imperio y ponerlo en paz, al grado de que el Senado decidió (entre los años 13 y 19 a. C.) erigir, en el campo Marte, el *ara pacis*, un altar de la paz; murió el año 14 d. C., y le sucedió Tiberio, quien gobernó hasta su muerte el año 37.

Existió un órgano de gobierno propiamente judío, el Sanedrín, una especie de senado, que tenía un poder considerable en el gobierno y administración interna del país; tenía su sede en Jerusalén y llegó a tener jurisdicción sobre todo el pueblo, en causas civiles y religiosas; velaba por la pureza de la doctrina y por eso envió emisarios para interrogar a Juan el Bautista, y condenó a Jesús a muerte; pero no podía ejecutar la sentencia, sin autorización del procurador. Estaba compuesto de 71 miembros, representantes de los sacerdotes, de los doctores de la ley y de los "ancianos" o notables, esto es, representantes de la aristocracia civil. El sumo sacerdote en funciones era el presidente del Sanedrín.

C. Situación social

La vida familiar se tenía en alta estima, fundada en el matrimonio. Las bodas eran objeto de celebraciones que se prolongaban por varios días. Era frecuente el divorcio y la poligamia estaba todavía autorizada, pero excepcionalmente se practicaba. Los padres cuidaban educar a sus hijos en la fe de Israel, que se complementaba con la educación en las escuelas donde los hijos aprendían a leer y escribir para conocer la Biblia.

Las familias judías, unidas por vínculos de sangre y de religión, se trataban amistosamente y se ayudaban. De ahí el saludo que se daban: la paz contigo. La clase superior, compuesta por los sacerdotes, los doctores de la ley, los fariseos y los ciudadanos ricos solía mirar con desprecio al "pueblo de la tierra".

El trabajo manual era muy apreciado en tiempos evangélicos, pero iniciaba ya la afición por el comercio. Había una red de caminos bien trazada.

El costo de la vida no era alto y la población en general podía vivir con poco dinero, pues tenía pocas necesidades. Pero había miseria y, a veces, miseria extrema. Muchos consideraban que la causa principal de la pobreza eran los pesados impuestos que había que pagar a Roma, la cual los cobraba por medio de los publicanos, es decir, agentes cobradores a quienes se les encargaba la exacción de impuestos y se les daba el derecho de retener algo.

La población de Palestina era judía en su mayor parte, sobre todo en Judea, Galilea y Perea, pero existía población helenizada. Los jefes religiosos cuidaban que los judíos no se contaminaran, para lo cual expedían órdenes y prohibiciones. Había muchos judíos que vivían fuera de Palestina, lo cual había sucedido como consecuencia de las conquistas por los asirios y caldeos que deportaron a muchos judíos. El conjunto de judíos en suelo extranjero lo denominaban la "diáspora". Ellos seguían reconociendo a Jerusalén como su centro religioso y solían peregrinar a ella en las grandes fiestas.

La lengua que se hablaba en Palestina, y en la cual predicó Jesús, era el arameo. Cuando nació Cristo, el hebreo ya era una lengua muerta para casi todos los judíos, al grado que era necesario traducir al arameo los pasajes del Pentateuco y de los profetas, escritos en hebreo, para que lo entendieran los judíos de Palestina. El arameo era el idioma que se hablaba en Aram (Siria) y en Caldea y Babilonia, donde fueron desterrados los judíos, y ahí tuvieron que aprenderlo, y cuando volvieron a Palestina, llevaron el nuevo idioma.

D. La situación religiosa

En general, el pueblo judío vivía su fe religiosa. El templo era el gran lugar de culto. El primer templo lo construyó Salomón, y fue destruido por los soldados de Nabucodonosor, cuando tomaron Jerusalén. Después del destierro, los judíos reconstruyeron un templo en el mismo lugar, pero era un edificio pobre. Herodes el Grande ordenó la construcción del templo en el que llegó a estar Jesús. Era un templo magnífico, cuya construcción se inició hacia el año 20 a. C. y que terminó hasta 62-64 d. C. Pocos años después, sería destruido por el ejército romano (70 d. C.).

Además, existían las sinagogas, que no eran lugares de culto, pues ahí no se hacían sacrificios, sino que eran lugares de reunión, donde, en determinados días, especialmente los sábados, se reunían los judíos para orar y para escuchar las enseñanzas de los doctores acerca de la Ley y los profetas. En tiempos de Jesús había muchísimas sinagogas en Palestina, pues hasta las más pequeñas aldeas tenían la suya.

Los encargados del culto eran el sumo sacerdote, los sacerdotes y los levitas, todos debían ser descendientes de la tribu de Leví, y los sacerdotes, de la familia de Aarón. El sumo sacerdote era el jefe religioso del pueblo; su cargo era vitalicio y hereditario, pero bajo la dominación romana, los procuradores del poder romano los instituían y destituían a su antojo. Valerio Graco, procurador anterior a Poncio Pilatos, instituyó a varios, entre ellos a Anás, el año 6 d. C., que fue destituido después de muerto Augusto (14 d.C.); le sucedieron sus tres hijos y luego su yerno, Caifás, quien condenará a Jesús. Los sacerdotes hacían los sacrificios en el templo y atestiguaban la curación de los leprosos. Los levitas eran los encargados del orden en el templo y de auxiliar a los sacerdotes.

Los actos litúrgicos eran los sacrificios y la oración. Había un sacrificio incruento de un puñado de harina mezclado con sal y vino; y sacrificios cruentos, de diversos animales. Cada mañana y cada tarde, a nombre de todo el pueblo, se ofrecía el sacrificio de un cordero sin mancha; previamente, se procedía a la incensación del altar de oro, la cual le tocó hacer a Zacarías, según narra el Evangelio de Lucas. La oración se hacía de pie y, algunas veces, de rodillas con los brazos y manos extendidos hacia el cielo; para orar, algunos judíos se sujetaban a la frente y al brazo izquierdo unas cajitas de pergamino que contenían textos bíblicos, llamadas "filacterias".

La vida cotidiana estaba impregnada por la ley mosaica. Los expertos en conocerla e interpretarla eran los escribas o doctores de la ley, que no eran sacerdotes, sino laicos instruidos, en parte teólogos y en parte juristas. Llegaron a formar un grupo compacto que, en general, era proclive a los fariseos. La interpretación que hacían fue conformando una tradición oral, la "tradición de los padres", en la que se explicaban y desarrollaban los preceptos de la Ley, y que se puso por escrito a partir del siglo II d. C., y es conocida como *Mishná*; en ella se contaban 248 preceptos positivos y 365 negativos. Esta elaboración de la Ley caracterizó, y sigue caracterizando, al pueblo judío. Los escribas tenían más influencia en el pueblo que los sacerdotes comunes.

En la población judía de Palestina, había diversos grupos religiosos que se distinguían por su modo de interpretar y vivir la misma religión judía: los fariseos, los saduceos, los esenios y los samaritanos.

La distinción entre fariseos y saduceos parecen haberse constituido alrededor del año 170 a. C., cuando fue la persecución del rey de Siria Antíoco Epifanes (215 a 164 a. C.), que intentaba imponer en Palestina el helenismo, con sus dioses y cultos, y terminar con la religión judía. Su intento dividió la población judía en dos bandos, los que resistieron a la persecución y se adhirieron con energía y sin mezcla de elementos paganos, a la religión de sus padres, que finalmente fueron llamados fariseos, y los que contemporizaban con el poder constituido y aceptaban las nuevas influencias, que fueron los saduceos. En el siglo primero, estos estaban naturalmente ligados a los partidarios de Herodes, a los herodianos. Los fariseos daban gran importancia al cumplimiento de la Ley, de acuerdo con las prescripciones de la tradición, por lo que solían asociarse con los escribas, y por eso en el evangelio, Jesús se dirige a veces conjuntamente a "escribas y fariseos". Los saduceos decían que debían cumplirse solamente los preceptos de la Ley contenidos en el Pentateuco, por lo que despreciaban las tradiciones de los escribas, pero no eran laxos en el cumplimiento de los preceptos escritos en dicha parte de la Biblia; por otra parte, negaban la resurrección de los muertos.

Los esenios conformaban un grupo que no se menciona en el Nuevo Testamento; eran una especie de monjes del judaísmo, vivían en comunidades, poseían todo en común, practicaban el celibato, eran austeros y ordinariamente habitaban en pequeñas aldeas; hacían profesión de gran pureza de costumbres, como lo manifestaban sus vestiduras blancas; no tomaban parte en los sacrificios del Templo, y sólo enviaban ofrendas para los sacrificios incruentos. El interés por ellos creció a partir del descubrimiento de los rollos de

Qumran. Se ha conjeturado que Juan el Bautista, y aun María, tuvieron contacto con ellos.

Los samaritanos eran los habitantes de Samaria, que se distinguían de los de Judea porque pensaban que el lugar por excelencia para adorar a Dios era el monte Garizim, mientras que los de Judea y Galilea, decían que era Jerusalén.

La vida religiosa del pueblo era, en general, fiel a su religión monoteísta, y no obstante las diferencias entre grupos, todos reconocían la importancia de la Ley, y, salvo los samaritanos, el papel central del templo en Jerusalén. La gente celebraba con regularidad los sábados y las fiestas, y hacía las peregrinaciones anuales a Jerusalén con ocasión de las tres grandes fiestas:[46] la Pascua, que conmemoraba la liberación de Israel del poder egipcio, y se celebraba el día 14 Nisan, es decir el día del primer plenilunio de primavera; en la misma fecha se celebraba conjuntamente la fiesta de los panes ácimos, en la que se consagraban a Dios las primicias de la nueva cosecha del año; la fiesta comenzaba con la cena pascual la noche del día 14 Nisan, y se continuaba durante siete días. La fiesta de Pentecostés (o de las semanas) se celebraba siete semanas después de la fiesta de los panes ácimos y tenía por objeto dar gracias a Dios por las cosechas de cereales; en los años en que vivió Jesús, esta fiesta se había convertido en una acción de gracias por la renovación de la alianza del Sinaí. Y la fiesta de los Tabernáculos o campamentos, que celebraba la terminación de todas las cosechas, del día 15 al 22 del séptimo mes, lo que equivale a fines de septiembre y principios de octubre en nuestro calendario; el nombre de la fiesta hacía alusión a los tabernáculos o tiendas que los judíos acostumbraban a poner en sus campos o viñas para vivir ahí mientras duraba la recolección; pero también hacían alusión a las tiendas en que vivían mientras peregrinaban por el desierto. Fue tomando alguna importancia, y se menciona en el Evangelio de Juan, la fiesta de la Dedicación (*Janukah*) el día 25 del mes Kisleu (nuestro diciembre), que conmemoraba el día en que Judas Macabeo purificó el templo de Jerusalén, profanado por Antíoco.

Practicaban la oración privada: en la mañana y en la tarde hacían oraciones especiales y solían acompañar con oración las actividades ordinarias como

---

[46] Casciaro, pp. 83-85.

las comidas. Practicaban el ayuno, que estaba prescrito, al menos, el segundo y el quinto día de la semana.

Existía en el pueblo una viva esperanza por la venida del Mesías. De esto dan testimonio los evangelios, pero también los libros judíos escritos entre el siglo II a. C. y el siglo II d. C. De su estudio, se ha demostrado que entonces se aplicaban al Mesías 456 pasajes de la biblia hebraica. Dado que el pueblo había sufrido la dominación política de Persia, Siria y últimamente de Roma, asociaron la idea del Mesías a la de un restaurador de la independencia política.

Capítulo 2

Origen y nacimiento de Jesús

Sumario. I. El origen de Jesús. A. La genealogía de Mateo. B. La genealogía de Lucas. C. La explicación de Juan. II. Los relatos sobre el nacimiento de Jesús. III. El relato de Lucas. A. La anunciación a Zacarías (Lc 1,5-25). B. La anunciación a María y la concepción virginal de Jesús (Lc 1,26-38): 1. El saludo del Ángel, 2. El mensaje. 3. La respuesta de María. C. La visitación de María a Isabel. D. El nacimiento de Jesús en Belén. 1.Tiempo. 2. Lugar. 3. Anuncio y adoración de los pastores. 4. La circuncisión del Niño. 5. La purificación de María en el templo, la presentación del Niño y el pago del rescate. IV. El relato de Mateo. A. El anuncio a José. B. El nacimiento. C. La llegada de los magos: 1 Quiénes eran los magos. 2. La estrella. 3. La previsión de Herodes. 4. La adoración de los magos. D. La huida a Egipto, la matanza de los inocentes y el retorno a Nazaret. 1. La matanza de los inocentes. 2. La huida. 3. El regreso.

I. El origen de Jesús

Con Jesús se presenta el problema de su origen de manera muy especial. Es, a la vez, conocido y misterioso. Es conocido, porque todos saben que es hijo de María y José, que viene de Nazaret, donde vivió la mayor parte de su vida y también sus familiares. A veces, este origen "pueblerino" se aducirá como una prueba contra su autoridad como maestro. Por otra parte, la gente afirma que, a diferencia de Moisés de quien sabían que Dios hablaba con él, de Jesús no se sabe de dónde viene, y eso mismo le pregunta Pilatos en el interrogatorio previo a su condena a muerte: ¿De dónde eres tú?

Los evangelios dan respuesta a esta pregunta. Ese es el sentido que tienen las genealogías de Jesús que ofrecen Mateo, al principio del Evangelio, y Lucas, al narrar los inicios de la vida pública. Juan, en cambio, ofrece una reflexión sobre su origen eterno.

A. La genealogía de Mateo

La genealogía de Mateo[1] comienza con el nombre de Abraham, a quien Dios había hecho la promesa de que de su descendencia vendría una bendición para todos los pueblos. Está dividida en tres grupos, cada uno de catorce generaciones: de Abraham a David; de Salomón al exilio en Babilonia, y del exilio a Jesús. David, a quien se le había hecho la promesa de un descendiente que reinaría eternamente, es un nombre crucial en esta genealogía. Toda ella es un argumento de que Jesús es descendiente de Abraham y de David, conforme a las promesas que Dios había hecho a Israel. Jesús es, como la gente le dirá, el Hijo de David.

La genealogía muestra también el misterio del origen de Jesús. De todas las generaciones se dice que un varón engendró un hijo en una mujer ("Abraham engendró a Isaac) pero al llegar a la generación de Jesús se corta ese esquema y se dice: "Jacob engendró a José, el esposo de María, de la cual nació Jesús, llamado Cristo". José no engendró a Jesús, por lo que en María se da un nuevo comienzo, pues su hijo, Jesús, no proviene de hombre alguno.

En ningún lugar de los evangelios se afirma que María fuera descendiente de David, Lucas[2] sólo dice que era pariente de Isabel, la madre de Juan el Bautista, y que ésta era descendiente de la tribu de Aarón; de ahí podría suponerse que María también era descendiente de esa tribu.

Para la mentalidad de los judíos, la ascendencia de una persona se determinaba por vía paterna, independientemente de que el padre fuera padre biológico o padre legal. Esto supone una concepción de la paternidad más amplia que la sola concepción biológica: padre es el que sustenta, protege, educa,

---

[1]   Mt 1,1-17.

[2]   Lc 1,5 y 26.

como lo hizo José con Jesús. Por eso, hay varios lugares en los evangelios y en las cartas paulinas que afirman que Jesús era hijo de David.[3]

Si Jesús fuera descendiente biológico de David no podría afirmarse que fuera Dios. El mismo Jesús hizo notar esto a sus adversarios poco antes de que lo apresaran les preguntó[4] de quién es hijo el Mesías, y ellos respondieron "de David", y él les replica: "Entonces, ¿cómo David, movido por el Espíritu, le llama Señor al decir [Salmo 110,1]: *Dijo el Señor a mi Señor: 'siéntate a mi derecha, hasta que ponga a tus enemigos bajo tus pies'*? Por lo tanto, si David le llama 'Señor', ¿cómo va a ser hijo suyo?". Los tres evangelios sinópticos hacen este relato que afirma implícitamente la divinidad de Jesús, que Juan hará explícita.

B. La genealogía de Lucas

Lucas procede de modo inverso a Mateo, pues en vez de empezar por el progenitor más antiguo y terminar con Jesús, comienza con Jesús que "se pensaba hijo de José", y se remonta a los progenitores previos hasta llegar a Adán, de quien afirma que es "hijo de Dios".[5] Llama la atención que no hay coincidencia de muchos nombres en las dos genealogías, y ni siquiera concuerdan en el nombre del padre de José; es evidente que cada evangelista ha usado una fuente propia para construir su genealogía, y que lo que les interesa transmitir, no es la sucesión de generaciones, sino el mensaje que contiene la estructura de cada genealogía. Así como Mateo, que se dirige principalmente a los judíos, transmite una genealogía en la que se muestra a Jesús como el hijo de David, descendiente de Abraham, Lucas, que se dirige a los cristianos o discípulos de origen no judío, presenta una genealogía en la que Jesús es, como todos los seres humanos, descendiente de Adán, y de Adán dice que era hijo de Dios. Lucas también cuida de no afirmar que Jesús fue engendrado por José, de modo que deja abierto el misterio acerca del origen de Jesús.

---

3   Por ejemplo, Pablo en Rom. 1,3 dice de Jesús "nacido del linaje de David según la carne", en una carta escrita a finales de los años cincuenta; el añadido "según la carne" indica que eso se afirma de Jesús teniendo en cuenta los modos de pensar humanos, pero no vale a los ojos de la fe, que ve a Jesús como Hijo del Eterno Padre.

4   Mt 22,44; Mc 12,35; Lc 20,41.

5   Lc 3,23-38.

La visión que ofrece Lucas del origen de Jesús, como descendiente del primer hombre, de Adán, coincide con el título que Jesús gusta usar respecto de sí mismo, que es el Hijo del Hombre.[6]

C. La explicación de Juan

Juan aborda el problema del origen de Jesús de una manera completamente distinta. En vez de referirse al origen de Jesús en el tiempo, en la historia, lo plantea como algo fuera del tiempo, en la eternidad. En su prólogo afirma: "En el principio ya existía la Palabra (o el Verbo), y la Palabra estaba junto a Dios y la Palabra era Dios... Y la palabra se hizo carne y acampó entre nosotros".[7] Aquí el origen de Jesús es Dios, pero no en el sentido de que Dios lo haya creado, como creó a Adán y a todos los hombres, sino en el sentido de que Jesús es Dios, el Hijo eternamente engendrado por el Padre, que se ha hecho hombre, que se ha hecho "carne" para habitar entre nosotros. El origen último de Jesús no está en el tiempo. Él es Dios, causa primera, origen y fin de todo lo que existe. A todos los que creen que Jesús es Dios, añade el evangelista, les da el "poder de ser hijos de Dios".

Lo que Juan afirma expresamente, que Jesús es Dios, es algo que también se dice en los evangelios sinópticos,[8] y especialmente interesante es el testimonio del sumo sacerdote Caifás, quien condenó a Jesús. Caifás le preguntó, según narran los tres sinópticos, si él era el Hijo de Dios; con esta pregunta demuestra que conocía que Jesús afirmaba eso de sí mismo. Jesús responde y afirma con toda sencillez que Él es. Y la misma condena que pronuncia el Sanedrín, que Jesús ha blasfemado, es una prueba de que Jesús afirmaba y enseñaba que él era el Hijo de Dios.

---

6   Son muchos los lugares de los evangelios sinópticos donde Jesús se llama Hijo del Hombre, y son especialmente significativas las veces en que se dice que el Hijo del Hombre volverá al final de los tiempos, como en Mt 24,29-31; Mc 13,24-27 y Lc 21,25-28.

7   Jn 1,1-14.

8   Mt 26,63; Mc14, 61-62; Lc 22,70-71.

II. Los relatos sobre el nacimiento de Jesús

Uno es de Mateo[9] y el otro de Lucas.[10] Son relatos independientes que narran distintos acontecimientos, que resultan complementarios de una misma historia. Tienen en común que los narran de manera muy ligada con textos del Antiguo Testamento. El relato de Mateo continuamente explica los acontecimientos con citas bíblicas. El de Lucas narra los acontecimientos con palabras de los libros antiguos, haciendo alusiones implícitas y, cosa extraña en el estilo de Lucas, tiene muchos semitismos, por lo que se ha propuesto que sigue el modelo de un género literario judío, un "misdrash hagágico", es decir, una interpretación de la Escritura mediante narraciones.[11]

En estos relatos se cuenta una historia que ya estaba anunciada en la Escritura, aunque veladamente. Por eso es también una historia que da su pleno significado a la palabra, relata los acontecimientos anunciados, por ejemplo, la profecía de Isaías de que una virgen concebirá, que se verifica en el hecho de la concepción virginal de Jesús en María. La fuente de estos relatos, que parecen haber sido conservados en la memoria de los discípulos como "tradiciones familiares", no puede ser otra que María o el mismo Jesús.[12] Lucas alude a lo primero, cuando afirma que ella guardaba estas cosas, es decir, las que él ha narrado, en su corazón y las pudo haber comunicado a sus íntimos, y al mismo Lucas, quien hace la narración de la concepción y nacimiento de Jesús desde la perspectiva de María.[13]

Jesús, quien en varios pasajes explica a los discípulos, con base en las Escrituras, que tendría que padecer y morir,[14] especialmente cuando se aparece resucitado a los discípulos de Emaús[15] y, mientras camina con ellos, les explica todos los pasajes de las Escrituras que se referían a Él. Bien pudo ser que en

---

9   Mt 1,18-2,23.

10   Lc 1,1-2,38.

11   Véase Ratzinger I, pp. 20-23.

12   Esa es la opinión de Joachim Gnilka, cit. por Ratzinger I, p. 23.

13   Lc 2,19 y 2,51.

14   En Lc 24,6 el ángel les dice a las mujeres que recuerden cómo Jesús les explicaba que tenía que padecer, morir y resucitar.

15   Lc 24,27.

vida Jesús, mientras caminaba con sus discípulos, les explicara las Escrituras en lo referente a su nacimiento. Mateo, uno de los doce, pudo tener como fuente esas palabras de Jesús, y por eso su relato, compuesto desde la perspectiva del padre legal de Jesús, de José, está lleno de referencias al Antiguo Testamento.

Una peculiaridad de ambos relatos es que los personajes principales que intervienen en ellos, María y José, son personas que hacen oración, es decir, que están en un diálogo continuo con Dios, lo cual explica que Dios les hable, a María, por medio de un ángel, y a José, en sueños. Quien tiene experiencia en la oración, en el diálogo del hombre con Dios, no verá extraño que las narraciones digan que Dios habla realmente a los padres de Jesús.

Los dos relatos, si bien son diferentes, coinciden en puntos esenciales: que María concibió sin haberse unido a un varón, el tiempo y el lugar en que ocurrió el nacimiento, y el nombre Jesús que sus padres deberán poner al niño.

Ambos relatos, antes de narrar el nacimiento, se refieren a sendos anuncios del nacimiento. Lucas cuenta el anuncio a María; Mateo, el hecho a José. Lucas relata un anuncio previo, el del nacimiento de Juan el Bautista, hecho a Zacarías.

III. El relato de Lucas

Comienza con la narración de los anuncios de dos nacimientos: el de Juan el Bautista y el de Jesús, con lo cual se resalta la unidad entre la historia de Juan y la de Jesús.

A. La anunciación a Zacarías[16]

Lucas es el único evangelista que narra la anunciación de Juan el Bautista, pero los cuatro evangelios coinciden en la importancia de Juan, por lo que todos relatan el inicio de la vida pública de Jesús en relación con las actividades de Juan el Bautista. Flavio Josefo también habla de Juan el Bautista, al que le presta más atención que a Jesús.

---

[16] Lc 1,5-25.

La anunciación a Zacarías está enraizada en el ambiente del Antiguo Testamento. Zacarías es un sacerdote, y también su esposa Isabel es descendiente de familia sacerdotal, de Aarón. De ambos se dice que eran "justos ante Dios y caminaban intachables en todos los mandamientos y preceptos del Señor".[17] El anuncio sucede en el templo, el día en que toca a Zacarías incensar el altar, en preparación al sacrificio del cordero. Toda la escena se corresponde con la vida ordinaria de Jerusalén y especialmente de un sacerdote.

Dentro del templo, sin testigos, aparece un ángel, que anuncia a Zacarías que su mujer, Ana, quien era estéril, dará a luz un hijo, al que deberá nombrar Juan. En el relato de Lucas hay un detalle realista, que ha permitido reconstruir la escena: el ángel, dice, estaba "de pie a la derecha del altar del incienso".[18] Es un relato parecido a los que hay en las escrituras de otras mujeres estériles, como Sara, esposa de Abraham, o Ana, madre de Samuel, que conciben gracias al poder de Dios. La semejanza significa que Juan, como todos esos niños, proviene de Dios, de modo particular.

El ángel continúa su anuncio y dice que el niño deberá llamarse Juan, y que tiene una misión especial, para la cual estará preparado, pues estará "lleno del Espíritu Santo ya desde el vientre de su madre". Su misión será preceder al Señor de Israel, "con el espíritu y el poder de Elías", para "convertir los corazones de los padres hacia los hijos y a los desobedientes a la prudencia de los justos", a fin de preparar al Señor un pueblo perfecto. La misión encomendada se encuadra en la escritura. En la profecía de Malaquías,[19] pronunciada unos quinientos años antes, se lee: "Vean que envío a mi mensajero a preparar el camino delante de mí",[20] y más adelante: "Vean que yo les enviaré al profeta Elías antes de que llegue el día del Señor, grande y temible. El reconciliará el corazón de los padres con los hijos y el corazón de los hijos con los padres, para que no venga yo a golpear la tierra con el exterminio".[21]

---

[17]   Lc 1,6.

[18]   Erik Petersen, citado por Ratzinger, p. 27, dice: "Era el lado sur del altar. El ángel está entre el altar y el candelabro de siete brazos. En el lado izquierdo del altar, que da al norte, había una mesa con los panes de la proposición".

[19]   Malaquías vivió entre el año 515 y el 445 antes de Cristo.

[20]   Ml 3,1.

[21]   Ml 3,23.

Para un sacerdote judío, tal anuncio no sería tan sorprendente, y menos para Zacarías que, según dice el texto, había hecho oración pidiendo un hijo. Sin embargo, Zacarías dudó y el ángel entonces reveló su nombre: Gabriel, y le dijo que en castigo por su incredulidad quedaría mudo, hasta que naciera el niño.[22] Al salir del templo, no podía hablar, y de eso pudieron dar testimonio todos los judíos que asistían al templo en ese momento.

Cuando terminó su turno en el templo, regresó Zacarías a su casa; se unió a su mujer, ella concibió y pasaron cinco meses de gestación.

B. La anunciación a María y la concepción virginal de Jesús[23]

Sucede en un ambiente totalmente distinto al de la anunciación de Juan, fuera de Jerusalén y fuera del templo; en una pequeña villa de Galilea llamada Nazaret, en el interior de una casa pobre. El anuncio se hace no a un sacerdote, sino a una niña, de alrededor de quince años, "a una virgen desposada con un varón de nombre José, de la casa de David.[24] El nombre de la virgen se llamaba María".[25] Hay, sin embargo, varias conexiones entre aquella anunciación y ésta: en ambas, el mensajero es el ángel Gabriel; la anunciación de María se conecta cronológicamente con la de Juan, pues ocurre cuando Isabel estaba en su sexto mes; y, además, María e Isabel eran parientes.

1. *El saludo del ángel.* El relato de Lucas dice que el ángel entró donde estaba la Virgen, y le saludó con estas palabras: "Dios te salve, llena de gracia, el Señor es contigo", y que la Virgen se turbó al oír tal saludo, por lo que el ángel le dijo: "No temas, María, porque has hallado gracia delante de Dios".[26]

Es de notar que el saludo no es el acostumbrado entre los judíos, no le desea la paz, sino que es una exhortación a la alegría, fundada en que el Señor

---

[22] Lc 1,19. Este nombre del ángel aparece en el Antiguo Testamento únicamente en el Libro de Daniel, 9,21.

[23] Lc 1,26-38.

[24] De acuerdo con las costumbres judías, la mujer prometida o desposada seguía viviendo en el hogar paterno por un año, bajo la potestad de sus padres, y pasado el año, el esposo la recibía en su casa, es decir, tenía lugar el matrimonio. Gnilka, cit. por Ratzinger I, p. 45.

[25] Lc 1,27.

[26] Lc 1,28-30.

"es contigo". Es semejante a una profecía de Sofonías,[27] en la que exhorta a Israel a la alegría, porque el Señor "está en medio de ti".

2. *El mensaje.* El ángel le dice que dará a luz un hijo, al que le pondrá el nombre de Jesús,[28] que será llamado Hijo del Altísimo, y Dios le dará el trono de David, que reinará eternamente sobre la casa de Jacob y que su reino no tendrá fin. En este anuncio se aúnan dos títulos de Jesús, el de Hijo de Dios ("Hijo del Altísimo") y el de hijo de David, a quien llama "su padre".

El mensaje se entiende en la perspectiva de la promesa que el profeta Natán había comunicado a David: "Tu casa y tu reino permanecerán para siempre en mi presencia y tu trono será firme también para siempre".[29]

3. *La respuesta de María.* Se da en tres fases. Su primera reacción es de asombro e inquietud; ella no duda, pero reflexiona sobre el significado del saludo. La segunda inquietud es cuestionarse sobre cómo ella va a concebir si no conoce varón. Es una pregunta desconcertante, porque ella estaba "desposada", esto es, comprometida con José, por lo que era natural que pensara que concebiría por obra de José. San Agustín dio la explicación de que ambos habían hecho un voto de virginidad, pero esto no era una práctica en el mundo judío de entonces; recientemente se ha dado esta explicación: María entiende que concebirá de forma inmediata, y José aún no la ha recibido. Pero no es explicación convincente porque la convivencia sería próxima. Puede ser que María, al oír que el hijo que concebirá se llamará "Hijo del Altísimo", entiende que ha de concebir sin concurso de varón, y por eso pregunta cómo ha de ser.

Luego, ante el desconcierto de María sobre cómo concebirá, el ángel le explica que el Espíritu Santo vendrá sobre ella, que la fuerza del Altísimo la cubrirá con su sombra, es decir, que va a concebir gracias al amor y al poder de Dios y, por eso, el que va a nacer será llamado Hijo de Dios.

---

[27] So. 3,15: "El Señor, Rey de Israel, está en medio de ti; no temerás más la desgracia"; 3,17: "El Señor, tu Dios, está en medio de ti como poderoso Salvador. Él disfrutará de ti con alegría, te renovará su amor, se regocijará en ti con canto alegre, como en los días de fiesta".

[28] El nombre de Jesús también lo señala Mateo, quien dice que significa que Dios salvará al pueblo de sus pecados.

[29] 2S 7,16.

Enseguida viene la tercera reacción de María, su respuesta: "He aquí la esclava del Señor, hágase en mi según tu palabra".[30] Es una manifestación de la libertad humana, que el mismo Dios respeta: no podía redimir el mundo sin la voluntad de María. Algunos autores han entendido que con su respuesta María se hace madre de todos los hombres, en cuanto les abre la posibilidad de ser hijos de Dios. Entonces, el ángel la deja y ella queda sola y concibe a Jesús por obra del Espíritu Santo.

Algunos autores han pensado que el relato de la concepción virginal de Jesús es una especie de adaptación de algunos mitos existentes en las culturas antiguas, en los que se habla de hombres engendrados por los dioses, como se decía de los faraones egipcios o como se decía de Hércules, en la mitología griega, que había nacido de la unión sexual entre Zeus y Alcmena. Pero en todos estos mitos se habla de una unión física, por la que el dios varón se une con una mujer y procrea.

En cambio, tanto Lucas como Mateo afirman que María concibió sin unión física, por obra del Espíritu Santo, de modo que es algo radicalmente nuevo y no cabe entenderlo como una "adaptación" de un mito preexistente, porque afirma algo muy diferente y contrario de la experiencia de los pueblos. Es interesante que ambos relatos, aunque son independientes y cada uno tiene sus propias fuentes, afirmen lo mismo, lo cual significa que era ya algo sabido y difundido en la comunidad cristiana primitiva.[31]

Mateo, como prueba de la credibilidad de su relato, afirma que eso sucedió "para que se cumpliera lo que dijo el Señor por medio del profeta", esto es, por el profeta Isaías: que una virgen concebirá y dará a luz un hijo;[32] fue una profecía dicha en el año 733 a. C., y en toda la historia posterior de Israel, nadie había afirmado que se había cumplido.

Los testimonios de Mateo y Lucas son claros al afirmar la concepción virginal de Jesús. Son dos testimonios coincidentes e independientes, pero aceptar

---

[30] Lc 1,38.

[31] También el Evangelio de Juan, que es independiente respecto de estas narraciones de Lucas y Mateo, afirma lo mismo en 1,13, si se lee en singular: "que no ha nacido de la sangre, ni de la voluntad de la carne, ni del querer del hombre, sino de Dios".

[32] Is 7,14: "Miren, la Virgen está encinta y dará a luz un hijo...".

que verdaderamente sucedió lo que afirman requiere aceptar que Dios, omnipotente, actúa por medio de los hombres. En la historia de Jesús de Nazaret hay dos momentos en que la acción de Dios interviene directa y decisivamente en la historia: en la concepción y nacimiento de Jesús y en su resurrección de entre los muertos.

C. La visitación de María a Isabel

Lucas continúa su relato y narra el viaje de María a un lugar en las montañas de Judea, donde vivía su pariente Isabel.[33] Narra los saludos que se dan, luego el nacimiento de Juan el Bautista y la recuperación del habla por Zacarías. El lugar se ha identificado como la actual Ain Karim. Con el encuentro de ambas mujeres se unen las historias de Juan y de Jesús, desde antes de su nacimiento, que luego confluirán en el inicio de la vida pública de Jesús.

Lucas afirma que, pasados tres meses con su parienta Isabel, María regresa a Nazaret. Se ha conjeturado si lo hizo antes o después del nacimiento de Juan y algunos, por ejemplo sor María de Jesús de Agreda,[34] afirma que María se quedó para ayudar a Isabel en el parto y en los siguientes días.

D. El nacimiento de Jesús[35]

Lucas comienza el relato del nacimiento con una referencia histórica que permite encuadrar el nacimiento de Cristo en la historia universal. El emperador Octavio Augusto promulgó un edicto para que se empadronase todo el mundo. El imperio era entonces una comunidad universal que gozaba de paz, que tenía una lengua común, el griego, y que era un ambiente propicio para un mensaje de salvación universal. Agrega Lucas que dicho empadronamiento o censo ocurrió cuando Quirino era el gobernador de Siria, de la cual dependía Palestina. Todos los varones debían acudir a su ciudad de origen a empadronarse. Por esa causa, José, que era descendiente de David, salió de Nazaret, con su esposa encinta, para ir a Belén, la ciudad de David. Continúa Lucas que, estando ahí, le llegó el tiempo a María y dio a luz a su hijo primogénito,

---

[33] Lc 1,39-56.

[34] María de Jesús de Agreda, *op. cit.*, pp. 452-454.

[35] Lc 2,1-38.

"lo envolvió en pañales y lo recostó en un pesebre, porque no hubo lugar para ellos en la posada".

Lucas dice que María dio a luz a su "hijo primogénito". ¿Qué quiere decir con esto? No puede entenderse en el sentido de que fue el primero de varios. La palabra *primogénito* en esa frase aparece como una anticipación de lo que posteriormente relatará Lucas, la presentación en el templo y el pago por el rescate del hijo primogénito. La teología paulina desarrollará el significado de esa palabra al decir que Jesús resucitado es "el primogénito de muchos hermanos",[36] es decir, el primero que resucita de todos los que resucitarán para ver a Dios.

1. *Tiempo.* El relato permite ubicar históricamente el acontecimiento en un tiempo determinado, el del censo ordenado por Octavio Augusto y ejecutado por Quirino.

Como no se ha tenido noticia segura del año en que pudo practicarse el censo ordenado por Augusto en Palestina,[37] el año del nacimiento se ha calculado mejor tomando en cuenta la vida y muerte del rey Herodes.[38] Tanto Lucas como Mateo coinciden en que Jesús nació cuando reinaba Herodes, del que se sabe con seguridad que murió en los primeros meses del año 750 de la fundación de Roma, que equivale al año 4 antes de Cristo. Por un error de cálculo, Dionisio el Exiguo, en el siglo VI, fechó el nacimiento de Jesús a finales del año 753 y el comienzo de la era cristiana en el año 754. Dado que Jesús nació cuando reinaba Herodes, su nacimiento debió ocurrir antes del año de la muerte de Herodes, es decir, antes del año 4 a. C.; considerando que Herodes, cuando decidió matar al Niño Jesús, ordenó que se diera muerte a los niños de dos años y menores, se ha tenido como lo más probable que Jesús nació dos años antes de que muriera Herodes, esto es, el año 748 de la fundación de

---

[36] Rom 8,29.

[37] De acuerdo con las fuentes de historia romana (véase Casciario, *op. cit.*, p. 42, n. 55; Meier I, *op. cit.*, pp. 212-213; Ratzinger I, p. 69), se sabe que Quirino pudo tener mando en Siria entre los años 10 a 6 a. C., y luego un segundo mandato, como gobernador de Siria, del año 6 al 7 d. C., y que llevó a cabo un censo en Judea (no en Galilea) el año 6 d. C., que no puede ser aquel al que se refiere Lucas. Se puede fijar mejor la fecha del nacimiento con la referencia de la vida y muerte de Herodes, como se explica en el texto.

[38] Véase *Comentario*, p. 974.

Roma, que equivale al año 6 antes de Cristo, según la cuenta actual. Ese año sexto antes de Cristo coincide con las noticias cronológicas que da Lucas: Octavio Augusto era el emperador y Quirino tenía mando en Siria.

En cuanto al día del nacimiento, no puede precisarse por fuentes documentales, pero hay una antigua tradición, en la iglesia latina, reconocida por san Agustín, que refiere que los cristianos celebraban la Natividad el 25 de diciembre, y a esa tradición se unió la Iglesia de Oriente en el siglo cuarto.

2. *Lugar.* Del relato se desprende que Jesús nació en Belén, la ciudad de David, de donde era oriundo José. En cuanto al lugar preciso del nacimiento, desde el siglo II se sabía en Palestina que Jesús había nacido en una gruta, como lo demuestra el diálogo de san Justino (oriundo de Palestina) con Trifón.[39] Las grutas son abundantes en los alrededores de Belén y, por la configuración del suelo calcáreo, son refugios socorridos para el ganado. Santa Elena hizo construir, entre 327 y 333, una basílica encima de la gruta, la cual, después de varias restauraciones, aún se conserva y preserva el lugar donde nació Jesús.

El Evangelio de Lucas nada dice de la presencia del buey y del asno, que la iconografía cristiana incluyó en sus representaciones de la gruta desde los primeros tiempos. Puede ser que haya influido una profecía de Isaías[40] que dice: "Conoce el buey conoce a su amo, y el asno el pesebre de su dueño. Pero Israel no conoce, mi pueblo no discierne". La supuesta presencia de los dos animales se ha interpretado como una metáfora que se refiere a los dos pueblos, los judíos y los gentiles, de los cuales sólo unos pocos reconocieron a Jesús. La venerable María de Jesús de Agreda, que transmite la tradición franciscana sobre la infancia de Jesús, que oyó en las homilías y consejos de sus confesores, dice, con sentido común, que el asno fue el que usaron María y José para su viaje de Nazaret a Belén y que el buey era uno que vagaba por ahí y entró atraído por el lugar.[41]

---

[39] Fillion I, p. 164, quien también se apoya en Orígenes (*Cfr.* Celso, 1,5), y en varios evangelios apócrifos, da esto como bien conocido en su tiempo (185-254) y también lo consignan varios de los evangelios apócrifos.

[40] Is 1,3.

[41] María de Jesús de Agreda, *op. cit.*, libro IV § 485, p. 561. Ahí dice que María mandó a los animales que "adorasen", en cuanto ellos podían a su Creador, y que "obedecieron los humildes

3. Anuncio y adoración de los pastores. Después de narrar el nacimiento, Lucas da cuenta del anuncio que recibieron unos pastores, que estaban cerca de la gruta, de que había nacido el Salvador. De acuerdo con una antigua tradición, ocurrió dos kilómetros al este de Belén, en una pradera abundante en pastos, donde era razonable que estuvieran los pastores. El anuncio a los pastores, antes que a otras personas de mejor posición social, era, por una parte, algo natural, pues estaban en los alrededores del lugar donde nació Jesús, por lo que era lógico que fueran los primeros en enterarse; pero, por otra parte, ha dado lugar a la reflexión de que ellos, por ser de los "pobres" que esperaban la salvación de Dios, también estaban interiormente más cercanos al acontecimiento, por lo que eran los primeros que podían comprenderlo.

El mensaje lo transmite un ángel, que se presenta ante los pastores "y la gloria del Señor los rodeó de luz" y ellos "se llenaron de un gran temor",[42] por lo que el ángel los tranquiliza con estas palabras: "no teman". El mensaje es el anuncio de una "gran alegría", "hoy les ha nacido, en la ciudad de David, el Salvador, que es el Cristo, el Señor".

Del mensaje, conviene fijarse primero en la expresión una "gran alegría" que coincide con el saludo del arcángel Gabriel a María: "alégrate". De esa consideración viene la idea de que el nacimiento, vida y mensaje de Cristo son el "Evangelio", la buena noticia por excelencia. El lugar del nacimiento se identifica como la "ciudad de David", porque de acuerdo con las Escrituras, el Mesías sería descendiente de David, como lo afirman las dos genealogías, y nacería en su misma ciudad, en Belén. Se le llama "salvador" (en griego *soter*), porque era una palabra que se usaba para designar al emperador Ocatvio Augusto, de quien se decía que era salvador, porque, después de las guerras civiles, había impuesto la paz en el imperio; Lucas utiliza la palabra y la aplica a Jesús para poner en contraste la paz de Augusto, obra de las armas, con la muy distinta paz y salvación que anuncia Jesús, con su nacimiento de modo humilde y celebrado entre los humildes.

---

animales al mandato de su Señora y se postraron ante el niño y con su aliento le calentaron y sirvieron con el obsequio que le negaron los hombres".

[42] Lc 2,9-10. En los evangelios se presenta de manera constante este "llenarse de temor" ante la presencia divina, como cuando Gabriel se aparece a la Virgen o a Zacarías; es un temor de asombro, no de miedo ni de pánico.

El ángel concluye su mensaje dando una señal a los pastores: que encontrarán al niño envuelto en pañales y reclinado en un pesebre. Luego, dice Lucas, apareció, a la vista de los pastores, una muchedumbre de ángeles que dicen (se ha entendido que cantan): "Gloria a Dios en las alturas y paz a los hombres en los que Él se complace". Y ¿quiénes son los hombres en los que Él se complace? En el relato del bautismo de Jesús, se oye una voz del cielo, es decir, de Dios, que afirma que Él se complace en Jesús, por lo que posteriormente pudo entenderse que Dios se complace en los que son como Jesús.[43]

En cuanto desaparecen los ángeles, los pastores deciden ir a Belén y caminan presurosos, dice Lucas, y encontraron a María, a José y al Niño recostado en el pesebre. Los pastores les cuentan lo que les había sucedido, lo cual es muy natural, que al llegar expliquen su presencia en ese lugar y, agrega Lucas, que todos[44] los que los escucharon "se maravillaron". Los pastores, dice Lucas, regresan glorificando y alabando a Dios, por todo lo que habían oído y visto. Lucas añade que "María guardaba todas estas cosas en su corazón", lo cual parece indicar que Lucas las conoce gracias a que María se las comunicó a él,[45] o a la comunidad cristiana, de cuya tradición las recogió.

Conviene notar la sencillez del relato del nacimiento de un niño en condiciones pobres, con la presencia de lo sobrenatural, gracias al mensaje del Ángel y los cánticos de los ángeles, que hacen ver que el nacimiento, en ese lugar tan humilde, tan alejado de los centros del poder y de la riqueza, concurrido por personas pobres, es el acontecimiento que trae la salvación al mundo entero.

4. *La circuncisión del Niño*.[46] Cumplidos los ocho días del nacimiento, Jesús fue circuncidado, de acuerdo con la ley, con lo cual ya pertenecía jurídicamente al pueblo de Israel o, como diría san Pablo, fue "nacido bajo la ley".[47]

---

[43] Lc 3,21.

[44] Todos sería María y José, pero quizá hubiera otros que habían acudido espontáneamente al saber que ahí había nacido un niño.

[45] Se ha conjeturado que Lucas pudo entrevistarse con la virgen María en el tiempo en que había ido a Jerusalén con Pablo, y cuando éste fue puesto en prisión en Cesarea. Lucas acompañó a Pablo en Cesarea y desde ahí pudo hacer viajes a Jerusalén y otros lugares donde vivió Jesús para entrevistar a testigos de la vida de Jesús, y especialmente a la virgen María. Véase J. Holzner, *San Pablo*, Barcelona, Herder, 1955, p. 401.

[46] Lc 2,21.

[47] Gal 4,4.

Con toda precisión, Lucas añade que le fue impuesto el nombre de Jesús, nombre que el ángel había anunciado a María antes de que fuera concebido, lo cual transmite la idea de que Dios tiene un nombre para los seres humanos, antes de que sean concebidos, por lo que nadie nace "por casualidad".

La circuncisión la pudo haber hecho el mismo José. La costumbre era que la hiciera un rabino. Sor María de Jesús de Agreda afirma que José fue a la sinagoga de Belén y llevó al rabino que circuncidó al Niño en la gruta.[48]

5. *La purificación de María en el templo, la presentación del Niño y el pago del rescate.*[49] Lucas no era judío ni conocía a fondo los preceptos de la ley y escribe para los cristianos que no eran de procedencia judía, por lo que no es de extrañar que no describa con precisión, ni se esfuerce por hacerlo, los actos que tienen lugar en el templo. Inicia el relato de este episodio diciendo que, al cumplirse los cuarenta días posteriores al nacimiento, llegó el día de la purificación de María, de acuerdo con la ley de Moisés; según el libro del Levítico,[50] la mujer debía ofrecer un sacrificio de purificación, un cordero, y un sacrificio de expiación, una tórtola o un pichón; los pobres podían simplemente ofrecer dos tórtolas o dos pichones. María, según refiere Lucas,[51] ofreció el sacrificio de los pobres.

En el mismo párrafo que habla de la purificación de María, Lucas dice que sus padres llevaron a Jesús al templo para presentarlo ante el Señor, de acuerdo con la Ley, y cita expresamente el precepto que dice que todo varón primogénito será consagrado a Dios.[52] Según las prescripciones judías, los padres podían rescatar al niño, pagando a cualquier sacerdote, en todo el país, la cantidad de cinco ciclos. Pero, lo singular de la narración de Lucas, es que no menciona el pago del rescate, antes bien dice que los padres llevaron a Jesús para presentarlo, es decir "ofrecerlo" a Dios. Y aunque no era necesario hacerlo en el templo, pues se podía hacer en cualquier lugar o sinagoga, Lucas dice claramente que fue en el templo, con lo que da mayor solemnidad al ofrecimiento. La falta de

---

48   María de Jesús de Agreda, *op. cit*, libro iv § 530, p. 581.

49   Lc 2,22-38.

50   Lev 12,1-4.

51   Lc 2,24.

52   Ex 13,2; 13,12 y ss.

pago del rescate indica que el Niño no es de sus padres, sino que ha sido dado a Dios, de acuerdo con la ley.

Lucas continúa su narración[53] y menciona el encuentro que tuvieron María y José en el templo con dos personajes de características proféticas, Simeón y Ana. Simeón es descrito como un habitante de Jerusalén, al cual califica Lucas con la misma palabra que dijo de José, esto es, que era "justo" y agrega que Simeón esperaba la "consolación de Israel", es decir, esperaba al Mesías y su salvación; es un hombre dócil a Dios, por lo que llegó al templo "movido por el Espíritu Santo". Dice Lucas que tomó al Niño en sus manos y entonces dijo unas palabras que, cuando escribe Lucas, ya eran parte de un cántico litúrgico, conocido hoy como *Nunc dimiti* ("Ahora puedes sacar de esta vida a tu siervo"), y que desde tiempos antiguos es parte de las oraciones de la noche en la Iglesia de Oriente y Occidente (junto con los otros cánticos que transmite Lucas en su relato de la infancia: el *Magnificat* y el *Benedictus*). En el cántico, Simeón hace dos afirmaciones respecto de la misión de Jesús, ambas tomadas del profeta Isaías: que Jesús es gloria de Israel[54] y, a la vez, luz para alumbrar a las naciones.[55]

Después de alabar a Dios y bendecir a los esposos, Simeón, dirigiéndose a María, dice esta profecía: que Jesús viene como signo de contradicción,[56] que hará que muchos se levanten y otros caigan y que a ella una espada le traspasará el alma, es decir, que habrá de sufrir.

Junto a Simeón, introduce Lucas a otro personaje, la profetisa Ana, de 84 años, que vivió siete años casada, permaneció viuda y servía en el templo. Ella presencia la escena de Simeón, con el Niño, y habla de él a todos los que esperaban la liberación de Israel, es decir, a quienes esperaban al Mesías.

---

[53] Lc 2,25-38.

[54] Is 46,13: "Mi justicia está cerca, no se alejará, mi salvación no se demorará, daré la salvación a Sión, y mi gloria a Israel".

[55] Is 42,6 y 49,6: "Muy poco es que seas siervo mío para restaurar las tribus de Jacob y hacer volver a los supervivientes de Israel. Te he puesto para ser luz de las naciones, para que mi salvación alcance hasta los extremos de la tierra".

[56] Dice Ratzinger (*La infancia*, p. 92) que, aunque Dios es amor, se puede odiar el amor cuando exige. Hoy, Cristo sigue siendo signo de contradicción para los hombres que ven en él un límite a su libre voluntad.

Lucas termina su relato,[57] y dice que, después de haber hecho todo lo que la ley prescribía, María y José, con el Niño, regresaron a Nazaret.

IV. El relato de Mateo[58]

El Evangelio de Mateo contempla más el papel de José que el de María. Por eso, sólo refiere el anuncio del nacimiento hecho a José.

A. El anuncio a José

Mateo relata que José, antes de convivir con María, se da cuenta de que ella espera un hijo; pudo haber sido después de su regreso de su estancia con su prima Isabel, cuando ya tenía tres meses y semanas de haber concebido, y el embarazo sería visible. José tiene que decidir cómo reaccionar ante ese acontecimiento. Podría denunciar públicamente a María y rechazarla como esposa, pero como no concibe maldad en ella, decide repudiarla en secreto, es decir, huir y no tomarla como esposa. Entonces, dice Mateo, que se le aparece "en sueños" un ángel del Señor, que le dice que no tema recibir a María, pues el hijo que va a nacer de ella es obra del Espíritu Santo y José deberá darle el nombre de Jesús, "porque salvará al pueblo de sus pecados". El encargo de poner un nombre al Niño implica el de confiarle su manutención y educación, es decir, de confiarle el papel de padre de Jesús, junto a María, la madre.[59] El aviso por parte de un ángel se entiende, en primer lugar, de forma negativa, pues lo recibe no de una voz humana, y el recibirlo en sueños indica una forma no perceptible por los sentidos externos; pudo ser como algo que pensó mientras dormía, que lo reconoce como un mensaje de Dios.

Hay dos coincidencias interesantes en los relatos, que provienen de fuentes independientes. Ambos afirman que María concibe "por obra del Espíritu

---

[57] Lc 2,39-40.

[58] Mt 2,1-23.

[59] Así se entiende que no es que José adopte a Jesús, sino que Dios Padre, de quien procede toda paternidad, instituye a José como padre de Jesús. No es José el padre adoptante ni el padre putativo, sino el padre que Dios quiere para su Hijo.

Santo", y en ambos el ángel anuncia, en uno a María, y en el otro a José, que el nombre que deberá llevar el niño es "Jesús".

B. El nacimiento

Mateo no narra el nacimiento, simplemente afirma que Jesús nació en Belén, en tiempos del rey Herodes, que son datos que coinciden con los que da Lucas. Mateo data el acontecimiento con la referencia a Herodes, mientras que Lucas lo hacía con referencia a Augusto; y lo localiza en un lugar determinado, Belén de Judá. Después de afirmar el nacimiento, Mateo hace el conocido relato de la visita de los magos, que pudo ocurrir después de la presentación de Jesús en el templo, es decir, ahí donde Lucas termina su narración.

C. La llegada de los magos

Mateo dice que unos "magos", procedentes de Oriente, llegaron a Jerusalén y preguntan dónde ha nacido el rey de los judíos, pues han visto su estrella y han venido para adorarlo. La presencia y la pregunta de los magos causa conmoción en Jerusalén e inquieta profundamente a Herodes. Él convoca a reunión a los príncipes de los sacerdotes y a los escribas para que digan el lugar donde las Escrituras señalan que nacerá el Mesías, y concluyen que es Belén de Judá. Mateo cierra esta primera parte de su relato citando la profecía de Miqueas, que afirma que el Mesías nacerá en Belén, con lo cual vuelve a afirmar el acontecimiento histórico del nacimiento de Jesús en Belén como cumplimiento de las Escrituras.[60]

1. *Quiénes eran los magos*. La palabra "mago", *mágoi* en griego, tenía varios significados: se refería a los sacerdotes persas, pero como se decía que ellos sostenían ciertas ideas filosóficas, también se aplicaba la palabra a los filósofos o sabios; así mismo denotaba a personas dotadas de saberes y poderes sobrenaturales, y a los brujos, embaucadores y charlatanes.[61] La acepción que conviene a

---

[60] Mi 5,1: "Pero tu Belén Efrata, aunque tan pequeña entre los clanes de Judá, de ti me saldrá el que ha de ser dominador en Israel".

[61] En los *Hechos de los Apóstoles* 13,10 se usa la palabra "mago" en el sentido de charlatán o embustero, cuando refieren (13,6-10) a un mago llamado Barjesus, que era consejero de Sergio, el gobernador romano (procónsul) de Chipre, y como tal mago se oponía a la predicación

los personajes que menciona Mateo es la de "sabios" o "filósofos", no la de "sacerdotes persas", pues vienen a adorar a uno que no es un dios persa.

Se ha demostrado que en tiempos del nacimiento de Cristo todavía existía en Babilonia una ciencia astronómica, aunque en decadencia; por lo que se puede conjeturar que estos magos sabían astronomía y que pudieron observar la conjunción astral de los planetas Júpiter y Saturno que, según cálculos de Kepler, tuvo lugar entre los años 7 y 6 a. de C., es decir, en los años en que nació Jesús. Esa observación pudo haberlos movido a emprender el viaje, pero el sólo interés científico no explica su comportamiento, porque ellos preguntan por un rey de los judíos, al que miran como un salvador también para ellos, por lo que quieren adorarlo. Para que la observación de las estrellas tuviera un significado era necesario que los magos conocieran algún vaticinio o profecía relacionada con los astros. Según dicen Tácito y Suetonio, en ese tiempo corría la idea de que surgiría de Judá un dominador del mundo.[62] Puede ser que además tuvieran conocimiento de una profecía de Balaán, adivino al servicio del rey de Moab, quien no era judío y tenía otra religión, por lo que es mal visto en la Biblia, pero que profetizó: "Lo vislumbro, pero no es ahora, lo diviso, pero no de cerca: viene en camino una estrella, en Israel se ha levantado un cetro";[63] hay confirmación, fuera de la Biblia, de la existencia de Balaán, y su promesa pudo ser conocida fuera del ámbito de Israel.

La tradición cristiana ha leído la narración de los magos en relación con el Salmo 72, que dice: "Que le traigan presentes los reyes de Tarsis [España] y de las islas, le ofrezcan dones los reyes de Sebá y Sabá";[64] y en relación con la profecía de Isaías, donde canta el esplendor de Jerusalén cuando llega el Mesías, y dice que a ella acudirán reyes y las naciones de todo el mundo.[65] De ahí que los magos de que habla Mateo se hayan convertido en reyes o reyes-magos.

---

de Pablo y Bernabé, Pablo le dijo: "¡Tú, lleno de todo engaño y de toda malicia, hijo del diablo, enemigo de toda justicia!".

62   Esta expectativa la aprovechó Flavio Josefo para congraciarse con Vespaciano, quien, mientras llevaba su ejército contra Jerusalén, fue aclamado emperador en Roma, por lo que Flavio Josefo dijo que el propio Vespaciano era el dominador del mundo surgido en Judá.

63   Num 24,17.

64   Sal 72,10.

65   Is 60,3.

2. *La estrella.* ¿Existió realmente? Y si así fue, ¿qué tipo de estrella era? En la tradición cristiana ha habido dos posturas. San Juan Crisóstomo (siglo IV) dice que no tiene caso averiguar si fue o no una estrella, que más bien se trató de un poder sobrenatural, que tomó la apariencia de estrella, y que es imposible que una estrella se mueva como supuestamente se habría movido la del relato. Otra tradición, que se remonta a san Ignacio de Antioquía (*ca.* 100 d. C.) afirma que fue realmente una estrella extraordinaria. Dados los progresos de la astronomía actual, parece razonable buscar si hay algún dato que confirmara la existencia de esa estrella.

Johanes Kepler (1571-1630) adelantó una explicación, que hoy siguen algunos astrónomos. Él calculó que hacia el año 6 o 7 a. C. se produjo una conjunción de Júpiter, Saturno y Marte, semejante a la que había ocurrido en 1604, a la cual se añadió una supernova, es decir, una estrella débil o lejana en la que se produce una gran explosión, de manera que produce una gran luminosidad durante semanas y meses; opinaba que en tiempos de Jesús pudo haberse producido una supernova semejante. El astrónomo vienés Ferrari d'Ochieppo retoma esa teoría y explica adicionalmente que, según los astrónomos de Babilonia, Júpiter era la estrella de la más alta divinidad de Babilonia, y Saturno el representante del pueblo judío. Estos datos, aunque no constatan el hecho –lo cual ya no es posible porque es pasado e irrepetible– hacen verosímil la narración.

La narración de la estrella ha servido, según afirmaron los escritores cristianos de los primeros siglos, para desmitificar la astronomía: no es la estrella la que determina cómo será el Niño, sino que es el nacimiento del Niño el que determina el comportamiento de la estrella.

3. *La previsión de Herodes.* La llegada de los magos a Jerusalén, y su pregunta por el nacimiento del "rey de los judíos", causa inquietud en la ciudad y en Herodes, quien convoca a una junta a los sumos sacerdotes y escribas para que respondan por el lugar donde deberá nacer, de acuerdo con las escrituras, el futuro rey de Israel.[66] Los sabios responden que el lugar es Belén, y Mateo, para encuadrar el acontecimiento en la tradición de Israel, cita dos lugares del

---

[66] Mt 2,2. La expresión "rey de los judíos" es típicamente pagana; un judío habría dicho "el rey de Israel".

Antiguo Testamento: una profecía de Miqueas,[67] que afirma que de Belén saldrá el jefe del pueblo, y otra del Segundo Libro de Samuel,[68] que dice, refiriéndose a David: "Tú apacentarás a mi pueblo Israel, tú serás príncipe sobre Israel", palabras que Mateo interpreta en el sentido de que el pastor[69] de Israel saldrá de la descendencia de David.

Después de la junta de los sabios, que concluyen que el Mesías nacerá en Belén, Herodes llama en secreto a los magos para pedirles que le informen del lugar donde encuentren al Niño, porque él también quiere ir a adorarlo. Llama la atención que no haya ninguna indicación de la reacción de los sabios ahí reunidos, que podrían o deberían estar interesados en conocer al Niño.

4. *La adoración de los magos*. Mateo continúa el relato y dice que los magos emprenden el camino a Belén, ven de nuevo la estrella que los había guiado y que se detiene en el lugar donde estaba el Niño. Entran los magos en la "casa", ven al Niño y a su madre, se arrodillan y lo adoran, y le ofrecen presentes de oro, incienso y mirra.

Del relato parece claro que el Niño ya no está en la gruta sino en una casa, por lo que cabe conjeturar que la adoración de los magos tiene lugar pasado un cierto tiempo después del nacimiento y de la purificación y presentación en el templo. Llama la atención que Mateo no mencione a José en la escena, a pesar de que Mateo suele interesarse en su persona; podría ser simplemente que no presenció la escena, por estar ocupado en otras cosas o que Mateo prefiera no mencionarlo para resaltar que el Niño es hijo de Dios, no de José.

La actitud de los magos, según el relato de Mateo, es la *proskýnesis*, es decir, la postración, que es la postura corporal que manifiesta el homenaje que se ofrece a Dios. Los presentes que ofrecen al Niño no son cosas prácticas que la familia necesitaría, sino dones que expresan el reconocimiento de su divinidad.

---

[67] Mi 5,1: "Pero tú, Belén Efrata, aunque tan pequeña entre los clanes de Judá, de ti me saldrá el que ha de ser dominador en Israel".

[68] 2Sam 5,2.

[69] Es interesante notar que el oficio del rey es el de ser "pastor", cuidador del rebaño, y no su dueño.

El oro y el incienso también los menciona Isaías, como dones que los pueblos ofrecerán al Dios de Israel.[70]

En lugar de regresar por el mismo camino y ver a Herodes, quien los esperaba, los magos, "después de recibir en sueños avisos de no volver a Herodes", decidieron regresar por otro camino.[71]

D. La huida a Egipto, la matanza de los inocentes y el retorno a Nazaret[72]

Después de la visita de los magos, José retoma el papel protagónico. Recibe, otra vez en sueños, el aviso, por parte de un ángel, de huir con el Niño y con su madre porque Herodes pretende matarlo. Esto debió ocurrir algunas semanas después de que Herodes se entrevistó con los magos. Mateo dice que José tomó inmediatamente al Niño y a su madre y se fue a Egipto.

1. *La matanza de los inocentes.* Cuando Herodes se da cuenta de que los magos lo eludieron, enfurece y decide poner por obra lo que quizá ya había tramado antes, asesinar al Niño, a quien ve como un competidor en el poder. Como no sabe dónde localizarlo, ordena matar a todos los niños de Belén y de sus alrededores de dos años o menores. El dato de la edad de los niños inocentes sirve como apoyo para conjeturar que el nacimiento habría ocurrido uno o dos años antes de la muerte de Herodes.[73]

La ejecución de los inocentes es un dato que sólo se conoce por esta fuente. Han habido diversos cálculos del número de niños varones asesinados. Los más conservadores afirman que fueron entre quince y veinte.[74] Aunque no hay otra fuente que hable de la matanza, ésta parece posible, dado el carácter de

---

[70] Is 60,6: "Te cubrirá una multitud de camellos, dromedarios de Madián y Efá, todos vendrán de Sabá, cargados de oro e incienso, y pregonando alabanzas al Señor". De ahí se ha formado la tradición de que procedían de Arabia, Persia y África (Etiopía); Isaías se refiere a lugares al este de Jerusalén.

[71] Mt 2,12.

[72] Mt 2,13-23.

[73] Mt 2, 7 dice que Herodes "se informó cuidadosamente por ellos [los magos] del tiempo en que había aparecido la estrella".

[74] La cifra se calcula, considerando que la población de Belén era de unos 2 mil habitantes, que podrían tener un promedio de 30 nacimientos anuales, de los cuales quince serían mujeres y quince varones. Véase Filion I, *op. cit.*, p. 198.

Herodes, quien había mandado ajusticiar a sus hijos, Alejandro y Aristóbulo, en el año 7 a. C., porque presentía que amenazaban su poder; lo mismo hizo, tres años después, con su hijo Antípater.[75] Quien mató a sus propios hijos con tal de conservar su poder, bien podía ordenar la matanza de otros por la misma razón.

2. *La huida.* Es posible que José y María tomaran el camino que conducía a Egipto y salieran por la frontera sur de Palestina, por Hebrón y Bersabé, de ahí por el desierto de Farán y, después de seis o siete días, entrasen a la provincia de Gessén, en la que, desde antiguo, habitaban muchos judíos;[76] de acuerdo con una tradición, que recoge sor María de Jesús de Agreda,[77] hicieron una breve parada en Heliópolis y finalmente se establecieron en Menfis.[78] Mateo entiende la estancia en Egipto, como algo previsto en la profecía de Oseas que dice: "De Egipto llamé a mi hijo".[79]

3. *El regreso.* Estando José, María y Jesús en Egipto, muere Herodes en el año 750 de la fundación de Roma, que equivale al año 4 a. C.[80] Mateo relata que una vez más un ángel en sueños avisa a José que pueden volver a Israel, porque han muerto los que querían matar al Niño. La estancia en Egipto debió de durar uno o, máximo, dos años, considerando que llegaron ahí cuando el Niño tenía menos de dos años y regresaron después de la muerte de Herodes.

José, una vez avisado, toma al Niño y a su madre y se encamina a Israel. Posiblemente se dirigiría de nuevo a Belén, donde había nacido el Niño y era la ciudad de origen de José, y donde tal vez tendría alguna tierra. Pero en el camino se entera de que Arquelao, uno de los hijos de Herodes, conocido por su crueldad, reina en Judea, y esto lo hace dudar de si debe ir allá. Nuevamente,

---

[75] Ratzinger, *La infancia*, p. 113.

[76] Filion I, p. 197.

[77] María de Jesús de Agreda, segunda parte, capítulo 25, p. 640.

[78] Una iglesia copta, en el antiguo Cairo está, según alguna tradición, en el lugar donde habitó la Sagrada Familia.

[79] Os 11,1: "Cuando Israel era niño, Yo lo amé, y de Egipto llamé a mi hijo". La profecía se refiere, en primer lugar, al pueblo de Israel, al que Dios sacó de Egipto; pero también se puede entender, como lo hace Mateo, referida al Hijo de Dios, a Jesús, al que llamó de Egipto para volver a Israel.

[80] Filion I, *op. cit.,* p. 200.

recibe un aviso "en sueños", y se dirige a Galilea, para asentarse en Nazaret, donde vivían antes.

En todos estos acontecimientos, Mateo, quien se dirige principalmente a los judíos, ve cumplimientos de las Escrituras. La huida a Egipto da lugar a que se cumpla la Escritura que afirma "de Egipto llamé a mi hijo";[81] la matanza de los inocentes es cumplimiento de una profecía de Jeremías que afirma el llanto de Raquel, cuyo sepulcro estaba cercano a Belén, por la muerte de sus hijos;[82] y el regreso a Nazaret, con el cumplimiento de otra profecía, según la cual se llamaría "Nazareno" al Mesías.

La inserción de las profecías por parte de Mateo es una manera de indicar las fuentes por las cuales atribuye un significado especial a los acontecimientos narrados. No es que leyendo las profecías "invente" los acontecimientos, lo cual sería en extremo laborioso, máxime que muchas de ellas son simbólicas, como la citada "De Egipto llamé a mi hijo", sino más bien que, al reflexionar sobre los acontecimientos, recuerda las profecías y entiende que se han cumplido.[83]

Algunos autores críticos modernos discuten la historicidad de los acontecimientos narrados por Mateo, ya que es un testimonio único, y se trata de acontecimientos cuya omisión no implicaría ninguna merma en el sentido teológico. Sin embargo, habiendo un testimonio que relata acontecimientos creíbles, aunque extraordinarios, podemos suponer, mientras no haya pruebas en contra, que los acontecimientos narrados son verídicos, pues el autor no intenta engañar a sus lectores, sino dar testimonio de lo que él vio, oyó y creyó.[84]

Con la indicación del establecimiento de la Familia en Nazaret, se vuelven a unir los relatos de Lucas y Mateo.

---

[81] Os 11,1.

[82] Jer 31,15.

[83] Mateo no pudo conocer directamente estos acontecimientos, pero pudo haberlos conocido por medio de Jesús, quien, en los muchos momentos que tuvo de intimidad con sus discípulos cercanos, pudo contarles lo que Él sabía de su propia infancia, y que él conoció porque se lo contaron María y José; el hecho de acompañar el relato con la cita de muchas profecías recuerda que cuando Jesús hablaba con los discípulos de Emaús, les "interpretaba en todas las Escrituras lo que se referían a Él" (Lc 24,27).

[84] Véase Ratzinger, *La infancia*, pp. 123 y 124.

Capítulo 3

La vida de Jesús en Nazaret
y los comienzos de su vida pública

Sumario. Introducción. I. La vida de Jesús en Nazaret. A. La vida ordinaria en Nazaret. B. El episodio del Niño en el templo. II. El inicio de su vida pública. A. El encuentro de Jesús con Juan el Bautista. B. Juan el Bautista. C. El bautismo de Jesús D. Las tentaciones de Jesús en el desierto. 1. La primera tentación. 2. La segunda tentación. 3. La tercera tentación. III. Los comienzos del ministerio en Judea. A. Los primeros discípulos, B. El primer milagro. C. La primera Pascua. D. La predicación en Judea posterior a la primera Pascua. 1. El encuentro con Nicodemo. 2. La formación inicial de los discípulos. E. La prisión de Juan el Bautista y el traslado a Galilea. IV. Esquema cronológico de su vida pública.

Introducción

La vida de Jesús suele dividirse en dos etapas, la vida privada en Nazaret y luego su vida pública o ministerio público, que comienza con el bautismo. Este capítulo inicia con una referencia a lo poco que sabemos de su vida privada, continúa con el bautismo de Jesús, acontecimiento que marca el inicio de su vida pública, prosigue con el episodio de las tentaciones que sufrió Jesús, todas orientadas a hacerle tergiversar su servicio o ministerio público. Luego se dan las pocas noticias que tenemos, gracias al evangelista Juan, de los primeros días de su ministerio, principalmente en Judea, que concluye cuando se retira a Galilea. El capítulo termina con la presentación de una cronología y un esquema general del ministerio público de Jesús.

I. La vida de Jesús en Nazaret[1]

Jesús llega a Nazaret cuando tenía dos o tres años, y ahí vivió hasta que inició su ministerio público, cuando tenía unos treinta y cuatro años; es decir, que pasó ahí treinta y uno o treinta y dos años. De su vida en ese lugar, sólo tenemos algunos pocos datos que proporciona san Lucas, y nada más; no hay ninguna otra fuente histórica que ofrezca alguna información de su vida en este período. San Lucas dice que el Niño crecía y se fortalecía, que se llenaba de sabiduría y que la gracia de Dios estaba con Él. Es un desarrollo normal, como el de cualquier otro niño de Nazaret, pero con la particularidad de un cuidado y atención especial de Dios hacia él. Podemos conjeturar que Jesús tuvo la vida ordinaria de un judío de familia pobre, en una pequeña aldea rústica de Galilea, Nazaret, donde vivían unas 1 600 personas.[2]

A. La vida ordinaria en Nazaret

Jesús vivía con su madre María y su padre José, descendiente de la casa de David. Dicen Marcos y Mateo que tenía cuatro "hermanos", es decir parientes, llamados Santiago, José, Judas y Simón y dos "hermanas", cuyos nombres no se mencionan.[3] Los nombres de sus parientes son de la época gloriosa de los patriarcas, lo que quizá sea un signo de que su familia participaba del despertar de un sentimiento nacionalista que esperaba la restauración de Israel. Pudo ser el tipo de familia piadosa de Galilea, que era fiel a las prácticas principales de la ley mosaica: la práctica de la circuncisión, la observancia del sabbat y las peregrinaciones anuales a Jerusalén, pero sin incurrir en las exageraciones legales de los fariseos.

Al vivir en Nazaret, Jesús debió hablar principalmente arameo. Es posible que haya aprendido hebreo en la sinagoga local, pues el conocimiento que

---

[1] Lc 2,39-52.

[2] Sobre las condiciones de vida en Nazaret, véase Meier I, *op. cit.*, p. 253 y ss.

[3] Mc 6,3 y Mt 13,53.

mostraba de las Escrituras y las discusiones que tuvo al respecto con los expertos implican que conocía los textos en su lengua original. Por razón de su oficio de artesano o carpintero, pudo haber aprendido el griego usual en Palestina (la lengua llamada *koiné*), el menos al nivel necesario para poder tratar con la población helenizada de las ciudades ricas, principalmente Sephoris, muy cercana a Nazaret, con la cual pudo tener contactos por razón de su oficio.

La situación económica de su familia era de escasos recursos, pobre, pero no necesitada. José tenía un oficio, que Jesús aprendió, gracias al cual podrían vivir con relativa independencia económica, en una casa propia.[4] La casa donde vivían Jesús, María y José fue posiblemente una casa igual a la de la mayoría que, de acuerdo con excavaciones arqueológicas, se puede saber que se construían adosadas a las rocas, con objeto de aprovechar las grutas que naturalmente se formaban. Eran casas de dos habitaciones; la interior, que solía ser la gruta, se usaba como granero y despensa. Tres paredes adosadas a la roca, que sostenían un techo de ramas, maderas y hojas, formaban la segunda habitación; la luz entraba por la puerta; gran parte de la vida de familia se hacía en el exterior, donde procuraban tener una sombra.[5]

Como hijo primogénito, Jesús debió ser especialmente educado por José, quien cuidaría de su formación religiosa y además le enseñaría su oficio y las costumbres comerciales que se practicaban en la región. Debió de trabajar con José en el taller, y con su trabajo ayudaba al sustento de su familia. José murió después de que Jesús cumplió los doce años, pues Lucas menciona a José al referir que Jesús, cuando tenía doce años, se quedó en el templo y José y María fueron a buscarlo. Después de esa mención, no vuelve a nombrarse a José en los evangelios, por lo que cabe conjeturar que murió antes de que Jesús iniciara su ministerio público. A partir de la muerte de José, Jesús, de acuerdo con las costumbres de entonces, debió ser quien trabajaba y sostenía el hogar de Nazaret.

---

[4]   Se puede conjeturar, como lo hace María de Jesús de Agreda, *op. cit.* (libro III § 227; libro IV § 707) que era la casa donde había vivido la virgen María, es decir, la casa que fue de sus padres Ana y Joaquín, y que en esa misma casa vivieron casados María y José. Fue la casa que dejaron, cuando fueron a Belén, y a la que regresaron cuando volvieron de Egipto.

[5]   Véase F. Varo, "La Tierra Santa", en J. M. Casciario, *op. cit.*, pp. 64-65.

La educación que recibió Jesús fue la que recibían todos los niños en Nazaret. Sus padres lo formaban, le transmitían la fe de Israel y en la sinagoga de Nazaret aprendería, como los demás niños, a leer las Escrituras. Éstas ya estaban traducidas al arameo, al menos los libros principales, pero es posible que también aprendiera algo del idioma hebreo y a leer las Escrituras en su lenguaje original.

No tuvo educación especializada. No fue a las escuelas de los fariseos o de los doctores de la ley. Tampoco tuvo la preparación de un sacerdote, porque no descendía de la tribu de Levi ni de la familia de Aarón. Por eso, no es de extrañar que cuando en su vida pública se presentó en la sinagoga de Nazaret y, a petición del jefe de la sinagoga, hizo una explicación de un texto de la Escritura, sus paisanos exclamaran: "¿De dónde le viene a éste esa sabiduría?".[6]

La falta de mención de alguna mujer ligada a Jesús indica que él optó, desde joven, por el celibato, que era una opción fuera de lo acostumbrado en Israel, pues los jóvenes solían comprometerse alrededor de los quince años, pero que algunos la practicaban, como los esenios de Qumrán o el mismo precursor de Jesús, Juan el Bautista.

La situación política en Galilea, durante el reinado de Herodes Antipas, era de una paz relativa, mucho mejor que la que hubo en los años previos de Herodes el Grande, o la que hubo posteriormente en los años de la guerra civil y la guerra con Roma.

El silencio de los evangelios sobre estos años de Jesús indica que no hubo nada digno de mención. Su vida era la vida ordinaria de cualquier habitante de Nazaret. No tenía contactos con los dirigentes religiosos de Israel (sacerdotes, escribas o fariseos), ni un grupo social de base, con cuyo apoyo iniciara su ministerio público. Era simplemente un laico, carpintero o artesano, que vivía de su trabajo, con sus padres, en una región rústica de Galilea.[7]

---

[6] Mt 17,54. Mc 6,2.

[7] Estas condiciones de vida es lo que da sustento a Meier para decir que Jesús era un "judío marginal", alguien que, viviendo en una aldea rústica como Nazaret, estaba al margen de las aristocracias sociales, económicas, políticas o religiosas.

Sin embargo, la vida de Jesús en Nazaret tiene un significado especial en el Evangelio de Mateo.[8] Él dice que fue a vivir en Nazaret para que se cumpliera la profecía:[9] "Será llamado nazareno", y, en efecto, en la inscripción que ordenó poner Pilatos en la cruz, y que Juan transmite,[10] Jesús es denominado Jesús Nazareno, y así también lo denominaron los evangelistas;[11] a los cristianos de los primeros tiempos, en el mundo de lengua semítica se les llamó nazarenos. Es una paradoja que el Mesías esperado, nacido en Belén, sea llamado "nazareno", pues se decía que de Nazaret no podía salir nada bueno.[12] Mateo da un dato adicional para entender la estancia en Nazaret; es una cita de Isaías, quien dice que, en Galilea, "el pueblo que caminaba en tinieblas vio una gran luz".[13]

B. El episodio del Niño en el templo[14]

Lucas narra un sólo episodio de la infancia de Jesús, que sucedió cuando tenía doce años. Sus padres, dice, iban todos los años a Jerusalén para celebrar la Pascua, como hacían todos los judíos piadosos; cuando Jesús cumplió doce años, sus padres decidieron llevarlo, pues, aunque la ley obligaba a los niños a partir de los trece años, se consideraba prudente irlos acostumbrando desde más

---

8   Mt 2,23.

9   No hay una profecía específica que diga esto, pero se puede entender que está implícito en la profecía de Isaías (11,1) donde dice que brotará un retoño (*nezer*) del tronco de Jesé; Como Matero ha citado previamente a Isaías, donde dice que una virgen concebirá y que un Niño ha nacido en medio de las tinieblas, cabe suponer que también cita a Isaías para referirse al retoño (*nezer*) de Jesé. También puede ser que se refiera a la promesa del nacimiento del Juez Sansón, de quien se dice que será un *nazoreo*, es decir, consagrado a Dios; conforme a ambas interpretaciones, el hecho de que Jesús haya vivido en Nazaret es una confirmación de ser un retoño de Jesé y un consagrado plenamente a Dios. Sobre ello véase Ratzinger, *La infancia*, pp. 121 y 122.

10   Jn 19,19.

11   Por ejemplo, Mt 26,75; Mc 1,24; Lc 4,34, Jn 18,5.

12   Esa fue la respuesta de Bartolomé (Natanael) a Felipe cuando le dice que han encontrado al Mesías, a Jesús de Nazaret: "¿Acaso puede salir algo bueno de Nazaret?" (Jn 1,46).

13   Mt 4,15-16, que cita Is 8,23-9,1: "Pero no habrá más tinieblas donde había angustia. Así como en el tiempo primero menospreció la tierra de Zabulón y la tierra de Neftalí [el reino al norte], en el tiempo postrero honrará el camino del mar, al otro lado del Jordán, la Galilea de los gentiles. El pueblo que caminaba en tinieblas vio una gran luz; a los que habitaban en tierra de sombras de muerte, les ha brillado una luz".

14   Lc 2,41-52.

chicos a ir al templo. En el viaje de regreso sucede algo inesperado: los padres piensan que el Niño regresa con ellos en la caravana, pero al finalizar la primera jornada se dan cuenta de que Jesús no está en el grupo y deciden regresar a Jerusalén a buscarlo. Al tercer día lo encuentran en el templo, sentado en medio de los doctores, escuchándolos y haciéndoles preguntas.

Según el relato de Lucas, no es que Jesús se haya perdido, sino que él decidió quedarse en Jerusalén "sin que sus padres lo advirtieran". La referencia de que sus padres lo encuentran al tercer día es realista: durante un día caminaron pensando que el Niño iba con ellos; al segundo día regresaron, y el tercer día lo encontraron.

El diálogo de Jesús con María es impresionante. Ella le pregunta por qué ha actuado así, que ella y su padre lo buscaban; él responde que tiene el deber de estar en las cosas de su Padre, con lo cual afirma que su Padre no es José, sino el Padre celestial. No es un comportamiento de rebeldía respecto de sus padres terrenales, sino de obediencia al Padre Eterno.

Concluye Lucas la narración y dice que María y José no entendieron bien la respuesta; que Jesús volvió con ellos a Nazaret y "les estaba sujeto", con lo cual quita verosimilitud a cualquier intento de explicar la conducta de Jesús como rebeldía hacia sus padres. María, dice Lucas, indicando indirectamente la fuente de su narración, "guardaba todas estas cosas en su corazón".

Del resto de la vida de Jesús, antes de iniciar su ministerio público, sólo tenemos estas palabras de Lucas: "Y Jesús crecía en sabiduría, en edad y en gracia delante de Dios y de los hombres."

II. El inicio de su vida pública

La vida pública de Jesús se inicia formalmente, según relatan los cuatro evangelistas, con el bautismo que recibe de Juan el Bautista, en las orillas del Jordán, en territorio de Judea. Es interesante comprobar que Jesús viene al mundo por la intermediación de María y de José, que aceptan el plan que Dios les propone, y de igual manera, inicia su ministerio público por la intermediación de un hombre, Juan el Bautista, que acepta el papel que Dios le ha encomendado.

A. El encuentro de Jesús con Juan el Bautista

Jesús se entera de que Juan está bautizando en Judea, en la ribera del Jordán, y va a buscarlo. Los evangelios no relatan ese viaje, pero todos se refieren al encuentro de Jesús con Juan y al bautismo de Jesús por Juan. No cabe pensar que fue un encuentro causal, porque el bautismo es el inicio del ministerio público de Jesús. Es más verosímil suponer que Jesús acude voluntariamente a Juan cuando se entera que está bautizando en el Jordán.[15] La predicación de Juan parece haber sido la señal de que había llegado la hora de dejar Nazaret.

B. Juan el Bautista

La persona del Bautista es fundamental en la vida de Jesús de Nazaret. El nacimiento de Juan se enlaza con el nacimiento de Jesús y el inicio del ministerio de Juan da lugar al inicio del ministerio de Jesús. Los cuatro evangelios[16] dan inicio al ministerio público de Jesús con la noticia de la predicación de Juan el Bautista en el desierto, en las orillas del Jordán; el historiador judío Flavio Josefo también habla del ministerio de Juan.[17] Lucas dice que el ministerio de Juan ocurrió en el decimoquinto año del emperador Tiberio. Todos los evangelistas coinciden en el lugar donde predicaba Juan, esto es, el desierto de Judá, en las orillas del Jordán.

También coinciden en afirmar la austeridad del modo de vida de Juan, que se vestía con una piel y comía langostas y miel silvestre, y en el mensaje que daba: el anuncio de que el tiempo de Israel está por terminar, que es necesario que todos pidan perdón de sus pecados y hagan penitencia porque "el reino de los cielos está por llegar" (visión escatológica) y para evitar el castigo que se avecina (visión apocalíptica), y que ya es inminente: "El hacha ya está puesta sobre la raíz del árbol".

A quienes escuchaban y aceptaban su mensaje, Juan les ofrece bautizarlos en las aguas del Jordán, como un bautizo de penitencia y de petición de perdón por los pecados cometidos.

---

15 Así lo refiere María de Jesús de Agreda, *op. cit.*, libro 5º., cap. 22, § 958.

16 Mt 3,3-12; Mc 1,1-8; Lc 3,1-17 y Jn 1,19-28.

17 En *Antiguedades judías,* 18.3.3. Véase Meier II, *op. cit.,* p. 11 y ss.

Los cuatro evangelistas coinciden en contar el interés que despertó la predicación de Juan, pues venían todo tipo de personas a bautizarse: campesinos, artesanos, publicanos y soldados e incluso llegaron algunos fariseos con el objeto de averiguar quién era él. Cuando le preguntaron si era el profeta esperado, respondió que detrás de él, que bautiza con agua, viene uno más grande, que bautizará con el Espíritu Santo. Flavio Josefo coincide en todo esto.

Todos los evangelistas contemplan la persona, actividad y misión de Juan el Bautista como el cumplimiento de una profecía de Isaías que decía: "He aquí que yo envío mi mensajero para que te preceda, y prepare tu camino. Voz que clama en el desierto: Preparad el camino del Señor, enderezad sus sendas".[18] Es decir, presentan a Juan el Bautista como el precursor, el mensajero que prepara el camino a otro que ha de venir.

C.   El bautismo de Jesús

Mateo,[19] Marcos[20] y Lucas[21] relatan que Jesús llegó al Jordán para ser bautizado por Juan. Se presenta como uno más entre los que esperan el bautismo, lo que significa que acepta la predicación de Juan. Cuando Juan lo ve, según cuenta Mateo, se desconcertó, y dijo que él debía ser bautizado por Jesús, pero éste le respondió que era necesario que lo bautizase para cumplir "toda justicia". Juan entonces bautizó a Jesús. Cuando salió Jesús del agua, relatan los tres sinópticos, se abrieron los cielos y Jesús vio al Espíritu de Dios, en forma de paloma sobre Él, y se oyó una voz del cielo que decía: "Éste es mi Hijo, el amado, en quien me complazco". Lucas añade un detalle interesante: al salir del agua, Jesús estaba en oración, y entonces sucedió la teofanía. No parece ser que esta teofanía haya sido percibida por todos los asistentes. Mateo y Marcos dicen que Jesús vio y oyó; Lucas lo pone en modo impersonal "se oyó y se vio". Pero ninguno relata alguna reacción del grupo que ahí estaba. El evangelista Juan cuenta que, en otro momento, el Bautista dio testimonio de Jesús y dijo: Él es el Cordero de Dios, y que el mismo Juan vio al Espíritu descender sobre él. Puede ser

---

[18]   Is 40,3.

[19]   Mt 3,13-16.

[20]   Mc 1,9-11.

[21]   Lc 3,21-22.

que la teofanía haya sido percibida solamente por ellos dos, Jesús y el Bautista, y posteriormente comunicada a los discípulos.

El descenso del Espíritu Santo sobre Jesús lo interpreta el mismo Jesús, meses después, cuando es invitado, en la sinagoga de Nazaret, a leer un texto de la Escritura y comentarlo; entonces, dice Lucas,[22] Jesús leyó un texto de Isaías[23] que dice: "El Espíritu del Señor está sobre mí, por lo cual me ha ungido para evangelizar a los pobres, me ha enviado para anunciar la redención a los cautivos y devolver la vista a los ciegos y para promulgar el año de gracia del Señor"; luego comentó, "hoy se ha cumplido esta escritura", lo que implica afirmar que él es el ungido, el enviado de Dios para realizar esa misión. El bautismo de Jesús es su consagración, con la unción del Espíritu, para realizar la misión para la que fue enviado.

Una vez bautizado, Jesús, según cuentan los tres sinópticos, se fue al desierto donde fue tentado por el diablo.

D. Las tentaciones de Jesús en el desierto[24]

Éste es uno de los episodios más misteriosos de la vida de Jesús. Los tres evangelistas sinópticos dicen que Jesús, movido por el Espíritu, lo cual se entiende en el sentido de que obedece la voluntad de Dios, se fue al desierto, donde permaneció cuarenta días ayunando y, al final, fue tentado por el diablo, es decir, sufrió las dudas acerca de la misión encomendada, de sus posibles resultados, y de si el camino que se le señalaba era realmente el adecuado.

La cifra de cuarenta días que duró el ayuno recuerda que esa misma cifra era la de los años que Israel pasó en el desierto, los días que Moisés pasó en el monte Sinaí antes de recibir las tablas de la ley, o los cuarenta días que, según un relato rabínico, caminó Abraham con Isaac hacia el monte Horeb para sacrificar a su hijo. Es una cifra que luego será denominada por los primeros escritores cristianos "cósmica", porque es el resultado del número 4 (que simboliza los elementos del mundo y las direcciones), multiplicado por el número 10 de los preceptos de Dios.

---

[22] Lc 4,16-20.

[23] Is 61,1.

[24] Mt 4,1-11; Mc 1,12-15; Lc 4,1-12.

El episodio lo narran los tres evangelios sinópticos, con algunas diferencias. La más importante es que Marcos sólo relata el ayuno en el desierto, por cuarenta días, y afirma que Jesús fue tentado por el diablo. Mateo y Lucas, en cambio, relatan, sin diferencias de sentido, en qué consistieron las tentaciones. Las expondré siguiendo el orden en que las presenta Mateo. Las tentaciones se pueden entender como visiones intelectuales que Jesús experimenta en su interior, de modo semejante a como nosotros experimentamos las dudas ante una tarea importante que nos proponemos.

1. *La primera tentación.* Aparece cuando ocurre una debilidad física de Jesús, quien, por el ayuno prolongado, sintió hambre. Y el demonio lo reta: si eres el Hijo de Dios, haz que las piedras se conviertan en panes. Es un reto para que demuestre su propia grandeza, que Jesús escuchará a lo largo de su vida pública, en varias ocasiones por parte de quienes le piden una prueba, y lo volverá a escuchar, pronunciado con crueldad, cuando, clavado en la cruz, le dicen: "Si eres el Hijo de Dios, baja de la cruz". El reto presupone la sospecha, y aun la burla, de que es un mentiroso o un iluso. Es una incitación al orgullo y al deseo de saciar el hambre. Se le quiere convencer de que convierta las piedras en panes para satisfacer su propia hambre. No hay aquí ninguna preocupación por el prójimo. Se le pide que obre un milagro en provecho propio.

La respuesta de Jesús, muy conocida, es un texto del Deuteronomio,[25] que dice "no sólo de pan vive el hombre, sino de toda palabra que sale de la boca de Dios". Señala así claramente que hay algo más importante que comer, que es el escuchar la palabra de Dios. Esto explica el milagro que hizo Jesús en otra ocasión, cuando, en favor de una multitud que se congregó para escuchar su palabra, multiplicó los panes y dio de comer a todos los que estaban ahí para escuchar la palabra de Dios.[26] Es una manera de decir que a quien escucha la palabra no le faltará el pan.

2. *La segunda tentación.* La segunda tentación, dice el relato de Mateo, que el diablo lo "llevó" a Jerusalén, lo "puso" sobre el pináculo del templo, y le dijo que, si en verdad era el Hijo de Dios, se arrojara al suelo, porque está

---

[25] Dt 8,3, citado por Mt 4,4.

[26] Mc 6,35-44.

escrito que los ángeles lo llevarán en sus manos para que no sufra ningún daño. Este llevar a Jesús a Jerusalén y ponerlo sobre la cúspide del templo no tiene que entenderse en un sentido físico necesariamente, puede entenderse en el sentido de que le hizo imaginar tal cosa, como nos sucede frecuentemente a nosotros cuando imaginamos posibles escenarios de nuestros actos.

Cabe notar que esta segunda tentación se formula aprovechando un texto de la Escritura, el Salmo 91 (versos 11 y ss.), en el que, refiriéndose al hombre fiel, se afirma que Dios "a sus ángeles ha dado órdenes para que te guarden en tus caminos; te llevarán en sus palmas, para que tu pie no tropiece en la piedra". La tentación es una interpretación torcida, por la que se pretende que los ángeles evitarán que el hombre fiel sufra cualquier percance físico o cualquier dolor, como si los ángeles de Dios estuvieran al servicio de los caprichos de los hombres y tuvieran que evitarles hasta las consecuencias de sus actos insensatos. En esta tentación está también el reto que planteaba la primera, "si eres el Hijo de Dios". La tentación de arrojarse al vacío desde el templo implica la de hacer un espectáculo extraordinario para darse a conocer a la muchedumbre habitualmente congregada en el templo y a los dirigentes religiosos de Jerusalén. Sería una especie de "gran entrada".

La tentación es de nuevo la petición de una prueba que demostraría al pueblo reunido en el templo la grandeza de aquel que se arroja temerariamente al vacío. Es, otra vez, querer que Jesús se someta al arbitrio de los que dudan de Él.

La respuesta de Jesús a la tentación es otra cita del Deuteronomio:[27] "No tentarás al Señor, tu Dios", en la que "tentar" significa "rebelarse contra Dios".[28] Jesús rechaza modificar su misión alterando el camino que tiene conocido para iniciar otro que parecería más próspero. Ciertamente, al final de su vida dará en Jerusalén un espectáculo, el de su abatimiento, cargando la cruz, encadenado y crucificado en el Calvario.

3. *La tercera tentación.* El diablo le ofrece a Jesús, en una visión desde un monte alto, entregarle todos los reinos de la tierra, si lo adora. La misión

---

[27] Dt 6,16.

[28] Como es el sentido en Ex. 17,7: "Tentaron al señor diciendo '¿Está o no está el Señor en medio de nosotros?'".

de Jesús, como lo irá revelando a lo largo de su vida, es la de instaurar el Reino de Dios sobre la humanidad entera, y eso es lo que, aparentemente, le propone esta tentación: tener poder sobre todos los reinos de la tierra. El diablo le presenta un medio sencillo para alcanzar ese poder, adorarlo. Las palabras con las que Jesús rechaza la tentación son, una vez más, una cita del Deuteronomio, que dice: "Al Señor, tu Dios, adorarás, y sólo a Él servirás".[29] Éste es el precepto fundamental de Israel y de los cristianos. Adorar únicamente a Dios. Una de las preguntas que hicieron a Jesús unos días antes de darle muerte, fue: "¿Cuál es el principal de los mandamientos de la ley?", y Él respondió que era precisamente ese, el amor a Dios sobre todas las cosas, es decir, la adoración a Dios. La respuesta de Jesús a esa tentación demuestra que es la tentación fundamental, la que engloba todas las demás, por plantear la disyuntiva de amar con preferencia (adorar) a Dios, o hacerlo respecto de cualquier otra cosa, el poder, la riqueza, el honor, la gloria humana, el bienestar material o cualquier otra.

Jesús, que rechazó adorar lo que no era Dios, después de resucitar de su muerte, se presentará ante sus discípulos (Mt 28,16) en un monte, y les dirá: "Se me ha dado pleno poder en el cielo y en la tierra", es decir, obtuvo el poder que el diablo mentirosamente le ofrecía, y además el poder "en el cielo", por otro camino, el de su pasión y su muerte en la cruz, el de la obediencia al Padre.

III. Los comienzos del ministerio en Judea

Los sinópticos dicen que después de la lucha contra las tentaciones, Jesús, al conocer que Juan el Bautista fue encarcelado, se "retiró" a Galilea.[30] Pero el Evangelio de Juan[31] da otras noticias de lo ocurrido antes del viaje a Galilea, que son los primeros actos de su ministerio público en Judea: la elección de los primeros

---

[29] Dt 6,13 y 14: "Temerás al Señor, tu Dios, le darás culto, y en su nombre harás tus juramentos. No seguirás a otros dioses…".

[30] Mt 4,12 y textos paralelos.

[31] Jn 1,29 y ss. El hecho de que los sinópticos no refieran estos acontecimientos no es prueba en contra de la veracidad de lo ocurrido, pues quien los narra, Juan, fue testigo directo, y escribe cuando ya estaban publicados los sinópticos, de modo que sabe que está narrando algo que faltaba en los otros relatos.

discípulos, el primer milagro, la primera Pascua en Jerusalén y la formación inicial de los discípulos para que enseñen a otros a hacer penitencia y a pedir el perdón por los pecados; son actos que anticipan lo que será todo su ministerio.

A. Los primeros discípulos

Relata el evangelista Juan que Jesús, después de haber vencido las tentaciones, regresó a donde estaba el Bautista, quien, al verlo, dice a sus discípulos que Jesús es el "Cordero de Dios", el que había de venir, y da el testimonio de que vio descender el Espíritu Santo sobre él.[32] Al "día siguiente" estaban con el Bautista dos de sus discípulos, Juan, el hijo de Zebedeo, y Andrés, el hermano de Pedro, a los que les dice: "Este es el Cordero de Dios".[33] Ellos decidieron entonces seguir a Jesús. Se acercaron a él y le preguntaron dónde vivía, y él los invita a acompañarlo. Narra Juan que se quedaron con él todo el día, y que fue como a la hora décima (las cuatro de la tarde en nuestra cuenta horaria), cuando iniciaron su compañía; la indicación de la hora es un detalle que indica la fuerte impresión que Jesús causó en Juan.

Andrés y Juan, por ser discípulos del Bautista, se entiende que eran judíos que habían recibido el bautismo al que los invitaba Juan, es decir, un bautismo de penitencia (arrepentimiento y petición de perdón) y de esperanza en la llegada del Salvador. Andrés participó a su hermano Simón de la alegría de haber conocido a Jesús con estas palabras: "Hemos conocido al Mesías", y lo llevó a Jesús, quien lo acogió de inmediato y le dijo que en lo sucesivo su nombre no sería Simón, sino Cefas, es decir, "piedra" (de donde viene "Pedro").

Con estos tres primeros seguidores, Pedro, Andrés y Juan, Jesús se encaminó hacia Galilea. En el camino se encontraron con Felipe, quien era de Betsaida, como Pedro y Andrés; seguramente ellos dos le hablaron de Jesús, y luego Jesús le dijo: "sígueme", y Felipe se unió al grupo; posteriormente, Felipe fue en busca de su amigo Natanael, o Bartolomé, a quien le dice lo mismo que

---

[32] Jn 1,29-34.

[33] Jn 1,35. En la narración del evangelista, Juan el Bautista da su testimonio de que Jesús es el Cordero de Dios en dos días diferentes, un día y el "siguiente", y sólo en el segundo día menciona a los discípulos que siguen a Jesús; puede ser que los discípulos que lo siguieron no estaban el primer día, o que estaban, pero no se dieron cuenta de la importancia de Jesús.

Andrés le dijo a Pedro, que han encontrado al Mesías; Natanael duda cuando le dicen que el Mesías es Jesús de Nazaret y pregunta si de Nazaret puede salir algo bueno; Felipe le insiste de manera muy sencilla, sin discutir, sólo le dice "ven y verás". Felipe tenía ya la experiencia de que la compañía de Jesús era la mejor muestra de que era un enviado de Dios. Cuando Jesús ve venir a Natanael, dice he aquí un "verdadero israelita en quien no hay doblez". Es un halago que Natanael rechaza y pregunta y tú, "¿de qué me conoces?". Jesús responde de una manera enigmática que sólo entiende Natanael. Le dice que antes de que Felipe lo llamara, Jesús lo vio "cuando estaba sentado debajo de la higuera". La respuesta de Natanael, que hasta entonces dudaba de que Jesús fuera el Mesías, es desconcertante por el cambio tan brusco en su ánimo, al decirle abiertamente: "Rabbi, tú eres el Hijo de Dios, tú eres el Rey de Israel". Se puede conjeturar que Natanael, cuando estaba sentado debajo de la higuera hacía oración pidiendo que llegara el Mesías, por lo que cuando oye que Jesús lo vio mientras oraba por la llegada del Mesías, concluye, como lo habían hecho Felipe y los demás, que Jesús es el Mesías. El cambio de Natanael es una conversión hacia la persona de Jesús. Éste la aprecia y le dice que ha creído por un motivo que parecería pequeño, el haberle dicho Jesús que lo vio debajo de la higuera, y le anuncia que verá cosas mayores. Luego, se dirige al grupo que lo seguía y le hace un anuncio misterioso: "Verán el cielo abierto y a los ángeles de Dios subir y bajar sobre el Hijo del Hombre".[34]

Este relato de Juan acerca de los primeros seguidores de Jesús muestra que quienes lo siguen son judíos piadosos, que cumplen la ley, y, al menos dos de ellos, los discípulos de Juan habían hecho, al recibir el bautismo de Juan, el propósito firme de llevar una vida limpia, y que todos esperan, como era la esperanza común en ese tiempo, la venida de un Salvador, del Mesías, que restauraría la grandeza de Israel.

Por otra parte, la inmediata búsqueda y acogida de seguidores manifiesta que la misión de Jesús no es la de un predicador solitario, como Juan el Bautista, sino la formación de una comunidad de seguidores o discípulos, a los cuales hará también partícipes de su misión.

---

[34] Jn 1,51: Las "cosas mayores" hacen pensar en la glorificación de Jesús, especialmente cuando resucitado se encuentra con ellos, y luego lo ven ascender al cielo.

B. El primer milagro[35]

Jesús posiblemente se dirigía a Galilea porque había sido invitado, al igual que su Madre, a unas bodas en Caná de Galilea, que era la patria de Bartolomé.[36] En la narración de Juan, parece afirmarse que María llegó primero y luego llegaron Jesús y sus discípulos, que también estaban invitados.[37]

Durante la fiesta de bodas, María se da cuenta de que se les acaba el vino, y se lo comenta a Jesús, quien reacciona con un aparente desdén; dice algo así como qué nos importa eso a nosotros, y agrega que "su hora" aún no ha llegado.[38] Pero María les dice a los servidores que hagan lo que Jesús les diga. Las fiestas de bodas solían durar varios días, hasta siete o más, de modo que la provisión de vino debía ser abundante. Había en el lugar seis ánforas de piedra, donde se guardaba agua, y cada una podía contener de 80 a 120 litros de agua. Jesús pide a los sirvientes que las llenen de agua, y una vez que lo hicieron, les pide que las lleven al encargado de la fiesta, quien las recibe llenas de vino. El encargado probó y felicitó al novio por la calidad del vino, pero no se dio cuenta del milagro. Los discípulos que presenciaron toda la escena, dice Juan, reconocieron el milagro, el poder sobrenatural que había ejercido para convertir el agua en vino, y "creyeron en él".

Esa obra, dice el evangelista, fue el primero de los milagros de Jesús. Pero es un milagro que podría llamarse privado, pues sólo los discípulos y María, y tal vez los sirvientes, se dieron cuenta de que el agua fue transformada en vino. Cabe notar la discreción con que obra Jesús. Si hubiera querido llamar la atención, lo habría hecho de otra manera. Parece que, por el momento, sólo le interesa afianzar la fe de sus primeros seguidores. Suscitar la fe es una de las razones de ser de los milagros.

---

[35] Jn 2,1-11.

[36] Jn 21.2.

[37] Jn 2,1: "Al tercer día se celebraron unas bodas en Caná de Galilea, y estaba allí la madre de Jesús".

[38] Su hora la había prefijado el Padre, de modo que no podía alterarse por la sola petición de María, pero en cuanto ella confía en la bondad de Jesús, la "hora" de Jesús, prevista por el Padre, llegó, y Jesús manifestó su poder.

C. La primera Pascua[39]

Relata Juan que después de las bodas en Caná, Jesús, su madre, sus discípulos y algunos parientes se fueron a Cafarnaúm, donde permanecieron algunos días. Luego Jesús y sus discípulos fueron a Jerusalén a celebrar la Pascua, a donde llegaron, presumiblemente, saliendo de Cafarnaúm con la caravana que iba con ese fin a la ciudad santa.

Al llegar Jesús al templo, cercano el tiempo de la Pascua, y ver en él a los comerciantes, que vendían los animales y demás cosas (vino, aceite, harina...) para el sacrificio, y a los cambistas, que hacían los cambios de las monedas paganas por las monedas propias del templo, que eran las únicas que se podían entregar al templo, y que todos ellos habían invadido el lugar destinado a la oración, para convertirlo en un mercado, se indignó. Hizo un látigo con cuerdas, tiró las mesas de los cambistas y expulsó a los negociantes con sus animales, y les dijo que no deben hacer de la casa de su Padre un lugar de negocios. Debió de ser imponente la autoridad con que Jesús actuaba y hablaba para que esos negociantes dejaran el lugar. Juan comenta que al ver a Jesús actuando así, los discípulos recordaron un pasaje de la Escritura que dice "el celo de tu casa me consume".[40]

Cuando los jefes del templo se enteraron de lo ocurrido, encaran a Jesús y le preguntan con qué autorización ha obrado así, pues evidentemente no tiene permiso de ellos. Es de notar que no le critican el haber actuado así, no discuten la justicia del acto, sino el no tener la aprobación de las autoridades religiosas constituidas. La respuesta de Jesús los desconcierta: les dice destruyan "este templo" y él lo restaurará en tres días; ellos replican que la construcción del templo ha durado 46 años, y es imposible que él lo reconstruya en tres días. Aparentemente no hubo más cuestionamientos, pero Juan explica la respuesta, que posiblemente no entendió en ese momento, dice que Jesús hablaba de su cuerpo, y que sus discípulos, recordaron la respuesta cuando lo vieron resucitado.[41]

---

[39] Jn 2,13-22.

[40] Ps 69,10: "Porque el celo de tu casa me devora, las afrentas de los que te afrentan caen sobre mí".

[41] Los evangelios sinópticos relatan otra expulsión de los vendedores y cambistas del templo, que ocurre al final de la vida pública de Jesús, al día siguiente de su entrada triunfal; se discute si son dos actos semejantes, o uno solo, y en tal caso, en qué momento ocurriría. Nada

En la narración de Juan, esa expulsión de los vendedores del templo es el primer acto público de Jesús y, en ese sentido, el inicio de su ministerio público. Su bautismo, las tentaciones en el desierto, la elección de los primeros discípulos y el milagro en las bodas de Caná fueron actos en ámbitos privados, de los cuales muy pocos tuvieron noticia. La expulsión de los vendedores en el templo se hace en un lugar público, a la vista de mucha gente y da lugar a la intervención de los gobernantes judíos del templo y de esta manera el primer acto público de Jesús es también el inicio del conflicto con los jefes religiosos judíos. Es significativo que el primer acto público de Jesús ocurra en Jerusalén, en el templo, el lugar religioso por excelencia, pues indica claramente que la misión de Jesús es religiosa y no política, y que ocurra durante las festividades de Pascua, que celebraban la liberación de Israel. En ese escenario, Jesús aparece como un reformador religioso que viene a liberar Israel de sus pecados, simbolizados en la profanación del templo. El final de su ministerio público ocurrirá también en Jerusalén y en las festividades de la Pascua.

En cambio, en los sinópticos, después del bautismo y las tentaciones, relatan la predicación en Galilea, a donde Jesús fue una vez que supo que Juan el Bautista había sido encarcelado por Herodes. Lo relatado por Juan no contradice lo que dicen los sinópticos, sino que lo complementa con noticias de lo que hizo Jesús antes de ir a Galilea.[42]

D. La predicación en Judea posterior a la primera Pascua

Mientras Jesús permaneció en Jerusalén, continúa el relato de Juan, Jesús hizo señales[43] (milagros) que hicieron que muchos creyeran en él.

1. *El encuentro con Nicodemo.*[44] En ese tiempo, de acuerdo con la narración de Juan, ocurre el encuentro de Jesús con Nicodemo, judío influyente, miembro del Sanedrín. Él se presenta a Jesús y lo reconoce como enviado de Dios. Jesús le dice que es preciso nacer de nuevo "para *ver* el Reino de Dios"; y

---

impide considerar que son dos actos, en dos momentos diferentes y con respuestas de Jesús distintas.

[42] Jn 2,23-4,3.

[43] La misma expulsión de los vendedores y cambistas era una señal.

[44] Jn 3,1-21.

a la pregunta que hace Nicodemo de cómo es posible volver a nacer, Jesús responde que es necesario nacer del agua y del Espíritu "para *entrar* en el Reino de Dios". Hay en esas palabras una alusión directa al bautismo de Juan, con agua, que permite ver el Reino de Dios, y otra al bautismo con el Espíritu, que permite entrar en el Reino de Dios, que posteriormente, después de su muerte y resurrección, administrarían sus discípulos.

2. *La formación inicial de los discípulos.* Después de eso, dice Juan, Jesús se fue con sus discípulos a la región de Judea, donde convivía con ellos, les enseñaba;[45] ellos ya estaban bautizados por Juan el Bautista, al menos Juan, Andrés y quizá Pedro, y Jesús los hizo bautizar a otros con agua, como hacía Juan. Durante un tiempo, Juan bautizaba en una orilla del Jordán, en territorio del sur de Galilea, en Ainon junto a Salim, y Jesús y sus discípulos en otra orilla más al sur, en Judea. El hecho de que Jesús, por medio de sus discípulos,[46] aplicara el bautismo de Juan demuestra que juzgó que el anuncio y preparación que hacía el Bautista, junto con el bautismo que administraba, eran un camino adecuado para aceptar el mensaje de Jesús. Los discípulos de Jesús, aunque los evangelios no lo dicen, pudieron seguir haciendo la predicación que hacía el Bautista, centrada en el arrepentimiento por los pecados personales y administrando el bautismo de agua.

La coexistencia de dos enviados de Dios que bautizan en las orillas del Jordán generó una discusión acerca de cuál bautismo era mejor. Los interesados le preguntaron al Bautista, y él respondió que él era un precursor, que después de él vendría quien bautizara con el Espíritu y, por eso, concluyó, era necesario que Jesús creciera y que él, Juan el Bautista, disminuyera.

3. *La prisión de Juan el Bautista y el traslado a Galilea.* Después de esos acontecimientos, Herodes ordenó apresar a Juan.[47] Los evangelios de Mateo y Marcos afirman el hecho,[48] pero no dan datos cronológicos ni las causas de la detención. Lucas[49] también lo constata y añade un motivo: la represión moral que el Bautista había hecho de Herodes por estar casado con Herodías. Flavio Josefo también

---

[45] Jn 3,22-30.

[46] Jn 4,2.

[47] Herodes tenía jurisdicción en Galilea y en Perea.

[48] Mt 4,12; Mc 1,14.

[49] Lc 3,19,20.

afirma el hecho,[50] sin precisar el momento, pero explica que lo hizo Herodes por temor de que Juan, dado el gran número de discípulos que tenía, encabezara una rebelión, de modo que la orden de apresarlo sería un recurso preventivo para evitar un posible (o imaginario) conflicto. Juan, según relata Flavio Josefo, fue encerrado en la prisión que tenía Herodes en su fortaleza de Maqueronte, ubicada en el sur de Perea, al oriente del Mar Muerto.

Cuando Jesús se entera de la detención de Juan el Bautista, dicen Mateo y Marcos que dejó Judea y se fue a Galilea a predicar el Reino de Dios. Galilea estaba bajo la jurisdicción de Herodes, por lo que parece poco lógico que Jesús se sintiera más seguro allá, pero el Evangelio de Juan da la explicación cuando afirma que Jesús se retiró a Galilea, cuando los fariseos (de Judea) se enteraron de que él hacía más discípulos que Juan,[51] por lo que cabe suponer que fueron ellos los que movieran a Herodes para apresar al Bautista, y podían ahora promover la detención de Jesús. En todo caso, la prisión de Juan es un duro golpe contra la labor que Jesús comenzaba, y un aviso de lo que podía pasarle a Él.

IV. Esquema cronológico del ministerio público de Jesús

Después de las noticias puntuales que da el evangelista Juan acerca de los primeros días del ministerio público de Jesús y de su retiro a Galilea, no es posible reconstruir con cierta seguridad la relación cronológica de los diversos acontecimientos de la vida de Jesús que narran los evangelios. Pero sí es posible fijar cronológicamente los acontecimientos que marcan el inicio de su ministerio público, el bautismo por Juan, y su fin, es decir, su muerte. Y respecto del tiempo intermedio entre ambos límites, es posible fijar algunos períodos de su vida, relacionándolos con los tiempos de las fiestas judías, gracias a la información que proporciona principalmente el Evangelio de Juan, y ubicarlos en las regiones de Galilea, Judea, Samaria o Perea. Ése es el objeto de este apartado.

---

[50] *Antigüedades,* 18,5,2 §§ 116-119.
[51] Jn 4,1-25.

Lucas, en el capítulo tercero de su Evangelio, da un dato cronológico del inicio del ministerio de Juan el Bautista, que es también el inicio del ministerio público de Jesús, pues comenzó cuando Jesús fue bautizado por Juan.[52] Lucas, de acuerdo con el sistema cronológico en uso por los historiadores, liga la fecha con el reinado de los emperadores.[53] Dice que, en el año decimoquinto del imperio de Tiberio, cuando Poncio Pilatos era procurador de Judea, Herodes tetrarca de Galilea, Filipo, tetrarca de Iturea y Traconítide, y sumos sacerdotes Anás y Caifás, comenzó Juan a predicar y a bautizar en Judea, en la región cercana al Jordán. Se ha logrado aclarar[54] que el decimoquinto año del reinado efectivo de Tiberio corresponde al año 28 de nuestra era, y en ese mismo año Juan Bautista inició su actividad y Jesús, unos meses después, al recibir el bautismo. Esto sería cuando Jesús tendría unos 33 o 34 años.

Su ministerio público termina con la muerte, la cual sucede el viernes previo a la fiesta de la Pascua de los judíos, es decir, el día 14 del mes nissan; considerando que la muerte de Jesús fue aprobada por Poncio Pilatos, y que éste ejerció su cargo del año 26 al 36, y que el inicio del ministerio público fue el año 28, su muerte debió de ocurrir entre los años 29, máximo 34, pero lo más probable, tomando en cuenta los acontecimientos referidos en los evangelios, es que sucediera entre los años 30 a 33. De acuerdo con el calendario lunar, en esos cuatro años, el día 14 nissan cayó en viernes el año en que el día de la Pascua cayó en sábado, lo cual ocurrió, de acuerdo con el calendario lunar que regía las fiestas judías, en el año 30 y en el año 33; lo más posible es que la muerte de Jesús sucediera el año 30, lo que daría un ministerio público de dos años y cuatro meses aproximadamente (del primer o segundo mes del año 28 al cuarto mes del año 30), y que Jesús hubiera muerto cuando tendría 35 o 36 años.[55]

El ministerio público de Jesús se inicia en Judea, en la ribera del Jordán, con el bautismo, las tentaciones, el encuentro con los primeros discípulos y la primera pascua en Jerusalén. Los tres evangelios sinópticos dicen que, después

---

[52] Lc 3,1-2.

[53] Lo mismo hizo para fechar el nacimiento de Jesús, ligándolo con el reinado de Octavio Augusto.

[54] Meier I, *op. cit.,* p. 386.

[55] *Ibidem*, p. 401.

de la prisión de Juan el Bautista,[56] Jesús se fue a Galilea y fijó su residencia en Cafarnaúm;[57] no se tienen datos para precisar el momento del encarcelamiento del Bautista, pero seguramente fue entre la Pascua del año 28 y la del año 29, y posiblemente a mediados del año 28.

En Galilea, Jesús vive el mayor tiempo de su ministerio público (de mediados del año 28 a septiembre del año 29), y establece su residencia en Cafarnaúm; desde ahí hará viajes a los pueblos y ciudades vecinos, así como a los de las regiones circunvecinas (Iturea, Traconítide, Decápolis, incluso Fenicia). Desde ahí viajará también a Jerusalén, pasando por Samaria. Aparentemente, fue a Jerusalén para la Pascua del año 29, regresa a Galilea, y vuelve a Jerusalén en septiembre de ese año para celebrar la fiesta de los Tabernáculos,[58] que tendría lugar hacia el mes de octubre del año 29; pasada la fiesta, parece estar en los alrededores de Judea y Perea, y luego regresó a Jerusalén en diciembre para la fiesta de la Dedicación;[59] pasada la fiesta, está en regiones cercanas a Jerusalén y, finalmente, vuelve a ir a Jerusalén para su última Pascua del año 30.

---

56 Mt 4,12; Mc1,14; Lc 4,14.
57 Esto únicamente lo dice Mateo.
58 Jn 7,2.
59 Jn 10,22.

Capítulo 4

Su mensaje

Sumario. Introducción. I. El Reino de Dios. A. Diversas interpretaciones. B. El Reino de Dios en las palabras de Jesús. 1. El Reino de Dios ha llegado. 2. El Reino como realidad dinámica. 3. El reino que ha de venir: a) El Reino que se pide en el Padrenuestro. b) Jesús volverá a beber vino cuando llegue el Reino. c) El Reino como el banquete de Jesús con muchos invitados y con Abraham, Isaac y Jacob. 4. ¿Dio Jesús alguna fecha para la llegada del Reino? II. El Sermón de la Montaña. A. Las bienaventuranzas. 1. Las bienaventuranzas en general. 2. Primera, tercera y séptima bienaventuranzas. 3. Segunda, cuarta y octava bienaventuranzas. 4. Quinta y sexta bienaventuranzas. 5. Esbozo del bienaventurado. B. La nueva ley o el cumplimiento de la ley. 1. El quinto mandamiento. 2. El sexto mandamiento. 3. Segundo y octavo mandamientos. 4. La ley del talión y la ley del perdón y de la paz. 5. Mandamientos no mencionados expresamente en el sermón, sobre los que Jesús dio enseñanzas en éste y otros discursos: a) tercer mandamiento; b) cuarto mandamiento; c) séptimo mandamiento. 6. El precepto general de amor al prójimo. C. Conclusión general del Sermón de la Montaña.

Introducción

Sería una pretensión excesiva intentar explicar en este trabajo todo el mensaje de Jesús, por lo que me limitaré a dos temas, que suelen considerarse los más característicos de su predicación. El primero es el Reino de Dios, expresión peculiar de Jesús, que no existía con las mismas palabras en el Antiguo Testamento. El mensaje principal es el advenimiento del Reino de Dios, que Mateo llama también, por hebraísmo, "Reino de los Cielos". La expresión aparece[1] 122 veces en el Nuevo Testamento; de ellas, 99 veces en los evangelios sinópticos, y 90 aparece puesta en boca de Jesús. Él lo presenta como el objetivo final de su misión: Él ha venido para instaurar el Reino de Dios.

El segundo tema es el conocido Sermón de la Montaña, que nos transmite principalmente Mateo en tres capítulos; este discurso contiene tres partes: las bienaventuranzas, la exposición de la nueva ley y la oración; aquí se tratarán sólo los dos primeros, pues sobre la oración de Jesús hay un capítulo especial.

I. El Reino de Dios

El mensaje principal de Jesús es el advenimiento del Reino de Dios. Éste fue también el mensaje de Juan el Bautista, según lo resume el evangelista Mateo: "Haced penitencia porque está al llegar el Reino de los Cielos".[2] Cabe preguntar qué significa el Reino de Dios.

A. Diversas interpretaciones

La pregunta fundamental es si Jesús es el mensajero de un reino que es distinto de sí mismo, o si Jesús mismo es, de algún modo, el reino que anuncia. Ha habido varias interpretaciones en la historia. Orígenes identificó el Reino de Dios con Jesús mismo, que está presente entre los hombres. Otra interpretación vio el Reino como una realidad en el interior del hombre, por lo que se afirma que Dios reina en el alma de quienes le aman. Y también se ha identificado el Reino con la Iglesia, que parece haber sido la interpretación dominante en el siglo XIX y la primera mitad del siglo XX. Las tres interpretaciones no son contradictorias entre sí, porque se sitúan en perspectivas diferentes. Después de la segunda Guerra Mundial, se desarrolló, en algunos sectores, una interpretación secularista del

---

[1]   Ratzinger II, pp. 74-75.

[2]   Mt 3,2.

reino de Dios, conforme a la cual el Reino es una reorganización definitiva del mundo moderno, en la cual Dios no haría falta, es pues un reino del hombre sobre el hombre, y no un Reino de Dios.[3]

B. El Reino de Dios en las palabras de Jesús

En los evangelios, Jesús habla del Reino de Dios. La palabra con la que se designa el Reino, tanto la palabra aramea (*malkut*) como la palabra griega con la que se tradujo en los evangelios (*basileía*) son palabras que significan acción, por lo que puede mejor traducirse como "el ejercicio de la soberanía" o "el reinado de Dios". Lo que Jesús anuncia es que Dios está actuando, ejerciendo su soberanía o reinando en el mundo y en la historia, de un modo diferente de como lo hacía antes de que él viniera.[4]

Cabe notar que la expresión "Reino de Dios" (*basileian theou*), que tantas veces aparece en los evangelios sinópticos, no se encuentra en los libros hebreos del Antiguo Testamento.[5] Esto es un dato importante que demuestra que la expresión es propia de Jesús.

No obstante, el Antiguo Testamento es el fundamento de lo que Jesús transmite con esa frase. Ahí ya se habla del Reino de Dios, sobre todo como reinado de Dios sobre Israel, pero también sobre la creación entera. En los llamados salmos de entronización se alaba la soberanía o poder de Dios sobre todo el universo, como en el Salmo 47: "¡Pueblos todos, tocad palmas, aclamad a Dios con gritos de alegría! Porque Yahvé, el Altísimo, es terrible, el Gran Rey de toda la tierra". Durante el exilio en Babilonia (VI a. C.), los profetas hablan de una futura restauración del Reino de Dios sobre Israel, con Jerusalén como capital. Se hablaba entonces de un reino futuro, en el que Dios reuniría a todas las tribus de Israel, junto con los pueblos paganos, y gobernaría eternamente. Se contemplaba el reinado de Dios con esos dos matices: el de un reinado actual, que todos los judíos deben aceptar por estar contenido en el precepto de adorar a Dios sobre todas las cosas, y el reinado de Dios como visión de un orden futuro, que trasciende incluso la historia.

---

3   Ratzinger II, pp. 76-78.

4   Meier II, p. 240 y ss. Ratzinger II, p. 83.

5   Meier II, p. 238.

Cuando Jesús anuncia el Reino de Dios, anuncia a Dios que está gobernando el mundo, ejerciendo su omnipotencia amorosa sobre él. Ratzinger dice que el mensaje de Jesús es "muy sencillo, enteramente teocéntrico", que Dios "actúa ahora" de una manera totalmente nueva, en la que manifiesta que es el Señor de la historia; por eso, Ratzinger propone que una mejor traducción de la expresión original, en vez de Reino de Dios, sería "el ser soberano de Dios" o "el reinado de Dios".[6] Según esto, lo que anuncia Jesús es el reinado de Dios sobre este mundo.

1. *El Reino de Dios ha llegado.* El anuncio de Jesús sobre el Reino de Dios asume lo dicho en el Antiguo Testamento y al mismo tiempo lo supera, porque añade un elemento nuevo, el de la proximidad o cercanía, que expresa en palabras como éstas: el Reino de Dios "está cerca" o "ha llegado".

Un texto clave que anuncia la llegada del Reino es un párrafo de Lucas, que dice que a la pregunta de unos fariseos a Jesús acerca de cuándo llegará el Reino de Dios, él les responde: "El Reino de Dios no viene con espectáculo; ni se podrá decir: vedlo aquí o allí; porque mirad, el Reino de Dios está ya en medio de vosotros".[7]

El texto se ha interpretado con una visión "idealista", que dice que el Reino se encuentra ya en el interior del hombre; o con una visión escatológica, según la cual el Reino llegará en un solo acto, de manera inesperada, de modo que no se le puede ver antes. Ratzinger prefiere entender que con estas palabras: "El Reino está ya en medio de vosotros", Cristo se refiere a sí mismo que está entre sus interlocutores. "Él, que está entre nosotros, es el Reino de Dios, sólo que no lo conocemos".[8] Conocer que Jesús es el rey, requiere conocer que es el enviado del Padre para reinar sobre la creación entera.

Hay otro texto donde Jesús afirma que el Reino ha llegado. Lo transmite Lucas.[9] Sucede en el momento en que Jesús expulsó un demonio que habitaba

---

[6]   Ratzinger II, p. 83.

[7]   Lc 17,20.

[8]   Ratzinger II, p. 88. Algo semejante dice Juan el Bautista, que no lo conoció al verlo, pero que cuando vio al Espíritu descender sobre él, supo que era el enviado para bautizar en el Espíritu Santo (Jn 1,31-33).

[9]   Lc 11,20.

en un hombre mudo; en cuanto el demonio salió, el mudo comenzó a hablar.[10] La muchedumbre que presenció el acto "se quedó admirada", pero algunos dijeron que expulsó un demonio con el poder del príncipe de los demonios. Jesús responde con la conocida frase de que un reino dividido contra sí mismo no puede subsistir, por lo que es absurdo suponer que el demonio se destruye a sí mismo. En cambio, afirma que si "expulsa los demonios por el dedo de Dios", está claro que "el Reino de Dios ha llegado a vosotros".[11]

En ese pasaje se identifica el Reino de Dios con la operación obrada por Jesús de expulsar un demonio. El Reino de Dios es el poder que ejerce Jesús para liberar a un hombre poseído por el demonio. En ese pasaje, el Reino de Dios es Jesús, quien ejerce un poder liberador, salvífico.

Dice Ratzinger que la nueva proximidad del Reino, que Jesús anuncia, "reside en Él mismo. A través de su presencia 'está en medio de vosotros' y su actividad 'expulsar a los demonios', Dios entra en la historia aquí y ahora de un modo totalmente nuevo".[12] Por eso, puede decir Jesús que "se ha cumplido el plazo", que es "tiempo de conversión y arrepentimiento" y "tiempo de júbilo".

Considerando que el Reino es Jesús mismo que ejerce un poder liberador (el poder o soberanía de Dios) respecto del demonio y de cualquier otro mal, se entienden dos de las parábolas del Reino que él predicó, y que invitan a dejarlo todo para entrar: la parábola del tesoro escondido en el campo, que cuando alguien lo encuentra, vende todo cuanto tiene para comprar el campo donde

---

[10] Los exorcismos, aunque hoy parecen escenas de películas de terror, desde antiguo existieron creencias populares de posesión diabólica en los pueblos del Oriente Medio, como los acadios y los sumerios, también entre los babilonios y los egipcios; todos estos pueblos conocen rituales de exorcismo; en el Antiguo Testamento hay sólo un caso, de un demonio que atormenta al rey Saúl; en la literatura posterior al exilio, la actividad diabólica es un tópico, y se distingue la obsesión (ataque externo) de la posesión diabólica (Tob 6,7-8, 16-18; 8,3). También aparece en los rollos de Qumran. De modo que el tema era algo común en tiempos de Cristo. Meier II, *op. cit.*, p. 404.

[11] La expresión "dedo de Dios" significa "el poder de Dios". Meier II, *op. cit.*, p. 411. No se usa en otro lugar del Nuevo Testamento, pero aparece en Ex 8,16-19, donde narra que la tercera plaga (de los mosquitos) enviada por Dios contra el faraón, los magos no pudieron contrarrestarla, y como no pudieron, dijeron es "el dedo de Dios".

[12] Ratzinger II, p. 88. El modo totalmente nuevo es que Dios se ha hecho hombre en Jesús y así Dios reina por medio de este hombre, que es también Dios.

está el tesoro y quedarse con él;[13] y la parábola de la perla preciosa, que cuando la encuentra un comerciante, vende todo cuanto tiene para comprarla.[14] El que se da cuenta que el Reino ha llegado, hace todo lo que sea necesario para entrar en él y hacerse partícipe y beneficiario del poder soberano que Dios, por medio de Jesús, ejerce en el mundo.

En esas parábolas se presenta el Reino como el supremo bien, al que hay que subordinar todos los demás bienes, y a la vez, como una invitación a incorporarse voluntariamente a él. En esto hay una diferencia con los reinos de la tierra, a los que los hombres quedan incorporados, por lo general, por el hecho de su nacimiento; en cambio, para entrar al Reino de Dios, es necesario quererlo, y quererlo como el bien mejor.

2. *El Reino como realidad dinámica.* En el mensaje de Jesús sobre el Reino de Dios, sobre todo en las parábolas, se destaca al Reino de Dios como un principio pequeño que se desarrolla gradual e indefectiblemente. Así en la parábola del grano de mostaza, reportada en los tres evangelios sinópticos, el Reino es semejante a un grano de mostaza, que es pequeñísimo, pero se desarrolla y crece hasta convertirse en un gran árbol.[15] La parábola implica la idea de un continuo crecimiento hasta llegar a una culminación. Es semejante la parábola de la levadura, que es un poco de levadura que, con el tiempo, fermenta toda la masa; implica también la idea de un crecimiento continuo, pero contiene una idea nueva, la de la transformación, pues, así como la levadura hace fermentar la masa, el crecimiento del Reino irá transformando el mundo.

En la parábola del sembrador, que viene también en los tres sinópticos, el Reino es una comunidad humana, Jesús y sus discípulos, que se va incrementando en el tiempo por quienes escuchan la palabra de Jesús y la ponen en práctica.[16] El número de quienes lo conforman es indefinido y cambiante con el tiempo, pues, de acuerdo con la parábola, hay muchos que reciben la palabra con alegría, otros que, además, la aceptan, pero luego unos y otros la abandonan, y otros más que perseveran en la palabra y la ponen en práctica.

---

[13]   Mt 13,44.

[14]   Mt 13,45-46.

[15]   Mt 13,31-31; Mc 4,30,32; Lc 13,18-19.

[16]   Mt 13,18-23, Mc 4,1-9; Lc 8,11-15.

En la parábola del trigo y la cizaña, que sólo transmite Mateo, se da una visión del Reino en la historia humana: el Reino es una porción de la humanidad que se desarrolla junto con el resto de ella en una relación de coexistencia y de oposición; la historia humana es el campo, donde el dueño sembró trigo y donde, luego, el enemigo sembró cizaña.[17] Crecen juntos el trigo y la cizaña, es decir, el Reino y quienes lo rechazan, hasta el fin de los tiempos, cuando el rey hará la separación definitiva. A la luz de esta parábola pueden considerarse las palabras de Jesús que afirman que el Reino de los cielos padece violencia y que los violentos pretenden apoderarse de él.[18]

3. *El reino que ha de venir.* El Reino que anuncia Jesús es, como se ha visto, una realidad ya presente, y una realidad dinámica, en proceso de crecimiento y decrecimiento (muchos lo abandonan). Pero ya las parábolas del grano de mostaza y de la levadura sugieren que finalmente el Reino llegará a su plenitud, cuando el grano de mostaza haya devenido un árbol frondoso o la levadura haya fermentado toda la masa. Hay además otras palabras de Jesús que proponen el Reino como una realidad que ha de venir, es decir, que ha de llegar a su plenitud.

a) El reino que se pide en el Padrenuestro. La más conocida de esas palabras es la que Jesús incluyó en la oración que enseñó a sus discípulos, el Padrenuestro. Con ella les invitó a pedir "venga tu Reino".[19] Estas palabras implican que el Reino no ha llegado plenamente, pero que llegará en el futuro. Son palabras de petición y de esperanza, que también implican que el Reino llegará por obra de Dios. No es algo que los hombres puedan construir y llevar a su plenitud por sí mismos, sino algo que tienen que pedir a Dios para que efectivamente ocurra, aunque requiere la colaboración que los hombres han de dar para que el Reino llegue, pues en la misma oración se supedita el perdón de Dios a los hombres al perdón de los hombres entre sí. La frase "venga tu Reino" se entiende mejor, considerando el Reino como el poder salvífico (o soberanía) de Dios, que se pide

---

17 Mt 13,24-30.

18 Mt 11,12. Se ha dado también la interpretación (Santos Evangelios, Universidad de Navarra, *ad h.l.*) que lee el texto así: "El Reino de los cielos padece violencia, y los esforzados lo conquistan", lo que implica que los "violentos" son quienes se hacen violencia a sí mismos y de esa manera entran al Reino. Ratzinger II, pp. 86 y 87 habla solamente de los "violentos" y dice que es un texto difícil de interpretar.

19 Mt 6,10; Lc 11,2.

que predomine sin contradicción. Se pide así lo que esperaban los últimos profetas de Israel: que Dios venga a salvar y restaurar a su pueblo.

b) Jesús volverá a beber vino cuando llegue el Reino. Otra frase significativa en que Jesús habla del Reino de Dios como algo por venir es la que pronuncia al terminar la Última Cena, cuando dice: "En verdad os digo que ya no beberé del fruto de la vid hasta aquel día en que lo beba nuevo en el Reino de Dios".[20] La frase afirma, en primer lugar, que Jesús ya no volverá a beber vino en su vida, que ha tenido lugar su Última Cena conmemorativa, lo cual implica una profecía de su próxima muerte. Si se atiende a la situación del momento, se advierte que Jesús conoce la gran oposición que sus palabras han provocado entre la mayoría del pueblo, sabe que son pocos los que le siguen fielmente y advierte la aparente frustración de su misión salvadora. Pero también afirma que llegará un momento en que volverá a beber vino, esto es, a tener una comida festiva, que será cuando llegue el Reino de Dios. Aquí, Jesús mismo está expresando su esperanza en el advenimiento del Reino, en el triunfo definitivo en el mundo del Poder y del Amor de Dios, lo cual es una esperanza congruente con la enseñanza de Jesús a sus discípulos de que al rezar al Padre pidan el advenimiento del Reino.

c) El Reino como el banquete de Jesús con muchos invitados y con Abraham, Isaac y Jacob. Mateo y Lucas han conservado estas palabras:[21] "que muchos de Oriente y Occidente vendrán y se pondrán a la mesa con Abraham, Isaac y Jacob en el Reino de los Cielos",[22] a las que siguen estas otras: "Mientras que los hijos del reino serán arrojados a las tinieblas exteriores; allí será el llanto y el rechinar de dientes".[23] Los "hijos del reino" que se arrojan al fuego no son los seguidores fieles de Jesús, sino los miembros del pueblo escogido (puede ser Israel o la Iglesia) que piensan que su sola pertenencia al pueblo escogido los salva, sin poner nada de su parte.

En ese texto, el Reino aparece bajo la metáfora de un banquete, en el que participan los gentiles, procedentes de todas partes, junto con los patriarcas de

---

[20] Mc 14,25, que coincide con Lc 22,18.

[21] Mt 8,11-12. Lc 13,28-29.

[22] Mt 8,11.

[23] Mt 8,12.

Israel que habían muerto muchos años antes. La metáfora del Reino como un banquete hace ver la diferencia con los reinos humanos, que suelen simbolizarse por sus ejércitos. La metáfora del banquete muestra una nueva característica del Reino, que no es sólo algo que, en cierto modo, ya está presente, y algo que habrá de realizarse plenamente en el futuro, es también un Reino que trasciende el tiempo y la muerte, pues se constituye también con aquellos que ya murieron y que, sin embargo, son actualmente partícipes del Reino. Es un Reino trascendente.

4. *¿Dio Jesús alguna fecha para la llegada del Reino?* Parecería muy difícil de aceptar como válida, al menos para la mentalidad de quienes oían la predicación de Jesús, la llegada de un Reino que debiera consumarse en un futuro muy lejano.

En las instrucciones que da Jesús a los discípulos que envía a predicar la llegada del Reino,[24] les dice que si no los reciben en una ciudad vayan a otra, y que no acabarán de predicar en todas "las ciudades de Israel antes de que venga el Hijo del Hombre".[25] Me parece que el texto afirma que la predicación es constante, que nunca podrá decirse que una ciudad y menos todas las ciudades de Israel ya han recibido toda la predicación que necesitan; por lo tanto, la venida de Jesús ocurrirá cuando ya no sea necesario predicar porque el tiempo de su venida se ha cumplido. Es la expresión una manera de hacer ver la venida de Jesús como próxima, pero sin fijar una fecha o un tiempo determinado.

Las palabras de Jesús que dicen que hay algunos, entre quienes lo están oyendo, que no morirán sin haber visto la llegada del Reino de Dios con poder, se entienden considerando que el Reino es una realidad ya presente, que evoluciona y, a la vez, que está en espera de su culminación.[26] Una manifestación clara del poder del reinado de Dios sobre la tierra es la resurrección de Cristo, que seguramente conocieron muchos de quienes lo escuchaban en esa ocasión.

---

[24] Mt 10,23.

[25] Se ha interpretado que esta venida del Hijo del Hombre sólo puede ser su venida final.

[26] Mc 9,1.

II. El Sermón de la Montaña

Se llama así el discurso de Jesús, que, según Mateo, pronunció en una montaña, y que comprende los capítulos 5, 6 y 7 de su Evangelio. Se ha considerado la síntesis moral o carta magna del Evangelio. Posiblemente no fue un discurso que pronunció Jesús en un solo acto, sino que fue compuesto por Mateo, a partir de relatos de varios discursos de Jesús, y lo ubicó en una montaña,[27] donde Jesús solía predicar. Comprende básicamente tres partes: las bienaventuranzas, la nueva ley y la oración. Aquí se tratarán sólo las dos primeras partes, ya que la oración de Jesús se tratará en otro capítulo.

Lucas reproduce las mismas enseñanzas, aunque ubicadas en lugares distintos. Las bienaventuranzas las coloca en un sermón pronunciado por Jesús en un llano;[28] las prescripciones sobre la ley en otros tres lugares.[29]

A. Las bienaventuranzas

Jesús enseña que ha llegado el Reino de Dios y que este Reino crecerá poco a poco hasta llegar a su plenitud. En el sermón de las bienaventuranzas, enseña las actitudes personales que deben tener las personas que quieran entrar al Reino que Jesús predica. A esas personas Jesús las llama bienaventuradas, es decir personas a las que les va bien, que tienen una vida feliz o dichosa. Paradójicamente, esas mismas personas, desde el punto de vista de los criterios del éxito humano, podrían llamarse miserables. En el sermón de las bienaventuranzas queda patente que los bienaventurados de este mundo no son los bienaventurados que entran al Reino predicado por Jesús.

1. *Las bienaventuranzas en general.* El relato de Mateo contiene ocho bienaventuranzas (la que suelen contar como novena es un desarrollo de la octava) y el de Lucas, sólo cuatro.[30] Todas son promesas de que determinadas personas, que parecen estar en una situación humanamente desfavorable, serán felices. En el Antiguo Testamento había algunas promesas semejantes,

---

[27] La ubicación en la montaña hace recordar la montaña del Sinaí, donde Moisés recibió la ley.

[28] Lc 6,17-26.

[29] Lc 6,27-36; 12,58-59 y 16,17-18.

[30] Mt 5,1-12.

por ejemplo, en el Salmo 1, que dice: "Dichoso el hombre que confía en el Señor...". Las bienaventuranzas son mandatos que da Jesús bajo la forma de una promesa de felicidad y no con la amenaza de un castigo. Cuando dice bienaventurados los pobres de espíritu, o los humildes porque alcanzarán el Reino de Dios es como si dijera sean pobres de espíritu y humildes para que puedan alcanzar el Reino de Dios.

Lucas y Mateo aclaran que Jesús se dirige a sus discípulos ("levantando los ojos hacia sus discípulos"). Cada bienaventuranza se dirige a ellos y describe una situación con la que pueden identificarse fácilmente: ellos también son pobres, hambrientos, afligidos, perseguidos. Y a ellos dirige la promesa de que su situación se invertirá. Son promesas de un futuro mejor, que se cumple parcialmente ahora y plenamente en el futuro.

Analizaré las ocho bienaventuranzas que expone Mateo, pero no en el orden que él las presenta, sino que las agruparé temáticamente para facilitar su comprensión.

2. *Primera, tercera y séptima bienaventuranzas.*[31] La primera bienaventuranza es la que dice bienaventurados los pobres, que son, según aclara Mateo, los "pobres de espíritu", es decir, aquellos que confían en Dios, no en sus bienes, y esperan la salvación de Dios. La sola carencia de bienes no implica la confianza en Dios, pues el pobre de bienes puede renegar de Dios y desesperarse, y no ser bienaventurado. Para el pobre de espíritu, la posesión de bienes nunca es un fin primordial de sus acciones y su trabajo, y si los bienes llegan, sabe compartirlos y renunciar a los que no necesita para darlos a otros.[32] En la tradición de Israel se entendía que el pobre estaba cerca de Dios, a diferencia de los ricos que, con su arrogancia, sólo confían en sí mismos. Jesús dice a los pobres de espíritu que son bienaventurados porque "suyo es el Reino de los Cielos", es decir, que ya son miembros del Reino que Jesús anuncia.

---

[31] Mt 5,3; 5,5 y 5,9.

[32] Esa actitud ya se recomendaba en el Antiguo Testamento, véase So 2,3: "Busquen al Señor todos los humildes de la tierra, que cumplieron sus mandatos. Busquen la justicia, busquen la humildad; quizá así sean preservados el día de la ira del Señor". La expresión "pobres de espíritu" aparece en los rollos de Qumrán para definir a los piadosos (Cfr. Ratzinger II, p. 102) por lo que no cabe pensar que fuera una invención de Mateo.

La bienaventuranza de los pobres está ligada con la tercera, la de los "mansos" que "heredarán la tierra". El concepto de lo que significa la palabra "manso", según la traducción española, se aclara relacionando la palabra original en griego (*praeîs*) con otros textos donde aparece la misma palabra en el Antiguo y en el Nuevo Testamento: en el libro de los Números se dice, con esa palabra griega, que "Moisés era muy humilde, más que ningún otro hombre sobre la faz de la tierra";[33] en el Evangelio de Mateo se refiere que Jesús mismo se calificaba como "manso y humilde de corazón".[34] En estos textos la comunicación del hombre con Dios se hace depender de la humildad, que poseyeron Moisés y Jesús. Por eso conviene entender la palabra "manso" de la tercera bienaventuranza como uno de los aspectos, la no violencia, de una actitud más amplia, que es la humildad. El manso, el no violento, es el humilde. Por eso, la bienaventuranza de los mansos es la bienaventuranza de los humildes, que está naturalmente ligada a la de los pobres.

La promesa de que los mansos y humildes "heredarán la tierra", que es como decir que serán "dueños del mundo", se ilustra con la entrada de Jesús a Jerusalén, cuando fue aclamado como rey por sus discípulos. Con ese acto, Jesús, según refiere Mateo,[35] cumplió la profecía de Zacarías,[36] que dice "Jerusalén, mira, tu rey viene hacia ti, es justo y victorioso, montado sobre un asno, sobre un borrico, cría de asna". El rey que entra en Jerusalén, Jesús mismo, es un rey humilde, montado en un burrito que, a diferencia de lo que hacían y siguen haciendo los reyes de la tierra, no hace alarde de ningún poder militar, y sin embargo es un rey victorioso, y un rey, como continúa la profecía,[37] que "destrozará los carros 'de guerra' de Efraím, los caballos de Jerusalén; serán rotos los arcos de guerra, anunciará la paz a las naciones y su dominio se extenderá de mar a mar y desde el río hasta los confines de la tierra". La humildad y la mansedumbre son virtudes propias del rey del universo, que gobierna con un poder incontrastable, con el poder de Dios, y por eso no lo presume como si fuera propio.

---

[33] Nm 12,3.

[34] Mt 11,29.

[35] Mt 21,5.

[36] Za 9,9.

[37] Za 9,10.

El Rey humilde es el Señor de toda la tierra y por eso la bienaventuranza de los mansos y los humildes es que "heredarán la tierra".[38]

El Reino de Dios, que ya poseen los pobres, y la tierra que heredarán los humildes es también el Reino de paz, que Jesús anuncia cuando entra en Jerusalén montado en un burrito. Los "pacíficos", es decir, los que trabajan por la paz son los sujetos de la séptima bienaventuranza, a quienes se les promete que "serán llamados hijos de Dios". Hay una relación entre comportarse como hijo de Dios y obrar la paz. Dios había prometido a David[39] que en el reinado de su hijo Salomón concedería "paz y tranquilidad a Israel", y luego explica que esa paz será consecuencia de que Salomón (o Israel) será para Dios un hijo y Dios será para Salomón (o Israel) un Padre. Jesús se presenta como el verdadero Salomón, el que es verdaderamente el Hijo de Dios, y es por eso príncipe de la paz. Él, en varias ocasiones dio la paz a sus discípulos, especialmente una vez resucitado.[40] Jesús es el primero que trabaja por la paz, porque en todo se comporta como el Hijo que obedece al Padre. Los que trabajan por la paz son los que, como Jesús, obedecen al Padre y por eso son llamados hijos de Dios.[41]

3. *Segunda, cuarta y octava bienaventuranzas.*[42] La segunda bienaventuranza es la de los afligidos o de "los que lloran", a quienes se promete que "serán consolados". Hay dos tipos de aflicción, una es la de quienes, ante la presencia del mal, han perdido la esperanza, y ya no confían en el amor ni en la verdad (del amor de Dios). Es la aflicción que lleva a la desesperación, pero puede también llevar a la actitud conformista de quien siente que no es posible superar el mal, o al cinismo de quien se sirve del mal para obtener los

---

[38]   Véase Ratzinger II, pp. 108-112. La tierra prometida, en la tradición del Antiguo Testamento, es un lugar donde se da culto a Dios. La tierra que se promete a los humildes es el mundo entero, donde todo y todos darán culto a Dios.

[39]   1 Cro 22,9 y 10: "Mira te va a nacer un hijo, que será hombre de paz; le concederé paz con todos sus enemigos de alrededor. Se llamará Salomón y en sus días concederé paz y tranquilidad a Israel. Él construirá un templo en honor de mi nombre; él será para mí un hijo y yo seré para él un padre, y consolidaré el trono de su reino sobre Israel para siempre".

[40]   Lc 24,36; Jn 20,19-21.

[41]   En cambio, la "enemistad con Dios es el punto de partida de toda corrupción del hombre". Sólo el hombre reconciliado con Dios y consigo mismo puede crear paz a su derredor. Que haya paz en la tierra es voluntad de Dios y, por lo tanto, tarea del hombre. Ratzinger II, p. 113.

[42]   Mt 5,4; 5,6 y 5,10.

placeres que esta vida pueda darle; las tres son actitudes que abaten y destruyen al hombre. El llanto de los que desesperan, de los conformistas, de los cínicos es el que Jesús predice que experimentarán los que rechazan a Dios, es ese "llanto y rechinar de dientes", es decir, llanto con rabia, de los que no son admitidos en el Reino.[43]

La aflicción que es bienaventurada es la de quienes reconocen y experimentan el mal, lloran por ello, pero rechazan el mal porque, pese a todo, esperan que triunfará el amor de Dios. El profeta Ezequiel ofrece una descripción de la aflicción de los bienaventurados, cuando relata un castigo que vendrá sobre Jerusalén, del cual escaparán los "hombres que gimen y lloran por todas las abominaciones que se cometen en la ciudad".[44] El mismo Jesús es un ejemplo de estos afligidos cuando lloró por Jerusalén, al ver su incredulidad y los males que se le avecinaban;[45] es también la aflicción de Pedro cuando lloró por haber negado a Jesús.[46] Es la aflicción de María y las otras mujeres y de Juan, al pie de la cruz.[47] Es, en general, la aflicción de quienes no endurecen su corazón ante el dolor, ni lo abren al mal. La promesa es que serán consolados, lo cual ocurrirá definitivamente cuando el Reino se haya consumado y no quede rastro del mal. Mientras viven, los que lloran son consolados, aunque parcialmente, por la esperanza de la salvación y de la consumación del Reino.

La cuarta bienaventuranza, la de los que tienen hambre y sed de justicia, se liga con la de los afligidos. Estos últimos experimentan el mal, pero lo rechazan, y quienes tienen hambre de justicia no se conforman con el mal que experimentan, aunque llegue a estar socialmente justificado, y trabajan por hacer y difundir la justicia que Jesús enseña. Él mismo exhortó a todos sus discípulos su justicia,[48] a que busquen sobre todo el Reino de Dios y que lo demás se les dará por añadidura. Esta justicia no es la meramente humana, que

---

[43] La expresión "llanto y rechinar de dientes" parece propia de Mateo, quien la usa muchas veces: Mt 13,12; 13,42; 13,50; 22,13; 24,51; 25,29; pero también aparece en Lucas: Lc 13,28.

[44] Ez 9,4.

[45] Lc 19,41.

[46] Mt 26,75.

[47] Jn 19,25.

[48] Mt 6,33.

consiste en el debido comportamiento entre los hombres, sino que incluye además la conducta debida a Dios, y el trato a los hombres como Dios los trata.[49] Es la justicia propia de quienes quieren agradar a Dios, como José, de quien dicen el evangelista Mateo que era un "hombre justo".[50]

La promesa de esta bienaventuranza es que "quedarán saciados", es decir, que encontrarán la justicia que buscan, la plena conformidad de todas las acciones de todos los hombres con lo que es debido al prójimo y a Dios, lo cual ocurrirá cuando el Reino llegue a su plenitud; mientras tanto, los que tienen hambre y sed de justicia reciben el alimento de la justicia posible entre los hombres, y de la justicia de Dios, que nunca falla.

Los perseguidos por causa de la justicia son los sujetos de la octava bienaventuranza. Estos perseguidos son los afligidos que no se doblegaron por el mal y luchan por la justicia. Ellos resultan molestos para el mundo que ha dado la espalda a Dios y a la justicia. Por eso, el mundo los ha perseguido y los perseguirá siempre. La bienaventuranza de los perseguidos por la justicia tiene un carácter profético. Predice la historia de Jesús, que fue perseguido y muerto por sus perseguidores; predice la historia de la Iglesia naciente que fue perseguida desde los primeros años y la de la Iglesia de todos los tiempos en los que no han cesado las persecuciones. Predice también la historia de cada discípulo que lucha por ser fiel y practicar la justicia de Dios, que el mundo ha preferido olvidar y rechazar. El perseguido por antonomasia es el mismo Jesús, quien también refleja todas las condiciones requeridas por las bienaventuranzas. La promesa que acompaña la octava bienaventuranza es la misma de los pobres, esto es, que de ellos ya es el Reino de los Cielos.

En la explicación de la octava bienaventuranza, Jesús se propone como el centro que deben buscar los bienaventurados, pues declara que son dichosos quienes sufren persecución por causa de *su* nombre, y él mismo promete

---

[49] Una clara manifestación de que la justicia a la que se refiere Jesús contempla lo debido a Dios, son las palabras de Jesús (Mt 3,15), ante la negativa de Juan el Bautista a bautizarle, Él le dice que lo debe bautizar, pues "así es como debemos nosotros cumplir toda justicia", es decir, obedecer a Dios Padre que quiere que Juan bautice a Jesús. Dice Ratzinger II, p. 117 que "en el lenguaje del Antiguo Testamento 'justicia' expresa la fidelidad a la Torá, la fidelidad a la Palabra de Dios".

[50] Mt 1,19.

la recompensa que les tocará en el cielo, con lo cual se coloca en un plano en el que ninguno de los maestros o profetas de Israel se podía poner, porque se coloca en el plano que corresponde a Dios.[51]

4. *Quinta y sexta bienaventuranzas.*[52] La quinta bienaventuranza es la de los misericordiosos, es decir, la de quienes se compadecen por el mal que sufre el prójimo e intentan remediarlo, en la medida de sus posibilidades. La bienaventuranza de los misericordiosos, con la promesa de que encontrarán misericordia, supone que uno reconozca la propia debilidad y la necesidad de recibir ayuda de otros. Así, quien obra misericordiosamente no lo hace desde un plano de superioridad, como si él no necesitara de misericordia, si no que ofrece su ayuda como un igual necesitado de ayuda. Por eso, la recompensa de los misericordiosos es recibir misericordia.

Jesús explica toda su vida como una obra de misericordia. Ha venido al mundo para ofrecer su ayuda al hombre que necesita ser salvado del pecado. Él es el buen pastor que da la vida por las ovejas, el padre que perdona al hijo arrepentido, el buen samaritano que cuida y procura el alivio del herido por los bandidos y abandonado en el camino. En esas parábolas muestra que la misericordia no es sólo por la miseria física, como la falta de medios o la enfermedad, también y, sobre todo, por la pobreza espiritual, por el pecado. La pasión y muerte de Jesús es la gran obra de misericordia que libera a los hombres del pecado. Por esa obra, Jesús mismo también recibió misericordia, cuando el Padre lo resucitó de entre los muertos.

La sexta bienaventuranza es la de los de los "limpios de corazón" y tiene la promesa de que "verán a Dios". Una primera observación es que se ve a Dios con el "corazón", no con los ojos del cuerpo ni con la sola inteligencia; más bien, con el hombre en su totalidad, totalidad que el lenguaje bíblico expresa con la palabra "corazón", que supone la armonía entre la inteligencia, la voluntad y los sentimientos o emociones, la unidad de cuerpo y espíritu. Es entonces el hombre en su integridad el que debe ser puro o limpio para ver a Dios.[53]

---

[51] Mt 5,11. Explicación a la que a veces se le llama la "novena" bienaventuranza.

[52] Mt 5,7; 5,8 y 5,9.

[53] Ratzinger II, pp. 121-122.

¿En qué consiste la limpieza o pureza de corazón? No hay en los evangelios algún pasaje en el que Jesús declare abiertamente lo que es la pureza, pero hay muchos en los que se trata de la impureza. Se usa la expresión "espíritu impuro" frecuentemente para designar al demonio,[54] y a la persona entregada al demonio se dice que la posee un "espíritu impuro", por lo que cabe inferir que, puesto que la impureza es propia del que se opone a Dios, la pureza es propia de Dios. Jesús explicó[55] a sus discípulos que el hombre se hace impuro no por lo que come o por lo que le sucede sin quererlo, sino por los actos que él quiere, por los actos que salen de su corazón, y da varios ejemplos de esos actos: malos pensamientos, robos, homicidios, fornicaciones, adulterios, falsos testimonios, blasfemias, soberbia. Cabe notar que los actos que contaminan al hombre son actos de injusticia respecto del prójimo, pero también respecto de Dios, como la blasfemia. El hombre de corazón puro es el que no comete esos actos. De manera positiva, se puede conocer qué es la pureza de corazón, atendiendo a las palabras de Jesús en las que resume toda la Ley de Dios, en el amor a Dios, sobre todas las cosas, y al prójimo, como a uno mismo. Por eso, cabe decir que la pureza de corazón la tiene quien ama a Dios sobre todas las cosas y al prójimo como a sí mismo o, lo que es lo mismo, quien está libre de la idolatría, de amar más lo que vale menos, y del egoísmo, de amar al prójimo o a Dios sólo en cuanto me sea útil, y no por sí mismos.[56] En otras palabras, la condición para ver a Dios se resume en el cumplimiento de los mandamientos de la Ley de Dios.[57]

5. *Esbozo del bienaventurado*. El sujeto dibujado en las bienaventuranzas es, de acuerdo con la narración evangélica, el mismo Jesús de Nazaret: que nació

---

[54] Por ejemplo, Mt 12,43, Mc 1,23; 3,11; 5,2.

[55] Mt 15,11-18, Mc 7,15-23.

[56] En los salmos ya se afirma qué es la pureza de corazón. Dice el Salmo 23,3-4: "¿Quién podrá subir al monte del Señor? ¿Quién podrá estar en su lugar santo? El de manos inocentes y de corazón puro, el que no dirige su alma a la vanidad [o a los ídolos] ni jura en falso. Él recibirá la bendición del Señor y la justificación de Dios, su Salvador". Se hace referencia al amor al prójimo con la expresión "manos inocentes", y al amor a Dios con "corazón puro", que no ama a los ídolos no jura en falso. En el Salmo 15 se dice que podrá habitar con Dios: "El que camina con integridad, el que practica la justicia, el que habla con corazón sincero, no calumnia con su lengua, no hace mal a su hermano ni levanta infamia contra su prójimo".

[57] Ratzinger II, pp. 123.

y creció en un ambiente pobre, que no tenía bienes hasta el grado de decir que no tiene ni siquiera un lugar donde reclinar la cabeza, él es el pobre que confía en el Señor;[58] él es quien llora por la presencia del mal, cuando llora a la vista de Jerusalén[59] y cuando se angustia en su oración en el Huerto de los Olivos;[60] es manso y humilde,[61] como lo afirmó expresamente y como lo demostró al aceptar su pasión y muerte sin permitir que Pedro lo defendiera con la espada;[62] es quien tiene hambre y sed de justicia y pide a Juan que lo bautice para que se cumpla toda justicia[63] y afirma que su alimento es hacer la voluntad del Padre;[64] es el compasivo y misericordioso que cura a los enfermos, expulsa los demonios,[65] tiene compasión de las multitudes[66] y perdona los pecados,[67] aun estando en la cruz;[68] es el de corazón puro, que ama a Dios sobre todas las cosas y lo obedece hasta morir en la cruz, y, cuando ha hecho todo lo que el Padre pide, dice: "todo está consumado".[69] Es el que ama a los hombres hasta dar su vida por ellos,[70] y el que enseña que la pureza del corazón no está en las cosas externas, ni en los alimentos, sino en las intenciones del corazón;[71] él es el hombre pacífico que al nacer trae la paz, la da al hacer un milagro y perdonar los pecados, y, al resucitar,

---

[58] Él es el pobre que no tiene ni siquiera un lugar donde reclinar la cabeza. Mt 8,21 y Lc 9,58.

[59] Llora por Jerusalén y por los males que le vendrán, Lc 19,41.

[60] Mt 26,36-46; Mc 14,32-42; Lc 22,40-46.

[61] El mismo dice de sí que es manso y humilde de corazón. Mt 11,29.

[62] Jn 18,10.

[63] Mt 3,15.

[64] Dice que su alimento es hacer la voluntad del Padre y llevar a cabo la obra que le encomendó. Jn 4,34.

[65] Mc 1,32-34.

[66] Al ver las multitudes se llenaba de compasión por ellas, Mt 9,36 y Mc 6,34; tuvo compasión del muchacho lunático y lo curó Mt 17,4

[67] Mc 2,5.

[68] Lc 23,43.

[69] Jn 19,30.

[70] Jn 13,1 dice que amó a los suyos "hasta el fin".

[71] Él enseña que la pureza del corazón no se contamina por los alimentos o por los actos externos, sino por lo que está dentro del corazón, esto es, por los malos deseos, malas intenciones o malos pensamientos, Mc 7,20.

la da de una manera totalmente nueva,[72] y es también el perseguido por causa de la justicia, que fue atormentado, despreciado y crucificado por haber cumplido en todo momento la voluntad del Padre.

A Él corresponden, primero que a nadie, los premios prometidos: de Él, como Rey, es el Reino de los Cielos;[73] durante su pasión, fue consolado por un ángel,[74] y, al resucitar, le ha sido enjugada toda lágrima; es Él quien poseerá la tierra sin contradicción cuando establezca en ella su Reino;[75] ha sido saciado de justicia al haber ascendido a los cielos[76] y estar sentado a la derecha de Dios;[77] siendo misericordioso encontró misericordia y resucitó; trae la paz y es llamado Hijo de Dios, y por haber sufrido persecución es suyo el Reino de los Cielos.

Las cualidades o virtudes del bienaventurado pueden resumirse en éstas: la pobreza de espíritu (primera bienaventuranza), es decir, no anhelar los bienes materiales como si fueran los principales; la resistencia al mal que existe en el mundo (segunda bienaventuranza); la humildad y confianza en el auxilio de Dios (tercera bienaventuranza); el amor a Dios sobre todas las cosas (cuarta bienaventuranza); el amor misericordioso hacia el prójimo (quinta bienaventuranza); la pureza en el amor a Dios y al prójimo (sexta bienaventuranza); la

---

[72] Desde antes de su nacimiento, se profetiza que ha venido para "guiar nuestros pasos por el camino de la paz", Lc 1,79. Su nacimiento se anuncia con las palabras "paz en la tierra", Lc 2,14; a algunas personas a quienes obró algún milagro les dice: "vete en paz", por ejemplo, a la hemorroísa, Mc 5,34. A sus discípulos les aconseja que tengan "paz unos con otros", Mc 9,50, y que cuando vayan de casa en casa predicando pidan "La paz a esta casa", Lc 10,13. Al despedirse de sus apóstoles en la Última Cena, les dice: "La paz os dejo, mi paz os doy", Lc 14,27, y al presentarse resucitado a sus discípulos, les dice: "La paz esté con vosotros". Hay unas palabras suyas que parecen contradecir su misión de paz, que las recogen Mateo (10,34) y Lucas (12,51), que dicen: "No penséis que he venido a traer la paz a la tierra. No he venido a traer la paz sino la espada", pero estas palabras, como lo indica el contexto, se refieren a la relación que se da entre los que creen en Jesús y los que lo niegan, que perseguirán y darán muerte a Jesús y a sus discípulos.

[73] Jesús entra en Jerusalén con actitud regia y es aclamado como rey por la multitud, véase Mt 2, 1-12 y pasajes paralelos; tenía fama de ser rey, por lo que Pilatos le pregunta si lo era, y él respondió que sí, aunque su reino no era como los de este mundo...

[74] Lc 22,43.

[75] Mc 14,62: "Veréis al Hijo del Hombre... venir sobre las nubes del cielo".

[76] Lc 24,51.

[77] Mc 15,62: "Veréis al Hijo del Hombre sentado a la diestra del Poder...".

disposición a perdonar y a sufrir la injusticia por amor a la paz (séptima bien-aventuranza) y la fortaleza de sufrir la persecución e incomprensión por seguir a Jesús (octava bienaventuranza).

Las condiciones de los bienaventurados se precisan, por contraste, con las de quienes, por rechazar a Dios de diversos modos, son los sujetos de las cuatro invectivas o "ayes", que refiere Lucas:[78] ¡ay de ustedes los ricos, ay de us-tedes los que están saciados, ay de ustedes los que ahora ríen, y de aquellos de quienes todos hablan bien!, porque todos ellos se encontrarán en una situación totalmente opuesta, se verán faltos de bienes, insatisfechos, tristes, injuriados. No se trata de una amenaza que Jesús profiriera contra un grupo de personas, sino de una advertencia que hace para que sus discípulos no resulten engaña-dos por las promesas y ofertas falsas, en las que se proponen como bienes de-finitivos la riqueza, el placer, el honor, la diversión y el poder.

Unos treinta años después de la predicación de las bienaventuranzas, Pablo sufría la persecución por predicar el Evangelio, y vivía el espíritu de las bienaventuranzas, como lo reflejan sus palabras de la segunda carta a los cris-tianos de Corintio: "Somos los impostores, que dicen la verdad, los desconoci-dos conocidos de sobra, los moribundos que están bien vivos, los sentenciados nunca ajusticiados, los afligidos siempre alegres, los pobres que enriquecen a muchos, los necesitados que todo lo poseen".[79]

Cabe preguntarse si el camino que ofrecen las bienaventuranzas es un camino viable en este tiempo. Hoy se propone un camino que conduce a la adquisición de bienes materiales, a buscar y aprovechar las oportunidades de placer y bienestar que ofrece el mundo súper desarrollado. Sin embargo, ese modelo de bienestar material sólo es accesible a una minoría privilegiada en el mundo y genera mucha injusticia que sufre la mayoría. Es un modelo social y económicamente inviable. Produce la concentración de poder y de riqueza en unos cuantos y la marginación de muchos. Y, desde la perspectiva personal, es insatisfactorio, no genera felicidad ni bienaventuranza.

---

[78] Lc 6,24-26.

[79] 2 Co 6,8-10.

El mensaje de las bienaventuranzas de Jesús de Nazaret implica dos afirmaciones fundamentales. Una es que existen bienes espirituales, como la humildad, la misericordia, la justicia o la pureza de corazón, que son realmente superiores a las riquezas y al poder. La otra, que el predominio de los bienes espirituales de manera definitiva y sin contradicción alguna ocurrirá cuando se establezca definitivamente el Reino que anuncia Jesús, que durará por siempre. Sin esa perspectiva de la vida dichosa por siempre, las bienaventuranzas no tienen sentido.

Vivir el espíritu de las bienaventuranzas exige reconocer la supremacía del espíritu respecto del cuerpo, y la de Dios respecto de uno mismo. Vivir ese espíritu hoy es vivir contra la corriente materialista y atea que domina la cultura actual. El camino de las bienaventuranzas es andadero hoy para quienes quieran vivir por encima del dinero, del poder y del honor humano.

B. La nueva ley o el cumplimiento de la ley

Después de la presentación de las bienaventuranzas, el Sermón de la Montaña, según la narración de Mateo,[80] continúa con unas palabras acerca de la ley, que se complementan con otras de Lucas.[81]

Israel tenía la creencia de que el Mesías traería una nueva ley, una nueva Torá, por lo que podía esperar eso de Jesús, si realmente era el Mesías anunciado. Él, en efecto, da una enseñanza sobre la ley. De acuerdo con Mateo,[82] Jesús comienza su enseñanza con la aclaración de que él no ha venido a abolir la ley, sino a darle cumplimiento o llevarla a su plenitud. La misma actitud de respeto a la ley se manifiesta cuando Jesús responde al joven que le pregunta qué debe hacer para alcanzar la vida eterna: "Guarda los mandamientos", responde.[83]

Pero Jesús afirma que trae algo más que el mero cumplimiento, pues dice que ha venido a dar "plenitud" a la ley. Es este excedente que trae Jesús lo lleva a decir a quienes lo escuchan que si su "justicia" no es mayor (o mejor) que la de los escribas y fariseos, no podrán entrar en el Reino de los Cielos; es

---

[80] Mt 5,17-48.
[81] Lc 6,27-36; 12,58-59, y 16,17-18.
[82] Mt 5,17-20.
[83] Mt 19,18.

decir, no podrán aprovechar el bien que les ha traído. La "justicia" es la fidelidad o libre obediencia a la Ley de Dios. ¿Qué es una justicia mayor? ¿Se trata sólo de una mayor exigencia o rigorismo?

En el desarrollo de su discurso, Jesús presenta el contenido de la nueva ley con una serie de antítesis: "Se les ha dicho..., pero yo les digo". Con esta manera de hablar, Jesús se pone como intérprete auténtico de la ley, es decir, a la misma altura que el legislador divino, lo cual sería un atentado a la majestad de Dios, o una manifestación de la divinidad de Jesús, según se vea. Quienes lo escucharon se dieron cuenta de ello, pues, como dicen los tres evangelistas sinópticos,[84] estaban "espantados" de que hablaba con autoridad, y no como los escribas y fariseos.

A lo largo de su discurso, Jesús se refiere a diversos preceptos contenidos en la ley de Moisés, a los que da un nuevo desarrollo. Los expondré siguiendo el orden del relato de Mateo.

1. *El quinto mandamiento*.[85] Dice a sus discípulos que han oído que se dijo: "No matarás",[86] y el que mate será reo de juicio. Ser reo de juicio es estar sujeto a responsabilidad y castigo por los actos realizados. Jesús añade: "Todo el que se llene de ira contra su hermano será reo de juicio e igualmente el que lo insulte o lo maldiga". Por tanto, es necesario reconciliarse con quien uno ha ofendido, aun cuando sea un enemigo, antes de dar una ofrenda a Dios; esto implica que la ofensa al prójimo desagrada a Dios e impide la comunión con Él. Con esta explicación, se nota que el contenido del precepto no es sólo la prohibición de dar muerte a otro, sino cualquier acto que agravie el cuerpo o la honra de cualquier otro, aunque sea un enemigo.

2. *El sexto mandamiento*.[87] Del precepto de no cometer adulterio, Jesús comenta que el adulterio se comete, no sólo por el acto, pues "todo el que mira a una mujer deseándola, ya cometió adulterio en su corazón".[88] De ahí la exigencia de no dejar que el cuerpo y sus inclinaciones instintivas predominen sobre

---

[84]   Mt 7,28; Mc 1,22; Lc 4,32.

[85]   Mt 5,21-26.

[86]   Ex 20,14.

[87]   Mt 5,27-32.

[88]   Ex 20,14.

la voluntad, expresada en la frase "si tu ojo derecho te escandaliza, arráncatelo y tíralo", porque de otro modo el cuerpo será arrojado al infierno.

Respecto del matrimonio, que la ley de Moisés aceptaba que pudiera terminar por el repudio unilateral, hecho por el marido y notificado por escrito a la mujer, Jesús advierte que quien la repudia la motiva a unirse con otro y a cometer adulterio, y que quien se une a ella comete adulterio, con lo cual queda claro que enseña que la unión matrimonial es para toda la vida.

3. *Segundo y octavo mandamientos.*[89] El segundo prescribía simplemente no jurar en vano, es decir, no mencionar de modo irreverente el nombre de Dios poniéndolo como testigo de afirmaciones falsas o como garante de futuras acciones malas.[90] Jesús enseña no jurar de ninguna manera, ni por Dios, ni por los cielos, ni por la tierra, ni por Jerusalén pues todo es de Dios, ni tampoco jurar por uno mismo, porque uno no es dueño de sí.

El octavo prohibía dar falso testimonio contra el prójimo, lo cual es una mentira grave.[91] Jesús va más allá y enseña la veracidad y la sencillez en el hablar, decir sí cuando es sí, y no cuando es no.

4. *La ley del talión y la ley del perdón y de la paz.*[92] La ley del talión, que decía "ojo por ojo, diente por diente", estaba prevista en el Levítico y era una medida de justicia, ya que indica que el castigo no debe ser superior a la ofensa.[93] En vez del talión, Jesús enseña el perdón de la ofensa y la disposición a sufrir la injusticia (poner la otra mejilla).

La disposición de perdonar sorprendió a los propios discípulos, como lo muestra el que Pedro le haya preguntado:[94] "Cuántas veces se ha de perdonar, ¿hasta siete veces?", y la respuesta fue contundente: "Hasta setenta veces siete", es decir, sin límite. Es una novedad que refleja la disposición de Jesús de perdonar siempre, lo cual parece más propio de Dios que de los hombres.

---

[89] Mt 5,33-37.

[90] Ex 20,7.

[91] Ex 20,16.

[92] Mt 5,38-41. Lc 6,29 y 6,37.

[93] Lev 24,19-20: "Cuando alguien cause a un compatriota suyo una lesión cualquiera, deberá sufrir lo mismo que él hizo: fractura por fractura, ojo por ojo, diente por diente".

[94] Mt 14,21-22.

Sufrir la injusticia es también una gran novedad. El sentido estricto de la justicia humana indica que quien comete un daño debe ser castigado. Pero Jesús enseña a sufrir la injusticia, a poner la otra mejilla y renunciar al castigo. En vez de pleitear por una cosa propia (una túnica), dársela al adversario y aun darle otra más. En vez de resistirse a quien me fuerza a hacer algo (caminar una milla), hacer eso dos veces. Jesús mismo dio ejemplo de esa conducta cuando renunció a defenderse contra quienes querían aprehenderlo, y no sólo renunció a la defensa armada inútil que le proponía Pedro,[95] sino también a la defensa que podían brindarle todos sus seguidores;[96] así mismo dio ejemplo de esa conducta cuando guardaba silencio ante las acusaciones injustas que sus enemigos proferían ante Herodes[97] o ante Pilatos.[98] Todo el sufrimiento previo a su muerte y la muerte misma en la cruz es un sufrir voluntariamente la injusticia cometida contra él por sus enemigos.

Por otra parte, hay también casos en los que se defiende con sus palabras, pero sin violencia, como cuando recrimina a sus captores que lo hayan venido a detener como si fuera un ladrón, siendo que todos los días predicaba abiertamente en el templo,[99] o cuando reprende al criado que le dio una bofetada porque juzgó que Jesús había ofendido al sumo sacerdote, le dice: "Si he obrado mal dime en qué, y si no, ¿por qué me pegas?".[100] También cuando recrimina a los adversarios que lo querían apedrear y les pregunta por cuál de las muchas obras buenas que ha hecho de parte del Padre lo quieren apedrear.[101] En estos episodios, Jesús defiende su integridad moral y afirma que no ha hecho ningún mal, por lo que no merece el castigo que intentan aplicarle. Pero en ningún pasaje del Evangelio se le muestra defendiendo alguna posesión o ventaja social o económica.

---

[95] Jesús le dijo a Pedro, Mt 26,51: "Vuelve tu espada a su sitio, porque todos los que emplean espada a espada perecerán".

[96] Jo 18,37: "Mi reino no es de este mundo; si mi reino fuera de este mundo, mis servidores lucharían para que no fuera entregado a los judíos".

[97] Lc 23,9: "Pero él no le respondió nada".

[98] Mt 27,12: "Y aunque le acusaban los príncipes de los sacerdotes y los ancianos, nada respondió".

[99] Lc 22,52-53.

[100] Jn 18,22-23.

[101] Jn 10,32.

Jesús no se defiende porque sabe que el Padre mismo lo defiende. Por eso, aunque hubo varios intentos de apresarle y detenerle, nadie lo pudo hacer, mientras no se cumplía el tiempo previsto, mientras no llegaba "su hora".[102] La confianza en la protección o providencia que tiene el Padre respecto de todos los hombres es una pieza importante de la enseñanza que dio a sus discípulos cuando los envió a misionar: no teman, que nada padecerán que no sea permitido por el Padre.[103]

La disposición personal a sufrir la injusticia está relacionada con la bienaventuranza de los que trabajan por la paz, pues ese trabajo exige muchas veces sufrir la injusticia. Pero no suprime el castigo contra quien ofende a Dios, como lo mostró Él mismo cuando expulsó a los mercaderes que profanaban el templo, o cuando maldijo a los escribas y fariseos porque impedían que el pueblo se acercara a Dios.[104] La existencia de un castigo que Dios impondrá a quienes ofenden a Dios y no se arrepienten es otra enseñanza constante de Jesús.[105]

5. *Mandamientos no mencionados expresamente en el sermón, sobre los que Jesús dio enseñanzas en éste y en otros discursos.* Aunque no están mencionados expresamente en el Sermón de la Montaña, Jesús dio su propia enseñanza sobre el tercer mandamiento, relativo a santificar el sábado; sobre el cuarto, referente al amor a los padres, y sobre el séptimo, que contiene la prohibición de robar.

a) Tercer mandamiento. En el libro del Éxodo se prescribe la santificación del sábado,[106] que es un día para honrar a Dios, por lo cual se prohíbe el trabajo. Jesús, enseñado por María y José, respetaba las costumbres litúrgicas judías, acudía a las fiestas, oraba en el templo, acudía los sábados a la sinagoga y seguramente se abstenía de trabajar los sábados, pero luego, durante su ministerio

---

[102] Jn 7,3: "Buscaban cómo detenerle, pero nadie le puso las manos encima porque aún no había llegado su hora".

[103] Mt 10,30.31: "En cuanto a vosotros, hasta los cabellos de vuestra cabeza están todos contados. Por tanto, no tengáis miedo".

[104] Lc 6,24-26.

[105] Por ejemplo, en Mt 25,31 ss, donde refiere la profecía del juicio final que hará el mismo Jesús (el Hijo del Hombre), en la que condena a quienes no tuvieron caridad con el prójimo con estas palabras: "Apartaos de mí, malditos, al fuego eterno preparado para el diablo y sus ángeles" (vers. 41), o estas otras: "Irán al suplicio eterno" (vers. 46).

[106] Ex 20,10: "Pero el día séptimo es sábado, en honor del Señor, Tu Dios. No harás en él trabajo alguno…"

público, entró en conflicto con los jefes judíos y los fariseos por la manera de interpretar la prohibición del trabajo. Ellos le reprochaban, por ejemplo, que hiciera curaciones en sábado, porque eran actividades que quebrantaban el descanso sabático, pero Jesús les hacía ver que hacer el bien no era una actividad prohibida, aunque fuera en sábado.[107] Cuando le reprocharon[108] que sus discípulos cortaran espigas, mientras caminaban con él un sábado, pues cosechar era una actividad prohibida, Jesús les responde recordando el acto de David y sus soldados, que entraron al templo un sábado y comieron de los panes que sólo podían comer los sacerdotes. Y luego añadió: "¡No habéis leído en la ley que los sacerdotes pueden violar el sábado en el templo sin incurrir en culpa? Pues os digo que aquí hay uno que es más grande que el templo". La conclusión era clara, si los sacerdotes en el templo no están obligados a respetar el sábado, tampoco lo están los discípulos cuando están con Jesús, quien es "más que el templo", lo cual es una forma velada de decir que es Dios. Lo mismo diría, más abiertamente, cuando afirma que es "Señor del Sábado", lo cual significa que sólo Él es quien puede interpretar rectamente lo que significa el mandamiento de santificar el séptimo día.

b) Cuarto mandamiento. Está formulado con estas palabras: "Honra a tu padre y a tu madre para que se prolonguen tus días sobre la tierra que el Señor, tu Dios, te dará". [109] Al respecto, Jesús dio una enseñanza muy clara de que es un amor subordinado al amor al Padre celestial. Así lo demostró con su conducta, cuando, a los doce años, se quedó en el templo, sin avisar a sus padres, porque eso era la voluntad de su Padre.[110] No obstante, cuando regresa con sus padres a Nazaret, dice Lucas que "le estaba sujeto", es decir, que les obedecía y respetaba tal como lo prescribía la ley; con su conducta, confirmaba el cuarto mandamiento.[111]

---

[107] Lc 6,9.

[108] Lc 6,1-5.

[109] Ex 20,12.

[110] Lc 2,49: "¡No sabíais que es necesario que yo esté en las cosas de mi Padre!". Es decir, no sabían que debo obedecer a mi Padre.

[111] Lc 2,51.

También señaló que era un mandamiento de necesario cumplimiento para entrar en la vida eterna, como se lo dijo al joven que le preguntaba qué debía hacer para ganar la vida eterna.[112] Y lo libró de la maliciosa tradición que habían inventado los escribas y fariseos, según la cual, si el hijo declaraba que sus bienes eran ofrenda a Dios, ya no estaba obligado a emplearlos en beneficio de sus padres, aunque necesitaran esa ayuda. Jesús les dice: "Así habéis anulado la palabra de Dios por vuestra tradición. Hipócritas...".[113]

Añade que el cuarto mandamiento también se refiere al Padre celestial, que es el Padre por antonomasia. Por eso enseña: "No llaméis padre vuestro a nadie en la tierra, porque sólo uno es vuestro Padre, el celestial".[114]

Además del episodio en el templo cuando era niño, volvió a mostrar la nueva dimensión de los lazos familiares cuando, en respuesta a quienes le avisaron, mientras predicaba, que lo buscaban su madre y sus hermanos, les dijo que su madre y sus hermanos son quienes cumplen la voluntad del Padre.[115] Con esta afirmación reconoce que hay una fraternidad entre todos los hombres, por ser hijos del mismo Padre,[116] de la cual, como dirá Pablo,[117] Jesús es el primero entre muchos hermanos. Él, en toda su vida se presenta como obediente al Padre, y dice que él hace sólo lo que el Padre le dice;[118] o que ha venido "en nombre" de su Padre,[119] o que ha recibido un "mandato" de su Padre,[120] o que ha "guardado los mandamientos" de su Padre, y que gracias a eso "permanece en su amor".[121] Manifiesta su obediencia de forma dramática en el Huerto de los Olivos, cuando a la vista del sufrimiento que se le avecina, pide al Padre

---

112 Mt 19,17-19.

113 Mt 15,3-7.

114 Mt 23,9. Cabe notar que Jesús parece prohibir que se llame padre de todos los hombres ("Padre vuestro") a cualquiera que no sea Dios Padre, pero no que se llame padre al propio progenitor.

115 Mt 12,48-50.

116 Véase Mt 23,9: "A nadie llaméis padre vuestro sobre la tierra, porque sólo uno es vuestro Padre, el celestial".

117 Rom 8,30.

118 Jn 5,19: "En verdad en verdad os digo que el Hijo no puede hacer nada por sí mismo, sino lo que ve hacer al Padre; pues lo que él hace, eso lo hace del mismo modo el Hijo".

119 Jn 5,43.

120 Jn 10,18.

121 Jn 15,9.

que, si es posible, lo libre del suplicio, pero finalmente muestra su obediencia: "Hágase tu voluntad".[122]

En relación con la obediencia de Jesús al Padre celestial, se clarifica el alcance del cuarto mandamiento, que no exige una absoluta sumisión del hijo a sus padres terrenos, sino el amor a ellos en armonía con el amor y obediencia al Padre. Por eso Jesús exige a sus discípulos que le amen más que a su padre o madre terrenos,[123] lo cual sería incomprensible si Jesús no fuera Dios.

c) Séptimo mandamiento. Relacionadas con el precepto de no robar estaban todas las prescripciones que dio Jesús acerca del dinero y las riquezas.[124] En el mismo Sermón de la Montaña, Jesús enseña el desprendimiento y dice que se debe dar al que pide y prestar al que lo solicita,[125] que son los aspectos implícitos, positivos, de la prohibición de no robar. Tanto la prohibición de robar como la prescripción del desprendimiento de los bienes materiales implica una valoración relativa de las riquezas, que no pueden juzgarse como el bien principal. De modo explícito, Jesús señaló la primacía del amor de Dios, cuando dijo que no se puede servir a Dios y a las riquezas,[126] o al señalar, en la parábola del sembrador, que algunos de los que reciben la palabra divina no dan fruto porque los ahoga la preocupación por las riquezas,[127] o cuando exclamó: "¡Que difícilmente entrarán en el Reino de Dios los que tienen riquezas!".[128] Esta relativización de la riqueza coincide plenamente con la bienaventuranza de los pobres

6. *El precepto general de amor al prójimo.* En el Sermón de la Montaña, Jesús trató del precepto general de amor al prójimo. Dijo: han oído que deben amar al prójimo y odiar a los enemigos, pues yo les digo que amen también a sus enemigos,

---

[122] Mt 26,42.

[123] Lc 14,26.

[124] Ex 20,15: "No robarás".

[125] Mateo se refiere a ello en 5,42: "A quien te pida, dale; y no rehúyas al que quiera de ti algo prestado". Lucas 6,30: "Da a todo el que te pida".

[126] Mt 6,24 y par.

[127] Mt 13,22 y par.

[128] Lc 18,24 y par.

para que sean "hijos de vuestro Padre que está en los cielos, que hace salir su sol sobre buenos y malos".[129]

La ley sólo hablaba de amor al prójimo como a uno mismo, y nada decía del odio a los enemigos, pero en las enseñanzas de los doctores de la ley se distinguía quiénes eran prójimos y quiénes no lo eran, y estos últimos no tenían que ser amados y podían ser odiados.[130] Jesús corrige esa desviación: hace ver que el precepto es de amar a todos los hombres, incluidos los enemigos; pone como ejemplo a Dios Padre que ama a todos los hombres, y hace salir el sol sobre buenos y malos, y enseña, en la parábola del buen samaritano, que prójimo es todo aquel que necesita ayuda, aunque sea un extranjero o un enemigo.[131] Jesús indica expresamente la novedad de su enseñanza: el amor a los que hacen bien, lo tienen también los paganos; sus discípulos tienen que hacer algo mejor.

Para que sus discípulos puedan amar al prójimo con esa dimensión universal y que su amor al prójimo no dependa del beneficio recibido, Jesús les enseña, en el día previo a su muerte, un "nuevo mandamiento" que amen como Él los amó; la importancia que da a este nuevo precepto se muestra en que lo dice tres veces,[132] y explica parcialmente su contenido cuando dice que nadie tiene amor más grande que el de dar la vida por los amigos.[133] El alcance del nuevo mandamiento quedó patente a los discípulos al ver que Jesús dio su vida para salvación de todos los hombres, aun de los que le dieron muerte, y si bien Él enseñó que sus amigos son los que cumplen sus mandamientos, todos pueden libre y voluntariamente cumplirlos y ser sus amigos.[134]

---

[129] Mt 5,43-45. Lc 6,27-36.

[130] Levítico 19,18.

[131] Lc 10,25 y ss. La parábola la dice Jesús en respuesta a la pregunta que le hizo un doctor de la ley sobre quién es mi prójimo. La parábola enseña que quien amó al prójimo fue el samaritano que tuvo compasión y atendió al hombre herido, aunque era un judío, a quienes los samaritanos veían como enemigos.

[132] Jn 13,34; 15,13 y 16,12.

[133] Jn 15,13.

[134] Jn 15,14.

El amor de Jesús por los hombres está vinculado a su amor por el Padre celestial. Él dice: "Como el Padre me amó, así os he amado yo",[135] o sea que su amor por los hombres es una respuesta al amor recibido del Padre, del cual, dice el mismo evangelista Juan, que "tanto amó al mundo que le entregó a su Hijo Unigénito". La relación que se ve en esas palabras es que el Padre ama a su Hijo, y ama al mundo (es decir, a todos los hombres), que el Hijo ama al Padre y ama al mundo, y enseña a todos los hombres que se amen entre sí, como él, Jesús, los ama, es decir, con el amor que procede del Padre.

La vinculación entre el amor al prójimo y el amor al Padre celestial queda muy clara en el resumen de la ley que hizo Jesús en una ocasión próxima a su muerte.[136] Un doctor de la ley le preguntó: "¿Cuál es el mandamiento principal de la ley?" Él respondió que el primero es amar a Dios "con todo tu corazón y con toda tu alma", y que el segundo es "amarás a tu prójimo como a ti mismo", y que en estos dos mandamientos se resume toda la ley y las enseñanzas de los profetas. Para cumplir la ley es preciso cumplir el primer mandamiento y el segundo, como Jesús, que obedeció al Padre y dio la vida por sus discípulos.[137]

C. Conclusión general del Sermón de la Montaña

Mateo concluye el relato del Sermón de la Montaña con una prescripción general asombrosa, aparentemente desproporcionada y de imposible cumplimiento: la de ser perfectos como el Padre celestial es perfecto. Había una prescripción semejante en la Torá, en el Levítico.[138] la de ser santos como el Padre es santo. Jesús explica el contenido del precepto ser perfectos, cuando responde al joven que cumplía los mandamientos desde niño y que pregunta qué más debe hacer, Jesús le responde, si quieres ser "perfecto", vende cuanto tienes y "sígueme". La perfección está en el seguimiento de Jesús, esto es, en pensar, querer

---

[135] Jn 15,9.

[136] Mt 22,34-40, quien pone esta escena como ocurrida dos o tres días antes de la muerte de Jesús; la misma ubicación temporal da Mc 12,28-34. Lc 10,25-27 la coloca antes, como preparación a la parábola del buen samaritano, y después de la predicación de los 72.

[137] Jesús enseña a los discípulos (Mt 7,21) que para entrar en el Reino de los Cielos es preciso "hacer la voluntad" del Padre.

[138] Lev 11,44 y 19,2: "Habla a toda la comunidad de los hijos de Israel y diles: 'sean santos, porque Yo, el Señor, su Dios, soy santo'".

y obrar como lo hizo él. Por eso, la nueva Torá o ley que el Mesías debía traer es la propia persona de Jesús, que encarna la perfección o plenitud de la ley. Jesús es la plenitud de la Ley, pues cumple perfectamente todo lo que el Padre espera de los hombres.[139]

Seguir a Jesús, según lo que Él enseñó, no es tan sólo imitarlo, como si únicamente fuera un ejemplo. Él dijo: "Si alguno me ama guardará mi palabra, y mi Padre le amará, y vendremos a él y haremos morada en él".[140] En esta frase hay tres afirmaciones que merecen comentarse. La primera es que Jesús pide a sus discípulos que lo amen y que amarlo consiste en guardar "su palabra", es decir, observar su enseñanza; en otro lugar dice que amarlo consiste en cumplir o guardar sus "mandamientos".[141] Guardar su palabra o los mandamientos no es hacer un solo o varios actos en consecuencia, sino observarlos durante toda la vida, y esto es lo que Jesús llama "permanecer" en su amor: "Si guardáis mis mandamientos, permaneceréis en mi amor, como yo he guardado los mandamientos de mi Padre y permanezco en su amor".[142]

La segunda afirmación es que quien ame a Jesús será amado por el Padre. Esto parece algo extraño porque esperaríamos que dijera que sería amado por Jesús. Pero se explica si se tiene en cuenta que Jesús afirmó: "Yo y el Padre somos uno".[143] Entonces, el que ama a Jesús es amado por el amor conjunto de Jesús y el Padre, esto es, por el amor de Dios.[144]

La explicación anterior ayuda a comprender la tercera afirmación que contiene esa frase de Jesús: "Haremos morada" en quien ame a Jesús. Serán el Padre y Jesús quienes habitarán en todo aquel que ame a Jesús. Es muy significativa la expresión "hacer morada" porque indica no una estancia eventual, momentánea en un determinado lugar, como el pasar una noche en un hotel

---

[139] Ratzinger II, p. 135 dice: "La perfección, el ser santo como lo es Dios, exigida por la Torá (Cfr. Lv 19,2; 11,44) consiste ahora en seguir a Jesús".

[140] Jn 14,23.

[141] Jn 14,15: "Si me amáis, guardaréis mis mandamientos". Jn 14,21: "El que acepta mis mandamientos y los guarda, ése es el que me ama".

[142] Jn 15,10.

[143] Jn 10,30.

[144] Jn 14,21 dice: "Y el que me ama será amado por mi Padre, y yo le amaré y yo mismo me manifestaré a él".

o detenerse a visitar a un amigo en su casa, sino un lugar donde se está con ánimo de permanecer largo tiempo. ¿Cómo pueden Jesús y el Padre hacer morada en algún hombre?

Jesús lo explica a sus discípulos cuando les dice que, si lo aman, él rogará al Padre "y os dará otro Paráclito para que esté con vosotros siempre".[145] El que ama a Jesús recibe el Espíritu del amor del Padre y del Hijo, es decir, el Espíritu Santo.[146] Que Jesús y el Padre hacen morada en alguien significa que el Espíritu Santo entra en comunicación con el espíritu del que ama a Jesús. En virtud de esta comunicación, quien ama a Jesús puede querer, sentir, recordar y pensar con el mismo Espíritu con que Jesús lo hacía. Esta comunicación del Espíritu Santo hacia el espíritu del discípulo que ama a Jesús es lo que la teología católica ha llamado *Gracia*.

El pleno cumplimiento de la ley que anunció Jesús es permanecer, por el amor a Jesús, unido a Él y al Padre, y recibir de ambos el Espíritu Santo, y así vivir como Jesús vivió.

---

[145] Jn 14,15.

[146] Jn 14,26 identifica expresamente el Paráclito con el Espíritu Santo.

Capítulo 5

La oración de Jesús, el Hijo del Hombre

Sumario: Introducción. I. La oración de Jesús. A. La oración de un judío piadoso. B. La oración peculiar de Jesús. 1. La oración de acción de gracias por la predicación de sus discípulos. 2. La invocación a Dios Padre en la resurrección de Lázaro. 3. La oración sacerdotal. *a)* La petición por sí mismo. *b)* Petición por los discípulos. *c)* Petición por todos los que creerán y por la unidad de todos los discípulos. 4. La oración en el huerto. II. Las enseñanzas de Jesús sobre la oración. A. Advertencias sobre el modo de hacer oración. 1. Discreción. 2. Sencillez. 3. Continuidad. 4. Confianza. 5. Pedir en nombre de Jesús. B. El Padrenuestro. 1. Estructura del Padrenuestro. 2. Invocación: *Padre nuestro que estás en el cielo.* 3. Primera petición: *santificado sea tu nombre.* 4. Segunda petición: *venga a nosotros tu Reino.* 5. Tercera petición: *hágase tu voluntad así en la tierra como en el cielo.* 6. Cuarta petición: *danos hoy el pan de cada día.* 7. Quinta petición: *perdona nuestras ofensas.* 8. Sexta petición: *no nos dejes caer en la tentación.* 9. Séptima petición: *líbranos del mal.* III. Epílogo.

Introducción

Jesús es alguien que hace oración continuamente. Lucas lo presenta en once ocasiones haciendo oración: cuando recibió el bautismo;[1] después de predicar

---

[1] Lc 3,21.

a las multitudes, se retiraba a lugares apartados y hacía oración;[2] antes de elegir a sus apóstoles, pasó la noche en oración;[3] estaba haciendo oración cuando preguntó a los discípulos qué opinaban los demás acerca de él;[4] cuando subió con Pedro, Santiago y Juan a un monte para orar, y estaba en oración cuando se transfiguró;[5] cuando regresaron los 72 discípulos enviados, oró dando gracias a Dios;[6] cuando estaba haciendo oración en cierto lugar y los discípulos le pidieron que los enseñara a orar;[7] en la Última Cena, cuando dio gracias[8] y cuando dijo a Pedro que ha rogado por él;[9] antes de ser aprehendido, hacía oración en el monte de los Olivos;[10] cuando estaba clavado en la cruz oró por sus perseguidores,[11] y cuando murió, se encomendó al Padre.[12]

Juan añade otras tres ocasiones: al resucitar a Lázaro;[13] cuando, en Jerusalén, anunció su muerte,[14] y después de la Última Cena, cuando recitó la llamada oración sacerdotal (17,1-26).[15] Por su parte, Marcos menciona otra ocasión: que fue al día siguiente del que Jesús expulsó un demonio en la sinagoga de Cafarnaúm y curó a la suegra de Pedro, cuando salió de madrugada, todavía muy oscuro, a hacer oración.[16] Mateo dice que, después de la multiplicación de los panes, Jesús subió al monte a orar a solas,[17] y que también oraba cuando bendecía a los niños.[18]

---

[2]   Lc 5,16.

[3]   Lc 6,12.

[4]   Lc 9,18.

[5]   Lc 9,28-29.

[6]   Lc 10,21.

[7]   Lc 11,1.

[8]   Lc 22,19.

[9]   Lc 22,31,

[10]   Lc 22,39-46, y también Mt 26,36 y Mc 14,32-42.

[11]   Lc 23,34.

[12]   Lc 23,46.

[13]   Jn 11,41-42.

[14]   Jn 12,27-28.

[15]   Jn 17,1-26.

[16]   Mc 1,35.

[17]   Mt 14,23; también Mc 6,46.

[18]   Mt 19,13.

La oración es un acto humano, por el que la creatura se dirige al Creador. Es la respuesta del hombre al llamado de Dios. Que Jesús haga oración es una manifestación de su naturaleza humana. Es el Hijo del Hombre el que ora, el que da gracias, alaba, glorifica y pide a Dios Padre, como lo puede hacer cualquier humano. Los hombres no pueden hacer milagros por sí mismos, pero todos, si lo quieren, pueden hacer oración.

La actitud orante de Jesús, en cualquier tipo de circunstancias, es algo totalmente congruente con la fe de Israel. Él es un judío piadoso que reza como solían hacerlo los judíos de su época. Pero es también un maestro de oración que reza y enseña a rezar a sus discípulos de un modo nuevo. En este capítulo se trata de ver, en lo que nos es posible intuir e inferir, cómo rezaba Jesús, y luego, cómo enseñó a rezar a sus discípulos.

I. La oración de Jesús

Jesús es un judío piadoso, que aprendió a rezar como todos los judíos de su tiempo, seguramente de sus padres, José y María, por lo que es razonable buscar en las noticias que nos dan los evangelios algunos rastros de esta oración. Pero Jesús también practica y enseña un nuevo modo de orar, de dirigirse a Dios, de lo cual también nos dan noticias los evangelios. La vida de Jesús muestra en este campo de la oración la línea de continuidad y también de discontinuidad con el Antiguo Testamento, y la posterior continuidad en la Iglesia.

A. La oración de un judío piadoso

En época de Jesús, los judíos piadosos celebraban con regularidad los sábados y las fiestas. Acudían a Jerusalén para las peregrinaciones anuales en las fiestas de Pascua, Pentecostés (cincuenta días después) y de los Tabernáculos (en septiembre).

Se reunían varias veces por semana en las sinagogas, sobre todo los sábados y días de fiesta. El oficio religioso consistía en dos lecturas, una tomada del Pentateuco y otra de los libros proféticos, una exposición sobre lo leído y ciertas oraciones especiales, una llamada *Qadish*, que contiene peticiones semejantes a dos del Padrenuestro, la de santificar el nombre de Dios y la del advenimiento del Reino.[19]

Tenían en gran estimación la oración privada. Un judío piadoso rezaba dos veces al día, por la mañana y por la tarde, una oración compuesta a partir de unos pasajes del Deuteronomio y del libro de los Números, que se llamaba *Shema'*,[20] y su primer párrafo decía así: "Escucha, Israel: Yahweh, nuestro Dios, es el único Dios. Amarás al Señor tu Dios con todo tu corazón y con toda tu alma y con toda tu mente. Graba en tu corazón estas palabras que hoy te dicto. Se las repetirás a tus hijos: les hablarás de ellas estando en casa o yendo de camino, acostado o levantado". Los judíos piadosos gustaban acompañar de oración muchos actos del día, como las comidas. La oración la hacían de pie, a veces de rodillas, y con las manos levantadas al cielo, y se sujetaban a la frente o sobre el brazo izquierdo, por medio de correas, unas cajitas (las "filacterias"), que contenían algunos textos bíblicos.[21]

Es de suponer que Jesús siguió estas costumbres piadosas del pueblo, como parecen indicarlo algunos episodios de su vida. Mateo narra que antes de hacer la primera multiplicación de los panes "levantó los ojos al cielo, pronunció la bendición".[22] No dice con qué palabras bendecía, pero parece que se trata de una bendición usual, a la que simplemente llama "la bendición", como si fuera algo conocido. En la Última Cena, dicen los evangelistas que, antes de partir y repartir el pan, "pronunció la bendición".[23] Lucas narra que cuando Jesús se sentó a cenar con los discípulos de Emaús, tomó el pan, lo bendijo y los discípulos lo reconocieron.

Otra ocasión distinta que muestra que Jesús rezaba como un judío fue cuando un escriba le preguntó cuál era el primer mandamiento, a lo cual respondió con las palabras de la *Shema'*: "Amarás al Señor tu Dios con todo tu

---

[19] Casiaro, *op. cit.*, p. 419.

[20] Deut 6,4-7; 11,13-21 y Núm 15,37-41.

[21] Fillión I, op. cit., p. 93.

[22] Mt 14,19. En la segunda multiplicación, Mateo dice, 15,36, en vez de pronunciar la bendición, que dio gracias. Mc 6,41, en la primera multiplicación dice que "pronunció la bendición"; en la segunda multiplicación, dice, 8,6, al igual que Mateo, que "dio gracias". Lc 19,26 dice que pronunció la bendición; y Juan, 6,11, dice que dio gracias.

[23] Mt 26,26. Mc 14,22. Lc 22,19 dice que "dio gracias".

corazón, con toda tu alma y con toda tu mente". [24] Las respuestas que da Jesús al demonio en las tentaciones: "No sólo de pan vive el hombre, sino de toda palabra que procede de la boca de Dios" (Dt. 8,3); "No tentarás al Señor tu Dios" (Dt. 6,16), y "Al Señor tu Dios adorarás, y solo a Él darás culto", son citas del Deuteronomio,[25] que posiblemente Jesús, como los judíos piadosos, había memorizado y repetía y meditaba.

Los judíos piadosos memorizaban y recitaban los salmos. Jesús, cuando está clavado en la cruz, agonizante, pronuncia en arameo el principio del Salmo 22: *Elí, Elí, lemá sabachtaní?*, que posiblemente continuó rezando en voz baja; es un salmo profético que describe con detalles la situación que Jesús vivía en ese momento; el hecho de que Jesús lo rezara es también cumplimiento de la profecía que el salmo anunciaba. El salmo dice así:

¡Dios mío, Dios mío! ¿Por qué me has abandonado?
Estás lejos de mi queja, de mis gritos y gemidos.
Clamo de día, Dios mío, y no respondes,
también de noche, sin ahorrar palabras.
¡Pero tú eres el Santo entronizado
en medio de la alabanza de Israel!
En ti confiaron nuestros padres,
confiaron y tú los liberaste;
a ti clamaron y se vieron libres,
en ti confiaron sin tener que arrepentirse.

Yo en cambio soy gusano, no hombre,
soy afrenta del vulgo, asco del pueblo;
todos cuantos me ven de mí se mofan,
tuercen los labios y menean la cabeza:
Se confió a Yahvé, ¡pues que lo libre,
que lo salve si tanto lo quiere!

---

[24]   Mt 22,35-40.
[25]   Deut 8,3 y 6,16.

Fuiste tú quien del vientre me sacó,
a salvo me tuviste en los pechos de mi madre;
a ti me confiaron al salir del seno,
desde el vientre materno tú eres mi Dios.
¡No te alejes de mí, que la angustia está cerca,
que no hay quien me socorra!
Novillos sin cuento me rodean,
me acosan los toros de Basán;
me amenazan abriendo sus fauces, como león que desgarra y ruge.

Como agua me derramo,
mis huesos se dislocan,
mi corazón, como cera, se funde en mis entrañas.
Mi paladar está seco como teja
y mi lengua pegada a mi garganta:
Tú me sumes en el polvo de la muerte.

Perros sin cuento me rodean,
una banda de malvados me acorrala;
mis manos y mis pies vacilan,
puedo contar mis huesos.
Ellos me miran y remiran,
reparten entre sí mi ropa
y se echan a suertes mi túnica.

Pero tú, Yahvé, no te alejes,
corre en mi ayuda, fuerza mía,
libra mi vida de la espada,
mi persona, de las garras de los perros;
mi pobre ser de los cuernos del búfalo.

Contaré tu fama a mis hermanos,
reunido en asamblea te alabaré:
"Los que estáis por Yahvé, alabadlo
estirpe de Jacob, respetadlo,
temedlo, estirpe de Israel.
Que no desprecia ni le da asco
la desgracia del desgraciado;
no le oculta su rostro,
le escucha cuando le invoca."

Tú inspiras mi alabanza en plena asamblea,
cumpliré mis votos ante sus fieles.
Los pobres comerán, hartos quedarán,
Los que buscan a Yahvé lo alabarán:
"¡Viva por siempre vuestro corazón!"

Se acordarán, volverán a Yahvé
Todos los confines de la tierra:
Se postrarán en su presencia
todas las familias de los pueblos.
Porque de Yahvé es el reino,
Es quien gobierna a los pueblos.
Ante él se postrarán los que duermen en la tierra,
ante él se humillarán los que bajan al polvo.

Y para aquel que ya no viva
su descendencia le servirá:
Hablará del Señor a la edad venidera,
contará su justicia al pueblo por nacer:
"Así actuó el Señor".

B. La oración peculiar de Jesús

Los evangelios dan testimonio de que Jesús oraba frecuentemente, pero no conocemos, salvo en casos contados, cuál era el contenido de la oración de Jesús. Los pocos pasajes en los evangelios en los que se transcriben oraciones que Jesús pronunció, tienen en común que en todas se dirige a Dios con el apelativo de "Padre".

1. *La oración de acción de gracias por la predicación de los discípulos.* Es muy conocida la oración que pronuncia cuando, habiendo regresado los 72 discípulos de la misión de predicar el advenimiento del Reino, le cuentan entusiasmados de los frutos que han tenido, y entonces Jesús pronuncia esta oración, cuyo texto recogen Mateo[26] y Lucas,[27] que en la más completa versión de Mateo dice así: "Yo te alabo, Padre, Señor del cielo y de la tierra, porque has ocultado estas cosas a los sabios y prudentes, y las has revelado a los pequeños. Sí, Padre, pues así fue de tu beneplácito". Es una oración de alabanza, en la que se indica que son los pequeños y sencillos, como los discípulos, los que entienden el mensaje de Jesús, lo cual está en consonancia con el espíritu de las bienaventuranzas, en las que se alaba a los pobres, los mansos, los que lloran, los pacíficos, los de corazón puro y los misericordiosos.

2. *La invocación a Dios Padre en la resurrección de Lázaro.* En el relato de la resurrección de Lázaro, Juan refiere que Jesús rezó con estas palabras:[28] "Padre, te doy gracias porque me has escuchado. Yo sabía que siempre me escuchas, pero lo he dicho por la muchedumbre que está alrededor, para que crean que Tú me enviaste". Es una oración de acción de gracias, por haber recibido el "poder" de resucitar a Lázaro, pero es una oración que Jesús pronuncia para que quienes lo oyen reconozcan que Jesús es enviado del Padre y que obra con el poder del Padre. No es que Jesús necesite pedir ese poder, pues ya sabe que lo tiene, y por eso sólo agradece que ha sido escuchado, pero es notable que Jesús diga "yo sabía que siempre me escuchas", pues es una frase que indica una relación de ininterrumpida comunicación entre Jesús y su Padre.

---

[26] Mt 11,25-30.

[27] Lc 10,21-22.

[28] Jn 11,41-42.

3. *La oración sacerdotal.* Juan es el único de los evangelistas que transmite esta oración que Jesús hizo en voz alta en la Última Cena, después de haber consagrado y repartido el pan y el vino entre los discípulos.[29] Dice Juan que Jesús, antes de pronunciarla, "elevó sus ojos al cielo y dijo".[30]

Según Ratzinger,[31] es una oración que se entiende considerando la liturgia de la fiesta judía de la expiación (*Yom Kakkipurim*). El rito que seguía la fiesta está descrito en el Levítico.[32] Se ofrecen en sacrificio dos machos cabríos, un carnero para el holocausto y un novillo. El sacerdote lo ofrece por sí mismo, por su "casa", es decir, por el grupo sacerdotal, y por todo el pueblo. La finalidad del Día de la Expiación es restituir a Israel su carácter de pueblo santo, limpiándolo de las transgresiones del año anterior y encausándolo de nuevo para que sea el pueblo de Dios.

La oración sacerdotal de Jesús es la puesta en práctica del día de la expiación, pero sustituye el sacrificio de animales por la entrega voluntaria de su propio cuerpo, de su propia vida. En esta entrega, Jesús se muestra semejante al Siervo Doliente que describe Isaías: el Siervo de Dios que carga con la iniquidad de todos,[33] que se ofrece a sí mismo como expiación y que lleva el pecado de muchos. Jesús, retomando esa liturgia, se ofrece a sí mismo en sacrificio y hace la triple petición de la oración judía, ruega por sí mismo, por los apóstoles y por todo el pueblo.

a) La petición por sí mismo.[34] Jesús pide al Padre: "Glorifica a tu Hijo", pero hace esa petición no para disfrutar la gloria, sino "para que tu Hijo te glorifique" y para que "dé la vida eterna a todos los que Tú le has dado", es decir,

---

29 Jn 17,1-26.

30 Jn 17,1.

31 Ratzinger II, p. 96.

32 Lev 16,1-34 y 23,26-32.

33 Is 53,6: "Todos nosotros andábamos errantes como ovejas, cada uno seguía su propio camino, mientras el Señor cargaba sobre él 'el Siervo Doliente' la culpa de todos nosotros"; 10: "Dispuso el Señor quebrantarlo con dolencias. Puesto que dio su vida en expiación, verá descendencia, alargará los días, y, por su mano, el designio del Señor prosperará"; y 12: "Por eso, le daré muchedumbres como heredad, y repartirá el botín con los fuertes; porque ofreció su vida a la muerte, y fue contado entre los pecadores, llevó los pecados de las muchedumbres e intercede por los pecadores".

34 Jn 17,1-5.

para que tenga lugar la salvación del mundo. Explica que la vida eterna consiste en "que te conozcan a Ti, el único Dios verdadero, y a Jesucristo, a quien Tú has enviado".[35] Unos momentos antes había dado a sus discípulos el pan de vida eterna. Conforme a estas palabras de Jesús, la vida eterna no significa sólo la vida después de la muerte. Es una vida que ya viven los discípulos. Es la vida verdadera (*zõê*), la vida de unión con Dios, que se distingue de la vida meramente biológica (*bios*). Esa vida se adquiere por medio del conocimiento de Dios y de su enviado, lo cual permite que el ser humano se relacione personalmente con Dios.

Jesús pide al Padre que lo glorifique porque "ha terminado la obra" que le ha encomendado que hiciera",[36] y la gloria que pide no es algo nuevo, sino "la gloria que tuve junto a Ti antes de que el mundo existiera".[37]

b) Petición por los discípulos.[38] Dice Jesús que ha "manifestado" el nombre de Dios a los hombres.[39] Conocer el nombre de Dios es saber que Él, aun siendo absolutamente trascendente, puede ser llamado, invocado por los hombres. Moisés había preguntado a Dios por un nombre, en el episodio de la zarza ardiente, y Dios respondió que su nombre es Yo soy, Yahvé. Con ese nombre, los judíos sabían que Dios estaba presente entre ellos. Cuando Jesús afirma que da a conocer el nombre de Dios no es que invente una palabra nueva con la cual llamarlo, sino que afirma que Dios tiene una presencia nueva entre los hombres, encarnada en Jesús mismo; por eso él afirmaba en el discurso de despedida: "Quien me ve a mí, ve al Padre". Eso es lo que Jesús enseñó a los discípulos, que invocándolo a él invocan al Padre, porque él es el Emanuel, el Dios con nosotros, y eso es lo que seguirá enseñando a todos los que crean.

---

35   Jn 17,3.

36   Jn 17,4.

37   Jn 17,5.

38   Jn 17,6-19.

39   Jn 17,6. Al hacer la petición por todos los que en lo sucesivo creerán, vuelve a decir (Jn 17,26): "Les he dado a conocer y les daré a conocer tu nombre, para que el amor que me tenías esté con ellos, como también yo estoy con ellos".

Jesús pide al Padre por aquellos[40] que "han recibido" las palabras que les dio, y así "han conocido verdaderamente que yo salí de Ti, y han creído que Tú me enviaste".[41] Aclara Jesús "ruego por ellos, no ruego por el mundo",[42] es decir que ruega por los que han creído, lo cual todos pueden libremente hacerlo, pero no ruega por la constitución de un mundo sin Dios, que es lo que pretenden los que se niegan a creer, los que siguen al maligno, los que han odiado a Jesús y odiarán a sus discípulos.[43]

Pide al Padre que los cuide, para que los discípulos "sean uno como nosotros",[44] es decir, pide que estén unidos con una unidad semejante a la que hay entre el Padre y Jesús. Aclara que no pide sacarlos del mundo, sino que los guarde del maligno porque ellos, lo mismo que Jesús, "no son del mundo".[45]

Luego pide al Padre: "Santifícalos en la verdad. Lo mismo que Tú me enviaste al mundo, así los he enviado yo al mundo. Por ellos yo me santifico, para que también ellos sean santificados en [la] verdad".[46] ¿Qué es lo que esto significa?

La santidad, en estricto sentido, es atributo exclusivo de Dios. Sólo Él es santo. Se habla de santificar cuando se traspasa una cosa o persona, se saca de su entorno natural, para dedicarla al servicio y a la unión con Dios, pero, al mismo tiempo, esa cosa o persona Dios la destina al servicio de los hombres.

---

[40] Como Jesús está hablando a los once apóstoles, parecería que estas palabras se refieren expresamente a ellos, pero podrían referirse a todos los que han creído en él, a los discípulos.

[41] Jn 17,8.

[42] Jn 17,9.

[43] El significado de "mundo" como los que no creen en Jesús y lo odian se colige de lo que dice más adelante: que los discípulos "no son del mundo", como Jesús mismo no es "del mundo", y que el "mundo" los ha odiado (versículo 14). En sus palabras, Jesús distingue entre "estar en el mundo" y "ser del mundo". Jesús, ante la inminencia de su muerte dice (versículo 11) que "ya no estoy en el mundo", y de los discípulos dice que "están en el mundo". Jesús advierte que sus discípulos "no son del mundo", pero no pide al Padre (versículo 15) que los "saque del mundo", sino que "los guarde del Maligno", lo que implica que los que "son del mundo" son los que siguen al maligno.

[44] Jn 17,11.

[45] Jn 17,15-16. En estos versículos es muy clara la distinción entre "estar" en el mundo y "ser" del mundo. Los discípulos están en el mundo, pero no son del mundo.

[46] Jn 17,17-19.

Por eso "segregación y misión forman una única realidad completa".[47] Jesús en el discurso que dijo en los días de la fiesta de la Dedicación en Jerusalén, unos meses antes de morir, afirmó de sí mismo que era aquél a quien "el Padre santificó y envió al mundo".[48] En la oración sacerdotal, Jesús habla de otras dos consagraciones y misiones. Dice al Padre: "Lo mismo que Tú me enviaste al mundo, así los he enviado yo al mundo".[49] Jesús, cumpliendo la misión encomendada por el Padre y dando su vida por los hombres, se santifica, es decir, permanece unido al Padre y, por eso, dice: "Por ellos yo me santifico". También pide al Padre que los discípulos que Jesús ha enviado al mundo permanezcan unidos a la verdad, esto es, permanezcan unidos a Jesús que es la verdad, y así "sean santificados en la verdad".

c) Petición por todos los que creerán y por la unidad de todos los discípulos. Le pide al Padre: "No ruego sólo por estos, sino por los que van a creer en mí por su palabra: que todos sean uno; como tú, Padre, en mí, y yo en Ti, que así ellos estén en nosotros, para que el mundo crea que Tú me has enviado".[50]

Es impresionante que Jesús, en vísperas de su muerte, esté pensando en aquellos que van a creer en él, gracias a las palabras de sus discípulos, y que incluso se refiera a que toda la humanidad, "el mundo", pueda creen en él.

La unidad de todos los discípulos, los actuales y los futuros, por la que ruega Jesús es análoga a la unidad de Él con el Padre: ruega para que los discípulos estén unidos a él, como él está unido al Padre. La unión de Jesús con el Padre se muestra en la obediencia total de Jesús a la voluntad del Padre: vivió como quiso el Padre,[51] predicó lo que el Padre le dijo que predicara,[52] hizo

---

[47] Ratzinger II, p. 106.

[48] Jn 10,36. La primera consagración de Jesús tuvo lugar cuando fue encarnado en el seno de María: ahí permanece unido al Padre y ya está enviado para servicio de los hombres y del mundo en general.

[49] Jn 17,18.

[50] Jn 17, 20-21.

[51] Nació en una familia pobre, sufrió inmediatamente la persecución de Herodes, creció en Nazaret como el hijo de un artesano y vivió ahí treinta años, y el día señalado acudió para ser bautizado por Juan el Bautista e iniciar el ministerio público.

[52] Él mismo dice, Jn 7,16, que la doctrina no es suya, sino del Padre.

los milagros que el Padre quería,[53] y aceptó morir como el Padre lo pedía.[54] Él pide a sus discípulos una obediencia semejante, la cual los unirá, por medio de Jesús, con el Padre.

La unidad de los discípulos con él sirve, como lo dice dos veces,[55] para que el mundo conozca que Jesús es enviado de Dios. Es una unidad que permite que los no creyentes reconozcan el origen divino de Jesús, es, por tanto, una unidad visible, reconocible y de tal naturaleza que quien la percibe puede concluir que Jesús es el Enviado por el Padre para salvar el mundo. Jesús, dirigiéndose al Padre, dice: "Lo mismo que Tú me enviaste al mundo, así los he enviado yo al mundo".[56] La misión de Jesús y la de sus discípulos es una sola, conforme con lo que el Padre quiere. Para que el mundo pueda reconocer que Jesús es enviado del Padre, los discípulos deben ser los enviados de Jesús y predicar lo mismo que predicó Jesús.

La narración de Juan sobre la oración sacerdotal termina con estas palabras: "Dicho esto, salió Jesús con sus discípulos al otro lado del torrente Cedrón, donde había un huerto en el que entraron él y sus discípulos".[57]

4. *La oración en el huerto.* Otra oración de Jesús de la que sabemos algo de su contenido, y quizá las mismas palabras con que oró Jesús, es la oración en el huerto, de la cual hablan los tres evangelios sinópticos.[58] Después de cenar, Jesús se traslada con sus discípulos al monte de los Olivos, donde esperará a ser aprehendido por sus enemigos. En ese momento angustioso, se retira con sus tres discípulos más allegados, Pedro, Santiago y Juan, a un lugar solitario donde hace una oración en voz alta que repite insistentemente. Dice Mateo que Jesús pronunciaba estas palabras: "Padre mío, si es posible, que pase de mí este cáliz; pero que no sea tal como yo quiero, sino como quieres tú". Y estas otras: "Padre mío, si no es posible que esto pase sin que yo lo beba, hágase

---

[53] No cayó en la tentación de hacer otros milagros, como se lo pedía el demonio al tentarlo, o como le pidieron varias veces los dirigentes judíos que querían que exhibiera ante ellos su poder de hacer milagros.

[54] Como se muestra en la oración en el huerto de los Olivos.

[55] Jn 17,21 y 23.

[56] Jn 17,18.

[57] Jn 18,1.

[58] Mt 26,36-46; Mc14,32-42; Lc 22,39-46.

tu voluntad". Según Marcos, las palabras eran estas: "¡Abbá, Padre! Todo te es posible, aparta de mí este cáliz; pero que no sea lo que yo quiero, sino lo que quieres tú". Y según Lucas, éstas: "Padre, si quieres, aparta de mí este cáliz; pero no se haga mi voluntad, sino la tuya". En estas tres versiones, sin considerar las diferencias de detalle, hay una coincidencia fundamental en el contenido de la oración: presentan su pasión o sufrimientos próximos como un "cáliz" que Jesús debe beber, que él se resiste a beber, pero afirma que lo beberá porque eso es lo que el Padre quiere. Es una oración emocionante de petición de ayuda ante un grave peligro, como la que pudiera hacer cualquier persona amenazada por un mal inminente, y a la vez una oración de alabanza y de glorificación al Padre, cuya voluntad se exalta como mejor que la propia.

II. Las enseñanzas de Jesús sobre la oración

En la enseñanza del Sermón de la Montaña, Jesús afirma que el ser humano encuentra su plenitud en Dios, en cuanto entra en el Reino de Dios. De ahí que la oración, el diálogo personal del hombre con Dios, sea una necesidad para quien quiere ser bienaventurado. Por esa razón, Mateo sitúa la enseñanza sobre la oración en la parte final del sermón, después de haber transmitido las bienaventuranzas y las enseñanzas sobre la nueva ley. La enseñanza principal para orar es el Padrenuestro, pero antes de analizarlo, se verán otras advertencias que hizo Jesús y transmite Mateo sobre el modo de orar.

A. Advertencias sobre el modo de hacer oración

Algunas aparecen en el Sermón de la Montaña, pero hay otras que Jesús dijo en otras circunstancias. Pueden reducirse a cinco.

1. *Discreción.* La oración personal debe darse en la intimidad, sin ostentar la exhibición de la piedad personal. Jesús recomienda: "Cuando oréis, no seáis como los hipócritas, que son amigos de orar puestos de pie en las sinagogas y en las esquinas de las plazas, para exhibirse delante de los hombres; en verdad os digo que ya recibieron su recompensa. Tú, por el contrario, cuando

te pongas a orar, entra en tu aposento y, con la puerta cerrada, ora a tu Padre, que está en lo oculto; y tu Padre, que ve en lo oculto, te recompensará".[59]

El consejo se refiere, en el fondo, no tanto al lugar donde se hace oración. Jesús mismo hizo oración frente a la multitud cuando multiplicó los panes o cuando resucitó a Lázaro. Lo que señala principalmente es que la oración se dirige al Padre y no a los hombres, que la oración no es un acto de exhibición ante los hombres, sino un diálogo personal con el Padre.

2. *Sencillez*. Enseña Jesús que al orar "no empleéis muchas palabras como los gentiles, que piensan que por su locuacidad van a ser escuchados. Así pues, no seáis como ellos, porque bien sabe vuestro Padre de qué tenéis necesidad antes de que se lo pidáis".[60] La crítica que hace Jesús a los gentiles es de su pretensión de que pueden forzar a los dioses a escucharlos, mediante la repetición de palabras. Jesús enseña que el Padre está dispuesto a oír, aunque ya sabe lo que necesitamos, pero espera y quiere ese diálogo personal con sus hijos. Lo que hace falta no es la multitud de palabras, sino la sencillez y la confianza.

3. *Continuidad*. Lucas introduce una parábola de Jesús sobre la oración, en la que afirma: "La necesidad de orar siempre sin cansarse".[61] Es la parábola de la viuda que todos los días iba a pedir al juez, un juez inicuo, que le hiciera justicia; el juez, aunque no tiene respeto por la justicia, ni teme a Dios, cansado por la insistencia de la mujer, le concede lo que pide. La parábola termina con la afirmación que hace Jesús de que Dios hará justicia a sus elegidos, que claman a Él día y noche.

En otro lugar, Jesús señala como especialmente importante hacer oración en los momentos difíciles, como él lo hizo en la agonía en el huerto. Entonces pidió dos veces a los apóstoles que lo acompañaban, que rezaran "para no caer en la tentación".[62] Mateo[63] y Marcos[64] también dicen que Jesús, en esa misma ocasión, recomendaba a sus apóstoles que oraran para no caer en la tentación, y

---

59 Mt 6,5-6.
60 Mt 6,7-8.
61 Lc 18,1.
62 Lc 22,39 y 46.
63 Mt 22,38 y 41.
64 Mc 14,38.

añaden esta explicación, que dio el mismo Jesús, acerca de la necesidad de orar: porque el espíritu está pronto, pero la carne es débil.

4. *Confianza.* Jesús enseña a sus discípulos a pedir con la confianza de que serán escuchados. En la oración que hizo antes de resucitar a Lázaro, Jesús dice al Padre: "Sé que siempre me escuchas", lo cual demuestra que Jesús oraba con esa confianza. De los evangelistas, Lucas es el que mejor transmite la enseñanza de Jesús sobre la confianza en la oración. Él nos refiere la parábola del amigo inoportuno,[65] que, siendo ya avanzada la noche, pide a un padre de familia que le dé pan para que coman sus hijos, y el padre replica que ya es tarde y no puede levantarse, pero como el amigo insiste, el padre se levanta y da al amigo lo que pide. Luego Jesús explica la enseñanza contenida en la parábola con estas palabras: "Así pues, yo os digo: pedid y se os dará; buscad y encontraréis; llamad y se os abrirá; porque todo el que pide, recibe; y el que busca, encuentra; y al que llama, se le abrirá".[66] Jesús reitera la enseñanza sobre la confianza en la oración, con una comparación entre los padres humanos y el Padre celestial: si un hijo pide a su padre que le dé pescado o que le dé un huevo, el padre le da un alimento bueno, y no le da algo que le pueda causar daño, como un alacrán o una víbora; Jesús luego explica la comparación con estas palabras: "Pues si vosotros, siendo malos, sabéis dar a vuestros hijos cosas buenas, ¿cuánto más el Padre del cielo dará el Espíritu Santo a los que se lo pidan"?[67] Es interesante notar que Jesús dice que el Padre dará al que le pide, no lo mismo que le pide, sino que le dará el Espíritu Santo, a quien Jesús llama el Paráclito y el Espíritu de la verdad;[68] es una manera de decir que Dios se dará a sí mismo al que le pide con confianza.

5. *Pedir en el nombre de Jesús.* En las palabras de Jesús pronunciadas después de la Última Cena, transmitidas por Juan, que son conocidas como el discurso de despedida, en varias ocasiones dice a los discípulos que oren y pidan "en nombre" suyo. Éstas son las últimas enseñanzas de Jesús a sus discípulos, por lo que en ellas afirma, de varias maneras, su naturaleza divina.

---

[65] Lc 11,5-10.

[66] Lc 11,9-10.

[67] Lc 11,11-13.

[68] Jn 14,16-17.

En las primeras frases dice: "En verdad, en verdad os digo: el que cree en mí, también él hará las obras que yo hago, y las hará mayores que éstas porque yo voy al Padre.[69] Y lo que pidáis en mi nombre eso haré, para que el Padre sea glorificado en el Hijo. Si me pedís algo en mi nombre, yo lo haré". En este párrafo, Jesús se propone, cosa inusitada en cualquier sacerdote, como término de la oración, igualarse con el Padre. Lo que los discípulos pidan a Jesús, Él "lo hará", y así el Padre será glorificado en el Hijo, es decir, que la manifestación de poder que implique la respuesta a la petición, así como la gratitud y alabanza que dé el beneficiario a Jesús, serán igualmente gloria del Padre. Es una consecuencia de lo que Jesús ya había dicho expresamente, que Él y el Padre son Uno.

En el mismo discurso, un poco más adelante, les dice que los ha elegido y destinado para que den fruto y "para que todo lo que pidáis al Padre en mi nombre os lo conceda".[70] Aquí Jesús parece decir que todo lo que los discípulos pidan en su nombre, en relación con la misión recibida, el Padre lo concederá, porque la misión de los discípulos es la misma misión que recibió Jesús del Padre. Y, después de anunciar su resurrección, agrega:[71] "En verdad, en verdad os digo: si le pedís al Padre algo en mi nombre, os lo concederá. Hasta ahora no habéis pedido nada en mi nombre; pedid y recibiréis, para que vuestra alegría sea completa". Aquí deja ver Jesús la novedad que está enseñando: que pidan al Padre en nombre de Jesús, cosa que no han hecho todavía, pero que comenzarán a hacer después de que vean a Jesús resucitado. Luego hace una aclaración muy importante de lo que significa pedir "en nombre" de Jesús: "Ese día pediréis en mi nombre, y no os digo que yo rogaré al Padre por vosotros, ya que el Padre mismo os ama, porque vosotros me habéis amado y habéis creído que yo salí de Dios".[72] Pedir en nombre de Jesús es una muestra de confianza en Jesús y en el Padre, y el Padre atiende la oración sin necesidad de que Jesús ruegue por los discípulos, esto es, que cada uno de ellos es sacerdote que tiene comunicación directa con el Padre.

---

[69] Jn 14,13.

[70] Jn 15,16.

[71] Jn 16,23-24.

[72] Jn 16,26-27.

Es significativo que, en su último mensaje a los discípulos, Jesús afirma cuatro veces que los discípulos deben orar y pedir al Padre en nombre de Jesús. Los apóstoles entendieron bien esta enseñanza, como lo demuestra la manera como Pedro obró el milagro de la curación del paralítico, que pedía limosna en la Puerta Hermosa del templo. Le dijo (Hch 3,6): "En el nombre de Jesucristo Nazareno, levántate y anda".[73]

B. El Padrenuestro

Mateo coloca la enseñanza del Padrenuestro al final del Sermón de la Montaña.[74] Lucas, que tiene la intención de colocar los acontecimientos en su contexto histórico, lo ubica en el transcurso del último viaje de Jesús a Jerusalén, después de haberse hospedando en Betania, en casa de Martha, María y Lázaro, y en un lugar cercano a Jerusalén.[75] Dice Lucas que Jesús estaba orando, lo cual hacía de tal manera que debió impresionar a los discípulos, por lo que le pidieron que los enseñara a orar. La respuesta de Jesús fue enseñarles una oración vocal, el Padrenuestro. Tenemos dos versiones de esta oración, la de Lucas, que es más breve, y la de Mateo que es más completa, la que la Iglesia ha hecho suya, y la que aquí se va a considerar.

Debe notarse que Jesús enseña una oración vocal y no enseña a los discípulos cómo meditar o hacer oración contemplativa, como podía ser la oración que Él hacía. La razón es que la oración silenciosa necesita, como alimento, la oración vocal, como los salmos o el Padrenuestro. Éste contiene las palabras que Jesús ha dado para que sus discípulos ajusten a ellas su mente, voluntad y sentimientos. Sin esa ayuda que hace objetiva la oración, ésta corre el riesgo de volverse completamente subjetiva, en la que sólo se oye uno a sí mismo. Es interesante la regla de san Benito sobre la oración, que prescribe que la mente siga lo que dice la voz. Con las palabras del Padrenuestro, los discípulos rezan con palabras que les ha dejado Jesús, y a ellas debe amoldarse su inteligencia y voluntad.

---

[73] Hch 3,6.

[74] Mt 6,9-13.

[75] Lc 11,1-4

De acuerdo con Lucas, Jesús estaba orando cuando los discípulos le piden que les enseñe a orar. Esto permite inferir que Jesús, al enseñar el Padrenuestro, hace partícipes a los discípulos de su propia oración, dejándoles las palabras del Padrenuestro. Dice Ratzinger que el Padrenuestro procede de la oración personal de Jesús hacia el Padre, que contiene una profundidad más allá del significado inicial de las palabras.[76]

1. *Estructura del Padrenuestro.* Mateo lo presenta con una breve introducción o invocación, seguida de siete peticiones. Las tres primeras se refieren al Tú, a Dios; las otras cuatro, al nosotros, a todos los hombres. Recuerda la distribución del Decálogo, que contiene primero los preceptos respecto de Dios y luego los del prójimo. Esta estructura refleja la primacía que Jesús concede a Dios, de la que deriva la conducta recta del hombre. De acuerdo con su mensaje, nada puede llegar a ser correcto, si no se está en el recto orden con Dios, si no se cumple el primero de los dos grandes mandamientos.

2. *Invocación: Padre nuestro que estás en el cielo.* La palabra *Padre* resume toda la enseñanza de Jesús sobre la oración. Hoy, muchas veces, en la palabra *padre* no se percibe todo su significado, por las deficiencias de los padres. El Padrenuestro devela el significado de ser padre. El Padre que revela Jesús es la fuente de todo bien. Es el Padre, que dice Jesús que hace salir el sol sobre buenos y malos,[77] el que ama hasta el extremo de dar a su Hijo para salvar el mundo,[78] el que da cosas buenas a quienes le piden[79] y les da su mismo Espíritu.[80]

El Padre es también medida del hombre perfecto. Por eso Jesús enseña a sus discípulos que amen a sus enemigos, como lo hace el Padre, y que sean perfectos como el Padre celestial es perfecto.[81] Decirle a Dios Padre implica la vocación de comportarse como hijo. Así se evita el falso afán de independencia.

---

[76] Ratzinger II, p. 166. Explica Ratzinger que el Padrenuestro "es siempre una oración de Jesús, que se entiende a partir de la comunión con Él". Se reza al Padre, que conocemos a través del Hijo. Y puesto que es una oración de Jesús, es una oración trinitaria: se ora con Cristo, mediante el Espíritu Santo, al Padre.

[77] Mt 5,44.

[78] Jn 3,16, quien pone estas palabras en el contexto del diálogo de Jesús con Nicodemo.

[79] Mt 7,11.

[80] Lc 11,13.

[81] Mt 5,48.

Jesús, como Hijo del Padre, hizo siempre lo que el Padre quería, y así lo declaró: "Yo hago siempre lo que le agrada".[82] El discípulo de Jesús, que llama a Dios Padre, debe hacer lo mismo.

Jesús enseñó a invocar al Padre como "nuestro", porque así indica que, sólo siendo parte de la comunidad de sus discípulos, y en comunión con Él, se puede llamar Padre a Dios. Únicamente Jesús puede decirle con pleno derecho "Padre mío". Él claramente muestra, en varias ocasiones, que su filiación con el Padre es única, distinta de la filiación de sus discípulos. Así, en su último discurso público, dicho en el templo, afirmó: "Yo no he hablado por mí mismo, sino que el Padre que me envió, Él me ha ordenado lo que tengo que decir y hablar.[83] Y sé que su mandato es vida eterna; por tanto, lo que yo hablo, según me lo ha dicho el Padre, así lo hablo". Jesús cumple la misión y dice las palabras que el Padre le ha encomendado y por eso afirma, en ese mismo discurso con el que cierra su ministerio público, que quien lo recibe a Él recibe al Padre y que quien lo rechaza a Él, rechaza al Padre.[84] Unos días antes, durante la fiesta de la Dedicación, había dicho en el templo algo que indica una relación especialísima o misteriosa con el Padre, cuando afirmó: "El Padre y yo somos uno", afirmación que escandalizó a algunos de los dirigentes judíos, que entonces quisieron apedrearlo.[85] La misma frase repetirá a sus discípulos en su oración sacerdotal, después de la Última Cena, cuando pide al Padre por la unidad de sus discípulos, "para que sean uno, como nosotros [Jesús y el Padre] somos uno".[86]

Cuando Jesús se dirige a sus discípulos y les habla de Dios Padre siempre les dice "vuestro" Padre y nunca dice "nuestro Padre", con lo cual marca la diferencia entre su filiación y la de sus discípulos. La señala expresamente en las palabras que dice a María Magdalena después de resucitar:[87] "Pero vete donde están mis hermanos y diles: 'Subo a mi Padre y a vuestro Padre, a mi Dios y a vuestro Dios'."

---

82   Jn 8,29 y 17,4.

83   Jn 12,49-50.

84   Jn 12,43-44.

85   Jn 10,30.

86   Jn 17,22.

87   Jn 20,12.

Al enseñar Jesús que sus discípulos llamen a Dios Padre "nuestro", les hace ver que es un Padre cercano, no obstante que esté "en los cielos", es decir, en otra dimensión. Es el Padre común de todos los hombres, de quien procede el ser de todos y de cada uno. La paternidad de Dios es más real que la paternidad humana, porque ésta separa a los hijos de diferentes padres, y la divina une a todos los hombres en cuanto hijos de un mismo Padre.

3. *Primera petición: santificado sea tu nombre.* La necesidad de un nombre para Dios se entiende en el mundo politeísta, donde cada dios tiene un nombre que lo distingue de otros. Cuando Moisés pregunta por su nombre a Dios, la respuesta es *yo soy el que soy*, es decir que no tiene nombre.[88] Con la palabra *yhwh* se designa este nombre que no es nombre. Sin embargo, Dios no rechazó la pregunta de Moisés, y se dio un nombre, porque el nombre es un modo de entrar en relación con quien nombra, y Dios quiere estar en relación con el hombre.

La exigencia de santificar el nombre de Dios significa no abusar de la cercanía que Dios concede al hombre, al dejarse llamar por él. Quien reza el Padrenuestro queda comprometido a santificar el nombre de Dios, y a no usarlo para fines personales; pero ese rezo también implica la súplica al Padre para que Él mismo cuide que no se abuse de su nombre.

En muchas ocasiones Jesús se refiere al nombre de su Padre y afirma, por ejemplo.[89] que él ha venido "en nombre" de su Padre, o que ha dado a conocer el nombre de su Padre a los discípulos (Jn 17,6),[90] y cuando los envía a predicar a todas las naciones, les dice que las bauticen en el nombre del Padre, del Hijo y del Espíritu Santo.[91]

4. *Segunda petición: venga a nosotros tu Reino.* Con esta petición, Jesús enseña a sus discípulos a pedir para que llegue el Reino que Jesús ha venido a anunciar. Ése es el fin al que todos deben tender, por lo que Jesús dice: "Buscad ante todo el Reino de Dios y su justicia".[92] En el mensaje de Jesús, el reino es la soberanía amorosa de Dios sobre el mundo, lo que implica la obediencia

---

88   Gen 3,14.
89   Jn 5,43.
90   Jn 17,6.
91   Mt 28,19.
92   Mt 6,33.

de sus discípulos. Buscar el Reino de Dios es buscar y cumplir su Voluntad, como lo hizo Jesús a lo largo de toda su vida.

Se pide que el Reino venga "a nosotros", es decir, a todos los hombres que pueden llamar "nuestro" a Dios. Quienes, por su libre voluntad, siguiendo la enseñanza de Jesús, aceptan el Reino, es decir, la obediencia a Dios, constituyen una comunidad, un cuerpo, como dirá el discípulo Pablo, cuya cabeza es el mismo Jesús.[93] En el Padrenuestro se le pide al Padre que reúna a los discípulos en el cuerpo de Jesús, para que, cuando todo le esté sometido, Jesús pueda entregar el universo al Padre para que, como dice Pablo, "Dios sea todo en todos".[94]

La petición al Padre del advenimiento del Reino indica que éste llegará, no por la sola acción humana, sino principalmente por intervención divina.

5. *Tercera petición: hágase tu voluntad así en la tierra como en el cielo.* Esta petición significa, primero, que Dios tiene una voluntad que cumplir en la tierra. Y, segundo, que en el cielo se cumple plenamente su voluntad. Por eso se pide que, la tierra, donde no se cumple su voluntad, se vuelva cielo, donde sí se cumple.

Jesús ha enseñado cuál es la voluntad del Padre sobre el mundo, su salvación, por la libre aceptación y cumplimiento del mensaje que Jesús anuncia. El núcleo de su mensaje es el Decálogo, desarrollado en el Sermón de la Montaña. Jesús enseña que el cumplimiento de los mandamientos es un acto de amor, y no de mera sumisión. En el discurso de despedida dice a sus discípulos: "El que acepta mis mandamientos y los guarda, ése es el que me ama.[95] Y el que me ama será amado por mi Padre, y yo lo amaré". Cumplir por amor la voluntad del Padre fue ejemplo que dejó Jesús a sus discípulos, y que recomendó expresamente con estas palabras: "Como el Padre me amó, así os he amado yo. Permaneced en mi amor. Si guardáis mis mandamientos, permaneceréis en mi amor, como yo he guardado los mandamientos de mi Padre y permanezco en su amor. Os he dicho esto para que mi alegría esté en vosotros y vuestra alegría sea completa".[96]

---

93   Col 1,18.

94   1 Cor 15,28.

95   Jn 14,21.

96   Jn 15,9-12.

Él está plenamente consciente de su obediencia al Padre, como lo manifiesta al decir: "Mi alimento es hacer la voluntad del que me envió" (Jn 4,34).[97] Dice Ratzinger que la unidad de la voluntad de Jesús con la voluntad del Padre "es el núcleo de su ser en absoluto".[98] En su agonía en el huerto de los Olivos, Jesús nos deja ver su lucha por unir su voluntad a la del Padre. Toda la existencia de Jesús se resume en las palabras del Salmo 40. "Aquí estoy para hacer tu voluntad".

Al enseñar que se pida por el cumplimiento de la voluntad del Padre en la tierra, compromete al que ora a obedecer al Padre, como Jesús obedeció, es decir, sin límites ni reservas, y siempre por amor.

6. *Cuarta petición: danos hoy el pan de cada día.* Es la petición más humana. Jesús, quien enseña a buscar lo "único necesario", también quiere que pidamos el pan. El pan es fruto del trabajo, pero también del sol y de la lluvia, que vienen de "arriba". Al tener que pedir el pan, Jesús enseña que es un error juzgar que el pan es únicamente fruto del trabajo humano, y libra al hombre del orgullo de creer que lo puede todo con sólo sus fuerzas. "Este orgullo, dice Ratzinger, nos hace violentos y fríos. Termina por destruir la tierra".[99] Jesús, en cambio, enseña a pedir el pan como lo hace un mendigo.

El pan que se pide en esta oración es el pan "nuestro", el de todos los hombres, por lo que no se reza como enseñó Jesús, si uno no está dispuesto a compartir el pan con los demás.

La petición es del pan de cada día. Eso concuerda con las palabras de Jesús con que alienta a los discípulos a confiar en la bondad del Padre, y a no preocuparse por qué van a comer o cómo van a vestir. Les dice:[100] "Así pues, no andéis preocupados diciendo: ¿Qué vamos a comer?, ¿qué vamos a beber?, ¿con qué nos vamos a vestir? Por todas esas cosas se afanan los paganos. Bien sabe vuestro Padre celestial que de todo eso estáis necesitados"; la conclusión de esta exhortación es bien conocida "Buscad primero el Reino de Dios y su justicia" y lo demás se les dará por añadidura. Por eso, de acuerdo con la enseñanza de Jesús, la petición del pan remite a las peticiones anteriores del Padrenuestro:

---

97 Jn 4,34.
98 Ratizinger II, *op. cit.,* p. 184.
99 *Ibidem,* p. 186.
100 Mt 6,31-32.

santificar el nombre de Dios, pedir el advenimiento del Reino de Dios y el cumplimiento de su voluntad; esto es lo primero, y el pan lo dará por añadidura. La petición de pan sólo para hoy recuerda el viaje de Israel en el desierto, en que se alimentaban del maná que caía cada día.[101]

Se puede entender que en el Padrenuestro también se pide el pan eucarístico, es decir, que se pide a Jesús mismo, pues él mismo dijo:[102] "Yo soy el pan de vida", y si "alguno come este pan vivirá eternamente". Se le pide al Padre que siempre haya Eucaristía en la tierra, para que el hombre pueda comer el "pan de vida".

7. *Quinta petición: perdona nuestras ofensas.* Ésta es una petición de perdón y a la vez una exigencia de perdonar. Presupone un mundo en el que los hombres ofenden a Dios y se ofenden entre sí.

Al comentar el perdón que pedimos en el Padrenuestro, Mateo[103] usa dos palabras para designar las ofensas a Dios y las ofensas al prójimo; las hechas contra Dios las llama "pecados", y las hechas contra el prójimo, simplemente ofensas. La diferencia está en la persona del ofendido, Dios o el hombre. Jesús no da una definición de pecado, pero usa la palabra como algo conocido y sabido en el sentido de hacer una ofensa o agravio a Dios.

Hay pecados que constituyen ofensas directas a Dios, que Jesús denuncia, como la blasfemia[104] o la incredulidad,[105] o dureza de corazón para creer.[106] Además, en su mensaje, la ofensa hecha a un semejante es también una ofensa a Dios, un pecado. Eso ya se desprendía de la misma ley de Moisés, que contiene tres mandamientos que se refieren a ofensas directas a Dios y siete que se referían a las ofensas del prójimo. Pero Jesús explicita el contenido de la Ley

---

[101] Ex. 16,4.

[102] Jn 6,48-51.

[103] Mt 6,15.

[104] Mt 12,31, que se refiere a la blasfemia contra el Espíritu Santo.

[105] Mt 11,20, donde increpa a las ciudades que no se han convertido, lo que hace ver que no basta oír y aceptar el mensaje, porque es necesario convertirse para que la fe sea completa. En 13,58 dice que Jesús no hizo en Nazaret muchos milagros por causa de "su incredulidad", lo que hace ver que la falta de fe inhibe, si se puede decir así, el poder de Dios. Mc 6,5 dice que, en Nazaret, Jesús "se asombraba" de su incredulidad, es decir, que le parecía poco racional.

[106] Mt 19,8 se refiere a la dureza de corazón para entender y practicar los deberes matrimoniales, y Mc 16,14 a la dureza para creer en la resurrección.

al decir que también son ofensas a Dios la omisión de la conducta debida al prójimo, como no ayudarle cuando lo necesita; Jesús afirma, cuando describe cómo será el juicio al final de los tiempos, que los que no hubieran dado de comer al hambriento o de beber al sediento es como si no lo hubieran hecho con Él mismo.[107]

Quien comete cualquier pecado, incluidas las injusticias contra el prójimo, ofende a Dios y se constituye como reo o deudor de Dios. Así lo explica Jesús en la parábola del siervo despiadado, la del siervo que debía una gran cantidad a un rey, quien ya había ordenado que lo vendieran a él, a toda su familia y todos sus bienes, pero el siervo rogó al rey que lo perdonara y el rey, movido a "compasión", le evitó el castigo e incluso anuló la deuda.[108] En la petición del Padrenuestro se enseña a rogar el perdón de Dios, como ese siervo rogó al rey.

La petición de perdón tiene una condición: el que pide perdón debe estar dispuesto a perdonar al prójimo por las ofensas que haya recibido; si no perdona al prójimo no merece ser perdonado por Dios. Así lo refleja de modo elocuente la parábola al describir al siervo perdonado y liberado de una gran deuda, que no perdona al deudor que le debía una pequeña cantidad; el perdón no se le dio al siervo para que cometiera injusticias, sino para que él también sea compasivo con quienes le deben algo. La enseñanza de Jesús sobre la oración termina con estas palabras que dejan claro el carácter condicional del perdón que el Padre otorga: "Porque si les perdonáis a los hombres sus ofensas, también os perdonará vuestro Padre celestial. Pero si no perdonáis a los hombres, tampoco vuestro Padre os perdonará vuestros pecados".[109]

8. *Sexta petición: no nos dejes caer en la tentación.* En el mensaje de Jesús, la tentación viene siempre del diablo, y tiende a alejar al hombre de Dios. Jesús mismo la experimentó. La tentación constituye una prueba de la fidelidad de una persona a otra, pero especialmente a Dios. En el relato de las tres tentaciones que sufrió Jesús, todas son invitaciones o sugerencias a que abandone el camino previsto por Dios y siga otro aparentemente más fácil y atractivo. Jesús vence las tentaciones y da el ejemplo de que pueden ser vencidas.

---

[107] Mt 25,31 y ss.

[108] Mt 18,23 y ss.

[109] Mt 6,14-15.

A lo largo de su ministerio público hay otras ocasiones en las que los evangelistas se refieren a tentaciones que sus adversarios proponen a Jesús. Mateo[110] y Marcos[111] cuentan que unos fariseos y saduceos, "para tentarle", le pidieron que hiciera una señal grande que demostrara quién era él. Desde el punto de vista de sus adversarios era un reto que le ponían para que probara que efectivamente era un enviado de Dios. En el fondo es una tentación que repite las que propuso el diablo que le decía, si tú eres Hijo de Dios, convierte las piedras en pan o arrójate desde lo alto del templo; es una tentación de usar el poder divino para fines personales. Esos adversarios, sin darse cuenta, reproducen la tentación diabólica, que Jesús ya había rechazado.

En otras ocasiones, los evangelistas relatan que los adversarios hacen preguntas a Jesús para "tentarle", esto es, para hacerle caer en una respuesta que lo comprometa ante los demás, y les dé un fundamento para acusarle. Como cuando le preguntan si es lícito a un hombre casado repudiar a su mujer por cualquier motivo,[112] o si es lícito pagar el tributo al César.[113] No son estas tentaciones que constituyan invitaciones al mal, sino más bien trampas, como lo dice expresamente Juan, "para tener de qué acusarle".[114]

Jesús mismo se refiere a las tentaciones en el sentido de invitaciones a separarse de Dios, cuando explica a sus discípulos la parábola del sembrador, y les dice que la semilla que cae en tierra pedregosa corresponde a la palabra que cae en aquellos que la reciben con alegría, creen por algún tiempo, pero no echa raíz, por lo que a la "hora de la tentación" se vuelven atrás.[115] En esas palabras, Jesús afirma implícitamente que el discípulo que da el fruto que el sembrador espera es aquel que vence la tentación, y esto explica que el Padre permita las tentaciones como medios que sirven para hacer madurar el amor del hombre a Dios.

---

[110] Mt 16,1.

[111] Mc 8,11-21.

[112] Mt 19,3.

[113] Mt 22,17-18.

[114] Jn 8,6.

[115] Lc 8,13.

Durante su agonía en el huerto de los Olivos, Jesús sufre la tentación de abandonar su misión, por eso pide al Padre, movido por el miedo humano, que aleje el sufrimiento que ve inminente, pero su voluntad se sobrepone y se une a la voluntad de Dios, esto es, supera la tentación cuando dice, no se haga mi voluntad sino la tuya. En esa misma ocasión, recomendó a sus discípulos, según narran los tres sinópticos,[116] que oraran para no caer en la tentación.

La petición del Padrenuestro de no caer en la tentación es perfectamente congruente con la vida de Jesús, pues hace oración en el desierto y en el monte de los Olivos para no caer en la tentación, y congruente con sus palabras, pues enseñó a orar, es decir, a estar unido con el Padre, para no caer en la tentación.

9. *Séptima petición: líbranos del mal.* La petición se refiere al mal, en singular, no a los males. En varias ocasiones, Jesús expresa que sus discípulos sufrirán males. Esto es muy claro en el Sermón de las Bienaventuranzas, cuando dice que serán bienaventurados los que sufren persecuciones, los que son odiados, esto es, los que reciben males, por causa de su fidelidad a Jesús,[117] o cuando dice que serán bienaventurados los que lloran, es decir, los que se afligen por la presencia del mal. En la parábola del pobre Lázaro, que terminó en el cielo, se dice que en su vida recibió males, y en cambio, el rico Epulón, que resultó condenado, recibió bienes.[118]

Lo que Jesús enseña a pedir en esta parte del Padrenuestro es lo que él mismo pidió para sus discípulos en la oración sacerdotal con estas palabras: "No pido que los saques del mundo, sino que los guardes del Maligno", es decir, que los libre del demonio y de sus obras o pecados.[119] Es un complemento de la petición de no caer en la tentación, pero mientras en ésa se pide la fuerza para no caer, ahora se pide ser libres para no cometer pecados, y para superar las consecuencias de los pecados cometidos por uno mismo o los demás. Como dice Ratzinger, es la petición en la que se pide la salvación, la superación del mal y del maligno. Como petición de la salvación, se liga con las tres

---

[116] Mt 26,41; Mc 14,38 y Lc 22,46.

[117] Lc 6,22.

[118] Lc16,25.

[119] Jn 17,15.

primeras peticiones, por las que se pide la santificación del nombre de Dios, el advenimiento de su Reino y el cumplimiento de su voluntad.

En otras palabras de Jesús, recogidas por Lucas, que predicen la destrucción de Jerusalén y las señales que anunciarán el final de los tiempos, Jesús aconseja a sus discípulos a orar en todo tiempo "a fin de que podáis evitar todos estos males que van a suceder, y estar en pie delante del Hijo del Hombre".[120] Aquí habla de la oración como medio para superar el pecado, es decir, para estar de pie en el momento de ser juzgado, pero también para evitar o mitigar los males de otro tipo. Por eso, también se puede entender la petición del Padrenuestro en el sentido, no exclusivo, de librar a los hombres de los males físicos o sociales que los afligen o pueden sobrevenirles.

III. Epílogo

Al conocer que Jesús hacía oración continuamente, que enseñó a sus discípulos a orar y los exhortó a orar para no caer en la tentación, para vencer al maligno, y que les aconsejó que oraran continuamente, se puede descubrir un sentido de las palabras que Jesús dijo a sus discípulos cuando, después de que fueron corridos de Samaria, le insisten que coma:[121] "Mi alimento es hacer la voluntad del que me ha enviado y llevar a cabo su obra", esto es, su alimento es la oración, el diálogo continuo, en palabras y en obras, con el Padre.

---

[120] Lc 21,36.
[121] Jn 4,34.

Capítulo 6

Sus milagros, los signos del Reino

Sumario. Introducción. I. ¿Son posibles los milagros? A. ¿Qué es un milagro? B. La posibilidad de los milagros. C. Otros relatos de milagros en el mundo antiguo. D. Milagros y magia. II. Los milagros de Jesús. A. Exorcismos. 1. El endemoniado en la sinagoga de Cafarnaúm. B. Curaciones. 1. El ciego Bartimeo. C. Resurrecciones. 1. La resurrección de Lázaro. D. Milagros sobre la naturaleza física y biológica. 1. La tempestad calmada. III. Epílogo.

Introducción

Los cuatro evangelios narran milagros de Jesús, y muchos milagros, de modo que ello demuestra que Jesús tuvo, durante su vida, y después de su muerte, la fama de haber obrado milagros, entre los que se mencionan exorcismos, curaciones de diversas enfermedades y hasta resurrecciones. Es un dato histórico que Jesús tenía esa fama, como lo demuestran además de los numerosos milagros narrados en los cuatro evangelios, la afirmación de Flavio Josefo, quien dice que Jesús hacía "obras extraordinarias", cosa que no dice de Juan el Bautista.[1] Los milagros acompañan su predicación. Jesús no es un profeta que únicamente enseña; tampoco un obrador de milagros que nada enseña; es ambas cosas, un profeta que enseña y corrobora su enseñanza con los milagros que

---

[1]   Los contemporáneos de Jesús decían (Jn 10,41) que Juan no hizo ningún milagro.

165

obra. Él entiende hacer milagros como parte de su misión, y por eso afirma que si no creen en él por sus palabras, al menos lo hagan por sus milagros.

Cuando se contemplan los milagros desde el punto de vista histórico, parece que se presenta el problema de averiguar si realmente ocurrieron o no. Pero la Historia no se refiere directamente a los hechos del pasado, que ya ocurrieron y no pueden rehacerse ni observarse, sino a los testimonios, provenientes de personas determinadas, en los que se afirma que ocurrieron determinados hechos. La Historia puede fijar la autenticidad de un testimonio en que se narra un milagro, confrontarlo con otros testimonios semejantes de la misma época a fin de mostrar qué tan creíble es ese testimonio, pero el juicio acerca de si el testimonio es veraz y refiere algo que realmente ocurrió, depende de cada persona, que lo hará con base en sus propias convicciones filosóficas y religiosas.

Respecto de los milagros de Jesús, la Historia puede concluir con certeza que efectivamente hay múltiples fuentes cristianas, auténticas (los cuatro evangelios y las tradiciones en que se fundan), que los narran y una fuente no cristiana (Flavio Josefo) que afirma, en general, que Jesús obraba, o se decía que obraba, actos extraordinarios. Desde este punto de vista se puede decir que los milagros de Jesús son datos históricos. Ahora bien, el juicio sobre si lo narrado en los evangelios es lo que realmente ocurrió, corresponde hacerlo a cada uno; es un juicio de confianza en la veracidad del autor, en su autoridad, es decir, un juicio de fe humana.

Siguiendo con ese planteamiento, en esta exposición, primero reflexionaré sobre la posibilidad racional de que existan milagros, expondré los testimonios de milagros obrados por otras personas en tiempos de Jesús, y la distinción que ya desde entonces se hacía entre un acto de magia y un milagro. En la segunda parte ya se analizarán algunos milagros de Jesús, representativos de las cuatro categorías en que se han clasificado.

I. ¿Son posibles los milagros?

La respuesta depende de las concepciones filosóficas y teológicas de quien responda. Antes de analizar las concepciones que presupone la aceptación de la posibilidad de los milagros, es necesario aclarar qué es un milagro.

A. ¿Qué es un milagro?

El milagro puede describirse como un evento o hecho extraordinario, que *i)* puede ser percibido por los sentidos de quienes lo observan; *ii)* cuya existencia no se puede explicar racionalmente por las capacidades humanas, ni por otras causas que operan en el mundo, en el tiempo o en el espacio, y *iii)* que es efecto de un acto de Dios, quien hace lo que ningún humano u otro poder podría hacer.

El acto o hecho considerado milagro debe ser perceptible por los sentidos, como el caso de un hombre ciego de nacimiento que repentinamente recobra la vista, y todos lo que lo conocían pueden constatarlo.

Igualmente debe ser inexplicable por las causas humanas o naturales conocidas. Puede haber actos que son de momento inexplicables, pero que posteriormente la ciencia descubre sus causas. Pero el milagro es algo que es evidentemente inexplicable por causas naturales, como el que un ciego de nacimiento vea por el sólo efecto de las palabras que alguien pronuncia.

Lo esencial del milagro no es lo maravilloso o extraordinario que parezca, sino que sea realmente el efecto de un acto de Dios. Para poder afirmar que el acto procede de Dios, es necesario eliminar que puede ser efecto de cualquier otra causa, humana, física, social o efecto de la acción de alguna criatura racional y espiritual (ángel o demonio).

La afirmación de que un acto es obra de Dios no puede ser hecha por la ciencia histórica. Ésta puede concluir que determinadas fuentes afirman que ciertos actos ocurridos en determinado lugar y momento son obra de Dios, o que son milagros. Pero para que alguien que presencia un acontecimiento extraordinario, o que lee o conoce las fuentes históricas que relatan milagros, acepte que los actos narrados son obra de Dios, es necesario que tenga una posición filosófica que reconozca la existencia y omnipotencia de Dios, así como su intervención en la historia humana. Puede suceder que alguien presencie un acontecimiento extraordinario, que no puede ser efecto de ninguna causa conocida, que reconozca que el acontecimiento es realmente extraordinario y, sin embargo, mantenga que es simplemente un acontecimiento de momento inexplicable, que la ciencia posteriormente podrá esclarecer. Por esta razón, en la vida de Jesús, a pesar de los muchos milagros que los evangelios narran, hubo muchos que no creyeron en él.

B. La posibilidad de los milagros

Es un prejuicio muy difundido la afirmación de que los milagros no existen y que la ciencia empírica ha progresado tanto que ahora puede explicar racionalmente lo que antes se decía que era un milagro. Por eso se afirma que la mentalidad moderna rechaza la existencia de milagros, por lo que todo relato que hable de milagros debe considerarse una fantasía, fruto de la ignorancia de la época en que ocurrió o en que se escribió.

Sin embargo, ese prejuicio es solamente común a ciertas élites intelectuales o políticas que niegan la existencia o la intervención de Dios en los asuntos humanos, pero hay muchas personas que afirman que son posibles e incluso que experimentan haber sido beneficiadas ellas mismas por un milagro obrado por Dios.

Una experiencia interesante es la que se tiene actualmente en el santuario de Lourdes, donde mucha gente acude para ser curada de diversas enfermedades. Hay ahí una comisión médica, integrada por doctores creyentes de diversos credos e incluso no creyentes, cuya tarea es examinar las supuestas curas milagrosas que ahí experimentan algunas personas, para averiguar si hay una explicación científica. Si llegan a la conclusión de que la persona tenía una enfermedad patológica seria, que fue curada sin intervención médica, que eso ocurrió inmediata o rápidamente y que, después de un año, no se ha presentado de nuevo la misma patología, y que no hay indicaciones de fraude o engaño psicológico, entonces pasan el caso a un Comité Médico Internacional, con sede en París, que revisa el caso y, si lo encuentra fundado, emite un informe de que la curación es médicamente inexplicable. La conclusión de este informe no es que la curación ha sido un milagro, sino que es médicamente inexplicable. El expediente se turna entonces a una comisión de teólogos, que es la que podrá declarar finalmente si la cura proviene de un acto de Dios o bien si se trata de una cura inexplicable, que no puede atribuirse a un acto de Dios.[2]

Este modo de proceder deja en claro que no es lo mismo la ignorancia sobre las causas de un determinado suceso, que la afirmación de que se trata de un milagro. Esto último supone la aceptación de que Dios interviene positivamente en los asuntos humanos y que siempre lo hace para bien. La racionalidad del milagro radica en la omnipotencia y el amor de Dios, quien quiere y obra el bien de los hombres, a quienes ha creado.

La posibilidad de los milagros, a pesar del prejuicio racionalista de que son imposibles o simplemente manifestaciones de ignorancia, es aceptada hoy por la mayoría de las personas. Una investigación realizada por George Gallup en 1989 concluyó que el 82% de la población americana aceptaba que seguían ocurriendo milagros obrados por el poder de Dios.[3] La investigación abarcó todos los grupos sociales, incluso los más educados y cultos.

C. Otros relatos de milagros en el mundo antiguo

En el mundo contemporáneo a Jesús de Nazaret se creía comúnmente en la existencia de actos extraordinarios obrados por el poder de alguno de los dioses o del único Dios. Ésa era la mentalidad común en el mundo grecorromano, salvo algunos escépticos de las élites intelectuales, filósofos u oradores.

A partir del siglo XX se han hecho investigaciones acerca de los relatos de milagros en fuentes grecorromanas o judías, ajenas a la Biblia y a los evangelios.

Hay relatos de milagros atribuidos al filósofo pitagórico Apolonio de Tiana, que parece haber vivido en el siglo 1 d. C. La única fuente que habla de Apolonio es la *Vida de Apolonio* (*Vita Apolloni*), escrita por Philóstrato por encargo de la emperatriz Julia Domma, esposa de Septimio Severo, que fue publicada alrededor de los años 217 a 220 d. C., es decir unos ciento cuarenta años después de la muerte del filósofo, y con el intento de rehabilitar a ese filósofo como un guía espiritual confiable, ya que en fuentes escritas del siglo primero y del siglo segundo era considerado como un embaucador. Las fuentes que Philóstrato dice

---

[2]   Meier II, *op. cit.*, p. 515 y ss.

[3]   George Gallup, Jr y Jim Casdtelli, *The people's religion. American Faith in the 90's* (Nueva York, Macmillan, Londres, Collier, 1989), citado por Meier II, *op. cit.*, p. 520.

haber tenido a su disposición no se nos han conservado, por lo que algunos críticos han considerado que no existieron, y algunas cartas de Apolonio que cita contradicen otras cartas del filósofo que se nos han conservado. En esa obra de Philóstrato se relatan milagros, entre otros, la resurrección de una joven, pero fueron acaecidos unos ciento cuarenta años de que Philóstrato escribiera, y no se tiene seguridad de cómo pudo conocerlos.[4]

Existe también el relato de un milagro obrado por el emperador Vespasiano, narrado por los historiadores Tácito y Suetonio. En las historias de los emperadores romanos, era frecuente la presencia de acontecimientos extraordinarios como presagios, vaticinios y sueños proféticos, pero del único que dicen que obró milagros es del emperador Vespasiano. Los dos cronistas narran el mismo milagro. El general Vespasiano tenía sitiada Jerusalén cuando le avisaron que el emperador Nerón se había suicidado y que varias legiones en Roma habían proclamado a Vespasiano como nuevo emperador. Él dejó a su hijo Tito al mando del asedio a Jerusalén y regresó a Roma. Vespasiano no era de la familia Julia reinante desde el primer emperador Augusto, y era de origen humilde, así que para legitimar su ascenso como emperador y que no se viera como impuesto por el ejército, necesitaba algunos títulos honorarios. Corría entonces el vaticinio que de Judea saldría un emperador de Roma, y Flavio Josefo lo aprovechó para decirle que él era el indicado, pues volvería de Judea para ser emperador. Su camino hacia Roma lo hizo marchando de Judea hacia Egipto, y llegó a Alejandría hacia el año 69 d. C., de donde pensaba embarcarse para Roma. En Alejandría, los miembros de su séquito le preparan una escena. Mientras estaba sentado en el tribunal, le presentan dos hombres, uno ciego y el otro paralítico de una pierna, quienes le dicen que tuvieron un sueño en el que el dios Serapis les informó que Vespasiano podía curarlos de sus dolencias, si le aplicaba su saliva al ciego y tocaba la pierna enferma del otro. El futuro emperador primero se resiste, pero ante la presencia de la multitud expectante y de unos médicos que le dicen que los enfermos sí pueden ser curados por obra humana, finalmente accede; aplica saliva a uno y toca al otro, y ambos quedan curados ante la multitud entusiasmada.[5] Aun suponiendo

---

4   Meier II, *op. cit.*, pp. 576-581.

5   *Ibidem*, pp. 594-595.

que la curación fue realmente efectuada, no cabe considerarla como un milagro, pues Vespasiano la hace cuando los doctores le aseguran que esos enfermos pueden curarse por medios meramente humanos.

En la literatura judía existen dos personajes que se dice que obraron milagros. Uno es mencionado por Flavio Josefo, llamado en griego Onías y que luego aparece en la literatura judía como Honi. Lo que dice Josefo de él es que era un hombre justo, amado por Dios, que, en tiempo de una gran sequía en el siglo primero antes de Cristo, oró y consiguió que Dios hiciera llover. Luego, durante una guerra civil, fue muerto a pedradas por uno de los bandos contendientes, alrededor del año 65 a. C., porque se negó a maldecir al otro bando. Este relato de Flavio Josefo fue escrito hacia los años 93 y 94 después de Cristo, o sea que narra un acontecimiento que tuvo lugar unos ciento cincuenta años antes. Y, en todo caso, lo que hace Honi no es propiamente un milagro, sino una oración para que Dios obre el milagro. Vuelve a aparecer una mención de Honi en la Mishná, compuesta a fines del siglo segundo o principios del tercero. Ahí la historia cambia: se le pide que rece porque venga la lluvia, y en un principio Dios no le hace caso; entonces él dibuja un círculo a su alrededor (por eso se le llama en hebreo el dibujante del círculo) y le advierte a Dios, con juramento, que no saldrá del círculo si no viene la lluvia; caen unas pocas gotas de lluvia, Honi se queja ante Dios y llueve entonces torrencialmente; Honi se vuelve a quejar y entonces llueve moderadamente, y cuando ha llovido lo suficiente, le piden que ruegue a Dios que cese la lluvia, y ésta cesó; entonces, uno de los grandes maestros le dijo que todo lo que él pidiera a Dios se le concedería. En el relato, cien años posterior a lo que dijo Flavio Josefo, se han introducido nuevos detalles y la afirmación general de que la oración de Honi siempre es escuchada por Dios. No obstante las adiciones al relato, Honi sigue apareciendo como un intercesor y no como alguien que obra milagros por sí mismo.[6]

El otro personaje es Hanina ben Doza, a quien Josefo no menciona, pero aparece por vez primera en la Mishná, que fue redactada unos cien años después de la muerte de Hanina. En ese texto se le menciona tres veces, y ahí se dice que cuando él rezaba pidiendo la salud de algún enfermo, podía saber si el enfermo

---

[6]   *Ibidem,* pp. 581-584.

iba a ser curado o no, según que su rezo fluyera fácil o difícilmente. No se dice que tuviera el poder de curar al enfermo, sino el de saber si Dios lo sanaría. En la literatura talmúdica posterior se le describe como un rabino que hace curaciones milagrosas, pero es siempre un intercesor que ora para que Dios obre el milagro.[7]

La relación de esos milagros y los estudios que se han hecho sobre ellos han servido para constatar la característica peculiar de los milagros evangélicos. Los relatos evangélicos narran acontecimientos sucedidos unos cuarenta años antes, que dos de los evangelistas presenciaron directamente y los otros los conocieron de testigos de primera mano; las fuentes grecorromanas o judías provienen del siglo tercero y se refieren a sucesos ocurridos en el siglo primero. En los relatos evangélicos es Jesús, con su propio poder, quien obra directamente los milagros, mientras que en los otros relatos el que obra lo hace invocando a un dios o al Dios único, pero no los hace con su propio poder; esos personajes no son propiamente, a diferencia de Jesús, obradores de milagros, sino invocadores de ellos.

D. Milagros y magia

Existen documentos del tiempo de Jesús que hablan de sucesos ocurridos por magia, conservados en papiros, la mayoría datados en el siglo III, época que, dadas las crisis sociales y políticas, es llamada la "época de ansiedad", en la que hubo un interés creciente por las prácticas y rituales mágicos.

¿Cómo se distinguen los milagros de la magia? Las ciencias sociales han propuesto varias diferencias de carácter general; la que me parece principal es que quienes ejercen la magia dicen poder manipular poderes sobrenaturales para los fines que se propongan, de ellos o de sus clientes; en cambio, los milagros obrados por Jesús son actos de su propio poder divino.

A partir del análisis de los relatos evangélicos de los milagros y de los relatos de los papiros mágicos, Meier ha individuado características peculiares que conforman "tipos ideales", de uno y otro acto. El milagro: *i)* se da en el contexto de una relación personal de fe, confianza o amor entre una persona y Dios o su enviado; *ii)* la persona necesitada, que es un discípulo o seguidor, y no un cliente, pide a Jesús el milagro; algunas veces Jesús toma la iniciativa

---

7   *Idem.*

para fortalecer la fe de la persona necesitada; *iii)* Jesús obra el milagro al pronunciar palabras breves, inteligibles, en el idioma de quienes lo oyen, a veces, no siempre, acompañadas de algunos gestos, como tocar los oídos o hacer saliva; *iv)* el milagro es obrado por la sola voluntad libre de Jesús, al que no se le puede coaccionar a que lo haga, ni Él desea coaccionar al Padre para que lo haga; *v)* Jesús obra el milagro en obediencia al Padre y a la misión que tiene encomendada y no por su propia ocurrencia, como se advierte en las tentaciones que sufrió en el desierto, en las que el demonio le proponía que obrara milagros para su propio provecho; *vi)* los milagros se presentan, no como meros actos benéficos en favor de ciertas personas, sino principalmente como signos y manifestaciones concretas del Reino de Dios, quien viene, por medio de Jesús, para salvar a todos los hombres; *vii)* los milagros de Jesús nunca van dirigidos a castigar o a herir a alguien.

En cambio, los actos de magia contenidos en los papiros presentan estas otras características: *i)* el acto consiste en la manipulación de una o varias fuerzas sobrenaturales, por lo general impersonales, o en la coacción hacia alguna divinidad, para obtener el efecto deseado, por ejemplo, en uno de los papiros se cuenta que el mago, después de alabar a la divinidad que invoca, le dice que entre en sí mismo y luego afirma que cualquier cosa que el mago diga debe realizarse porque él posee el nombre de esa divinidad, como un amuleto en su corazón; *ii)* muchas veces los actos obtenidos por magia no son realmente extraordinarios, sino más bien comunes y alcanzables por medios humanos, como ganar una carrera de caballos o conseguir un amante; *iii)* el acto de magia no se presenta con ningún propósito trascendente ni con carácter de signo de algo superior; *iv)* quienes presencian los actos del mago no son propiamente discípulos más o menos estables ni con vínculos duraderos; el mago tiene una clientela y no un discipulado; *v)* es especialmente típico en los papiros que el mago pronuncia una multitud de nombres de diversos dioses y cadenas de sílabas ininteligibles, cuyo significado y sentido sólo conoce el propio mago, y que si no se pronuncian bien, hacen el acto ineficaz; por ejemplo, en un famoso papiro mágico,[8] hay una "receta" para obrar un exorcismo que dice que el aceite de aceitunas no maduras debe

---

[8]   Paris Magical Papyrus (PGM IV), citado por Meier II, *op. cit.*, p. 545.

mezclarse con hierbas, pulpa de fruta, y luego hervirse con mejorana; mientras tanto, el exorcista debe recitar una larga lista de nombres de diversos dioses de distintas naciones, entre los cuales nombra a Jesús, "Dios de los hebreos"; cuelga en el paciente una hoja escrita con nombres de muchos dioses; el exorcista mira entonces al paciente y recita palabras del Antiguo Testamento, de tradiciones judías y egipcias y añade algunas sílabas sin sentido, nombres y palabras; la razón de la multitud de palabras, de nombres de dioses, de rituales complicados es eminentemente pragmática: se invoca cualquier cosa que pueda resultar; y *vi)* la magia se presenta como algo secreto, esotérico, casi prohibido.

Hay pues, en la manera de actuarse, una notable diferencia entre el milagro y la magia. Los milagros, tal como se presentan en los evangelios, son ante todo señales o signos de que el Reino de Dios ha llegado, es decir, de que el poder benéfico o amor de Dios se manifiesta en la historia humana como anticipación de lo que será la consumación del Reino. Resulta equivocado considerar, como algunos han hecho, que el milagro y la magia son lo mismo y que, por tanto, Jesús podría ser un mago. De hecho, en ningún lugar de los evangelios se le da ese nombre, ni entre los cristianos de los primeros tiempos, ni siquiera entre los primeros adversarios del cristianismo.

II. Los milagros de Jesús

Los cuatro evangelios relatan milagros obrados por Jesús. Algunos relatos son variantes de un sólo milagro, otros son exclusivos de algún evangelista, por ejemplo, los milagros que narra Juan, salvo el de la multiplicación de los panes, no se encuentran en los otros sinópticos. Como no hay un acuerdo sobre qué relatos se refieren a determinados milagros y cuáles otros son modos diversos de narrar un mismo milagro, no se tiene certeza del número total de los milagros narrados en los evangelios. La cuenta que parece más fundada indica un total de 31 milagros, de los cuales 6 son exorcismos, 14 curaciones, 3 resurrecciones y 8 milagros más sobre cosas inanimadas.[9] No obstante, no parecen haber sido

---

[9]   David E. Aune, citado por Maier II, *op. cit.,* p. 618.

todos los milagros que obra Jesús, pues hay muchas indicaciones de otros milagros, que no se cuentan, sólo se afirman, como el dicho de que después de curar a la suegra de Pedro, Jesús curó a muchos enfermos que le llevaron.

La sospecha de que las narraciones de milagros fueron una creación de la Iglesia de los primeros tiempos, que quería así conquistar adeptos, no tiene fundamento documental ninguno. Son tantas las narraciones de milagros en los cuatro evangelios que no se puede suponer que todos fueran creaciones posteriores y no relatos de los propios autores de los evangelios, que se fundan en su propia memoria y en las tradiciones conservadas y recibidas en los primeros tiempos, como lo ha constatado la investigación crítica histórica.[10] Afirmar la historicidad de los relatos evangélicos no significa que se demuestra la existencia de los milagros, pues estos, como todos los acontecimientos históricos, son hechos del pasado que ya no se pueden recuperar. Lo que podemos afirmar es que el testimonio de los cuatro evangelistas sobre milagros obrados por Jesús es auténtico y cada uno juzgará, de acuerdo con sus propias posiciones filosóficas, si es creíble o no.

Los milagros de Jesús se han clasificado en cuatro categorías: exorcismos, curaciones, resurrecciones y una cuarta categoría denominada milagros sobre la naturaleza, que es una categoría general, en la que se incluyen diversos milagros que recaen principalmente en cosas. Como no es posible ahora analizar todos los milagros de Jesús, me referiré sólo a uno de cada tipo, el que, por alguna razón que expondré, me pareció significativo.

A. Exorcismos

Los evangelios sinópticos narran seis exorcismos; el de Juan, ninguno.[11] La mayor parte de ellos están en Marcos; hay uno que proviene de la fuente común (*Q*) de Mateo y Lucas, otro peculiar de Mateo, y uno más que afirma Lucas como ocurrido sin relatarlo (el exorcismo de María Magdalena).

---

10   *Ibidem*, p. 630.

11   El endemoniado en la sinagoga de Cafarnaúm, Mc 1,23-28; Lc4,33-37. El endemoniado de Gerasa, Mc 5,1-20. El joven endemoniado que los discípulos no pudieron exorcizar, Mc 9,14-29. El endemoniado mudo (¿y ciego?), Mt 12,22-23a, que lo vuelve a relatar en 9,32-33. El exorcismo de siete demonios de María Magdalena, Lc 11,14. La hija de la mujer sirio-fenicia, Mc 7,24-30 y Mt 15,21-28.

Los exorcismos, aunque hoy a muchos parecen escenas fantásticas propias de películas de terror, son posibles para quienes aceptan la existencia de seres espirituales perversos (demonios) que procuran dañar a los hombres. En los evangelios se les suele llamar "espíritus impuros".[12] En tiempos cercanos a Jesús existieron creencias populares de posesión diabólica en los pueblos antiguos del Oriente Medio, como los acadios y los sumerios; también entre los babilonios y los egipcios; todos estos pueblos conocen rituales de exorcismo. En el Antiguo Testamento hay sólo un caso, el de un demonio que atormenta al rey Saúl. En la literatura posterior al exilio, la actividad diabólica es un tópico, y se distingue la obsesión (ataque externo) de la posesión diabólica.[13] También aparece en los rollos de Qumran. De modo que el tema era algo común en tiempos de Cristo.[14] El mismo Jesús sufrió el ataque del demonio, según lo relata el episodio de sus tentaciones en el desierto.

De los seis exorcismos obrados por Jesús, analizaré el que parece haber sido el primero en el tiempo, el de la sinagoga de Cafarnaúm, en el que se manifiesta claramente el carácter de signo.

1. *El endemoniado en la sinagoga de Cafarnaúm.* Esto ocurre en los primeros meses del ministerio de Jesús en Galilea, en un lugar determinado, la sinagoga de Cafarnaúm, un sábado. Marcos[15] y Lucas[16] lo narran como un episodio de un sábado común o típico de Jesús en Cafarnaúm: en la mañana va a la sinagoga a predicar y obra el exorcismo, luego va a la casa de Pedro, donde cura a su suegra y ésta les da de comer; por la tarde, muchos van a la casa con sus enfermos, y Jesús, dicen los evangelistas sin dar detalles, cura a muchos enfermos y expulsa muchos demonios.

En la mañana llegó Jesús a la sinagoga y enseñaba, y muchos estaban admirados de su doctrina, pues, dicen ambos evangelistas, que Jesús enseñaba como quien tiene potestad, es decir quien tiene un poder propio, y no como los escribas y fariseos. El contenido y el significado de este poder se hará visible

---

12   Por ejemplo, en Mt 10,1; Mc 1,27; Lc 4,36.

13   Tob 6,7-8, 16-18; 8,3.

14   Meier II, *op. cit.*, p. 404.

15   Mc 1,21-28.

16   Lc 4,33-37.

con el exorcismo. La enseñanza de Jesús hace que uno de los oyentes, que ambos evangelistas dicen que estaba poseído por un "espíritu inmundo", grite estas palabras: "¿Qué hay entre nosotros y tú, Jesús Nazareno? ¿Has venido a perdernos? ¡Sé quién eres tú, el Santo de Dios!". Es un grito de oposición a lo que Jesús estaba diciendo; en el contexto, "nosotros" significa los que estamos aquí, los que te estamos oyendo,[17] a quienes quieres perder, es decir, engañar con tus palabras; la mención de que Jesús es el "Santo de Dios" es completamente irónica, que parece decir: nos quieres engañar y hacernos creer que eres un enviado de Dios.

La respuesta imperativa de Jesús, "cállate y sal de él", es una muestra de su poder. Jesús se da cuenta, por la fuerte oposición a su enseñanza, que quien habla por boca de ese hombre es un demonio, e inmediatamente le ordena callar y salir del hombre en quien habitaba. Nadie le pidió el milagro, como sucede en otros exorcismos y en casi todas las narraciones de los milagros. Jesús lo hace espontáneamente para demostrar su poder sobre los demonios y, confirmar la autoridad de su predicación. El efecto de sus palabras es que el demonio zarandea al hombre que poseía[18] y sale de él dando un grito, con lo cual se tiene una muestra física, perceptible por todos los asistentes, de que el demonio ha salido.[19]

Los relatos nada dicen de la reacción del hombre liberado, pues se concentran en el efecto que tuvo la muestra del poder de Jesús en los concurrentes, quienes, dice Marcos, "se quedaron estupefactos" y afirmaban que era una "enseñanza nueva con potestad" que prevalece sobre los demonios. El significado que tenía el exorcismo fue claramente captado, Jesús no sólo enseña el bien, es también capaz de derrotar, con su sola palabra, el poder del mal. Agrega Marcos que, gracias al exorcismo, la fama de Jesús se extendió pronto por toda la región de Galilea, lo que hace pensar que fue uno de los actos inaugurales de su ministerio en Galilea.

---

[17] En la narración se advierte que era un espíritu impuro el que hablaba por boca del hombre, lo cual lleva a pensar que "nosotros" se refiere a los demonios. Pero si uno atiende a lo que se dijo en el lugar, "nosotros" más parece estar relacionado con los oyentes.

[18] Lc 4,35 dice que lo arroja al suelo y sale de él sin hacerle daño alguno.

[19] Algo semejante se cuenta en otros exorcismos.

El significado del milagro, el poder de Jesús que vence el mal, también se expresó en otro exorcismo, el del endemoniado mudo y ciego, que Jesús curó inmediatamente, y que dio lugar a que los fariseos dijeran que Jesús expulsaba a los demonios con el poder de Belcebú, lo que Jesús refutó y luego afirmó que si él expulsaba los demonios con el poder de Dios es porque el Reino de Dios, es decir, el reinado o poder soberano de Dios había llegado al mundo.

En la predicación del Reino, el poder de Jesús de expulsar los demonios es una pieza fundamental. Por eso, cuando envía a sus discípulos a predicar, les da potestad para expulsarlos.[20]

B. Curaciones

Representan los milagros más numerosos. Hay 16 de ellos. Se pueden clasificar, según el tipo de dolencia curada. Hay cinco que se refieren a parálisis o atrofia de alguna parte del cuerpo. Tres son curaciones de ceguera. Hay dos casos de lepra, y seis de otras varias dolencias no especificadas. Casi todos los relatos de curaciones milagrosas responden a una determinada forma narrativa: *i)* se describe el escenario en que se produce el milagro, que generalmente incluye una petición; *ii)* se narra un diálogo de Jesús con el peticionario o con el enfermo y la realización del milagro, y *iii)* finalmente, se describe el efecto que tiene el milagro entre quienes lo presencian.

Otra observación general es que los milagros de curación se recogen en los cuatro evangelios, algunos son comunes a dos o más de ellos, y otros son exclusivos de algún evangelista. Esto hace pensar que Jesús era más conocido por sus curaciones que por los exorcismos.

Una curación que puede ser ilustrativo considerar es la del ciego Bartimeo. Es un milagro que narran Marcos, y también Lucas y Mateo;[21] además tiene la peculiaridad de ser el único relato de un milagro, en los evangelios sinópticos, en que se nos da el nombre del beneficiario, Bartimeo; el anonimato de los beneficiarios de los milagros parece ser una regla en los evangelios,

---

20   Mt 10,1; Mc 6,7.
21   Mc 10,46-52. Mt 20,29-34. Lc 18,35-43.

que contrasta con la profusión de nombres en los apócrifos. Seguiré la narración de Marcos que parece ser la más antigua.

1. *El ciego Bartimeo.* Marcos sitúa esta curación durante el viaje final de Jesús a Jerusalén, en los meses previos a su pasión y muerte.

La curación ocurre, según relata Marcos, en Jericó, a donde llegaron Jesús y sus discípulos en su camino hacia Jerusalén, para asistir a la Pascua del año 30. Al salir de la ciudad, Jesús con sus discípulos y una "gran multitud" pasan frente a un ciego, llamado Bartimeo, que estaba adecuadamente ubicado a un lado del camino que conducía a Jerusalén para pedir limosna a los peregrinos, y al saber que Jesús Nazareno pasa por ahí -quizá lo preguntó porque oyó el ruido de mucha gente- comienza a gritar: "Jesús, Hijo de David, ¡ten piedad de mí!". Conviene destacar, porque abona su historicidad, que el relato permite situar el lugar y el tiempo en que ocurre el milagro: ocurre en las afueras de Jericó, a un lado del camino que conduce a Jerusalén, el año en que Jesús será crucificado, es decir, el año 30.

El relato narra que muchos intentaron hacer callar al ciego, lo cual sólo consiguió que él gritara más fuerte lo mismo: "¡Hijo de David, ten piedad de mí!". Entonces Jesús detuvo su marcha y pidió que lo llamaran. El ciego rápidamente, "arrojando su manta, dio un salto" y Jesús le pregunta ¿qué quieres que haga? A lo que el ciego responde *"rabboni"*, "que vea". El uso de la palabra aramea *rabboni* indica que Marcos relata una historia que posiblemente se narraba en arameo; lo mismo sugiere la explicación que hace del nombre Bartimeo, que significa hijo de Timeo, lo cual no era necesario cuando la audiencia conocía esa lengua. Estos indicios de un relato inicial en arameo anuncian que se trata de una historia que se remonta a los primeros tiempos de la predicación, cuando se hacía en esa lengua.

Viene entonces la realización del milagro obrado con toda sencillez. Jesús le dijo: "Tu fe te ha salvado", y el ciego "al instante, recobró la vista". No hay ninguna invocación, ningún gesto, ningún suceso natural extraordinario que acompañara el milagro, la sola palabra de Jesús lo obra inmediatamente. Y a continuación, se da la reacción del ciego, del que se dice que "le seguía por el camino", lo cual puede significar que físicamente caminó con el grupo que lo acompañaba durante cierto tiempo, o que se hizo discípulo suyo, y quizá un discípulo conocido, por lo que era aconsejable mencionar su nombre.

Es notable que Bartimeo llame a Jesús "Hijo de David"; éste es un título que que no usa Marcos en ningún otro milagro, y que no lo usó la comunidad cristiana de los primeros siglos; parece que se formó espontáneamente en la comunidad judía en tiempos de Jesús; en el Antiguo Testamento, "Hijo de David" se aplicaba a Salomón, de quien decía la tradición que hacía exorcismos y curaciones milagrosas, de modo que el ciego pudo hacer esa asociación, máxime si circulaba la idea de que Jesús era descendiente de David. En cualquier caso, el grito de Bartimeo anunciaba la aclamación que recibirá Jesús, pocos días después, cuando entra en Jerusalén y una multitud grita llamándole "Hijo de David".

Este relato de la curación de Bartimeo presenta todos los elementos que han considerados característicos de la historia de un milagro: *i)* hay una relación de fe entre el beneficiario y Jesús, que aparece en el grito de "Hijo de David"; *ii)* un pequeño diálogo entre Jesús y el beneficiario, y la realización del milagro, y *iii)* la reacción de fe (o de oposición a la fe) de los presentes.

C. Resurrecciones

Son el milagro que demuestra más claramente el poder de Dios sobre el mal, pues supera la muerte, que se nos presenta como un mal inevitable e insuperable. Aceptar que es posible que alguien resucite un muerto depende de las preconcepciones que cada uno tenga. Si alguien entiende que el poder de Dios lo puede todo, y que Él da la vida, puede aceptar también que Dios resucite un muerto y, por tanto, puede aceptar que el relato de la resurrección de un muerto transmite un hecho realmente sucedido.

Quien no acepta la existencia de Dios omnipotente juzgará que un relato de la resurrección de un muerto es un autoengaño, en el que llama "resurrección" al hecho de que una persona, que no estaba realmente muerta, recobre la conciencia o el movimiento; o que es una ficción "piadosa" para mover a que la gente acepte una determinada doctrina moral; o que es simplemente un engaño para aprovecharse de los incautos.

Pero no se puede negar el hecho de que los evangelios narran relatos de resurrecciones y que al menos dos de sus autores, Mateo y Juan, las presenciaron personalmente y dan testimonio de que realmente ocurrieron, como también todos los evangelistas darán testimonio, incluso con su vida, de la resurrección de Jesús.

Los evangelios narran tres resurrecciones: la de la hija de Jairo, en los tres evangelios sinópticos;[22] la del hijo de la viuda de Naím, que sólo transmite Lucas,[23] y, la más conocida, la de Lázaro, que sólo relata Juan.[24]

En todas estas resurrecciones se trata de una restauración del difunto a la vida que antes tenía, y por eso las narraciones concluyen con algunos actos físicos de los resucitados, como comer o caminar, pero el milagro de la resurrección no los ha liberado de su condición mortal, por lo que eventualmente morirán. Es muy diferente la resurrección de Jesús, que narran los cuatro evangelistas, en la cual Jesús no sólo recobra su vida humana, sino que es instaurado en una nueva vida gloriosa, y luego asciende al cielo y vive eternamente en unión con el Padre.

La resurrección de Lázaro, que tiene la peculiaridad de ser un relato con muchos detalles y con diálogos de gran contenido teológico, es la que aquí se va a considerar.

1. *La resurrección de Lázaro.* El relato ocupa todo el capítulo 11 del Evangelio de Juan, que tiene 57 versículos. La extensión se debe a que no se limita a narrar los hechos, sino que los presenta en relación con varios diálogos de Jesús, primero con sus apóstoles y luego con Martha y María, las hermanas de Lázaro, y concluye con la reunión y decisiones del Sanedrín que fueron consecuencia de la divulgación del milagro.

Al reducir el relato a los hechos más significativos, puede quedar así: Jesús se encontraba, con sus discípulos, en algún lugar de Perea, fuera de Judea. En Betania, ciudad cercana a Jerusalén, vivían tres hermanos, amigos de Jesús, Martha, María y Lázaro, en cuya casa Jesús se había hospedado en varias

---

[22] Mc 5,21-43; Mt. 9,18-23 y Lc 8,40-56. Posiblemente, la redacción más antigua fue la de Marcos, que luego siguieron los otros evangelistas.

[23] Lc 7,11-17.

[24] Jn 11,1-45.

ocasiones. Lázaro se enfermó gravemente y Martha y María enviaron un recado a Jesús para anunciarle la enfermedad de su amigo. Jesús, en vez de acudir inmediatamente, decide permanecer donde estaba dos días más. Luego anuncia a sus apóstoles que partirán hacia Judea, lo cual suscita entre ellos cierta inquietud, porque saben que algunos de los jefes de los judíos lo quieren matar. Cuando llegan a Betania, Lázaro tenía ya cuatro días en la tumba. Martha, en cuanto Jesús entró en Betania, corre a verlo y le hace esta delicada reconvención por no haber acudido inmediatamente: "Si hubieras estado aquí, no habría muerto mi hermano";[25] María se queda en la casa, pero luego, cuando ve a Jesús le hace la misma reconvención. Jesús está profundamente emocionado al ver la tristeza y llantos de los amigos de Lázaro. Pide que lo lleven a la tumba, y ahí llora. Algunos murmuran que, si Él cura a los ciegos, habría podido evitar la muerte de su amigo. Jesús ordena que muevan la roca que cierra la tumba y, una vez abierta, ora y da gracias al Padre, luego, con fuerte voz, dice: "Lázaro, sal fuera", y el que estaba muerto se levanta y sale de la tumba todavía con las vendas y mortajas; Jesús ordena que lo desaten. El milagro produce una doble reacción: muchos de los judíos que habían ido, creyeron; pero otros fueron a ver a los fariseos a contarles lo sucedido y estos se reunieron con los pontífices y decidieron matar a Jesús.

La resurrección de Lázaro es un signo fuerte del poder y misión de Jesús. Juan lo hace ver en el diálogo de Jesús con Martha, previo a la resurrección. Jesús le dice abiertamente: "Yo soy la Resurrección y la Vida; el que cree en mí, aunque hubiera muerto, vivirá, y todo el que vive y cree en mí no morirá para siempre. ¿Crees esto?".[26] Con estas palabras, Jesús se afirma como dador de la vida, al punto de que aun aquel que haya muerto, si cree en Jesús vivirá; y que aquel que cree en él no morirá "para siempre", es decir, que aunque experimente la muerte, ésta no será definitiva. Martha da una respuesta que denota una gran fe y conocimiento de Jesús. Dice: "Sí, Señor. Yo creo que tú eres el Cristo, el Hijo de Dios, que has venido a este mundo".[27] Con lo cual reconoce su naturaleza divina y su poder de dar y restaurar la vida.

---

[25] Jn 11.21.

[26] Jn 11,25.

[27] Jn 11,26.

Una peculiaridad en el relato de este milagro es que Jesús, antes de ordenar la resurrección, ora al Padre, cosa que no hizo en la curación de Bartimeo, con lo que demuestra que curaba con su propio poder. En este relato, dice Juan que Jesús oró así: "Padre, te doy gracias porque me has escuchado. Yo sabía que siempre me escuchas, pero lo he dicho por la muchedumbre que está alrededor, para que crean que Tú me enviaste". Y después de decir esto, dio la orden: "¡Lázaro, sal fuera!".[28] Estas palabras de Jesús indican que Él actúa con un poder que le es propio y a la vez común al Padre. Por eso da gracias al Padre porque lo ha escuchado, en su petición de resucitar a Lázaro, pero advierte que sabe que el Padre lo "escucha siempre" y si dijo esto fue para que los que presenciaban el milagro reconocieran que Jesús es enviado del Padre. Es muy diferente la forma de obrar milagros de los apóstoles, según lo que relatan los *Hechos de los Apóstoles*; por ejemplo, cuando Pedro sana a un cojo de nacimiento que estaba junto a la Puerta Hermosa del templo de Jerusalén, a quien le dice: "En el nombre de Jesucristo, el Nazareno, echa a andar".[29]

D. Milagros sobre la naturaleza física y biológica

Por medio de los milagros, Jesús muestra su poder sobre los demonios, que son espíritus personales y libres, a los que fuerza a hacer lo que no quieren; su poder sobre las enfermedades que aquejan a los hombres, las cuales remedia instantáneamente con su sola palabra, y sobre la muerte, ese mal inevitable, que parece definitivo, y que Jesús supera restaurando la vida temporal, resucitando a algunas personas, y ofreciendo a todos los que creen en Él una vida imperecedera. En esta otra serie de milagros, llamados en general milagros sobre la naturaleza, muestra su poder sobre las fuerzas de la naturaleza, que suelen parecer superiores a las fuerzas humanas. Entre estos se cuentan: la tempestad calmada,[30] la caminata de Jesús sobre las aguas,[31] la pesca de un pez con una

---

28 Jn 11,41-42.

29 Hch 3,6. Es semejante la curación del paralítico Eneas, en la ciudad de Lida, al que Pedro le dice: "Eneas, Jesucristo te cura, levántate y arregla tu lecho", Hch 9,34.

30 Mt 8,23-27. Mc 4,35-41. Lc 8,22-25.

31 Mt 14,22-33 y Mc 6,45-52.

moneda para pagar el tributo del templo,[32] la maldición de una higuera para que no dé más fruto,[33] la multiplicación de los panes (una o dos),[34] la pesca milagrosa (una o dos)[35] y la conversión del agua en vino.

Puesto que el milagro de la tempestad calmada muestra claramente su poder[36] sobre las fuerzas de la naturaleza, y está atestiguado por los tres evangelios sinópticos, ése es el que se analizará a continuación.

1. *La tempestad calmada.* Lo relatan los evangelios de Marcos, Mateo y Lucas.[37] Aparentemente, el relato de Marcos es el más antiguo y de él dependen los relatos de Mateo y Lucas, por lo que es el que tendré en cuenta principalmente.

Relata Marcos que Jesús estaba enseñando a la multitud, por medio de parábolas, en una orilla del lago, y llegada la tarde, dice a sus discípulos que vayan a la otra orilla. Despiden a la multitud y se embarcan. Jesús, posiblemente cansado, duerme en la popa, apoyada su cabeza sobre una almohada; este detalle es una nota de realismo, pues nada pierde el relato si no se contara. Se levanta una gran tempestad, que hace que las olas se echen encima de la barca. Este es el escenario en el que se dará el milagro.

Los discípulos, asustados, lo despiertan con unas palabras que implican un cierto reproche: "Maestro, ¿no te importa que perezcamos?", pero implican también la esperanza de que Él podrá hacer algo. Es un modo de pedir el milagro, quizá con cierta desesperación causada por el temor del naufragio.

Jesús se puso en pie e "increpó al viento", es decir, lo reprendió duramente, y dijo al mar: "¡Calla, enmudece!". Las palabras dirigidas al viento y al mar, que nada entienden, son el modo de hacer ver a los discípulos el dominio que tiene sobre los elementos. Pronunciadas esas palabras, sobrevino una

---

[32] Mt 17,24-27.

[33] Mt 21,18-20 y Mc 11,12-14.

[34] Mt 14,13-21, quien narra una segunda multiplicación en 15,32-39. Mc 6,31-44, quien también relata otra multiplicación en 8,1-9; Lc 9,10-17 y Jn 6,1-13 sólo relatan una multiplicación. Son seis relatos del milagro de la multiplicación de los panes, y se discute si fue sólo un milagro o dos.

[35] Lc 5,1-11 y la otra reportada por Jn 21,1-14, como ocurrida después de la Resurrección.

[36] Jn 2,6-11.

[37] Mc 4,35-41; Mt 8,23-27; Lc 8,22-15.

gran calma. Entonces, Jesús amonesta a sus discípulos porque todavía no tienen suficiente fe, esto es, no conocen todavía quién es Él.

La reacción de los discípulos es la típica reacción ante una manifestación de la divinidad: se llenaron de un "gran temor", como el que experimentó María al ver un ángel en su presencia,[38] o el que experimentaron los pastores ante el ángel que les anunciaba el nacimiento del Salvador;[39] es un temor con esperanza, un temor admirativo, muy distinto del que sentían los discípulos por la amenaza de la tempestad. Luego, calibran lo sucedido, se dan cuenta de que Jesús domina sobre el viento y el mar, y ellos se preguntan: "¿Quién es éste, que hasta el viento y el mar le obedecen?". Tardarán en reconocer que es Dios, pero este episodio de seguro los impresionó vivamente.

El milagro de la tempestad calmada tiene alguna semejanza con textos del Antiguo Testamento que manifiestan la superioridad de Yahvé sobre el caos, y especialmente sobre el mar, por ejemplo, cuando abre el Mar Rojo para que cruce el pueblo de Israel. Aunque el milagro de la tempestad calmada recuerda especialmente la historia de Jonás, quien también se encontraba dormido a bordo de una nave atacada por una tempestad. El capitán de la nave despierta a Jonás, pues todos creen que el peligro es castigo enviado por algún dios, y echaron suertes para saber quién era el culpable y resultó Jonás; él les dice que él es creyente de Yahvé, que lo arrojen al mar y la tempestad se calmará. Así lo hicieron y el mar se calmó; y aquellos hombres, concluye el relato, "creyeron firmemente en Yahvé" y le ofrecieron sacrificios y promesas. Los discípulos de Jesús podían fácilmente inferir que Jesús es Dios.

III. Epílogo

Los cuatro evangelistas dan testimonio de que Jesús obró milagros. También lo atestiguó Flavio Josefo, aunque no narra ningún milagro concreto.

---

[38] Lc 1, 29-30.
[39] Lc 2,9-10.

Los milagros que obra Jesús son siempre obras en provecho de quienes lo reciben. Jesús no hizo milagros en provecho propio ni para su lucimiento personal. Cuando fue tentado en el desierto por el demonio, las dos primeras tentaciones eran para que usara su poder sobrenatural para satisfacer su hambre (primera tentación) y para exhibirse ante la multitud (segunda tentación). No es alguien que quiera impresionar a la multitud con la exhibición de poderes sobrenaturales. El único milagro colectivo que hizo fue la multiplicación de los panes y el entusiasmo que provocó en la multitud, que al día siguiente quería proclamarlo rey, Él lo detuvo completamente yéndose a un lugar solitario para hacer oración.

Los milagros de Jesús, narrados en los evangelios, son señales de que el poder de Dios obra en el mundo para vencer el mal o injusticia (el demonio), la enfermedad, la muerte y los desórdenes de la naturaleza. Constituyen signos o señales de que se ha instaurado el Reino de Dios y a la vez son un anticipo de lo que será su Reino cuando el poder benéfico de Dios, es decir, el Amor poderoso de Dios, obre sin oposición en todo el universo creado.

Capítulo 7

El buen pastor que busca la oveja perdida: Jesús y los pecadores

Sumario. Introducción. I. Los anuncios de salvación de los pecadores. A. El anuncio hecho por Zacarías. B. El anuncio de Juan el Bautista. C. El anuncio del ángel a José. II. La actitud de Jesús hacia los pecadores. A. Jesús come con publicanos y pecadores. B. Jesús busca a los pecadores. C. Qué pecadores son los que busca Jesús. D. Los pecadores y los sufrimientos. III. Jesús invita a la conversión. A. Qué es la conversión. B. El gozo por la conversión. IV. Jesús perdona los pecados. A. Demuestra su poder de perdonar los pecados. 1. El perdón al paralítico de Cafarnaúm. 2. El perdón a la pecadora. 3. El perdón a la adúltera. B. Jesús pide el perdón para todos los hombres. C. Delegación del poder de perdonar los pecados. V. Los pecadores impenitentes. A. Una distinción fundamental. B. Advertencias. 1. A sus adversarios. 2. A las ciudades incrédulas. 3. A una multitud indiferenciada. C. El juicio final. D. El juicio particular. E. Exhortación a la vigilancia. F. ¿Amenazas de Jesús? VI. En manos de los pecadores. A. El pecado de incredulidad. B. El pecado como disposición interior estable que genera odio. C. Intentos y decisión de darle muerte. VII. Epílogo.

Introducción

En la tradición de Israel estaba presente la idea de que Dios había dado a Moisés una ley, quien a su vez la transmitió a todo el pueblo, conforme a la cual el pueblo en general, y cada israelita en particular, debía regir su propia conducta.

El contenido de la ley o Torá se mencionaba y explicaba principalmente en el Deuteronomio, el último del conjunto de los cincos primeros libros de la Biblia, llamado Pentateuco.

La existencia de la ley hace que cualquier persona pueda juzgar acerca de sus actos desde la perspectiva de la Torá y saber si son conformes con ella o contrarios, y las consecuencias que los actos puedan producir en su vida. El Deuteronomio resume la perspectiva que la ley planteaba a los judíos en estas palabras:[1]

> Mira, yo pongo hoy delante de ti la vida y el bien, la muerte y el mal. Si escuchas los mandamientos de Yahvé tu Dios, que yo te mando hoy, amando a Yahvé tu Dios, siguiendo sus caminos y guardando sus mandamientos, preceptos y normas, vivirás y te multiplicarás. Pero si tu corazón se desvía y no escuchas, si te dejas arrastrar a postrarte ante otros dioses y a darles culto, yo os declaro hoy que pereceréis sin remedio y que no viviréis muchos días en el suelo que vas a tomar en posesión...; te pongo delante vida o muerte, bendición o maldición. Escoge la vida para que vivas tú y tu descendencia...

Desde esa perspectiva se entiende claramente que el acto opuesto a la ley de Dios, o al querer de Dios, genera la muerte, y a dicho acto se le llamó pecado.

La actitud de Yahvé hacia el pueblo y el hombre que había actuado en contra de la ley, la describió el profeta Ezequiel en estas palabras:[2]

> Vosotros andáis diciendo: "Nuestros crímenes y nuestros pecados pesan sobre nosotros y por causa de ellos nos consumimos. ¿Cómo podremos vivir?" Diles [es lo que Dios le dice a Ezequiel] "Por mi vida, oráculo del Señor Yahvé, que yo no me complazco en la muerte del malvado, sino en que el malvado se convierta de su conducta y viva.

---

[1]   Deut 30,15-20.

[2]   Ez 33,10-11.

Convertíos, convertíos de vuestra mala conducta. ¿Por qué habéis de morir, casa de Israel?".

Más adelante, Ezequiel afirma que el mismo Yahvé buscará la salvación de los pecadores, con estas palabras:[3] "Buscaré la oveja perdida, tornaré a la descarriada, curaré a la herida, confortaré a la enferma; pero a la que está gorda y robusta la exterminaré; las pastorearé con justicia".[4]

Sobre esa tradición, Jesús se presenta como el buen pastor. Dice expresamente: "Yo soy el buen pastor. El buen pastor da su vida por sus ovejas".[5] Si bien del oficio de pastor se pueden derivar muchos servicios, como el de conducir a las ovejas, reunirlas en el redil, curarlas o llevarlas a pastar, Jesús señala especialmente el de buscar la oveja perdida, por medio de esa parábola[6] del que tenía cien ovejas y perdió una, y deja a las noventa y nueve para ir a buscar la que se le había perdido y al encontrarla se alegra más por ello que por las noventa y nueve que permanecían en lugar seguro. La conclusión de esa parábola es, en palabras de Lucas, que "habrá en el cielo mayor alegría por un pecador que se convierta que por noventa y nueve justos que no tienen necesidad de conversión".[7] Jesús es ese pastor del que dice el profeta Ezequiel que buscará la oveja perdida, curará a la herida, confortará a la enferma.

El objetivo de este capítulo es conocer la actitud y las palabras de Jesús respecto de los pecados y los pecadores. Antes de analizarlas directamente, conviene detenerse en los anuncios que recibieron y dieron José, Zacarías y Juan el Bautista acerca de la misión de Jesús respecto de los pecadores.

---

[3]   Ez 34,16.

[4]   La versión griega de los Setenta, en lugar de "la exterminaré", dice "la cuidaré". En ambas versiones, el mensaje es que el Mesías buscará la oveja perdida.

[5]   Jn 10,11.

[6]   Mt 18,12-14. Lc 15,4-7.

[7]   Lc 15,7.

I. Los anuncios de la salvación de los pecadores

Además de la citada profecía de Ezequiel, se anunció que Jesús sería el buen pastor que busca, cura y conforta a las ovejas en acontecimientos previos a su nacimiento y su ministerio público. Ése fue principalmente el anuncio que hizo Juan el Bautista.

A. El anuncio hecho por Zacarías

Cuando nació Juan el Bautista, su padre Zacarías, al ver al niño frente a sí y recuperar el habla, dice que su hijo será un profeta, que preparará los caminos del pueblo y le enseñará la ciencia de la salvación para el perdón de sus pecados.[8] No dice que su hijo Juan perdonará los pecados ni que curará la oveja herida, sólo menciona que enseñará la ciencia por la cual los israelitas podrán salvarse y obtener el perdón de sus pecados. La misión de Juan no es perdonar los pecados, sino enseñar la ciencia que lleva al perdón, es decir, enseñar o predicar la conversión.

B. El anuncio de Juan el Bautista

Los tres evangelios sinópticos afirman que Juan el Bautista predicaba en el desierto del Jordán, invitando a sus oyentes a hacer "penitencia" para obtener el "perdón de sus pecados".[9] A quienes aceptaban su exhortación los bautizaba con agua, lo cual era un signo de que iniciaban una nueva vida. La penitencia, que implica un cambio de la disposición interior de la persona, es, por una parte, un reconocimiento de haber cometido pecados, y por eso los evangelistas dicen[10] que quienes se bautizaban confesaban sus pecados (Mateo y Marcos) o pedían el perdón o remisión de sus pecados (Lucas); por otra parte, la penitencia implicaba un cambio de vida: dejar de hacer lo injusto y hacer lo que es justo; por eso la gente preguntaba al Bautista: "¿Qué debemos hacer?",[11] y él enseñaba que compartieran sus bienes con los necesitados, que los soldados no extorsionaran

---

8   Lc 1,77.

9   Mt 3,1; Mc 1,4 y Lc 3,3.

10   Mt 3,6; Mc 1,5; Lc 3,3.

11   Lc 3,10.

ni calumniaran y se contentaran con su paga, o que los publicanos no cobraran más impuestos que los que estaban establecidos.

Juan el Bautista dio un testimonio especialmente interesante respecto del perdón, cuando vio a Jesús, que se acercaba hacia él y dijo a quienes le oían: "He aquí el Cordero de Dios que quita el pecado del mundo".[12] Al día siguiente, volvió Juan el Bautista a proferir el mismo testimonio,[13] con las mismas palabras, pero dirigido especialmente a dos de sus discípulos, a Andrés y a Juan, quienes creyeron en las palabras del Bautista y siguieron a Jesús.

La palabra "cordero", en la mente de un israelita recordaba el cordero pascual, que cada año sacrificaban como signo de expiación de sus pecados. Y el añadido "de Dios" lo hacía algo misterioso, porque Dios no tenía que sacrificar nada; es el Cordero de Dios porque es el cordero enviado por Dios para quitar los pecados del mundo,[14] semejante al que envió a Abraham para que hiciera el sacrificio.[15]

El atributo de este Cordero de Dios es quitar los pecados del mundo. Quitar los pecados es, en primer lugar, hacer desaparecer los pecados cometidos, y desaparecen por medio del perdón, que elimina la culpa, porque el ofendido, que es Dios, renuncia a exigir responsabilidad al agresor; en este sentido, quitar los pecados significa perdonarlos. Además, quitar los pecados significa evitar que se cometan pecados futuros, lo cual sucede parcialmente en quienes hacen penitencia y perseveran en el cambio de vida y sucederá plenamente cuando todos los hombres practican la justicia ante Dios, esto es, cuando el Reino anunciado por Jesús llegue a su consumación.

Juan el Bautista entrevé que Jesús es el esperado y así lo manifestó a sus discípulos, y no sólo el esperado de Israel, sino también el esperado de todos los pueblos, y por eso dice que quita los pecados del "mundo", no únicamente los del pueblo judío.

---

[12] Jn 1,29.

[13] Jn 1,36.

[14] Es algo semejante al cordero que Dios proveyó a Abraham para que éste lo sacrificará en vez de su hijo Isaac (Gen 22,6-8); cuando ya estaba listo el altar y el fuego para el sacrificio, Isaac, que no sabía que él era la víctima, preguntó a su padre dónde estaba la víctima, y Abraham respondió: "Dios proveerá el cordero para el sacrificio, hijo mío".

[15] Gen 22,13.

C. El anuncio del ángel a José

La misión de Jesús respecto de los pecados, que Juan Bautista mencionaba, la anunció el ángel que avisó a José acerca del hijo concebido por María, que le dijo que deberá ponerle el nombre de Jesús "porque él salvará al pueblo de sus pecados".[16]

Jesús "quita" los pecados, en primer lugar, porque los perdona. Y ésa es la actividad que se considerará en este capítulo. El otro aspecto, el de prevenir o evitar los pecados futuros de la humanidad, tiene que ver con el crecimiento del Reino, de la nueva vida de unión de los hombres con Dios, para lo cual se requiere, como medio indispensable, comer el "pan de vida", del que habla Jesús y que se tratará en otro capítulo.

II. La actitud de Jesús hacia los pecadores

La misión de Jesús de perdonar los pecados hace que tenga una actitud de apertura hacia los pecadores, hacia aquellos cuyos pecados quiere perdonar y que tenga la idea de que el pecador no está perdido, que puede convertirse. Por eso no se retrae de juntarse con los pecadores, los busca y los llama a la conversión, y corrige la opinión común de que los males que alguien sufre son consecuencia necesaria de sus pecados personales.

A. Jesús come con publicanos y pecadores

Por esa apertura hacia los pecadores, no sorprende que una de las críticas que hacían los fariseos contra Jesús es que se reuniera a comer con publicanos y pecadores, y fuera amigo de ellos. La crítica veladamente afirmaba que Jesús era un pecador que se reunía con otros iguales a Él, por lo cual, lo que enseñaba no podía ser nada bueno. Suponía un razonamiento que se ajustaba al dicho "dime con quién andas y te diré quién eres". Es un hecho, atestiguado por varias fuentes, que Jesús se sentaba a comer con personas que se juzgaban

---

[16]   Mt 1,21.

como pecadores públicos, especialmente con los publicanos o cobradores de impuestos.

El primer episodio que dio lugar a esa fama de Jesús fue posiblemente el banquete que ofreció Mateo o Leví, quien era publicano, después de haber aceptado el llamamiento de Jesús a seguirlo, y durante el primer año de su predicación en Galilea. El propio Mateo relata que, estando Jesús a la mesa en casa de Mateo, "vinieron muchos publicanos y pecadores" y se sentaron a la mesa con Jesús y sus discípulos.[17] Lo mismo dicen Marcos y Lucas.[18]

Los fariseos asistentes al banquete aprovechan el evento para cuestionar a los discípulos, por qué su maestro come con publicanos y pecadores. Ningún evangelio transmite una respuesta o reacción de los discípulos; los tres evangelistas relatan que Jesús oyó la crítica y respondió que son los enfermos, y no los sanos, los que tienen necesidad del médico, y que Él ha venido a llamar, no a los justos, sino a los pecadores.

En otro banquete, ofrecido por un fariseo, que tuvo lugar también en Galilea, no mucho tiempo después, se da un encuentro entre Jesús y una "pecadora".[19] Ella entró en la casa, se colocó a los pies de Jesús y lloraba; lavó los pies de Jesús y los ungió con perfume. El fariseo piensa que Jesús hace mal por dejarse tocar por una mujer pecadora, quizá era una mujer pública. Jesús le propone entonces la pregunta de cuál deudor estará más agradecido con su acreedor, si aquél al que le perdonó mucho o aquel a quien perdonó poco; el fariseo, como era de esperarse, responde que le amará más el que recibió un perdón mayor. Entonces Jesús compara la conducta del fariseo, que no tuvo las muestras

---

17   Mt 9,10-13.

18   Mc 2,15-17 y Lc 5,29-32. Mateo añade que Jesús dijo a sus críticos: "Aprendan lo que significa que Dios quiere misericordia y no sacrificios" (1. Sam 15,22), lo que parece significar que les pide que sean misericordiosos con los pecadores y que no se sientan justificados sólo porque hacen sacrificios.

19   Lc 7,37. La "pecadora" a la que se refiere Lucas se ha pensado que era María Magdalena, de la cual, dice el mismo Lucas (8,2) "habían salido siete demonios"; María Magdalena se contaba entre las mujeres que acompañaban y servían a Jesús en sus viajes y entre las primeras testigos de su resurrección. Además, se suele pensar que esa "pecadora" que menciona Lucas es también la "adúltera" que pusieron los fariseos ante Jesús para que la juzgara (Jn 8,4); según eso, la pecadora, la adúltera y María Magdalena es la misma mujer. Es diferente el banquete que ofreció Simón el Leproso, en Betania, en el cual María, la hermana de Martha y Lázaro, unge los pies de Jesús, al cual se refieren Mt 26,6; Mc 14,3 y Jn 12,1.

acostumbradas de cortesía, con la de la mujer, que ha reconocido su propia miseria y la grandeza de Jesús y ha tenido muchos detalles con él. La posición del fariseo es que la mujer pecadora debería ser rechazada por un profeta. Jesús, en cambio, la deja acercarse, acepta sus muestras de reconocimiento y le dice "tus pecados quedan perdonados".

La apertura de Jesús hacia los publicanos se muestra en otra ocasión, cuando algunas semanas antes de su muerte, estando en Jericó, se hospeda en casa de Zaqueo, publicano y jefe de publicanos, lo cual dio lugar, otra vez, a la murmuración de que convivía con pecadores.[20] Lucas, que es quien narra este suceso, dice que se le acercaban "todos los publicanos y pecadores para oírle" y, en contraste, los fariseos y escribas murmuraban en contra de él diciendo que "recibe a los pecadores y come con ellos"; ambas cosas seguramente eran parte de la fama que tenía. Jesús responde a esa murmuración con estas palabras: "El Hijo del Hombre ha venido a buscar y salvar lo que estaba perdido".[21]

B. Jesús busca a los pecadores

Jesús no sólo deja que los pecadores se le acerquen, él sale a buscarlos. Su búsqueda se inicia con el acto por el cual Dios se hace hombre, en el vientre y con el consentimiento de María, lo cual sucedió, según lo que reveló el ángel a José, para que naciera Jesús, el que salvaría al pueblo de sus pecados.[22]

La actitud de Jesús de búsqueda de los pecadores en su vida pública la ilustra claramente la parábola del buen pastor, de aquel que sale en busca de la oveja perdida.[23] Jesús dice explícitamente que Él es el buen pastor que da la vida por sus ovejas, y como entiende que es voluntad del Padre que no se pierda ni una, sale en busca de la oveja perdida y no simplemente espera a que regrese por sí misma.[24] La predicación itinerante de Jesús, el andar de pueblo en pueblo predicando y enseñando es una clara muestra de su disposición de buscar al pecador y no conformarse con perdonar sólo a los que se allegan a él.

---

[20] Lc 19,1-10.

[21] Lc 19,10.

[22] Mt 1,21.

[23] Mt 18,12.

[24] Jn 10,11.

C. ¿Qué pecadores son los que busca Jesús?

Si bien los tres evangelios hablan de pecadores, no precisan qué pecados han cometido. Sí mencionan algunos tipos de pecador a los que se acercó Jesús, como los publicanos y las meretrices;[25] también narran encuentros con personas acusadas de un delito específico, una adúltera,[26] una mujer pública[27] o los ladrones crucificados junto a Él.[28]. Pero nada se puede precisar de lo que hacían esos otros "pecadores" que se acercaban a Jesús; posiblemente se trata de gente común y corriente que no forman parte de los seguidores de los fariseos o de otro grupo religioso, que tendrían las faltas y pecados comunes, pero que no son bandidos ni hombres o mujeres especialmente violentos.

Cuando Jesús dice que ha venido a llamar a los pecadores y no a los justos, pone en evidencia, sin decirlo, que no hay nadie que pueda llamarse a sí mismo justo, cuando está frente a Dios. Así lo hizo ver en el episodio de la mujer adúltera que sus captores querían apedrear y que preguntaron a Jesús si debían apedrearla como lo prescribía la ley. Jesús les responde que quien no tuviera pecado tirara la primera piedra, y nadie lo hizo; así puso en evidencia que nadie puede juzgarse sinceramente libre de pecado y, en consecuencia, que todos los hombres ante Dios son pecadores.

Cuando Jesús dice que ha venido a llamar a los pecadores y no a los justos, afirma que ha venido a llamar a todos los hombres que reconocen sus pecados, y quieren librarse de ellos, y no a los que se juzgan justos y que no necesitan el perdón. Esto lo afirmó expresamente en la parábola del fariseo y el publicano,[29] que dijo a "unos que confiaban en sí, teniéndose por justos y despreciaban a los demás". En la parábola, el fariseo da gracias a Dios por no ser como los demás hombres, pues cumple todas las prescripciones de la ley; en cambio, el publicano se golpeaba el pecho y decía "ten compasión de mí, que soy un pecador". La parábola termina con una afirmación evidente: el publicano bajó a su casa "justificado", y el fariseo, no.

---

[25] Mt 21,31 y 32.

[26] Jn 8,3.

[27] Lc 7,39.

[28] Mt 27,44 dice que eran ladrones; Lc 23,32 que eran malhechores.

[29] Lc 18,9-14.

Después de contar la parábola, Lucas propone, como dicha por Jesús, una regla general de conducta: "Todo el que se ensalza será humillado y el que se humilla será ensalzado", la cual es perfectamente congruente con la bienaventuranza de los que lloran, es decir, los que lloran por sus pecados. Jesús busca a los pecadores que se reconocen como tales y que quieren cambiar, es decir, a los que lloran por sus pecados.

Para comprender mejor la actitud de Jesús hacia los pecadores, conviene compararla con la de sus adversarios, quienes la manifestaron en el episodio en que Jesús curó a un ciego de nacimiento.[30] Los fariseos y otros que no querían creer que Jesús obró un milagro, hicieron una serie de interrogatorios al ciego y a sus padres, con el fin de descubrir el supuesto engaño; como todas las respuestas coinciden en que se trataba de un ciego de nacimiento, que ahora ve, por lo que no es posible desconocer la curación, ellos tratan de hacer valer su autoridad y le dicen al ciego: "Da gloria a Dios; nosotros sabemos que ese hombre es un pecador" y, por lo tanto, pensarían ellos, no puede hacer milagros.

La palabra pecador tiene ahí un sentido diferente del que tiene cuando la usa Jesús; él dice que viene a llamar a los pecadores, a salvarlos; en cambio, esos fariseos hablan del pecador como alguien irremediablemente malo, perverso que no puede hacer una obra buena; su modo de razonar es muy simple: Jesús es un pecador, por lo tanto, no puede hacer milagros. Quieren que el ciego los acompañe en ese juicio, pero como él se niega a afirmar que Jesús sea un pecador, ellos lo maldicen y le dicen que ha "nacido en pecado", lo que parece implicar que no tiene remedio.

Es semejante la actitud del fariseo que dio el banquete en honor de Jesús, y cuando vio a la mujer que lloraba y limpiaba los pies de Jesús, pensó que Jesús no era un profeta, porque se dejaba tocar por una "pecadora".[31]

La actitud de Jesús es muy diferente. Él entiende que los pecadores pueden dejar de pecar y salvarse, y busca a los pecadores que no quieren seguir pecando y que están dispuestos a hacer un cambio de vida. Por eso, a la "pecadora" que, arrepentida, le lavaba los pies, le perdonó sus pecados.

---

30   Jn 9,1 y ss.
31   Lc 7,39.

La diferencia de las actitudes no está en la noción de pecado, que es siempre una transgresión de la ley y una ofensa a Dios, sino en el modo de concebir al pecador, como alguien que puede salvarse, por la misericordia de Dios, o alguien que está perdido sin remedio.

D. Los pecados y los sufrimientos

La actitud de Jesús de búsqueda y perdón a los pecadores lo lleva a corregir el juicio, común entonces, de que el hombre que sufre es un pecador y que padece por causa de sus pecados. Sus mismos discípulos tenían esa manera de juzgar, como lo manifestaron en el citado episodio de la curación del ciego de nacimiento, cuando le preguntaron si era ciego por causa de sus pecados o de los pecados de sus padres. Jesús rechaza esa concepción: "Ni pecó éste ni sus padres, sino que eso ha ocurrido para que las obras de Dios se manifiesten en él".[32] La obra que Jesús hará será sanarlo, devolverle la vista.

El episodio contiene una enseñanza profunda sobre la presencia del mal en el mundo. Dios lo ha permitido para que se manifieste su amor misericordioso que cura toda dolencia y enfermedad. Ha permitido la ceguera de ese hombre para que se conozca la misericordia de Dios por las obras de Jesús. Permitir el mal no es causarlo, es solamente no impedirlo. ¿Cuál es la causa del mal? En la oración del Padrenuestro, Jesús enseñó a pedir al Padre que nos libre del mal y de su autor, que es el diablo y, con él, el hombre que peca. El mal desaparecerá cuando llegue a plenitud el Reino que Jesús anuncia.

Jesús no niega que el pecado sea un mal y causa de males, pero rechaza que se desprecie al que sufre con el juicio de que tiene lo que merece por causa de sus pecados.[33] Lucas relata otra ocasión en la que Jesús manifiesta su oposición a juzgar como pecadores a quienes sufren desgracias.[34] Sucedió que algunos le contaron que Poncio Pilatos había ordenado matar a unos galileos en el templo cuando era la hora de los sacrificios; no se tiene otra fuente que atestigüe esa crueldad, pero cabe suponer que las víctimas fueron algunos que

---

[32] Jn 9,3.

[33] Una tesis que parte de un juicio semejante, aunque de signo contrario, es la que afirma que la prosperidad es signo de santidad o predestinación.

[34] Lc 13,1-5.

conspiraban contra el poder romano. Los que contaban eso posiblemente esperaban que Jesús hiciera una condena de Pilatos o de los revoltosos. Pero la reacción de Jesús es muy diferente, les dice: "¿Pensáis que estos galileos eran más pecadores que todos los galileos porque padecieron tales cosas? No, os lo aseguro; pero si no os convertís, todos pereceréis igualmente". Con estas palabras está diciendo que aquellos que piensan que los desgraciados sufren por causa de sus pecados están equivocados y que ellos también son pecadores que necesitan convertirse.

Los mismos suplicios y muerte que experimentó Jesús son males que sufrió sin haberlos merecido. Quienes le dieron muerte querían que el pueblo escarmentara y que no siguiera a quien sufría de esa manera. Por eso insistían en decir que si era realmente el Hijo de Dios, Dios vendría a salvarlo y a librarlo de esa muerte afrentosa.[35] Y que el hecho de que Dios no lo salvara de la cruz era una prueba de que era un pecador. No entendían que el inocente pudiera sufrir; si sufría, era culpable.

La muerte de Jesús, inocente, en la cruz tiene otra explicación en las palabras del precursor, quien lo llamó el "Cordero de Dios que quita los pecados del mundo". Jesús es el cordero inocente, "sin defecto",[36] que se entrega voluntariamente para expiar los pecados de los hombres y hace así que la muerte del inocente sea la salvación del pecador. Lo que Jesús dijo respecto del ciego de nacimiento, que su ceguera permitía que se manifestara en él el poder misericordioso de Dios, se puede decir respecto de su propia pasión y muerte, que tuvieron lugar para que se manifestara la misericordia de Dios, que borró los pecados cometidos y resucitó a Jesús.

---

[35] Mt 27,40-43.

[36] Gen 12,3-5.

III. Jesús invita a la conversión

Antes que Jesús, Juan el Bautista predicaba la conversión de los pecadores, esto es, que hicieran un cambio de vida o penitencia.[37] El Bautista no sólo aconsejaba la conversión como un buen camino posible. La presentaba como algo necesario para salvarse de la muerte final. Eso lo muestra en las palabras que dirige a los fariseos que fueron a averiguar quién era él. Les dice: "Dad, por tanto, un fruto digno de penitencia y no os justifiquéis interiormente pensando: 'Tenemos por padre a Abrahán'. Porque os aseguro que Dios puede hacer surgir de estas piedras hijos de Abrahán. Ya está el hacha puesta junto a la raíz de los árboles. Por tanto, todo árbol que no da buen fruto se corta y se arroja al fuego." En otras palabras, si no se convierten, no darán buen fruto y serán arrojados al fuego, a la muerte final.

Jesús continuó predicando la conversión, como lo afirma Marcos,[38] que inicia su relato sobre la predicación poniendo en boca de Jesús estas palabras: "El tiempo se ha cumplido y el Reino de Dios está al llegar; convertíos y creed en el Evangelio". Jesús no excluyó a nadie del ofrecimiento del perdón, nunca dijo que hubiera un pecador o una categoría de pecadores que no pudieran ser perdonados. Pero exige, lo mismo que Juan, un cambio en la persona que recibe el perdón, cambio que queda expresado en la palabra conversión o penitencia. Por eso, el pecado que dijo que no puede ser perdonado, la blasfemia contra el Espíritu Santo,[39] es el de aquel que niega la misericordia y el amor de Dios, en otras palabras, el de aquel que no quiere convertirse ni ser perdonado.

---

[37]   Marcos (1,4) inicia su relato sobre el Bautista con estas palabras: "Apareció Juan Bautista en el desierto predicando un bautismo de penitencia para remisión de los pecados". Y Lucas (3,3) resume la labor del Bautista con estas otras: "Y recorrió toda la región del Jordán predicando un bautismo de penitencia para remisión de los pecados".

[38]   Mc 1,15.

[39]   Mt 19,31 y par. El contexto en el que Jesús hace esta advertencia es la negación de algunos de que Jesús pueda expulsar los demonios, pues decían que los expulsaba con el poder de Satanás, es decir, que no los expulsaba, simplemente engañaba de que los había expulsado. Los que niegan que Jesús pueda expulsar a los demonios niegan que pueda perdonar los pecados, porque el perdón supone la liberación del pecador del poder que el demonio tenía sobre él a causa de su pecado.

A. Qué es la conversión

Jesús explica en qué consiste la conversión en la hermosa parábola del hijo pródigo.[40] El hijo que simboliza a los pecadores es el que se aleja de la casa del padre, llevándose consigo todos los bienes que le correspondían de la herencia paterna. Los pecados son sus malas acciones, que tienen como consecuencia la pérdida de los bienes que había extraído de la casa del padre. La conversión o penitencia comienza cuando el hijo pecador se da cuenta de su miseria, cuando "siente hambre" y ni siquiera puede comer el alimento de los cerdos. Entonces recuerda su vida al lado del padre y ve que los siervos de su padre están en mucho mejor condición que él. Así reconoce que está en esa situación por causa de sus propias acciones equivocadas, es decir, de sus pecados, y que estaría mejor si hubiera permanecido junto a su padre. Toma entonces una decisión y dice: "Me levantaré e iré a mi padre y le diré: 'Padre, he pecado contra el cielo y contra ti; ya no soy digno de ser llamado hijo tuyo; trátame como a uno de tus jornaleros'".[41] El hijo emprende el retorno a la casa paterna y, cuando aún estaba lejos, lo vio el padre y corrió hacia él, lo abrazó y lo besó, mientras el hijo pedía perdón; el padre no pide ninguna explicación y ordena a sus siervos que traigan ropa para su hijo y preparen una fiesta para celebrar su regreso. De acuerdo con esta parábola, la conversión consiste en el reconocimiento de los pecados y de sus consecuencias y en la decisión de "regresar" a la casa del Padre.

La conversión del pecador es un acto que requiere la aceptación de Dios. En la parábola está representado por la figura del padre. Éste, en cuanto ve venir al hijo, corre a su encuentro, lo besa y abraza y lo trata como un hijo, sin pedirle ninguna explicación. Jesús, con esta parábola, muestra que Dios Padre quiere, espera y gratifica la conversión de los pecadores. El mensaje es muy claro: todo aquel que se haya ido y quiera regresar y se ponga en marcha será bien recibido y aun festejado.

---

[40] Lc 15,11-32.

[41] Lc 15,18-19.

B. El gozo por la conversión

El gozo de Dios por la conversión de los pecadores es otra enseñanza constante de Jesús. En la parábola del hijo pródigo, el gozo se manifiesta en la gran fiesta que hace el padre "porque este hijo mío estaba muerto y ha vuelto a la vida, estaba perdido y ha sido encontrado".[42] Reitera ese gozo de Dios en otras dos parábolas, la del pastor que se alegra al encontrar la oveja pérdida, y la de la mujer que, después de barrer toda su casa, encuentra la moneda que se había extraviado. Lucas dice que Jesús explicó esta alegría diciendo que "habrá en el cielo mayor alegría por un pecador que se convierta que por noventa y nueve justos que no tienen necesidad de conversión",[43] es decir, los que se sienten justos y que piensan que no necesitan convertirse.[44]

La conversión es también fuente de gozo para quien se convierte. En la parábola, el gozo es volver a participar de los bienes del padre, ser restituido a la condición de hijo. Este gozo se expresa vivamente en un suceso real de la vida de Jesús, en la conversión de Zaqueo,[45] aquel jefe de publicanos que quiso ver a Jesús, por lo que se subió a un árbol, y luego "lo recibió con alegría" en su casa. Zaqueo reconoce a Jesús como Señor, y muestra su decisión de cambiar de vida, su conversión, con estas palabras: "Señor, doy la mitad de mis bienes a los pobres y si he defraudado en algo a alguien le devuelvo cuatro veces más". Jesús confirma la conversión de Zaqueo al decir: "Hoy ha llegado la salvación a esta casa".

IV. Jesús perdona los pecados

El fruto inmediato de la conversión es el perdón de los pecados, que en la parábola del hijo pródigo se simboliza con la orden del Padre de "ponerle el mejor traje, un anillo nuevo y sandalias en los pies", es decir, la decisión del padre

---

[42] Lc 18,24.

[43] Lc 15,7 y 10.

[44] Los "justos que no necesitan conversión" son los que no se dan cuenta, por su presunción, que deben convertirse, pues nadie es realmente justo en presencia de Dios.

[45] Lc 19,1-10.

de volver a tratarlo como hijo, y borrar todo el mal y la ingratitud que hubiera hecho.

Jesús enseña que Dios ofrece el perdón a todos los hombres de cualquier pecado que hubieran cometido, y de la multitud de pecados que acumulen. Lo expresa enfáticamente:[46] "En verdad os digo que se perdonarán a los hijos de los hombres todos los pecados y cuantas blasfemias profieran".

Como el pecado es una ofensa a Dios, sólo Dios puede perdonarlo. En el Antiguo Testamento, los sacerdotes ofrecían sacrificios para pedir a Dios que perdonara los pecados del pueblo, pero ellos no podían perdonarlos. Sin embargo, existía una profecía de Jeremías sobre la nueva alianza, en la que Dios decía:[47] "Porque habré perdonado su culpa y no me acordaré más de su pecado". Durante su ministerio público, Jesús mismo perdona los pecados, lo cual es una gran novedad y el cumplimiento de la profecía.

A. Demuestra su poder de perdonar los pecados

1. *El perdón al paralítico de Cafarnaúm.* Uno de sus primeros milagros en Galilea lo hizo como señal de su poder de perdonar los pecados. Es la curación de un paralítico, al que, mediante una maniobra arriesgada de sus amigos, lo hicieron descender en su camilla, desde el techo de la casa donde predicaba Jesús y lo pusieron frente a él. El milagro lo narran los tres sinópticos;[48] los tres dicen que Jesús, al ver al paralítico, le dijo: "Tus pecados te son perdonados", lo cual podría desconcertar al paralítico y a sus amigos que posiblemente esperaban también una curación. Los escribas y fariseos que ahí estaban,[49] pensaron para sí mismos que Jesús blasfemaba, pues sólo Dios puede perdonar los pecados, y no admitían la posibilidad de que Jesús fuera Dios. Es interesante constatar que la acusación de blasfemia, que ya se da en los inicios del ministerio público de Jesús, será la que aduzca el Sanedrín para condenarlo a muerte.

---

[46] Mc 3,28.

[47] Jer 31,34.

[48] Mt 9,1-8; Mc 2,1-5 y Lc 5,17-20.

[49] Lucas añade que entre los murmuradores había también fariseos; como era frecuente que los escribas fueran fariseos o aliados de ellos, la sola mención de los escribas podría indicar la existencia de fariseos.

Ante la sospecha de los escribas, Jesús hace una demostración de su poder divino y cura al paralítico instantáneamente y con sólo sus palabras, dice: "Levántate, toma tu camilla y vete a tu casa". El milagro era evidente para los circunstantes, pero Jesús lo obra como una "señal". No es la curación lo verdaderamente importante. Por eso, les dice Jesús que lo cura "para que sepan que el Hijo del Hombre tiene poder en la tierra para perdonar los pecados". La curación como señal del poder de Jesús para perdonar los pecados, podía llevar a pensar a quienes afirmaban que sólo Dios puede perdonar los pecados, que Jesús era, cuando menos, un enviado de Dios. Pero no todos llegaron a esa conclusión.

Los evangelios dan testimonio de que Jesús perdonó directa y expresamente los pecados en otras dos ocasiones, en las que intervienen mujeres.

2. *El perdón de la pecadora.* Lucas narra que, cuando Jesús predicaba en Galilea, un fariseo, de nombre Simón, le rogó que fuera a comer a su casa, y Jesús aceptó.[50] Ya en casa de Simón, una mujer se colocó a los pies de Jesús, le lavó los pies y los ungió con perfume. Jesús, después de un diálogo con Simón, pues éste estaba escandalizado de que Jesús se dejara tocar por una pecadora, le dice a la mujer: "Tus pecados quedan perdonados", es decir, demuestra que tiene ese poder que sólo puede provenir de Dios.[51]

3. *El perdón a la adúltera.* Únicamente Juan relata la conocida historia de la mujer sorprendida en adulterio,[52] que ocurre en Jerusalén, durante el tiempo de la fiesta de los Tabernáculos del año 29, en el patio del templo, a donde los acusadores llevaron a la mujer para presentarla ante Jesús y preguntarle si debían cumplir la ley de Moisés,[53] que ordenaba la lapidación de la mujer o del varón sorprendido en adulterio. Le proponen la cuestión pues consideran que Jesús tiene autoridad para interpretar la ley. Jesús dice a los acusadores que quien de ellos esté sin pecado tire la primera piedra, y todos

---

[50] Lc 7,36-50.

[51] Es distinta esta escena, de otra que ocurre en Betania, en casa de otro personaje llamado Simón, pero éste apodado "el Leproso", del cual no se dice que fuera fariseo; en ésta, la mujer, de nombre María (posiblemente la hermana de Lázaro) unge a Jesús con perfume, derramándolo sobre su cabeza, véase Mt 26,7,13 y par.

[52] Jn 8,1-12.

[53] Dt 22,22-24.

se retiraron, luego preguntó a la mujer si alguno de ellos la ha condenado, y ella respondió que ninguno; entonces Jesús le dice: "Tampoco yo te condeno, vete y a partir de ahora no peques más". Aquí, si bien Jesús no le dice expresamente que perdona sus pecados, eso está implícito en sus palabras "tampoco yo te condeno", es decir, no juzgo que mereces un castigo por tus pecados, que es lo mismo que decir te perdono; y al perdón añade una amonestación, "no peques más", que deja claro que el perdón que da no es una especie de licencia para seguir pecando.

B. Jesús pide el perdón para todos los hombres

Hay en los evangelios otra escena que muestra a Jesús pedir al Padre que perdone los pecados de quienes han cometido toda clase de injusticias contra él. Son las palabras que dijo Jesús clavado en la cruz: "Padre, perdónalos, porque no saben lo que hacen".[54] Aquí Jesús no perdona directamente, sino que pide al Padre que perdone; Jesús se comporta aquí como un ser humano, específicamente como un sacerdote, que pide a Dios el perdón para los hombres. El hecho que aquí actúe como sacerdote o mediador entre Dios y los hombres no contradice que tenga el poder de perdonar los pecados, en cuanto que es Dios. La explicación de por qué no perdonó aquí directamente los pecados llevaría a un análisis teológico, pero puede servir de punto de partida el hecho histórico de que en esos momentos Jesús es víctima de la injusticia humana, es, en la expresión del Bautista, el Cordero de Dios; la víctima ofrecida a Dios no puede ser simplemente Dios, sino el hombre hecho Dios, quien, como sacerdote o mediador entre Dios y los hombres, pide el perdón de todos los pecados del mundo.

C. Delegación del poder de perdonar los pecados

Es un hecho histórico que Jesús afirmó que tenía el poder de perdonar los pecados y que ejerció ese poder, al menos, en las tres ocasiones referidas. El Reino que anuncia es una comunidad humana, unida firmemente a Dios, en la cual, cuando llegue a su plenitud, ya no habrá pecados, pues todos los hombres actuarán de conformidad con la voluntad del Padre. Pero el Reino apenas ha

---

[54] Lc 23,24.

comenzado, por lo que, mientras no llegue su plenitud, los hombres seguirán pecando, y será necesario perdonar sus pecados, y reconciliarlos con Dios hasta que llegue el momento definitivo. Por eso, después de resucitar, Jesús dice a los discípulos, según refiere Lucas,[55] que es necesario "que se predique en su nombre la conversión para el perdón de los pecados", es decir, que la predicación que inició el Bautista y continuó Jesús, deben proseguirla los discípulos para hacer que los hombres se conviertan y reciban el perdón de sus pecados. Cuando Jesús vivía, él mismo perdonaba los pecados, y cuando él faltó, podría pensarse que los hombres arrepentidos recibirían el perdón de Dios, sin ningún mediador humano. Pero Juan el evangelista afirma[56] expresamente que Jesús resucitado dio a los apóstoles el poder de perdonar los pecados, cuando se apareció ante ellos en el cenáculo de Jerusalén y les dijo estas palabras: "Reciban el Espíritu Santo; a quienes les perdonen los pecados, les son perdonados; a quienes se los retengan, les son retenidos".[57] Si Jesús perdonó personalmente los pecados, y esto fue una gran novedad, era razonable que diera este poder a algunos de sus discípulos para que los nuevos seguidores de Jesús tuvieran la seguridad humana de haber sido perdonados al escuchar y ver las palabras y los actos de un sacerdote autorizado por Él. De otro modo, la seguridad humana de haber sido perdonados sólo la hubieran tenido los discípulos que convivieron con Jesús.

V. Los pecadores impenitentes

Teniendo en cuenta que Jesús tiene poder de perdonar los pecados y que lo ha delegado a algunos discípulos, se comprende mejor lo que dijo a Nicodemo, en un diálogo que Juan sitúa en los comienzos de su ministerio en Judea,[58] que Dios no lo envió "para juzgar al mundo, sino para que el mundo se salve por Él". Sin embargo, no todos los pecadores se convierten ni se salvan. La libre

---

[55] Lc 21,46.

[56] Jn 20,22-23.

[57] Sobre el poder de perdonar los pecados, véase en el capítulo de los discípulos, donde se habla de los poderes conferidos a los apóstoles.

[58] Jn 3,17.

voluntad humana de aceptar o rechazar el perdón que Jesús ofrece es la causa que impide que unos se conviertan.

A. Una distinción fundamental

Jesús enseña que, ante Dios, todos los hombres son pecadores y todos son objeto de su misericordia y a todos les ofrece su perdón; en esto, todos son iguales. Pero la respuesta que los hombres de su tiempo dieron a sus enseñanzas, y la que han seguido dando a lo largo de la historia, los ha separado en dos bandos: los que aceptan su perdón y los que lo rechazan. Esto lo profetizó el anciano Simeón, cuando en la presentación del Niño en el templo, lo tomó en sus brazos y dijo:[59] "Éste ha sido puesto para ruina y resurrección de muchos en Israel".

B. Advertencias

Jesús advirtió de varias maneras sobre las consecuencias que tiene el rechazo del perdón que Él ofrece.

1. *A sus adversarios.* Mateo narra que Jesús, en el ámbito de una disputa con sus adversarios en el templo, les echa en cara que no se convirtieran con la predicación de Juan el Bautista, y les dice que los publicanos y las meretrices se les han adelantado en el Reino de los Cielos porque se convirtieron con la predicación de Juan y, en cambio, los adversarios de Jesús ni siquiera viendo lo que Él ha hecho, se convierten.[60]

2. *A las ciudades incrédulas.* Hizo también un reproche general a las ciudades donde realizó muchos milagros y sólo pocos de sus habitantes se habían convertido. Específicamente se refirió a Betzaida, Corazaín y Cafarnaúm, de las que dijo que, por no haber hecho penitencia, el día del juicio serán tratadas con más rigor que otras ciudades paganas como Tiro, Sidón e incluso Sodoma, porque de haberse realizado en ellas los milagros que presenciaron las otras, ya se habrían convertido.[61]

---

[59]   Lc 2,34.

[60]   Mt 21,32.

[61]   Mt 11,21.

3. *A una multitud indiferenciada.* También hizo la advertencia del juicio a una multitud que se reunió para oírlo, según refiere Lucas,[62] o, bien, según relata Mateo,[63] a unos escribas y fariseos que le pidieron una señal que demostrara quién era él. Jesús les reprocha que no se hayan convertido al haber escuchado sus enseñanzas y visto los milagros que hacía; les hace ver que los habitantes de Nínive se convirtieron con la predicación de Jonás y que la reina de Saba (Mediodía) viajó a Jerusalén para oír la sabiduría de Salomón, mientras que ellos, que han visto y oído a Jesús, quien es más que Jonás y que Salomón, no se han convertido; y por eso, concluye que los habitantes de Nínive o la Reina de Saba los condenarían en el día del juicio.

C. El juicio final

El juicio al que se refiere Jesús en las advertencias a los pecadores impenitentes es el juicio que habrá al final de los tiempos, respecto del cual hay muchas alusiones en los cuatro evangelios, de las cuales ya se han mencionado algunas. Otra más se da cuando envía a los 72 discípulos a predicar; les dice, entre otras instrucciones, cómo deben cumplir la misión, y les previene que, si en alguna ciudad o poblado los rechazan, deben salir de ahí y sacudir el polvo de esa ciudad que se haya pegado a sus pies, y luego declara enfáticamente: "En verdad os digo que en el día del juicio" esa ciudad será tratada con más rigor que Sodoma y Gomorra.[64]

Ese juicio, según dice Juan, en dos pasajes, lo hará Jesús. En la respuesta que da Jesús a los fariseos que lo critican por haber curado en sábado a un paralítico que estaba al lado de la Piscina Probática en Jerusalén, les dice: "El Padre no juzga a nadie, sino que todo juicio lo ha dado al Hijo para que todos honren al Hijo como honran al Padre", y poco después, en la misma respuesta a sus críticos, les reitera que el Padre "dio poder de juzgar" al Hijo, y explica que esa cesión la hizo el Padre porque el "Hijo es el Hijo del Hombre", lo cual da a entender que es un hombre, el Hijo del Hombre, el que juzgará a los hombres.[65]

---

[62] Lc 11,29-32.

[63] Mt 12,38-42.

[64] Mt 10,15. Lc 10,10, que en lugar de decir día del juicio dice en "aquel día".

[65] Jn 5,22-30.

Agrega Jesús que en ese juicio serán juzgados todos los hombres de todos los tiempos, y las consecuencias que tendrá: "Los que hicieron el bien saldrán [de los sepulcros] para la resurrección de la vida; y los que hicieron el mal para la resurrección del juicio [condenatorio]".

Mateo también se refiere a ese juicio final,[66] en la segunda parte del discurso escatológico, donde pone en boca de Jesús estas palabras: "Cuando venga el Hijo del Hombre en su gloria y acompañado de todos los ángeles, se sentará entonces en el trono de su gloria, y serán reunidas ante él todas las gentes; y separará a los unos de los otros"; a unos les dirá "vengan benditos de mi Padre tomen posesión del Reino preparado para vosotros desde la creación del mundo"; y a los otros "apartaos de mí, malditos, al fuego eterno preparado para el diablo y sus ángeles".[67] Coincide completamente con lo que dice Juan: el juez será Jesús, el Hijo del Hombre, quien juzgará a todos los hombres de todos los tiempos y el juicio para cada hombre será de salvación o condenación. Pero se añade en este discurso el criterio con el que juzgará Jesús: será bendito el que haya hecho obras buenas a los prójimos, como darles de beber o de comer cuando lo necesitaban, que es como haberlas hecho en favor del mismo Jesús; y serán malditos, los que no hayan hecho esas obras, que es como si no las hicieran cuando Jesús las necesitaba.

Respecto del tiempo en que ocurrirá ese juicio, Jesús se negó a precisarlo. Cuando los discípulos se lo preguntaron, les dijo[68] que acerca del día y la hora "nadie sabe, ni los ángeles de los cielos, ni el Hijo,[69] sino sólo el Padre", y también les dijo que llegará de improviso, como llegó el diluvio o el incendio de Sodoma.[70]

---

[66] Mt 25,31 y ss.

[67] En el discurso escatológico, tanto en la versión de Mateo (24,31) como en la de Marcos (13,26) se afirma que Jesús volverá "con gran poder y gloria" y reunirá a sus elegidos, lo que supone el juicio de quiénes son los elegidos.

[68] Mt 24,36.

[69] Se entiende aquí el Hijo del Hombre, es decir, Jesús, en cuanto hombre no conoce el tiempo, que sí conoce en cuanto Verbo Eterno o Hijo Unigénito; el decir que no lo conoce el Hijo del Hombre significa que el Padre no se lo ha revelado como un conocimiento que puede difundir entre los hombres.

[70] Mt 24,37 y Lc 17,26-30.

D. El juicio particular

Además de ese juicio universal sobre todos los hombres, vivos y difuntos, Jesús también advirtió del juicio particular que enfrentarán todos los hombres en el momento de su muerte.

En la parábola del pobre Lázaro y el rico Epulón hay una enseñanza de Jesús respecto de un juicio después de la muerte individual.[71] El pobre Lázaro muere y es llevado a un lugar de consuelo; en cambio, el rico Epulón fue conducido a un lugar de tormentos. Si bien la parábola no da mucha luz acerca de los fundamentos para hacer el juicio, pues sólo dice que el pobre experimentó males, por lo que le corresponde ahora ser consolado, y el rico tuvo muchos bienes y ahora le toca ser atormentado, sí deja ver que quien está satisfecho consigo mismo y siente que no necesita del perdón y ayuda de Dios es condenado, mientras que el que se sabe necesitado y pide ayuda es consolado.[72] La parábola también enseña que el juicio que cada uno recibirá en el momento de su muerte es un juicio definitivo, al decir que entre los elegidos y los condenados hay un abismo infinito que nadie puede cruzar.

El anuncio de este juicio individual también se da cuando Jesús crucificado perdona al buen ladrón y le dice: "Hoy estarás conmigo en el paraíso", que es decirle que será juzgado digno de entrar al Reino.[73]

E. Exhortación a la vigilancia

La incertidumbre del tiempo del juicio fundamenta la advertencia que continuamente hace Jesús sobre la vigilancia, es decir del cuidado para no pecar y hacer la voluntad de Dios. Dice a sus discípulos: "Velad, porque no sabéis en qué día vendrá vuestro Señor",[74] o "estad preparados, porque a la hora que menos pensáis vendrá el Hijo del Hombre".[75] Sobre este tema de la vigilancia, Jesús dijo algunas parábolas, como la de las vírgenes prudentes que llevaron suficiente aceite y tenían encendidas sus lámparas cuando llegó el esposo, a diferencia

---

[71]   Lc 16,19 y ss.

[72]   El pobre Lázaro recuerda a los "pobres" y a "los que lloran" del Sermón de las Bienaventuranzas.

[73]   Lc 23,43.

[74]   Mt 24,42.

[75]   Lc 12,40.

de las que, por no tener aceite, tenían sus lámparas apagadas y no pudieron entrar al banquete; o la del administrador fiel que, al llegar el dueño, lo encuentra cumpliendo sus deberes[76] y recibe una recompensa, en contraste con el mal servidor, que pierde el tiempo en comidas y borracheras y en maltratar a los demás empleados y cuando llega el dueño recibe un fuerte castigo.

F. ¿Amenazas de Jesús?

Todos los reproches que hace Jesús a las ciudades o a su "generación" por no convertirse, así como los anuncios del juicio final e individual y de sus dos posibles resultados, y la exhortación a la vigilancia, son palabras con las que Jesús quiere mover a la conversión y advertir de las consecuencias que tiene el rechazo del amor misericordioso que Él ofrece. Él está dispuesto a convivir y comer con los pecadores porque su misión, en su vida histórica entre los hombres, es anunciar el Reino, invitar a todos a que se conviertan y entren en él. No amenaza, ni fuerza a que entren; respeta la libertad humana y simplemente invita y advierte el bien que significa entrar y el mal que significa quedar fuera.

Jesús entiende, como lo dijo a Nicodemo en sus primeros días de predicación en Judea,[77] que fue enviado por el Padre "para que todo el que crea en él no perezca, sino que tenga vida eterna", que no fue enviado para juzgar [condenar] el mundo, sino para que el mundo se salve por él. En otra ocasión lo dijo con estas otras palabras:[78] "el Hijo del Hombre ha venido a buscar y a salvar lo que estaba perdido". Esto concuerda perfectamente con lo que decía el profeta Ezequiel, que Dios no quiere la muerte del pecador, sino que se arrepienta y viva.[79]

---

[76] Lc 12,42-48.

[77] Jn 3,16-17.

[78] Lc 19,10. Esta frase también aparece en algunos manuscritos del Evangelio de Mateo 18,11, pero pudo ser tomada de Lucas y luego agregada a esos manuscritos.

[79] Ez 33,11.

VI. En manos de los pecadores

Jesús entiende que su misión es salvar a los pecadores, o sea, invitarlos a la conversión y perdonarles sus pecados. Sin embargo, Jesús va a ser muerto por aquellos que desea salvar. Él mismo anuncia a sus discípulos que va a ser entregado para morir "en manos de los pecadores".[80] *Cómo explicar semejante reacción de odio por parte de quienes quiere beneficiar. Jesús ofrece una respuesta a la cuestión, cuando dice que se cumplirá lo que dice la Ley: "Me odiaron sin motivo".*[81]

A. El pecado de incredulidad

En el relato que hace Juan de una disputa que tuvo Jesús con algunos judíos opositores unos días antes de ser prendido y crucificado, les dice claramente: si no creen que "Yo soy", es decir, si no creen que Jesús es Dios, "morirán en su pecado".[82] Y como sabe que seguirá habiendo quienes no crean en él, en su discurso de despedida, advierte a los apóstoles que ellos serán perseguidos, así como lo ha sido él, porque hay muchos que no creen en él.[83]

Jesús juzga que la conducta de los que no creen es, en términos generales, un pecado; en su discurso de despedida expresamente dice de los que no creen:[84] "si no hubiera venido y les hubiera hablado, no tendrían pecado. Pero ahora no tienen excusa de su pecado", y más adelante, en el mismo discurso reitera ese juicio con estas palabras: "Si no hubiera hecho ante ellos las obras que ningún otro hizo, no tendrían pecado; sin embargo, ahora las han visto, y me han odiado a mí y también a mi Padre".[85] Jesús se está refiriendo a sus contemporáneos, quienes han oído sus palabras y visto sus milagros y a quienes también ofreció perdonar que cualquier blasfemia que dijeran contra él.[86]

---

[80] Mt 26,45; Mc 14,41.

[81] Jn 15,25. La referencia al Antiguo Testamento es al Salmo 69, 5: "Más que los pelos de mi cabeza son los que me odian sin motivo", y al Salmo 35,19: "Que no se alegren a mi costa mis enemigos alevosos, ni guiñen el ojo los que sin razón me odian".

[82] Jn 8,24.

[83] Jn 15,22.

[84] Jn 15,22.

[85] Jn 15,24.

[86] Mt 12,31-32 y Mc 3,28.

B. El pecado como disposición interior estable que genera odio

Al decir Jesús que los que no han creído "me han odiado a mí y también a mi Padre",[87] hace ver que la dureza de corazón, que lleva a la obstinación de no creer, concluye en odio.

Lo que él llama pecado no es solamente un acto aislado, sino una disposición interior más o menos estable, por lo cual dice también que el que comete pecado "es esclavo del pecado",[88] es decir, que está sometido establemente a un poder ajeno, y si se obstina en el rechazo, dice Jesús que morirá en su pecado, esto es, que pasará su vida como esclavo del pecado.[89]

El odio que llegaron a tener los adversarios de Jesús se manifestó durante los años de su predicación, antes de ser muerto en la cruz. Cuando en Galilea, quizá en el primer año de su predicación,[90] cura a un endemoniado que era ciego y mudo, los circunstantes se asombran y comienzan a decir que quizá Jesús es el Hijo de David, pero sus adversarios replican que Jesús expulsa a los demonios por el poder de los demonios mismos, es decir, que está endemoniado y que su poder de sanar es más bien un poder de engañar; no sólo rechazan el milagro de la curación, sino que introducen la sospecha de que Jesús es un agente del mal, alguien odioso que debe ser rechazado.

A ese ataque, Jesús responde que es absurdo afirmar que Satanás obre en contra de Satanás, porque todo reino dividido entre sí perece. Y añade la advertencia que el pecado contra el Espíritu Santo, es decir, el rechazo obstinado del amor de Dios no será perdonado. Es lo mismo que dijo luego en el templo a los que se empeñaban en contradecirle: si no creen en mí, morirán en su pecado.

También se manifestó este odio en quienes querían negar el milagro de la curación del ciego de nacimiento, arriba referido. Después de interrogar al ciego curado que les explicó cómo Jesús lo había curado, haciendo lodo con su saliva y poniéndolo sobre los ojos enfermos, como los fariseos no querían

---

[87] Jn 15,23.

[88] Jn 8,34.

[89] Jn 8,24: "Os he dicho que moriréis en vuestros pecados, porque si no creéis que Yo soy, moriréis en vuestros pecados".

[90] Mt 12,22-24.

creer, interrogaron a sus padres para saber si era verdaderamente ciego, y como los padres lo confirmaron, volvieron con el ciego curado para interrogarle y le dicen: "Da gloria a Dios; nosotros sabemos que ese hombre es un pecador"; es decir, es alguien que debe ser rechazado.

C. Intentos y decisión de darle muerte

El odio originado por el rechazo del amor y del perdón que ofrece Jesús no sólo dio lugar a esos insultos de que es amigo de pecadores, que es un pecador o que está endemoniado. También generó varios intentos de darle muerte.

Cuando fue Jesús a su patria, a Nazaret, a predicar, posiblemente en el primer año de su ministerio público, refiere Lucas, que muchos lo recibieron con agrado, pero hubo otros que sembraron dudas y descontento recordando que Jesús era el hijo de José, un artesano, humilde habitante de Nazaret, que no podía regresar y pretender dar lecciones como un maestro de Israel. Jesús les respondió que nadie es profeta en su tierra y recordó que Elías no favoreció a una viuda de su tierra sino a una de Sidón, y que otro profeta, Eliseo, curó de la lepra, no a un israelita sino a un general sirio. Esto los enfureció, cuenta Lucas,[91] y "le echaron fuera de la ciudad, lo llevaron hasta la cima del monte sobre el que estaba edificada la ciudad para despeñarle", pero Jesús se libró de ellos.

Juan también refiere otro episodio donde sus adversarios conciben la idea de matarlo.[92] Cuando Jesús, que había ido a Jerusalén para su segunda Pascua, cura al paralítico de la piscina probática un sábado, los fariseos lo critican por haber curado en sábado. La respuesta de Jesús, que él trabaja todo el tiempo al igual que el Padre, los exasperó y por eso, dice Juan,[93] "Los judíos con más ahínco buscaban matarlo, porque no sólo quebrantaba el sábado, sino que también llamaba a Dios Padre suyo, haciéndose igual a Dios".[94]

Hubo otro intento de matarlo, poco antes de que fuera crucificado. Refiere Juan que estaba Jesús en el templo predicando y ahí afirmó que es Hijo del Padre, que existe antes que Abraham, es decir, reveló abiertamente su condición

---

91   Lc 4,28-29.

92   Jn 5,1 y ss.

93   Jn 5,18.

94   Jn 5,18.

divina, y la reacción de sus adversarios fue que "recogieron piedras para tirárselas; pero Jesús se escondió y salió del Templo".[95]

Llegó un momento en que sus adversarios decidieron y buscaron el momento oportuno para darle muerte. Lo narran Mateo y Juan.[96] Ocurrió después de la resurrección de Lázaro, según Juan, mientras Jesús estaba en Betania. Sus adversarios, fariseos y saduceos (o príncipes de los sacerdotes) y judíos influyentes miembros del Sanedrín, convocados por Caifás, el sumo sacerdote, se reunieron en casa de este último para deliberar cómo podrán anular la influencia de Jesús, que les parece que va creciendo y deciden entonces darle muerte en los próximos días, pero no el día de la Pascua.

VII. Epílogo

Es paradójico que Jesús entiende que su misión es sanar y salvar a los pecadores, y él mismo advierte que va a ser entregado "a manos de los pecadores". Quienes le dan muerte son esos pecadores que no aceptaron el perdón que les ofrecía, porque no reconocieron su pecado ni se convirtieron, porque se creían justos ante sí mismos. Desde el punto de vista de la historia humana, ellos prevalecieron dando muerte al impostor, al que se hacía Hijo de Dios, y habrían prevalecido definitivamente si Jesús no hubiese resucitado, como afirman los cuatro evangelistas.

A esos pecadores que le dieron muerte, Jesús tampoco los rechaza. Sabe que la conversión siempre es posible, que depende de un sólo acto de voluntad por el que el pecador acepta el perdón de Dios. Por eso, cuando estaba en la cruz, pide el perdón para todos los hombres, incluidos aquellos que lo crucificaron. En su discurso de despedida anunció a los discípulos que les enviará el Espíritu Santo, el cual, les anunciaba,[97] "argüirá al mundo de pecado, de justicia y de juicio", y luego explicó el significado de esas palabras: "Argüir de pecado" es hacer ver a los hombres el error de no creer en Jesús; "de justicia", es hacer ver a los hombres el destino que Dios les depara para convivir con

---

95   Jn 8,59.
96   Mt 26,34 y Jn 11,53.
97   Jn 16,8.

él, de manera semejante a como él está con el Padre, y "de juicio", porque les hará entender que el demonio, así como todos sus caminos e ilusiones, están vencidos. Jesús, tanto como el Padre, quiere que todos se conviertan, y por eso envía el Espíritu, envía a sus discípulos y les da el poder de perdonar los pecados en el nombre de Dios.

Capítulo 8

El sembrador que salió a sembrar:
los discípulos de Jesús

Sumario. Introducción. I. Las multitudes. II. Los discípulos. A. El llamado de Jesús. B. La respuesta que hace al discípulo. C. Llamamientos especiales D. ¿Qué significa seguir a Jesús? E. Condiciones para seguir a Jesús. 1. Perder la vida. 2. Negarse a uno mismo y tomar la propia cruz. 3. La oposición de la propia familia. F. La participación de los discípulos en la misión de Jesús. III. Los doce. A. Elección. B. El grupo de los doce. C. La misión de los doce. 1. Predicar el Reino de Dios. 2. El poder de exorcizar. 3. Curar toda clase de enfermedades y dolencias D. Envío de los doce. E. La misión universal: de todos los discípulos a todos los pueblos F. Los poderes sacerdotales: el poder de consagrar y el poder de perdonar G. El primado de Pedro. IV. La recompensa de los discípulos de Jesús. A. El requisito: dejar bienes y familiares. B. La recompensa.

Introducción

Jesús predica un mensaje de salvación universal para todos los hombres y la creación entera: que ha llegado, o mejor, que está llegando el Reino de Dios. Y llama a todos a aceptar voluntariamente dicho Reino. En el Sermón de las Bienaventuranzas, Jesús dijo que todos los que quieran entrar al Reino deben tener determinadas actitudes, como la humildad, la pureza de corazón, la misericordia o la lucha por la justicia, que son disposiciones que puede asumir cualquier persona. No se refiere sólo a los judíos. No hay una bienaventuranza

217

que diga felices los hijos de Israel. Ni se refiere solamente a los varones, a las mujeres o a los niños. Es un mensaje destinado a todos los hombres (mensaje universal), que anuncia la salvación de todos (salvación universal). Es un mensaje que confirma con milagros, que demuestran que el Reino de Dios superará la injusticia, la enfermedad, la muerte y los desórdenes naturales.

Jesús sabe que su mensaje no proviene de sí, sino del Padre.[1] Por eso se compara, en la parábola del sembrador,[2] con un sembrador que vino a sembrar la "palabra de Dios".[3] Jesús es el sembrador que arroja abundante semilla para fecundar todo el campo, pero su palabra es recibida de diferente manera: fue rechazada por unos, aceptada por otros, que luego la dejaron, y aceptada y conservada por otros más.

Desde los inicios de su ministerio público, Jesús atrae a personas para que lo sigan y acompañen. Al inicio de su ministerio público, y antes de predicar públicamente y hacer milagros, atrajo a sus primeros discípulos: Andrés y Juan, Pedro, Felipe y Bartolomé. Él entiende que no es un profeta que vaya a vivir en soledad, como Juan el Bautista, sino que debe formar discípulos que continúen la difusión de su mensaje. Durante los dos años y meses que duró su vida pública, siguió atrayendo discípulos y, aun después de muerto, muchos se hacían discípulos suyos, como lo atestiguan, además de los *Hechos de los Apóstoles*, el historiador judío Flavio Josefo, el historiador romano Tácito y otros escritores romanos no cristianos.

En este capítulo se trata de ver quiénes son los que aceptan el mensaje de Jesús. A estos se les puede dar el nombre general de "seguidores"; pero no todos aceptaron el mensaje de la misma manera, por lo que no conviene llamar a todos de igual forma. Durante su ministerio público, Jesús siempre aparece en compañía de otras personas, salvo en algunos momentos que se retira a la soledad. En muchas ocasiones los evangelios lo presentan rodeado de multitudes que lo oyen y quieren acercarse a él. Éstas constituyen el primer grupo de seguidores que se va a analizar aquí. Los evangelios también mencionan otro

---

[1]   Jn 12,49: "Porque yo no he hablado por mí mismo, sino que el Padre que me envió, Él me ha ordenado lo que tengo que decir y hablar".

[2]   Mt 13,1-23 y par.

[3]   Mc 4,14: "El que siembra, siembra la palabra"; Lc 8,11: "La semilla es la palabra de Dios".

grupo más reducido, el de los llamados discípulos, que son un grupo no muy definido, que se amplía o se reduce, y que suele acompañarlo o recibirlo, que es el que se considerará en segundo lugar. Finalmente, hay otro grupo estable bien definido de discípulos, al que se llama "los doce", que son el grupo más cercano a Jesús, y de cuyos integrantes se nos ha transmitido sus nombres propios, que será el que se considerará en tercer lugar.

El capítulo termina con una consideración sobre la misión común encomendada a todos los discípulos y la recompensa que Jesús les promete.

I. Las multitudes

Los evangelios presentan a Jesús en muchas ocasiones rodeado de multitudes. Por dar un indicador, en el Evangelio de Marcos la palabra "multitud" (en griego *ochlos*) aparece 38 veces, y en el de Juan otras 20. Por su parte, Josefo dice que Jesús atrajo a muchos judíos. Quizá los relatos donde se indica con mayor precisión la presencia de multitudes son los de la multiplicación de los panes, donde se cuenta que estaban reunidas, en una ocasión, 4 mil personas, sin contar a las mujeres ni los niños, y 5 mil en otra.

A veces se presenta la imagen de que Jesús atrajo multitudes en la primera etapa de su ministerio en Galilea, donde ocurren las multiplicaciones de los panes, y las prédicas a la multitud reunida en la orilla del lago desde una barca. Y que después del discurso eucarístico en Cafarnaúm, que según dice Juan provocó la defección de muchos discípulos, las multitudes ya no le seguían. Pero debe tenerse en cuenta que esa noticia de Juan es la única que tenemos de una deserción colectiva. Hay pasajes de Marcos donde se indica la preocupación que tenían las autoridades del templo por las multitudes que seguían a Jesús, como cuando Jesús, en los días previos a su Pasión y Muerte, predicó en el templo la parábola de los viñadores homicidas, y como los judíos del templo entendieron que la decía por ellos, querían aprehenderlo, pero tuvieron "miedo a la multitud".[4] Una multitud también acompañó a Jesús en su último viaje a Jerusalén,

---

[4]   Mc 12,12. Mt 21,46.

que fue la que al llegar a Jerusalén lo aclamó como Rey. Por eso, parece más acertada la idea de que Jesús siguió atrayendo multitudes, hasta en los últimos días de su vida, y eso pudo ser uno de los motivos, no confesados, de los dirigentes judíos y de Herodes y Pilatos para crucificarlo.

¿Quiénes componían esas multitudes? No se tiene información confiable. Como la mayoría de los habitantes de Palestina eran pobres, cabe pensar que así lo eran la mayor parte de los que integraban las multitudes, pero tenemos noticias de que de entre esas multitudes emergen algunas personas acomodadas, que tienen diálogos con Jesús, como Jairo, el jefe de la sinagoga que, en una orilla del lago de Galilea, acude a Jesús y ruega por la curación de su hija,[5] o el centurión que, en Cafarnaúm, pide por su criado o el funcionario real de Herodes[6] que, en Caná, pide por la salud de su hijo, o el publicano Zaqueo que se sube a un árbol para ver a Jesús cuando caminaba por Jericó.[7] Pero son sólo unas cuantas personas que se destacan de las multitudes que, por lo general, comprenden todo tipo de personas, varones y mujeres, también niños, y leprosos, endemoniados, limosneros o ciegos. Algo que debe notarse es que en los evangelios no se designan estas multitudes como compuestas por "pecadores"; nunca se les desprecia o se les mira como si fueran el "pueblo bajo" o los "ignorantes".

Son multitudes entusiastas que muestran una simpatía inicial por Jesús, pero que no asumen compromiso de seguirlo ni se deciden a seguir su doctrina; simplemente escuchan.

En varias ocasiones Jesús se quejará de la incredulidad de esa "generación" porque escucharon su palabra con diversos tonos y no la acogieron, o porque las ciudades donde obró muchos milagros, como Betsaida o Cafarnaúm, no se convirtieron.[8] No obstante, esa simpatía inicial y superficial de muchos ayudó posiblemente al desarrollo de la Iglesia en Jerusalén, en los primeros años después de la muerte de Jesús.

---

[5] Mc 5,22.

[6] Mt 8,5.

[7] Lc 19,2-4.

[8] Mt 11,16-24 y Lc 10,13-16.

II. Los discípulos

Los cuatro evangelios mencionan muchas veces que Jesús tenía discípulos; Mateo lo hace 72 veces, Marcos, 46; Lucas, 37 y Juan, 78, para lo cual usan una palabra griega, *mathêtês*, que no aparece en la versión griega del Antiguo Testamento, la llamada Biblia de los 70, lo cual parece indicar que el ser discípulo de Jesús se consideró como algo nuevo.[9]

A diferencia de quienes integran las multitudes, los discípulos de Jesús son personas que permanecen con Jesús; algunas físicamente, pues lo acompañan en su ministerio itinerante. Este modelo de discípulos que acompañan al maestro no es algo único de Jesús, pues ya se practicaban en el mundo grecorromano, principalmente en el ámbito de las escuelas de filósofos, en las que los discípulos seguían a su maestro y lo acompañaban durante cierto tiempo. También lo observaban algunos rabinos o maestros judíos que tenían discípulos que los seguían y acompañaban. Pero no es exactamente igual el caso de Jesús, porque no es sólo un maestro, es también un profeta que anuncia cosas por venir, principalmente el Reino de Dios, y alguien que cura milagrosamente los enfermos y expulsa los demonios.

A. El llamado de Jesús

El modo de Jesús de llamar discípulos contrasta con lo que ordinariamente se practicaba cuando alguien quería formarse con un maestro. Era el joven interesado quien buscaba y elegía un maestro, al que luego pedía ser aceptado en su compañía, y el maestro lo aceptaba o rechazaba. En cambio, Jesús es el que aparece aquí tomando la iniciativa de llamar a los discípulos, como si él tuviera necesidad de ellos. La relación se invierte: Jesús, el maestro, llama, y el discípulo acepta o rechaza.

Los cuatro evangelios presentan a Jesús acudiendo a los pueblos y ciudades a predicar, esto es, a invitar a los que le escuchan a que sigan su doctrina. Él nunca restringió su mensaje a un tipo de personas especiales que pudieran ser discípulos suyos. Él invita y exhorta a todos, por eso dice "todo" el que oye mis

---

[9]   Meier III, *op. cit.*, p. 41.

palabras y las pone en práctica es como un hombre prudente que edifica su casa sobre roca,[10] o vengan a mí "todos" los que están agobiados o fatigados que yo los aliviaré,[11] o "todo" el que hace la voluntad de mí Padre es mi hermano.[12] En la parábola del banquete de bodas, el rey ordena a sus servidores que inviten a todos los que encuentren en los caminos para que asistan al banquete.[13] Profetiza que su mensaje se predicará en "todo el mundo",[14] y a sus discípulos les pide que prediquen en "todos los pueblos".[15]

El llamado de Jesús es universal, a todos los hombres de todos los pueblos. El propio mensaje es un llamamiento, pues es una invitación a entrar en el Reino de Dios donde se encuentra la plenitud de vida ahora y después de la muerte, como lo hace ver en las ocho bienaventuranzas en las que ofrece el ingreso al Reino de Dios y la vida eterna.

B. La respuesta que hace al discípulo

Al llamamiento general corresponde la respuesta que da cada oyente del mensaje. La respuesta es que acepta el mensaje o lo rechaza. La parábola del sembrador[16] ilustra la actitud que pueden tomar los que oyen el mensaje. Hay unos que simplemente, por influencia del maligno, no lo oyen o lo rechazan inmediatamente, que, en la parábola, son las semillas que caen junto al camino; otros lo oyen y lo aceptan, incluso con agrado, pero luego, por miedo a la tribulación o por apego a los bienes del mundo, lo olvidan o lo rechazan, que son las semillas que caen en terreno pedregoso o las que caen entre abrojos y espinos. Finalmente, están los que oyen el mensaje, lo guardan y lo ponen en práctica y dan mucho fruto.

---

10   Mt 7,24.

11   Mt 11,28.

12   Mt 12,50.

13   Mt 22,9.

14   Mt 24,14.

15   Mt 28,19.

16   Mt 13,3-9, y su explicación en 13,18-23.

La respuesta que conforma al discípulo es la del que acepta el mensaje y lo pone en práctica. De él dice Jesús[17] que es un hombre prudente que edifica su casa sobre roca. El que acepta el mensaje y no lo pone en práctica es un indeciso, que podrá terminar poniendo en práctica el mensaje y convirtiéndose en un discípulo o abandonándolo definitivamente.

C. Llamamientos especiales

En los tres evangelios sinópticos se narran tres casos en los que el propio Jesús llama a personas determinadas para que lo sigan en sus viajes. Así sucede, en Galilea, cuando Jesús llama a sus primeros cuatro discípulos: primero a Andrés y a Pedro, luego a Santiago y a Juan, los hijos de Zebedeo;[18] ellos, según narra Juan,[19] ya conocían a Jesús, y lo habían acompañado en su viaje de Judea a Caná, pero luego Jesús los llama, de una manera diferente. Los sinópticos además narran[20] que Jesús llamó a Leví, el publicano, también llamado Mateo. Juan refiere que Jesús llamó personalmente a Felipe,[21] y éste invitó a Natanael o Bartolomé, el cual acudió ante la presencia de Jesús y, después de un diálogo con él, aunque no recibió expresamente el llamado de Jesús, decidió seguirlo.

Hay un caso, narrado por los tres sinópticos,[22] de un llamado directo de Jesús que no fue bien recibido; es el caso del joven rico que quería ser perfecto, y preguntó a Jesús qué le faltaba para serlo, pues ya cumplía todos los mandamientos de Moisés, Jesús le dijo que vendiera sus bienes y lo siguiera, pero el joven decidió no seguirlo. El episodio muestra que para ser discípulo no basta recibir el llamado; se requiere la libre decisión de aceptarlo, y ésta no se da si no se prefiere a Dios respecto de todas las cosas.

Por otra parte, hay dos relatos de personas que se ofrecen a seguir a Jesús, pero él les hace ver que no están bien dispuestos. Uno, que narran Mateo y

---

[17]   Mt 7,24.

[18]   Mt 4,18-22. Mc 1,16-20. Lc 5,1-11.

[19]   Jn 1,37 y ss.

[20]   Mt 9,9-13; Mc 2,14. Lc 5,27-32.

[21]   Jn 1,43.

[22]   Mt 19,21-22. Mc 10,21-22. Lc 18,22-23.

Lucas,[23] es el de aquel que dice a Jesús que lo seguirá, pero que primero le permita ir a enterrar a su padre;[24] a lo que Jesús respondió, deja que los muertos entierren a sus muertos. El otro caso lo relata sólo Lucas, es el de uno que le dijo a Jesús que lo seguiría, pero que le permitiera, primero, despedirse de los de su casa, a lo que Jesús respondió que nadie que pone manos en el arado y mira hacia atrás es apto para el Reino de Dios.[25] En estos casos parece ser que Jesús nota que esos discípulos no están dispuestos a seguirlo en el grado que él lo pide, esto es, que lo sigan con preferencia a cualquier otro amor humano, y por eso no acepta su ofrecimiento de seguirlo más de cerca, pero no los rechaza absolutamente como discípulos, que pueden seguirlo, aunque no viajen con Él.

Hay otro caso de uno que quiso seguir a Jesús sin poner ninguna condición. Fue el hombre de Gerasa, poseído por una legión de demonios, de los cuales Jesús lo exorcizó;[26] él, cuando Jesús se embarcaba, le pedía que le permitiera seguirlo, pero Jesús le dijo que mejor volviera a su casa y contara lo que Dios había hecho por él. No es que lo rechazara como discípulo, pues Jesús le da una misión, la de manifestar a todos sus familiares y vecinos de Gerasa la misericordia que Dios había tenido con él, es decir, que lo constituye como enviado en Gerasa, pero no lo acepta como miembro del círculo más cercano, por razones que desconocemos. Pero el episodio deja claro que Jesús, si bien llama a todos, a algunos, porque Él así lo quiere, los llama a una amistad más cercana.

Estos relatos de llamamientos personales hacen ver que Jesús elige a quienes quiere que estén más cerca de Él. Invita a todos a ser discípulos y a unos pocos a que lo acompañen más de cerca. De entre ese grupo restringido elegirá a sus apóstoles, sus representantes.

D. ¿Qué significa seguir a Jesús?

Jesús llama a algunos a seguirlo físicamente, es decir, que lo acompañen a los lugares donde va y se integren en esa comunidad de discípulos que andan

---

[23] Mt 8,21-22. Lc 9,59-60.

[24] Mateo relata que el joven, que ya era uno de los discípulos, espontáneamente dijo que lo seguiría; en cambio, Lucas dice que Jesús lo llamó.

[25] Lc 9,61-62.

[26] Mc 5,18-20 y Lc 8,38-39.

permanentemente con Él. Entre estos están los doce que, como se verá más adelante, constituyen un grupo especial conformado personalmente por Jesús, pero hay muchos otros más que también lo acompañan constantemente, aunque no conocemos sus nombres; pero esto se deja ver en el libro de los *Hechos de los Apóstoles*, de san Lucas, donde cuenta que, después de la muerte de Jesús, los once deciden elegir alguien que sustituya a Judas Iscariote, y proponen que sea uno de los que habían acompañado a Jesús durante todo su ministerio. No sabemos cuántos siguieron físicamente a Jesús, pero se trató de un grupo numeroso, pues Lucas menciona que Jesús envió a predicar a 70 (o 72) de estos discípulos, que lo acompañaban en su último viaje de Galilea a Jerusalén.

La palabra griega que usan los evangelistas, equivalente a discípulos, comprende a varones y mujeres. La presencia de mujeres entre los discípulos está expresamente afirmada en distintas ocasiones. Lucas (8,1-3) dice que, mientras Jesús iba viajando y predicando por pueblos y ciudades de Galilea, iban con él un grupo de mujeres, entre ellas María Magdalena, Juana, la mujer de Cusa, un funcionario de Herodes, Susana y muchas otras, que le asistían con sus bienes. Marcos (14,40-41) cuenta que, mientras Jesús estaba clavado en la cruz, de lejos lo observaba un grupo de mujeres, entre las que estaban María Magdalena, María, la madre de Santiago el menor y de José, quienes, mientras Jesús estaba en Galilea, lo seguían y le ayudaban, y muchas otras más que habían venido con él de camino cuando subía a Jerusalén. Mateo dice lo mismo, pero agrega el nombre de otra María, la madre de los hijos de Zebedeo (Santiago el mayor y Juan). También el Evangelio de Juan hace referencia a las mujeres que seguían a Jesús.

La presencia de mujeres entre los discípulos constituía una novedad en relación con la tradición de los maestros judíos que sólo aceptaban varones. Eso pudo haber sido motivo de escándalo entre los fariseos, pero no lo fue. A Jesús lo acusaron de glotón y bebedor, amigo de publicanos, incluso de loco, pero nunca de mujeriego. El modo y circunstancias en que se daba este acompañamiento de las mujeres debía despejar cualquier sospecha; quizá la presencia de la madre de Jesús en el grupo era lo que eliminaba cualquier rumor.

En la enseñanza de Jesús, seguirlo es algo más amplio que sólo acompañarlo físicamente. En el discurso de Jesús de despedida, después de la Última Cena, anuncia que se irá, es decir, que morirá, pero pide a los apóstoles ahí reunidos que permanezcan con Él, a la manera que los sarmientos permanecen unidos a la vid, y aclara que, si permanecen en él, sus palabras, es decir, su doctrina y mandatos, permanecerán con ellos; de este modo, añade, darán mucho fruto y serán sus "discípulos".[27] Esto es, que ellos podrán permanecer unidos a Jesús, con Jesús, no obstante que no esté presente. Más adelante en el mismo discurso da una nueva luz sobre lo que significa permanecer en él, cuando les dice que permanezcan "en su amor", lo cual significa, en concreto, cumplir sus mandamientos.[28]

Por eso, "seguir" a Jesús tiene un significado amplio. En su vida tuvo discípulos que no lo seguían físicamente a todas partes, pero que permanecían con él desde sus casas y en sus ocupaciones cotidianas, y apoyaban de muchas maneras el trabajo de Jesús. Tal es el caso de los hermanos Martha, María y Lázaro, que eran amigos de Jesús y, en ese sentido, permanecían con él, y lo hospedaron en varias ocasiones. También se cuenta de la persona, cuyo nombre no se revela, que facilitó a Jesús la casa donde celebró la Última Cena;[29] Mateo y Juan afirman que José de Arimatea, un miembro del Sanedrín que dio sepultura al cuerpo de Jesús, era "discípulo de Jesús";[30] y posiblemente también lo era, aunque los evangelios no lo dicen expresamente, aquel Nicodemo que se entrevistó con Jesús en los comienzos de su ministerio en Judea y que, junto con José de Arimatea, dio sepultura al cuerpo de Jesús.

Por último, es de suponer que muchos de los que curó Jesús o de los que lo oyeron fueran simpatizantes o discípulos de Jesús, aunque, por supuesto, que no faltarían los ingratos e indiferentes.

E. Condiciones para seguir a Jesús

Es notable que Jesús no presenta su seguimiento como algo fácil, como podría esperarse de algún líder que quiere conseguir adeptos. Él, en cambio, señala algunas condiciones que hasta pueden parecer exageradas.

---

[27] Jn 15,7-8.

[28] Jn 15,9-10.

[29] Mt 26,18, donde cuenta que les dio instrucción a dos discípulos para que se encontraran con uno y le dijeran: "El Maestro dice… voy a celebrar en tu casa la Pascua".

[30] Mt 27,57; Jn 18,38.

1. *Perder la vida*. En los cuatro evangelios aparece ese conocido dicho de Jesús: el que quiera salvar su vida, la perderá, pero el que pierda su vida por Jesús y por el Evangelio, la salvará.[31] El dicho enuncia la paradoja de que para ganar la vida hay que perderla. Esto no tendría sentido si se contemplara únicamente la vida actual que termina con la muerte. Ganar o salvar la vida perdiéndola tiene sentido si se contemplan dos vidas, la vida no unida a Jesús, a la que se alude diciendo que es la vida vivida conforme a los deseos y pensamientos de uno mismo, y la vida en unión con Jesús, que es la vida que se gana, cuando se pierde aquella otra, y que también se llama vida eterna.

Perder la vida actual, por causa de Jesús y del Evangelio, significa ordenar la vida de acuerdo con lo que Jesús ha enseñado y enseñar a otros a hacer lo mismo, lo cual se opone a los intereses comunes del mundo, es decir, a la adquisición de riquezas, poder y honores. Pero quien "pierde" su vida de esa manera, ganará la otra vida, la vida de unión con Jesús. Por el contrario, quien se empeña en salvar su vida, es decir, en obtener los bienes del mundo como si fueran el último fin, perderá la vida eterna.

Por eso, ser discípulo de Jesús significa vivir de una nueva manera, o vivir una vida nueva, que resulta contradictoria con la forma común de vivir.

2. *Negarse a uno mismo y tomar la propia cruz*. El dicho está en los tres evangelios sinópticos. Marcos es quien lo presenta de manera más radical: "Si alguno quiere venir en pos de mí, niéguese a sí mismo, tome su cruz y sígame".[32] Jesús pronuncia esas palabras como una advertencia dirigida a sus discípulos. En la versión que dan Marcos y Mateo hay dos condiciones para seguir a Jesús, la de negarse uno a sí mismo y la de tomar la cruz.

Negarse a uno mismo es rechazar el *ego* como norma y fin último de la propia vida. Es otra forma de decir lo mismo que con la frase "perder la vida", que implica el rechazo del egocentrismo. La expresión, que de por sí es exigente,

---

[31] Mt 10,39: "Quien encuentre su vida, la perderá, pero quien pierda su vida por mí, la encontrará"; Mc 8,35: "El que quiera salvar su vida; pero el que pierda su vida por mí y por el Evangelio, la salvará; Lc 17,33: "Quien pretenda guardar su vida, la perderá; y quien la pierda, la conservará viva"; Jn 12,25: "El que ama su vida, la perderá, y el que aborrece su vida en este mundo, la guardará para la vida eterna".

[32] Mc 8,34. Mt 10,38: "Quien no toma su cruz y me sigue, no es digno de mí". Lc 14,27: "Y el que no toma su cruz y me sigue, no puede ser mi discípulo".

se complementa con una frase que pudo parecer terrible a quienes lo escuchaban, la de "tomar su propia cruz". En ese tiempo, Jesús no había sido crucificado, pero todos los oyentes sabían lo que significa la muerte en la cruz, la pena más cruel y dura, que se reservaba a los peores criminales. Los oyentes se daban cuenta de que Jesús les pedía que estuvieran dispuestos a recibir la contradicción de sus contemporáneos hasta el máximo grado, esto es, el de recibir la muerte en la cruz, como luego la recibiría Jesús.

Esto concuerda plenamente con el mensaje de las bienaventuranzas, que contiene, en la octava bienaventuranza, la persecución de los que buscan el Reino de Dios, a los que Jesús llama "bienaventurados", porque ganarán el Reino.

3. *La oposición de la propia familia.* Como parte de la incomprensión y oposición que le espera al discípulo, se da la oposición de la propia familia. Jesús mismo la experimentó. Marcos afirma que algunos parientes de Jesús querían ir por Él mientras predicaba, porque juzgaban que se había vuelto loco; para ellos, su predicación era una locura.[33] Por su parte, Juan refiere que algunos parientes de Jesús lo animaban para que saliera de Galilea y fuera a Jerusalén e hiciera allá grandes milagros y así podría hacerse famoso;[34] sugerencia que recuerda la segunda tentación que sufrió en el desierto, por la que el demonio le incitaba a arrojarse desde el lugar más alto del templo de Jerusalén para así asombrar a la multitud; Juan explica que esa exhortación la hacían porque ni siquiera sus hermanos (parientes) creían en él.

Jesús cumplió su misión a pesar de la oposición de algunos de sus parientes. Y cabe añadir, con la colaboración de algunos de ellos, especialmente de María, su madre, y José, su padre, y también de tres parientes (primos): Santiago, Judas Tadeo y Simón, que formaron parte de los doce. Pero advierte a los discípulos que el disgusto de algunos familiares, así sean los más cercanos, no debe impedir el cumplimiento de su misión como discípulo. Mateo lo dice con estas palabras: "El que no me prefiere a mí respecto de su padre o de su madre, de su hijo o de su hija, no es digno de mí".[35] Lucas lo dice con palabras más fuertes: "Si alguno viene a mí y no odia a su padre y a su madre y a

---

[33] Mc 3,21.

[34] Jn 7,5.

[35] Mt 10,37.

la esposa y a los hijos y a los hermanos y a las hermanas, hasta su propia vida, no puede ser mi discípulo".[36]

Es posible que la predicación de Jesús hubiera causado problemas en las familias de algunos que querían seguirlo como discípulos, si los familiares se oponían. De hecho, Jesús presenta esa posibilidad como siempre latente cuando dice, según Mateo,[37] que no ha venido a traer la paz, sino la división y a "enfrentar (o a "dividir", según Lucas)[38] al hombre contra su padre, a la hija contra su madre y a la nuera contra su suegra". Estos problemas debieron ser frecuentes entre los primeros cristianos, procedentes del judaísmo o de la población grecorromana, cuyos familiares se mantenían fieles a sus creencias originales; es posible que los no creyentes repitieran el juicio de considerar loco o fuera de razón al que seguía a Jesús.

Esta división o enfrentamiento entre los familiares supone, por una parte, la adhesión del discípulo a Jesús y, por la otra, el rechazo de los parientes. Sin ese rechazo, no habría ningún problema, porque Jesús no llama a enfrentar a los parientes, sino a seguirle en su cumplimiento de la voluntad del Padre Celestial.

Lo que propone Jesús es un nuevo vínculo "familiar" de los discípulos con Él. Es lo que dice cuando le informaron que su madre y sus hermanos lo buscaban, al afirmar que quienquiera que haga la voluntad de Dios es su hermano. De acuerdo con esto, un padre y su hijo, la nuera y su suegra, el esposo y la esposa, si son discípulos de Jesús y cumplen (o procuran cumplir) la voluntad de Dios, son hermanos de Jesús, de modo que su vínculo natural de paternidad, matrimonio o filiación se refuerza con el vínculo espiritual de ser hermanos de Jesús.

La fraternidad de los discípulos con Jesús implica que todos son, con Jesús, hijos de Dios. Esto lo dice expresamente Juan, en su Evangelio cuando afirma que Jesús, el Verbo encarnado, dio a todos los que creen en Él el poder de ser hijos de Dios.[39]

---

[36] Lc 14,26.

[37] Mt 10,34.

[38] Lc 12,53.

[39] Jn 1,12.

La exigencia de Jesús de ser amado con preferencia a cualquier otra persona resultaría desmedida y absurda si viniera de cualquier filósofo o predicador de una doctrina meramente humana.

F. La participación de los discípulos en la misión de Jesús

Jesús ve en sus discípulos, no sólo a estudiantes que aprenden una doctrina, sino a personas que la ponen en práctica. Así lo dice a sus discípulos, cuando les explica la parábola del sembrador: lo sembrado en buena tierra es quien oye y entiende la Palabra de Dios y da mucho fruto, es decir, la pone en práctica y da como resultado buenas obras. Más claramente lo dice en la parábola de la casa construida sobre cimientos de roca, en la que afirma que quien oye su palabra y la pone en práctica es semejante al que edifica una casa sobre roca. Jesús no quiere discípulos que conozcan la doctrina y no la pongan en práctica; incluso tiene palabras de rechazo hacia ellos: "Por qué me llaman Señor, Señor y no hacen lo que digo".[40]

Poner en práctica la palabra de Jesús es vivir como Él vivió, pues su conducta refleja plenamente la palabra que predica. Jesús entiende su vida como cumplimiento de una misión, por eso dice[41] en su diálogo con Pilato, sostenido antes de ser condenado a muerte, "para esto he nacido y para esto he venido al mundo, para dar testimonio de la verdad", es decir, a anunciar el designio de Dios sobre la creación entera, que es que ella quede plenamente sometida, los hombres por su propia voluntad, al poder amoroso o soberanía de Dios. En otras palabras, ha venido a anunciar el Reino de Dios. Como el Reino de Dios es una realidad incoada, pero aún no culminada, la misión de Jesús no termina con su muerte, sino que debe continuarse hasta la plena instauración del Reino. Por eso preparó a sus discípulos para que continuarán su misión y, además, les ordenó que lo hicieran.

Relata Lucas que mientras Jesús viajaba a Jerusalén, acompañado por muchos discípulos, envió a setenta y dos de ellos, de dos en dos, a las ciudades a las que Jesús llegaría después, para que curaran a los enfermos y predicaran

---

[40] Lc 4,46.

[41] Jn 18,37.

que el Reino de Dios está cerca, es decir a que hicieran lo mismo que hacía Jesús.[42] Según el mismo relato, al regresar los discípulos entusiasmados de la misión realizada, dijeron a Jesús: "Hasta los demonios se nos someten en tu nombre", a lo cual Jesús respondió: "Veía yo a Satanás caer del cielo como un rayo", y luego les confirmó que les ha "dado potestad para aplastar serpientes y escorpiones y sobre todo poder del enemigo".[43] De ese relato de Lucas, se desprende que la misión de los discípulos es predicar el Reino de Dios, pero además curar a los enfermos y expulsar los demonios, sobre lo cual se hablará cuando se comente la misión de los doce.

Antes de que partieran, Jesús les da instrucciones de cómo realizar su encargo. En primer lugar, les advierte que habrá mucho trabajo, les dice que "la mies es mucha y los trabajadores pocos", y que para superar esta dificultad deben pedir al Padre que traiga más trabajadores, y también les pide que obren con cautela, ya que los envía como corderos en medio de lobos, lo que significa que serán objeto de ataques y persecuciones, para lo cual ya deben estar dispuestos.[44]

Luego vienen varias instrucciones de cómo desempeñar la misión. Les dice que no lleven dinero ni sandalias, es decir, que no se preocupen excesivamente de medios materiales, ni se detengan a saludar a alguien por el camino, esto es que no pierdan el tiempo en asuntos que no tienen que ver con la misión. Que al llegar a una casa donde vayan a albergarse, digan "paz a esta casa", y si hay ahí un "hijo de paz", la paz de los discípulos descenderá sobre esa casa, lo que significa que la misión debe realizarse pacíficamente, sin coacción alguna, y por eso los discípulos han de quedarse donde los reciben, y retirarse de donde los rechazan.[45] Les instruye que permanezcan en la casa que los recibe, sin querer cambiarse a otra, y que coman lo que les ofrezcan. Esto es, los discípulos deben dar muestras de gratitud y contentarse con lo que les dan, sin querer cambiarse por buscar un mejor alojamiento o mejor comida, aunque Jesús les dice que la manutención que reciben es el salario que merecen por predicar.

---

[42]   Lc 10,1 y ss.

[43]   Lc 10,17-19.

[44]   Lc 10,2 y 3.

[45]   Lc 10,5 y 6. La "paz" de los discípulos es el modo como cumplen su misión, pacíficamente, sin coacción alguna; alojándose donde los aceptan y retirándose de donde los rechazan.

Les reitera que su misión, en las ciudades que los reciben, es curar a los enfermos y anunciar el Reino de Dios y que, si en una ciudad no los reciben, que se vayan de ahí, anunciando en las plazas de la ciudad que se van y sacudiéndose hasta el polvo de la ciudad que se hubiera pegado a sus pies y, no obstante, que digan que el Reino de Dios está cerca. Es una manera de afirmar que el anuncio es verdadero, aunque los habitantes de alguna ciudad lo rechacen. Jesús dice a los discípulos que las ciudades que rechazan el mensaje, en "aquel día" (esto es, en el día del juicio), serán tratadas más severamente que Sodoma, la ciudad pecadora destruida por Dios.

El discípulo de Jesús no es sólo el que aprende la doctrina, debe además ponerla en práctica y anunciarla, para así lograr lo que Jesús quiso, que muchos (todos, si fuera posible) entren en el Reino de Dios.

III. Los doce

De entre los discípulos que seguían a Jesús, Él eligió a doce para que estuvieran continua y físicamente con él.

A. La elección

La narran Marcos y Lucas.[46] Marcos dice que Jesús, después de haber estado predicando en la orilla del lago, subió al monte y llamó a los discípulos que él quiso. Lucas[47] añade que Jesús había pasado la noche en oración. Luego, de entre los discípulos ahí reunidos, dice Marcos que "hizo a doce" y Lucas, que eligió a doce; la expresión "hacer" doce recuerda la expresión "hacer sacerdotes" del Antiguo Testamento, lo que sugiere que estos doce tendrán un ministerio sacerdotal.[48] La elección de los doce se hace abiertamente, en presencia de los demás discípulos, quienes conocen directamente que Jesús ha elegido ese pequeño grupo.

El número doce no es casual. Es el mismo número de las Doce Tribus de Israel, que habían estado unificadas bajo el reinado de David, pero luego

---

[46] Mc 3,13-19.

[47] Lc 6,12.

[48] 1R 12,31; 13,33.

se habían dividido en dos reinos, el reino del Norte y el del Sur, donde estaba Jerusalén. Los profetas anunciaban que al fin de los tiempos se reunirían las doce tribus de Israel. Jesús, que anuncia el advenimiento del Reino de Dios, y el cumplimiento de lo anunciado por los profetas, al elegir o constituir a doce, indica que se ha restablecido la unidad de Israel. El grupo de los doce entendió de manera clara el significado del número, pues cuando faltó Judas, tuvieron la necesidad de nombrar a otro para que se completara el número.

B. El grupo de los doce

Hay cuatro listas con los nombres de los doce. Tres vienen en los evangelios sinópticos,[49] y la cuarta, en los *Hechos de los Apóstoles*;[50] Juan no da la lista de nombres, pero sí se refiere al grupo de los doce.[51] Las cuatro listas coinciden en todos los nombres, salvo algunas variantes; así como en el orden en que se presentan; las cuatro ponen a la cabeza el nombre de Pedro, a quien Jesús puso este nombre en vez del que tenía, que era Simón.

El grupo de los doce es heterogéneo: dos de ellos, Simón el zelote (o Cananeo) y Judas Iscariote, eran miembros del grupo radical de los zelotes, llamado así por su celo por la ley. En el otro extremo está Mateo-Leví, recaudador de impuestos, colaborador con el poder dominante, y que por su posición podía ser tenido como pecador público. El grupo central lo forman pescadores del lago de Galilea, Pedro, su hermano Andrés, Santiago y Juan, hijos de Zebedeo. Está también uno con nombre griego, Felipe, y su amigo Bartolomé (Natanael) y Tomás, cuyo origen se desconoce. Hay tres que eran probablemente parientes de Jesús, Santiago, Judas Tadeo y Simón el zelote.[52] En resumen, es un grupo que puede

---

[49] Mt 10,1-4: Mc 3,16-19; Lc 6,14-16.

[50] Hch 1,13.

[51] Jo 6,70: "¿No os he elegido yo a los doce?".

[52] Mateo (7,55) y Marcos (6,3) dicen que cuando Jesús predicó en Nazaret, los oyentes decían que Santiago, Judas y Simón eran hermanos de Jesús. Esto se complementa con que Eusebio de Cesarea (*Hist. Ecl.* III, 11) dice que el segundo obispo de Jerusalén, que sucedió a Santiago el menor, fue Simón hijo de Cleofás, y que este Cleofás, según Hegesipo (del siglo II) era hermano de san José; y parece ser que Cleofás es el mismo Alfeo, padre de Santiago y de Judas Tadeo, de lo cual resulta la posibilidad de que Santiago, Judas Tadeo y Simón fueran hermanos carnales. Véase O. Hophan, *Los apóstoles*, Madrid, Palabra, 1982, p. 265 (título original *Die Apostel*, Suiza, Buchhqandlungen Raeber, 1946; 3a. ed. 1955).

ser representativo de toda la población de Israel. Quizá todos eran judíos creyentes y observantes, que esperaban la salvación de Israel, pero ésta la concebían de modo muy diverso, por lo que debió haber muchas tensiones en el grupo.

C. La misión de los doce

La misión de los doce la explican Mateo y Marcos en términos muy generales y en pocas palabras colocadas junto a las que refieren los nombres de los apóstoles. Mateo dice que les "dio poder para arrojar a los espíritus inmundos y para curar toda enfermedad y toda dolencia"; Marcos dice que los eligió "para que estuvieran con Él y para enviarlos a predicar".[53] Lo primero es que estén con Él, para que lo conozcan, y luego los envía. La misión parece una paradoja: estar con él y separarse de él; pero el primer paso ha de ser el medio para que los doce, aprendiendo a vivir con Él, puedan seguir estando con Él cuando vayan a los confines del mundo.

La misión comprende estas tres actividades: predicar, exorcizar y curar enfermedades, que son las mismas que encargó a los setenta y dos discípulos.

1. *Predicar el Reino de Dios.* Es la actividad principal, ya que los exorcismos y curaciones son señales de la presencia del Reino de Dios. El contenido de esta actividad se hace más explícito en las instrucciones que Jesús resucitado dio a los once discípulos.[54] Les dijo: "Hagan discípulos en todos los pueblos, bautícenlos en el nombre del Padre, del Hijo y del Espíritu Santo", y que les enseñen a practicar todo lo que Él les ha enseñado.

2. *El poder de exorcizar.* Es el poder de expulsar los demonios que atormentan a personas concretas. Poder que efectivamente ejercieron los discípulos en vida de Jesús, como relata Lucas (10,17) que, al regreso del viaje misionero de los 72 discípulos, dijeron a Jesús, gozosos "hasta los demonios se nos someten en tu nombre"; también lo atestigua Marcos (9,17) cuando relata que un hombre pidió a los discípulos que exorcizaran a su hijo y ellos lo intentaron, pero no pudieron expulsarlo, por lo que Jesús tuvo que hacerlo; luego ellos le preguntaron por qué no pudieron ellos expulsarlo, lo cual indica que solían

---

53   Mc 3,14.
54   Mt 28,19.

hacer exorcismos en nombre de Jesús. Siguiendo con este poder, la Iglesia hoy continúa ejerciéndolo.

Hay otro modo de exorcismo, que es el de eliminar la percepción de que los poderes del mal dominan definitivamente el mundo. Es la percepción que da lugar a las supersticiones y al sometimiento a poderes irracionales. La predicación de que quien rige efectivamente el mundo es Dios con su sabiduría, bondad y poder infinitos, hace ver que el mundo está gobernado por la razón eterna de Dios, que el hombre puede conocer y entender parcialmente. Por eso, la predicación de Jesús, la hecha por Él mismo, y la hecha por sus discípulos, exorciza o libera del engaño de que el mundo es irracional o caótico. La única "explicación racional del universo" es que procede de una razón eterna; cualquier otra explicación deja en juego supuestas fuerzas del azar y del caos. Un ejemplo de esta predicación por los discípulos son estas palabras de Pablo:[55] "No hay más que un Dios; pues, aunque hay los llamados dioses en el cielo y en la tierra..., para nosotros no hay más que un Dios, el Padre, de quien procede el universo y a quien estamos destinados nosotros; y un solo Señor, Jesucristo, por quien existe el universo y por quien nosotros vamos al Padre".

3. *Curar toda clase de enfermedades y dolencias.* La misión de los doce, según relata Mateo, incluye "curar toda clase de enfermedades y dolencias".[56] Las curaciones milagrosas de Jesús son una manifestación de este poder benigno que transmite a sus discípulos. Es un poder que se opone a las curaciones mágicas, que supuestamente provienen de fuerzas sobrenaturales que los magos o curanderos invocan. Jesús, y en nombre de Él, sus discípulos, curan como manifestación de la llegada del Reino de Dios. Curar con el poder de Dios es reconocer que el mundo está gobernado por la razón de Dios y es, por tanto, una invitación al hombre a curar aprovechando el orden creado por Dios. La curación a la que envía Jesús no es principalmente la del cuerpo, sino la curación integral del hombre que implica recibir de Dios el perdón de los pecados cometidos. El pecado y especialmente la inclinación a pecar, que es consecuencia del desorden introducido en la naturaleza humana por el primer pecado y

---

[55]   1 Co 8,4 y ss.
[56]   Mt 10,1.

que es involuntaria, así como el hábito de pecar, contraído voluntariamente, son las enfermedades más graves, las que causan mayor daño al ser humano. Los discípulos curan ese mal cuando Dios perdona los pecados a través de ellos.

D. Envío de los doce

La misión se determina más claramente cuando Jesús, según relatan los tres sinópticos,[57] envía a los doce a predicar. Este envío, de acuerdo con la narración de Lucas, fue previo al envío de los setenta y dos discípulos.

Mateo es quien transmite con más detalle las instrucciones que dio Jesús: les dice a los discípulos que vayan "primero" a las ciudades de Israel y que prediquen que "el Reino de los Cielos está por llegar". Les pide que curen a los enfermos, resuciten a los muertos, curen a los leprosos y arrojen los demonios, y lo hagan gratuitamente. Que permanezcan en la casa donde los reciban y si no los reciben, busquen otra. Les advierte que tengan cuidado, que los perseguirán y denunciarán, y que, si en una ciudad así sucede, huyan a otra y que recuerden que así persiguieron a Jesús. Finalmente, les hace ver que quien los recibe también recibe a Jesús y al Padre, quien ha enviado a Jesús. Marcos añade que los envió de dos en dos y los discípulos efectivamente predicaron que "hicieran penitencia" y expulsaron a muchos demonios y curaron muchos enfermos.[58]

E. La misión universal: de todos los discípulos a todos los pueblos

Jesús parece haber enviado a los doce, así como al grupo de los 72 discípulos, para aprender a cumplir la misión propia del discípulo, que es la de anunciar el Reino de Dios e invitar a la conversión. Esta misión de todos los discípulos no debía cumplirse en el tiempo que Jesús vivía en Palestina. A la muerte de Jesús, todos sus discípulos tienen una misión común, que es la de difundir el mismo mensaje que Jesús vino a predicar, esto es, que ya se acerca el Reino de Dios y que es necesario que los hombres se preparen a recibirlo mediante un cambio de vida, una conversión. Como ejercicio preparatorio para esta misión,

---

[57] Mt 10,5-42; en realidad, todo el capítulo décimo describe la misión de los doce. Mc 6,7-13. Lc 9,1-10.

[58] Mc 6,7-13.

Jesús había enviado a los 72 discípulos a predicar a las ciudades donde él iba a llegar, y con el mismo propósito envió a los doce en otra ocasión.

Una vez resucitado, Jesús confirma esta misión. Narra Marcos[59] que cuando estaban los once reunidos en Jerusalén, y mientras estaban "sentados a la mesa", lo cual hace pensar que estaban dentro de una casa (posiblemente el mismo lugar donde fue la Última Cena), se presentó ante ellos y les dijo: "Id al mundo entero y predicad el Evangelio a todo lo creado. El que crea y sea bautizado será salvado; pero el que no crea será condenado. A los que crean acompañarán estos signos: en mi nombre expulsarán demonios, hablarán lenguas nuevas, agarrarán serpientes con las manos y, si bebieran algún veneno, no les dañará; impondrán las manos sobre los enfermos y quedarán curados". En estas palabras se manifiesta que la misión de predicar no es únicamente para los once, sino para todos los que crean, que continuarán practicando y predicando la doctrina de Jesús.

Mateo nos transmite otra ocasión más solemne en que Jesús ratifica la misión que encomienda a los discípulos.[60] Es el último párrafo de su Evangelio, en el que dice que Jesús resucitado, que había convocado a sus discípulos a que se reunieran y lo esperaran en un monte de Galilea, se presentó ante los once y posiblemente muchos otros discípulos más y les dijo: "Se me ha dado toda potestad en el cielo y en la tierra. Id pues, y haced discípulos a todos los pueblos, bautizándolos en el nombre del Padre y del Hijo y del Espíritu Santo; y enseñándoles a guardar todo cuanto os he mandado. Y sabed que yo estoy con vosotros todos los días hasta el fin del mundo".[61]

F. Los poderes sacerdotales: el poder de consagrar y el poder de perdonar

La misión de los doce de predicar, exorcizar y curar enfermos, así como las instrucciones que recibieron acerca de cómo realizarlas, no difiere mucho de la misión de los 72 discípulos, salvo que los doce fueron llamados a vivir permanentemente con Jesús, lo que supone una relación más estrecha y mayor confianza. Pero lo

---

[59] Mc 16,15-18.

[60] Mt 28,16-18.

[61] Mt 28,7.

que distingue completamente a los doce de los demás discípulos son los poderes especiales que Jesús confirió exclusivamente a ellos.

En la Última Cena, según relatan los tres evangelios sinópticos, Jesús, después de haber bendecido el pan y el vino los dio a sus apóstoles para que comieran su cuerpo y bebieran su cangre. Él había dicho en el discurso de Cafarnaúm, que su cuerpo era verdadera comida y su sangre era verdadera bebida. Después les dijo que hicieron esto en recuerdo suyo, es decir, que consagraran el pan y el vino y lo distribuyeran entre los discípulos; de esto se tiene un testimonio más antiguo que los evangelios, que es la primera carta de san Pablo a los Corintios,[62] escrita hacia el año 57. Las palabras "hagan esto en memoria mía", es decir, hagan lo que yo he hecho, esto es, transformar el pan en mi cuerpo y el vino en mi sangre y repartirlos entre los fieles, implican que Jesús confiera a los apóstoles y a los sucesores que ellos elijan el poder de consagrar el vino y el pan, el poder de confeccionar el alimento eucarístico y de distribuirlo. Evidentemente, ese poder sólo lo tiene Jesús, por ser Dios, y lo comunica a los apóstoles, no para su beneficio personal, sino para que confeccionen y distribuyan el alimento que va a nutrir a los fieles de todos los tiempos.

También Jesús hace partícipes exclusivamente a los doce del poder de perdonar los pecados, que Él mismo había ejercido durante su ministerio público. Esto ocurrió, según afirma Juan cuando los once estaban reunidos en una habitación cerrada, posiblemente la misma donde habían gustado la Última Cena, y Jesús resucitado se presentó ante ellos y les dijo: "Como el Padre me envió así os envío yo".[63] Dicho esto, sopló sobre ellos y les dijo: "Recibid el Espíritu Santo; a quienes les perdonéis los pecados, le son perdonados; a quienes se los retengáis, le son retenidos". Ya, antes de su muerte, había dado a Pedro[64] y a los doce,[65] el poder de atar y desatar, que es una manera de dar el poder de perdonar los pecados (desatar) o no perdonarlos (atar).

---

[62]   1 Cor 11,23-26. Ahí san Pablo afirma que lo que dice de la Eucaristía "lo recibió del Señor", que es una manera de decir que lo recibió de la tradición apostólica.

[63]   Jn 20,21-23.

[64]   Mt 16,19.

[65]   Mt 16,19 y 18,18.

El poder de perdonar los pecados, que son una ofensa a Dios, sólo Dios lo tiene. Cuando Jesús lo ejerce, demuestra que Él es Dios. Cuando Jesús dice a los apóstoles que a quienes perdonen los pecados, Él los perdona, los constituye como mediadores para que los hombres alcancen, por medio de ellos, el perdón que Jesús les da; ellos son como la voz y la cara de Jesús que perdona, y por medio de ellos los fieles oyen y entienden que Dios les ha perdonado.[66]

Es claro en los textos evangélicos que los apóstoles tienen una misión peculiar, confiada por el mismo Jesús, distinta de la que tienen los demás discípulos. Jesús constituyó a los doce como un grupo con una misión específica de servicio al resto de los discípulos, la de nutrirlos con el pan de vida y perdonar sus pecados.

G. El primado de Pedro

El grupo de los doce está claramente diferenciado del resto de los discípulos, con los cuales, sin embargo, comparten la disposición estable de seguir a Jesús, de aceptar su doctrina, practicarla y difundirla. En el grupo de los doce se destaca el papel de Pedro, con algunas características que lo distinguen del resto de los apóstoles.

Las cuatro listas de los doce que se conservan, tres en los evangelios sinópticos y otra en los *Hechos de los Apóstoles*,[67] ponen el nombre de Pedro siempre en primer lugar, lo cual es un indicio de que él encabezaba el grupo. En varios lugares de los cuatro evangelios, y aun en los *Hechos de los Apóstoles*, Pedro se presenta como el líder de los discípulos y quien habla por ellos ante Jesús, por ejemplo, cuando Jesús pasó la noche en oración, dice Marcos que Pedro y los demás salieron a buscarlo;[68] igualmente, fue Pedro, de entre los doce, quien confiesa que Jesús es el Cristo;[69] fue él mismo quien tuvo la iniciativa

---

[66] También se ha entendido que las palabras por las que Jesús confiere, primero a Pedro, y luego a los doce el poder de "atar y desatar" (Mt 18,18 y 16,19) tienen el sentido de hacerlos partícipes del poder de perdonar, pero el *Catecismo de la Iglesia católica* (§ 1444) refiere esas palabras al poder de reconciliar a los pecadores con la Iglesia, que es uno de los efectos del perdón.

[67] Mt 10,1-4: Mc 3,16-19; Lc 6,14-16. Hch 1,13.

[68] Mc 1,36.

[69] Mc 8,32.

de hacer tres tiendas en el momento de la transfiguración de Jesús;[70] y es el mismo Pedro quien pregunta, lo que a todos les inquietaba, qué les va a tocar por haberlo dejado todo;[71] en la Última Cena, fue Pedro el primero en protestar que él no abandonará a Jesús, y luego todos dijeron lo mismo.[72] Juan narra un hecho muy significativo, que Pedro fue el primero en entrar en el sepulcro abierto, no obstante que Juan llegó primero.[73] Pablo afirma que Pedro fue el primero de los discípulos a quien se apareció Jesús resucitado.[74]

La preeminencia de Pedro no es sólo resultado de sus cualidades como líder. Desde que lo conoció, Jesús quiso señalarlo para una misión peculiar y por eso le cambió el nombre. Al verlo por vez primera, Jesús le dijo: "Simón, hijo de Juan, tú te llamarás Cefas, que significa piedra.[75] Jesús reitera ese nombre, después de que Pedro, a pregunta de Jesús sobre quién dicen los discípulos que es él, responde que Jesús es el Cristo, el Hijo de Dios; entonces Jesús le dice otra vez que se llamará Cefas y añade algo que da sentido propio al nuevo nombre: "Sobre esta piedra edificaré mi Iglesia".[76] Después de esas palabras, Jesús anuncia que conferirá a Pedro poderes especiales, que le dará las llaves del Reino de los Cielos, es decir, del Reino que Jesús ha venido a anunciar. Tener las llaves significa que puede abrir o cerrar la entrada. Además, le otorga el poder de atar y desatar en la tierra, con la seguridad de que lo que él decida será igualmente atado o desatado en los cielos, es decir, confirmado por Dios. Este poder de atar y desatar, lo conferirá Jesús posteriormente al grupo de los doce,[77] pero sólo a Pedro le confió las llaves del Reino.

El primado de Pedro que Jesús había anunciado en Galilea que daría a Pedro lo confiere efectivamente después de haber resucitado. Relata Juan que Jesús resucitado se reunió con varios de sus discípulos en las orillas del lago de

---

70   Mc 9,5.

71   Mc 10,28.

72   Mc 14,29.

73   Jn 20,1-8.

74   1 Cor 15,5.

75   Jn 1,42.

76   Mt 16,17-19.

77   Mt 18,18.

Galilea, comió con ellos pescado asado y al terminar de comer le preguntó a Pedro: "¿Me amas más que estos?", y a la respuesta afirmativa de Pedro, Jesús le dijo: "Apacienta mis ovejas". Así sucedió tres veces, con lo que quedó claro que Jesús confiaba a Pedro, y sólo a él, el encargo de Pastor supremo de quienes seguían y seguirían a Jesús. El encargo de pastorear las ovejas se entiende en relación con lo que Jesús afirma de su propia misión: "Yo soy el buen pastor. El buen pastor da su vida por sus ovejas". Es una misión de servicio, en la que se pone toda la vida para provecho de las ovejas.

IV. La recompensa de los discípulos de Jesús

Fue el mismo Pedro quien preguntó a Jesús qué recompensa tendrían los doce, que lo habían dejado todo para seguirlo. Los tres evangelios sinópticos contienen la pregunta de Pedro y la respuesta de Jesús, lo cual significa que era algo importante de saber para la primitiva comunidad cristiana.[78] En la respuesta que transmite Mateo, Jesús se refiere primero a los doce y les dice que cuando venga con gloria el Hijo del Hombre, ellos se sentarán en doce tronos para juzgar a las doce tribus de Israel, es decir, sin tratar de averiguar lo que significa ese papel, les dice que tendrán un lugar eminente en el Reino de Dios. Luego se refiere Jesús a todo el que haya dejado familiares o bienes por seguirlo, y les anuncia que recibirá el ciento por uno en esta vida, con persecuciones, y luego la vida eterna.

Sin detenerse a analizar la recompensa de los doce, que es única, conviene analizar la recompensa general a los discípulos que, por supuesto, también compete a los doce.

A. El requisito: dejar bienes y familiares

La recompensa depende del hecho de haber "dejado" bienes y familiares para seguir a Jesús. Dejar familiares y bienes no es abandonarlos, sino juzgarlos de menor valor que el seguimiento de Jesús. No se puede seguir a Jesús cuando se

---

[78] Mt 19,27-30; Mc 17,28-31 y Lc 18,28-30.

tiene excesivo interés en las riquezas, como le sucedió al joven rico que rechazó la llamada de Jesús por amor a sus bienes,[79] rechazo que dio lugar a la exclamación de Jesús de que es muy difícil que los que tienen riquezas, y las aman
del mismo modo que el joven rico, puedan entrar en el Reino de Dios. Tampoco pueden hacerlo los que ponen los deberes familiares como preferentes
respecto del seguimiento de Jesús, como aquel otro seguidor que le dice a Jesús que lo seguirá después de haber enterrado a su padre, al que Jesús le dijo:
"Deja que los muertos entierren a sus muertos".[80]

El contenido del requisito de dejar los bienes y los familiares para seguir a Jesús se entiende mejor a la vista de los dos tipos de discípulos que tiene
Jesús. Los doce lo acompañan siempre y ellos tuvieron que dejar físicamente
sus casas, sus cosas y sus familias para estar permanentemente en compañía de
Jesús. Pero es imposible que todos los discípulos de Jesús hicieran lo mismo;
la mayoría de los discípulos siguieron viviendo en sus casas, con sus familias,
ejerciendo sus trabajos, de modo que para ellos "dejar" bienes y familiares sig-
nificó subordinarlos al seguimiento de Jesús. Tal es el caso, por ejemplo, de los
tres hermanos amigos de Jesús, Lázaro, Martha y María, que permanecen en su
casa, en Betania, haciendo lo que solían hacer, y son discípulos muy queridos
de Jesús. En este sentido es muy clara la expresión de Mateo, que Jesús enseñó que para seguirlo es necesario "preferirlo" respecto de bienes y familiares. [81]

¿Cómo es posible que Jesús tenga estas exigencias, que ningún otro maestro se atrevería a pedir? Jesús sabe que es Dios y constantemente da muestras a
quienes lo escuchan de que es el Hijo de Dios, el Enviado del Padre. Si esto es
así, las exigencias de Jesús no son más que la aplicación del primer precepto de
la ley de Moisés, de amar a Dios por encima de todas las cosas.

B. La recompensa

Tiene dos dimensiones: una actual y otra futura. La recompensa actual de todo
discípulo es, según dice Mateo, el "ciento por uno" respecto de lo que haya

---

79 Lc 18,18-23.
80 Mt 8,21-22, Lc 9,57-60.
81 Mt 10,31.

dejado;[82] Marcos dice que todo aquel que ha dejado casa, hermanos o hermanas, madre o padre o hijos y campos, por Jesús y el Evangelio, "recibirá cien veces más en casas, hermanos, hermanas, madres, hijos y campos".[83] Lucas dice que todo aquel que haya dejado familiares y bienes recibirá "mucho más" en este mundo. La sobria redacción de Lucas parece la más adecuada para entender la recompensa: el discípulo recibirá en esta vida mucho más de lo que tiene que "dejar" para seguir a Jesús.

Marcos es el único que añade que la recompensa del discípulo en la vida actual incluye "persecuciones". Esto concuerda muy bien con la octava bienaventuranza que dice que son bienaventurados aquellos que son perseguidos por causa de Jesús, y que deben alegrarse por la persecución porque su recompensa será grande en el cielo.[84] Es una paradoja: la persecución, es decir, el rechazo, burla o ataques por parte de los que no comprenden a Jesús, es parte de la recompensa del discípulo.[85]

Los tres evangelistas coinciden en que el premio futuro es la "vida eterna". Ese es también el premio que tienen los bienaventurados, expresado en otras palabras: entrar en el Reino de Dios, ver a Dios, ser consolados, heredar la tierra, alcanzar misericordia, o quedar saciados.

---

[82] La expresión del "ciento por uno" también la usan Marcos y Lucas para calibrar el fruto que da, en la parábola del sembrador, la semilla que cae en buena tierra, es decir, el fruto que da un discípulo fiel.

[83] Mc 17,28-31.

[84] En Mt 5,10 y Lc 6,22.

[85] El discípulo que no está dispuesto a sufrir la persecución es, en la parábola del sembrador, la tierra pedregosa, en la que cae la semilla, pero no echa raíz ni da fruto (Mc 4,16-18).

Capítulo 9

Jesús, el pan de vida

Sumario. Introducción. I. Referencias al pan en su ministerio público. A. La tentación de convertir las piedras en panes. B. El pan nuestro de cada día. C. La multiplicación de los panes. D. La cena con los discípulos de Emaús. II. La enseñanza sobre el pan de vida. A. Primera parte de la enseñanza de Jesús sobre el pan del cielo que da la vida eterna. B. El discurso en la sinagoga de Cafarnaúm. III. La Última Cena. A. La fecha de la Última Cena. B. Qué clase de cena fue la Última Cena. C. Jesús hecho pan de vida. 1. Los actos iniciales. 2. Las palabras de la consagración: *a)* la consagración del pan; *b)* la consagración del vino. IV. Jesús, pan de vida eterna. A. Qué es la vida eterna. B. Cuándo se adquiere la vida eterna. C. Cómo se adquiere. V. Epílogo

Introducción

Hasta ahora se han analizado diversos aspectos de la vida de Jesús de Nazaret siguiendo principalmente los acontecimientos y palabras que narran los tres evangelios sinópticos. Ahora, se analizarán algunas palabras y acontecimientos que narra Juan, que ocurren principalmente en Judea. Una peculiaridad de este Evangelio es que no contiene parábolas, pero sí grandes sermones centrados en imágenes acerca de Jesús, como la del buen pastor, o la vid que nutre los sarmientos, el agua viva o el pan de vida. Este Evangelio se basa en los recuerdos de Juan, el discípulo amado, compartidos y reflexionados con la comunidad de cristianos que había formado en torno a él, y confrontados con los testimonios vertidos en los otros evangelios, que seguramente conoció.

Es característico de este Evangelio que, por una parte, "se basa totalmente en el Antiguo Testamento",[1] como lo manifiestan las palabras que Jesús dirige a sus adversarios: "Moisés escribió de mí"[2] o las que, en el relato de la llamada de Natanael, dice Felipe:[3] hemos encontrado a aquel de quien escribieron Moisés y los Profetas. Por la otra, es un Evangelio que sigue un ritmo litúrgico, es decir, sigue el calendario de las grandes fiestas de Israel: Jesús comienza su actividad en una fiesta de Pascua y termina en otra Pascua; la primera gran predicación pública de Jesús en Jerusalén fue en la fiesta de las semanas, esto es, en la fiesta de Pentecostés. La multiplicación de los panes y el sermón eucarístico, que explica el signo contenido en el milagro, se da en relación con la segunda Pascua. El siguiente gran sermón, el de la promesa de los "ríos de agua viva", se pone en el contexto de la fiesta de los Tabernáculos y luego aparece Jesús en el invierno en la fiesta de la Dedicación (*Janukká*), y termina su vida en la fiesta de Pascua.

El hilo conductor de esta exposición es el capítulo 6 del evangelio de Juan, donde se transmite el sermón, llamado eucarístico, en el que Jesús afirma que él es el "pan de vida". Se trata de descubrir el significado de esta afirmación relacionándola con las palabras y los actos de Jesús que hacen referencia al pan. Luego se consideran los capítulos de los evangelios sinópticos relativos a la institución de la Eucaristía, en la que Jesús cumple la promesa de darse como pan de vida.

I. Referencias al pan en su ministerio público

Hay tres referencias que deben ser consideradas: la tentación de convertir las piedras en panes, la petición del pan cotidiano en el Padrenuestro y la multiplicación de los panes. Las dos primeras ya se han tratado, pero las volveremos a considerar desde esta perspectiva de entender lo que significa "pan de vida". Hay una cuarta referencia, aunque no es durante su ministerio público,

---

[1] Ratzinger I, p. 280.

[2] Jn 5,46.

[3] Jn 1,45.

que muestra cómo los discípulos habían notado la peculiaridad con la que Jesús partía y repartía el pan; es la escena de los discípulos de Emaús, que únicamente narra Lucas.[4]

A. La tentación de convertir las piedras en panes

Ocurre en los principios del ministerio público de Jesús, cuando, después de ser bautizado, se retira al desierto y ayuna durante cuarenta días. Sufre entonces la tentación, presentada por el demonio, de demostrar su divinidad, y convierta las piedras en pan que sacie su hambre.[5] La tentación es que Jesús se convirtiera en un mesías que gana el favor del pueblo mediante el reparto del pan, del alimento para saciar las necesidades del cuerpo. Es algo semejante a lo que hacían entonces los emperadores romanos, que repartían gratuitamente trigo entre la población. Jesús rechaza esa tentación de ser un proveedor que satisface las necesidades del cuerpo. Por eso, cuando Él dice que es el "pan de vida" no cabe pensar que se refiera a ese pan que sólo nutre el cuerpo. La respuesta de Jesús a la tentación señaló con claridad que el hombre necesita nutrirse de la palabra de Dios.[6]

B. El pan nuestro de cada día

Jesús enseñó a pedir al Padre que nos proveyera a todos los hombres del pan de cada día, el pan necesario para vivir. Pero esta petición se incluye en una más amplia y trascendental que es la petición de que llegue el Reino, esto es, que se consolide la unión entre los hombres y Dios. Por eso, aunque en el Padrenuestro se pide el pan cotidiano necesario para la vida corporal, se pide igualmente la vida de unión con Dios, el Reino, cuyo alimento, como se echa de ver en otras palabras del Evangelio, es Jesús, el pan de vida.

C. La multiplicación de los panes

Existen dos relatos diferentes del milagro de multiplicación de los panes. Uno lo consignan los cuatro evangelios, y Jesús lo opera a partir de cinco panes, para

---

[4]   Lc 24,30.

[5]   Véase capítulo 3.

[6]   Mt 4,4, que es una cita de Deut 8,3.

alimentar a cinco mil personas.[7] El otro, aparentemente el posterior, lo narran los evangelios de Mateo y Marcos, y lo hace a partir de siete panes, con los que alimentó a cuatro mil personas.[8] Aquí se considera el primero.

Es un milagro que relatan los cuatro evangelios con sorprendente coincidencia en algunos detalles. En todos los relatos, la escena es la misma: una multitud, que todos coinciden que es de unos cinco mil hombres, sin contar a las mujeres ni a los niños, escucha las enseñanzas de Jesús. Todos coinciden en que ocurre en Galilea: Juan dice que Jesús predica desde un monte; Lucas dice que era cerca de Betania. En cuanto al tiempo, Mateo dice que ocurrió después de la muerte de Juan el Bautista, y Juan, fiel a su intención de relacionar los acontecimientos y palabras de Jesús con las fiestas judías, dice que ocurrió poco antes de la Pascua, que sería la segunda Pascua del ministerio público de Jesús. En los cuatro relatos se dice que Jesús se preocupa de la multitud que lo ha acompañado todo el día y que, a pesar de ser tarde, no ha comido. Se produce un diálogo entre Jesús y los apóstoles, quienes le dicen que despida a la multitud para que busque qué comer, pero él les dice, que ellos le den de comer, y les pregunta cuántos panes tienen. Los cuatro relatos apuntan que tenían sólo cinco panes y dos peces. Jesús les dice que hagan sentar a la multitud. Toma los panes y los peces, los bendice, los parte y los da a los discípulos para que los repartan entre la gente. Todos los asistentes comieron hasta saciarse y luego los discípulos recogieron lo que había sobrado, que llenó siete canastas. Cabe notar que Jesús multiplica el pan para saciar el hambre de los que han escuchado la palabra de Dios.

Mateo y Marcos dicen que Jesús, después de que se fue la muchedumbre, pidió a los discípulos que subieran a la barca y navegaran hacia otra orilla, mientras él subía solo al monte a orar, donde pasó la noche en oración.[9] Juan añade un detalle interesante, la reacción de la multitud: los que habían comido el pan comenzaron a decir que Jesús era el profeta que esperaban, pero Jesús se dio cuenta de que querían proclamarlo rey y se fue al monte a orar;[10]

---

7   Mt 14,13-21; Mc 6,30-44. Lc 9,10-17 y Jn 6,1-15.

8   Mt 15,32-39 y Mc 8,1-10.

9   Mt 14,22-23. Mc 6, 42-45.

10   Jn 6,15.

con su retiro volvió a mostrar que su misión no es repartir el pan que sacia el hambre corporal y que el reino que él anuncia no tiene como misión fundamental la de satisfacer las necesidades materiales.

Al amanecer del siguiente día, Jesús bajó del monte, caminó sobre las aguas del lago y subió a la barca donde estaban los discípulos.[11] Al llegar a la otra orilla, las multitudes lo esperaban. Ése es el escenario en que Jesús pronunció su discurso eucarístico.

D. La cena con los discípulos de Emaús

Lucas narra que el tercer día después de la muerte de Jesús, dos de sus discípulos caminaban desalentados hacia el pueblo de Emaús y que mientras andaban se les unió un caminante más, que era Jesús a quien ellos no reconocieron, que les preguntó de qué hablaban y ellos dijeron que comentaban lo ocurrido en Jerusalén, la muerte de quien ellos creían que era el profeta que venía a salvar a Israel.[12] Jesús, sin que ellos lo reconocieran, caminó con ellos, charló y les explicó las Escrituras que se referían al Mesías, sus sufrimientos y su muerte. Los discípulos deciden hacer un alto en el camino para descansar, comer algo y dormir, y le piden a Jesús que se quede con ellos. Se sientan todos a comer, Jesús entonces toma el pan, lo bendice y se los da; por esos actos de bendecir, partir el pan y darlo, ellos reconocen a Jesús, pero él, en ese instante, desaparece de su vista.

La escena permite inferir que Jesús comía muchas veces acompañado de otros discípulos distintos de los apóstoles y que tenía la costumbre de bendecir el pan, partirlo y repartirlo, y que lo hacía de un modo tan peculiar que les permitió a los discípulos reconocerlo, aunque su apariencia no era la que ellos recordaban. El hábito de Jesús de bendecir el pan antes de las comidas pudo servir como una preparación remota para que sus discípulos recibieran el pan de vida, que también fue bendito por Jesús antes de transformarlo en su cuerpo.

---

[11] Mt 14,22-23. Mc 6,45-42. Jn 6,16-20.

[12] Lc 24,13-35.

II. La enseñanza sobre el pan de vida

Juan es el único evangelista que transmite esta enseñanza.[13] Relata que Jesús, al bajar de la barca, dice a quienes formaban la multitud que lo esperaba que sabe que lo buscan, no por el signo que han visto, sino porque han comido pan y se han saciado. Las palabras de Jesús son un reproche, por no entender el significado del acto de la multiplicación de los panes, pues podrían verlo como un acto que manifiesta el poder y el amor de Dios. Por eso les propone una nueva perspectiva: en vez de trabajar por el alimento que se consume, que trabajen por el alimento que perdura hasta la vida eterna, que es el alimento que él les dará.

A. Primera parte de la enseñanza de Jesús sobre el pan del cielo que da la vida eterna[14]

Con esas palabras dirigidas a la multitud que lo aguardaba, Jesús marcó una distinción entre el pan ordinario que nutre la vida cotidiana y otro pan que él dará, el "pan del cielo", que nutre para la vida eterna. Sus interlocutores le preguntaron qué debían hacer para nutrir la vida eterna, y Jesús les respondió que crean en Jesús como enviado de Dios.

Entonces le pidieron una prueba para creer en él, y le mencionaron que Moisés se acreditó ante el pueblo dándoles el maná, el "pan del cielo". Él les respondió que quien dio el pan en el desierto no fue Moisés, sino Dios mismo, y que él, Jesús, es el "verdadero pan del cielo", que ha bajado del cielo, por mandato del Padre, para dar la vida eterna al mundo. Con esta respuesta Jesús marca una diferencia entre Moisés, que da un pan enviado por Dios para satisfacer el hambre del pueblo, y Jesús, quien dice ser el pan bajado del cielo para dar la vida eterna.

Los asistentes, en este momento parecen quedar convencidos, pues le dicen a Jesús "danos siempre de ese pan", es decir, del pan que da la vida eterna.

---

[13]   Jn 6,26 y ss.

[14]   Jn 6,26-34.

B. El discurso en la sinagoga de Cafarnaúm

Poco después, en la sinagoga de Cafarnaúm, Jesús explica, en el llamado discurso eucarístico, qué es ese misterioso pan de vida eterna, lo cual va a causar escándalo y deserción de muchos discípulos.[15]

Comienza con una afirmación asombrosa: "Yo soy el pan de vida"; luego agrega que la voluntad de Dios Padre es que quien crea en las palabras de Jesús "tenga vida eterna" y, para superar la posible objeción de que no es creíble la vida eterna cuando se tiene la certeza de que todos habrán de morir, añade la promesa de que él resucitará, en el último día, al que crea en Él.

La reacción de los asistentes es la sospecha y la murmuración entre ellos: cómo va a ser Jesús el pan del cielo, si todos saben que es hijo de José y conocen a su madre. Jesús les dice que los que creen en él han sido atraídos por el Padre y luego reitera: "Yo soy el pan de vida", y quien lo come no muere. Si los asistentes hubieran pensado que la afirmación "yo soy el pan de vida" era una metáfora, pues no se refería a un verdadero pan, ahora se percatan de que es un pan que se puede comer, no un mero símbolo. Jesús continúa develando el significado diciendo que "el pan que yo os daré es mi carne" y que lo da para que el mundo tenga vida. Estas palabras generan una duda, por demás razonable, entre los asistentes: "¿cómo puede éste darnos a comer su carne?".

La respuesta de Jesús es reiterativa y, en cierto modo, desafiante: "En verdad, en verdad os digo que, si no coméis la carne del Hijo del Hombre y no bebéis su sangre, no tendréis vida en vosotros". Ya no se trata sólo de comer su carne, ha añadido el beber su sangre; y además asegura: "Mi carne es verdadera comida y mi sangre es verdadera bebida". Añade que quien come su carne y bebe su sangre "permanece en mí y yo en él" y, para despejar cualquier duda de que sus palabras tuvieran un valor sólo simbólico, dice: "Aquel que me come" vivirá por mí. Para concluir su discurso, reitera que él es "el pan que ha bajado del cielo" y que "quien come este pan vivirá eternamente".

Narra Juan que las palabras de Jesús causaron rechazo y que muchos de los discípulos, no los enemigos, de Jesús, decían:[16] "Es dura esta enseñan-

---

[15]   Es el llamado discurso eucarístico o discurso del pan de vida, Jn 6,26-59.

[16]   Jn 6,60.

za, ¿quién puede escucharla?". Como consecuencia, "muchos discípulos se echaron atrás y ya no andaban con él".[17]

Jesús, para probar a los doce, les pregunta si también ellos quieren marcharse. Pedro responde, aparentemente hablando por todos, "¿a quién iremos? Tú tienes palabras de vida; nosotros hemos creído y conocido que tú eres el Santo de Dios". Pedro, aunque ciertamente no entiende todavía lo que significa eso de comer la carne de Jesús y beber su sangre, acepta como verdaderas las palabras de Jesús y manifiesta su fe en Jesús como enviado de Dios.

III. La Última Cena

La afirmación de que Jesús es el pan de vida va a encontrar su realización en la Última Cena, cuando Jesús lo confecciona.

Si bien este episodio ocurre en sus últimos días, a los que suele llamar su semana de pasión, y en ese marco histórico cronológico conviene entender su afirmación de que él es el pan de vida, y considerarlo en relación con los milagros de la multiplicación de los panes y el discurso eucarístico. Esta perspectiva tiene un interés adicional por poner en relación el discurso eucarístico, que sólo transmite Juan, con los relatos de la consagración del pan y del vino, que vienen en los tres evangelios sinópticos, pero no en el de Juan.

Es importante considerar la historicidad de los relatos de la Última Cena, para constatar que narran acontecimientos realmente sucedidos y no meras alegorías o metáforas. Las fuentes de ese relato, los cuatro evangelios y la primera Carta a los corintios,[18] nos dan una seguridad razonable de que lo que narran sucedió en un tiempo y lugar determinados, seguridad que se funda en los testimonios convergentes y en la misma vida de la comunidad cristiana de los primeros tiempos, mas no una certeza empírica, como la que pueden proporcionar las ciencias naturales. Este grado de incertidumbre del conocimiento histórico es connatural al conocimiento humano que se funda en la confianza en las palabras

---

[17]   Jn 6,66.
[18]   Mt 26,26-28. Mc 14,22-24. Lc 22,19-20. 1 Cor 11,23-26.

de otro, es decir, en la fe humana. Como Jesús no escribió su autobiografía ni un documento que contuviera su doctrina, lo conocemos, inicialmente, por medio del testimonio de los evangelistas, que son reflejo del testimonio de los apóstoles y de los primeros cristianos, es decir, que lo conocemos por un conocimiento histórico de fe humana; a partir de ese conocimiento humano, se podrá recibir el conocimiento por la fe teologal.

A. La fecha de la Última Cena

Es aceptado que la cena ocurrió el jueves, cuatro días después de la entrada de Jesús en Jerusalén, pero ha sido un problema determinar si la fecha fue el 13 o el 14 Nissan, lo cual es importante para saber si la muerte de Jesús ocurrió el día de Pascua, si la cena fue el 14 Nissan, o si ocurrió un día antes de la Pascua, si la cena tuvo lugar en el 13 Nissan. La duda se genera porque los sinópticos parecen decir que la cena fue el día 14, y Juan afirma que fue el día 13.

Marcos,[19] al que siguen Mateo y Lucas,[20] da una fecha precisa: "El primer día de los ácimos, cuando se sacrificaba el cordero pascual". Según esta cronología, la tarde del primer día de los ácimos (el 14 Nissan), que es la víspera de la fiesta de Pascua, sería la tarde del jueves, y la Pascua comenzaría ese día tras la puesta del sol y continuaría el viernes. De acuerdo con esa fecha de la cena, el proceso y condena de Jesús, así como su muerte, ocurrieron el mero día de la Pascua. Eso parece poco probable, máxime que los enemigos de Jesús se habían propuesto matarlo, pero "no durante las fiestas".[21]

De acuerdo con el texto de Juan, la Última Cena no fue una verdadera cena pascual, sino que ocurrió un día antes de la fecha en que debía celebrarse, es decir, fue en el 13 Nissan. Por eso dice que los jefes judíos que llevaron a Jesús ante Pilatos evitaron entrar en el pretorio "para no incurrir en impureza y poder comer la Pascua",[22] esto es, poder comer la cena pascual, lo que indica que la condena y ejecución de Jesús, que ocurrieron ese mismo día, fue el día de víspera de la Pascua (el 14 Nissan), el mismo día en que se sacrificaban

---

[19] Mc 14,12.

[20] Mt 26,17 y Lc 22,7.

[21] Mc 14,1.

[22] Jn 18,28.

los corderos para celebrarla. Algunos han pensado que Juan, por una propia concepción teológica, hizo que en su relato apareciera la muerte de Jesús el mismo día que se sacrificaban los corderos. Pero esta suposición no tiene sustento documental y, por otra parte, está la dificultad de aceptar que la muerte de Jesús haya ocurrido el gran día de la Pascua, así como la de explicar la actitud de los acusadores de Jesús, que se niegan a entrar en el pretorio para poder comer la Pascua. Actualmente se tiende a preferir la cronología de Juan, como lo hace Ratzinger, y se han desechado las explicaciones de la existencia de dos calendarios, conforme a los cuales se celebraba la Pascua, al constatarse que Jesús, a lo largo de su vida siguió el calendario de fiestas usual en el templo de Jerusalén y no otro distinto.[23]

B. Qué clase de cena fue la Última Cena

En el relato de Marcos,[24] a quien aparentemente siguen Mateo y Lucas, la Última Cena se presenta como una cena pascual, como aparece desde las primeras palabras de la narración, cuando los discípulos preguntan a Jesús dónde quiere comer "la Pascua". La cena pascual de los judíos era un acto ritual, que estaba cuidadosamente regulado y que debía realizarse de conformidad con lo prescrito. Las narraciones de la Última Cena no parecen ajustarse a ello, aunque tienen algunas similitudes. De acuerdo con lo prescrito, la comida principal era un cordero, previamente sacrificado en el templo, que nunca se menciona en las narraciones evangélicas; sí mencionan los panes sin levadura y las hierbas amargas, así como diversas libaciones, pero todo eso puede ser común a cualquier cena. Hay quienes sostienen que se trató de una cena pascual, celebrada de acuerdo con las prescripciones vigentes, pero la fecha no coincide y no se puede demostrar que el transcurso de la cena se desarrolló conforme a las reglas prescritas.[25]

---

23 Ratzinger II,, p. 131. También Meier I, *op. cit.*, 395 y ss. Con base en que el día de la Última Cena fue el 13 Nissan (un jueves) y que la muerte ocurrió el 14 Nissan (el viernes), se ha podido precisar el año de la muerte de Jesús, el año 30, cuando el 14 Nissan ocurrió en viernes.

24 Mc 14,12 y ss. Mt 26,17 y ss. Lc 22,7 y ss.

25 Así L . C. Fillon, *Vida de Nuestro Señor Jesucristo*, III, p. 113 y ss.

Meier ha propuesto, y Ratzinger lo aprueba, que se trató de una cena de despedida.[26] Sabiendo Jesús que su fin se acercaba, convocó a los doce a una cena que será la última que celebre con ellos. No fue una cena ritual de Pascua, pero al final, Jesús hará un acto especial que dará el sentido propiamente cristiano a esa cena, esto es, la bendición y consagración del pan y del vino, a los que presenta como su cuerpo y su sangre, y da a comer y beber a sus discípulos. Esta ingestión del pan y vino consagrado es lo que le da un carácter propio a esta cena, que posteriormente los cristianos llamaron cena pascual, no porque fuera la cena ritual de los judíos, sino la cena cristiana o Pascua cristiana en la que los discípulos comen el cordero de Dios. Por eso Marcos, al que siguen Mateo y Lucas, puede referirse a esa cena como una Pascua, que se entendía como la Pascua cristiana.

C. Jesús hecho pan de vida

En el discurso llamado eucarístico, pronunciado en la sinagoga de Cafarnaúm, Jesús afirmó que él es el "pan de vida", que su cuerpo es verdadera comida, que su sangre es verdadera bebida y que quien come su cuerpo y bebe su sangre tiene vida eterna. Estas palabras, quizá pronunciadas unos doce meses antes debieron resonar en la memoria de los discípulos cuando comieron y bebieron el pan y el vino que Jesús les presentó como su cuerpo y su sangre en la cena de despedida.[27] Entonces, ellos ya comen su cuerpo y beben su sangre.

Los tres sinópticos hacen la narración del acto por el que Jesús consagra el pan y el vino.[28] Juan, aunque relata la Última Cena, no lo menciona, quizá porque, conocedor de los evangelios y de la práctica cristiana, no le pareció que tuviera nada nuevo que agregar, a diferencia, por ejemplo, de lo relativo a la fecha de la Última Cena, respecto de lo cual dio noticias que completaban la narración sinóptica. Pero hay un cuarto relato, que es el más antiguo, previo a los evangelios sinópticos, que es la primera Carta a los corintios,[29] de san

---

[26] Ratzinger II, p. 135.

[27] Juan coloca el discurso eucarístico en Cafarnaúm poco después de la Pascua, que posiblemente fue la Pascua a la que acudió Jesús durante el segundo año de su de ministerio público.

[28] Mt 26,26-29. Mc 14,22-25. Lc 22,14-20.

[29] 1 Cor 11,23-26.

Pablo. Resulta así que hay cuatro relatos sobre el acto por el cual Jesús se convierte a sí mismo en pan de vida y se da a comer y beber a sus discípulos, es decir, cuatro relatos de la institución de la Eucaristía.

Éste es un acto totalmente extraordinario en la historia de las religiones: que Dios mismo, encarnado en un hombre judío llamado Jesús, se hace a sí mismo pan, para que sea comido por sus discípulos. Por ser tan absolutamente distinto de cuanto se ha vivido en la historia humana, no cabe pensar que el acto fuera un invento de los discípulos o de la comunidad cristiana. Los relatos de la institución de la Eucaristía se han analizado con mucho cuidado. Los cuatro pueden reducirse a dos modelos comunes, uno que siguen Marcos y Mateo, y el otro que parece ser la fuente común de Lucas y Pablo. Entre ellos hay coincidencia en lo sustancial, aunque lógicamente, hay diferencias de detalles, algunos significativos.

1. *Los actos iniciales.* Los cuatro relatos comienzan con dos afirmaciones. La primera es que, en el ámbito de la Última Cena, Jesús toma el pan y lo bendice (Mateo y Marcos) o da gracias (Lucas y Pablo). La acción de bendecir y la acción de dar gracias son complementarias y formaban parte de la gran oración de acción de gracias y bendición (*berakha*) de la tradición judía, que formaba parte del rito pascual. La acción de dar gracias por el don recibido se convierte en bendición sobre el mismo.[30] Los relatos muestran, en esta parte, que la consagración del pan y del vino no son un acto aislado, sino una parte de la oración de Jesús, quien da gracias al Padre y bendice con el amor del Padre, de modo que el alimento se hace santo. De esta bendición y acción de gracias o *eucharistia* se tomó el nombre que se ha dado a este acto de Jesús.

La segunda afirmación es que Jesús partió el pan y luego lo dio a los discípulos. El acto de partir el pan es un gesto propio del padre de familia que distribuye el alimento entre sus hijos; el padre es quien parte y comparte. Al partir y repartir el pan, que Jesús transformará en su cuerpo, él mismo se da a sus discípulos. Jesús debió tener un modo peculiar de bendecir y partir el pan, pues fue este gesto de partir el pan el que hizo que los discípulos de Emaús lo

---

[30] Así en 1 Tim 4,4 y ss.: "No se ha de rechazar ningún alimento que se coma con acción de gracias; pues está santificado por la Palabra de Dios y por la oración".

reconocieran.[31] Este gesto de partir el pan dio otro nombre a este acto por el que los primeros cristianos lo conocían, la "fracción del pan".

2. *Las palabras de la consagración.* Durante la cena, después de dar gracias y bendecir, Jesús pronuncia las palabras por las que transforma el pan en su cuerpo y el vino en su sangre. Palabras que se suelen llamar de la consagración.

a) La consagración del pan. Respecto del pan, Jesús, según los relatos de Mateo y Marcos, dijo escuetamente: "Esto es mi cuerpo". Lucas y Pablo añaden: "Que será entregado por vosotros".

Cuando Jesús afirma que el pan es su cuerpo no se refiere a un cadáver, ni a su cuerpo separado del espíritu o alma, sino a su cuerpo vivo, es decir, a Jesús mismo. Él, presente entre sus discípulos, los invita a comerlo, a tomarlo como alimento, al mismo tiempo que permanece entre ellos. Las palabras de Jesús debieron de desconcertar a los discípulos. Podrían pensar: "¿Cómo nos dice que el pan es su cuerpo, cuando lo estamos viendo a Él, con su cuerpo, en frente de nosotros? Y no nos dice que el pan es figura o símbolo de su cuerpo, sino que afirma, al mostrárnoslo, que es su cuerpo. ¿Cómo podrá eso ser posible?".

Ninguno de los relatos narra que hubiera alguna duda u objeción de los discípulos a las palabras de Jesús. Creyeron en ellas, pues venían de aquel que enseñaba una doctrina maravillosa, que había curado a ciegos y leprosos, que resucitó a muertos y que, con su sola palabra, calmaba las tempestades. Quizá no entendieron, pero creían que Jesús les decía la verdad. Y comieron el cuerpo de Jesús, que estaba íntegro frente a ellos.

Las palabras finales "que será entregado por vosotros" dan al acto un significado adicional, el de sacrificio. Jesús anuncia que entregará su cuerpo, es decir, su vida, por el bien de los discípulos. Al imaginar la escena, uno se pregunta cómo podrían entender los discípulos lo que Jesús hace. Les ha dado un pedazo de pan a cada uno para que lo coman y les dice que ese pan es su cuerpo, y ellos aparentemente lo comieron sin hacer preguntas ni levantar objeciones. Quizá recordaban las palabras del discurso de Cafarnaúm, cuando Jesús les decía que su cuerpo es verdadera comida. Pero ahora Jesús les anuncia

---

[31]   Lc 24,30-31.

que entregará su cuerpo a la muerte, por el bien de ellos. Los discípulos podrían preguntarse: "¿Cómo es posible que nos dé a comer su cuerpo, como verdadero alimento de vida, y nos anuncie que entregará su cuerpo a la muerte? ¿Acaso comeremos su cuerpo para después morir como Él?". Lo que hace Jesús es congruente con las palabras que había dicho algunos días antes: "Nadie me quita la vida, sino que yo la entrego libremente. Tengo poder para entregar la vida y tengo poder para recuperarla".[32] El cuerpo que va a entregar es el cuerpo que morirá, y el cuerpo que reparte es el cuerpo resucitado. Los discípulos que comen su cuerpo participan en la muerte y en la resurrección del único cuerpo de Jesús.

De acuerdo con las narraciones de Lucas y Pablo, después de repartir el pan, Jesús les dijo: "Hagan esto en conmemoración mía". Es decir, hagan lo que acabo de hacer: tomen el pan, den gracias, pidan la bendición del Padre, pártanlo y repártanlo entre los demás discípulos para que todos coman ese pan que es mi cuerpo; y que lo hagan en conmemoración de Jesús, es decir, en nombre de Jesús, de modo que hagan lo mismo que Él hizo, como si ellos, los apóstoles, fueran el mismo Jesús.

En el discurso de Cafarnaúm, Jesús había prometido la vida eterna a todos los que comieran su cuerpo y bebieran su sangre, pero en la Última Cena, únicamente reparte el pan a sus once apóstoles; para que la promesa de Jesús fuera realizable sería necesario que todos los hombres tuvieran la posibilidad de comer su cuerpo y beber su sangre. Por eso, se entiende que las palabras que dijo Jesús a los apóstoles, y únicamente a ellos, de que hicieran lo que él hizo, significa que les da el poder para hacer lo que él hizo, esto es, para transformar el pan y el vino en el cuerpo y la sangre de Jesús, para que, de esa manera, todos los que crean o lleguen a creer en Jesús tengan la posibilidad de alimentarse para la vida eterna.

b) La consagración del vino. Aunque el objeto de esta exposición es reflexionar sobre lo que significa la afirmación que Jesús es el "pan de vida", dada la conexión que tuvo en la Última Cena el pan con el vino, me referiré brevemente a la consagración de éste. Lo primero que destaca es la consagración

---

[32]   Jn 10,18.

separada del pan y del vino, convertidos en cuerpo y sangre. Esta separación realza el significado sacrificial del acto, que recuerda los antiguos sacrificios de animales, en los que se separaba la sangre del cuerpo. Por esa separación de la sangre, en las palabras de consagración del vino, resalta el acto como sacrificio, con más fuerza que en la sola consagración del pan.

Las palabras de consagración del vino hacen referencias a textos del Antiguo Testamento que permiten ahondar en su significado. Marcos dice que las palabras de Jesús fueron: "Ésta es mi sangre, sangre de la alianza, derramada por muchos"; Mateo añade: "para el perdón de los pecados". En el otro modelo transmitido de este relato, Pablo afirma que Jesús dijo: "Ésta es la nueva alianza sellada con mi sangre; haced esto cada vez que lo bebáis en memoria mía" y Lucas señala que las palabras fueron: "Este cáliz es la nueva alianza sellada con mi sangre, que se derrama por vosotros".

Hay dos claras diferencias en los dos modelos transmitidos. En Marcos y Mateo, la palabra "sangre" es el sujeto principal de la oración: ésta es mi sangre. En cambio, en Pablo y Lucas dicen: "Ésta es la nueva alianza sellada con mi sangre". La otra diferencia es que Marcos y Mateo hablan de la sangre "de la alianza", mientras que Pablo y Lucas hablan de la "nueva alianza". En las cuatro versiones hay coincidencia en que el vino se transforma en la sangre de Jesús,[33] así como el pan se transformó en su cuerpo, y que Jesús invita a beber del cáliz que contiene el vino transformado en su sangre.[34]

Que se hable de la alianza o de la nueva alianza depende de la conexión con ciertos textos del Antiguo Testamento. Mateo y Marcos se refieren a la alianza entre Dios y el pueblo de Israel, cuando el pueblo aceptó la palabra y los preceptos que Dios les daba por medio de Moisés, y prometió obedecer; luego Moisés roció el altar y el pueblo con la sangre de los animales sacrificados y dijo:[35] "Ésta es la sangre de la alianza que Yahvé ha hecho con vosotros de acuerdo con todas

---

[33] En Marcos y Mateo se dice expresamente que el vino "es mi sangre". Lucas y Pablo lo dicen implícitamente cuando afirman que la nueva alianza está sellada "con su sangre", la cual no puede ser más que el vino vertido en el cáliz.

[34] San Pablo es el único que dice expresamente que el vino, la sangre, en el cáliz, se beberá, pero por el hecho de que el vino está en el cáliz, en el ámbito de una cena, se entiende que es para que todos lo beban, como todos comieron el pan.

[35] Ex 24,7-8.

estas palabras" (las que Moisés había recibido, transmitido verbalmente al pueblo y luego redactado por escrito). Esto ocurrió hacia el año 1250 a. C. La promesa de obediencia del pueblo a las palabras de Yahvé se rompía continuamente por la debilidad del pueblo, por lo que Dios permitió el destierro del pueblo a Babilonia y la destrucción del templo en el año 587 a. C. En ese momento de desolación, el profeta Jeremías anunció la promesa de una nueva alianza con estas palabras: "Van a llegar días –oráculo de Yahvé– en que yo pactaré con la casa de Israel (y con la casa de Judá) una nueva alianza; no como la alianza que pacté con sus padres, cuando los tomé de la mano para sacarlos de Egipto; que ellos rompieron mi alianza, y yo hice estrago con ellos –oráculo de Yahvé–. Sino que ésta será la alianza que yo pacte con la casa de Israel, después de aquellos días –oráculo de Yahvé–: pondré mi Ley en su interior y sobre sus corazones la escribiré, y yo seré su Dios y ellos serán mi pueblo".[36]

Jesús dice que el vino consagrado es la sangre de esa nueva alianza, que es irrevocable, porque ya no depende de la obediencia del pueblo, siempre errática, sino de la obediencia perfecta de Jesús, quien, como dice Mateo al referir la consagración del vino, se entregó a la muerte "para remisión de los pecados".

La obra de remisión de los pecados no es simplemente un olvido del mal introducido en el mundo por los pecados de los hombres, de las injusticias, la violencia, el desprecio de unos por otros, los odios, las envidias, la esclavitud, la explotación de los débiles y demás; el mal no es algo que se pueda ignorar o simplemente olvidar, como si se dijera "borrón y cuenta nueva", sino que tiene que ser superado, esto es, expiado, por un bien mayor. Jesús, con su obediencia perfecta, supera el mal introducido por los pecados o desobediencia de los hombres. Su obediencia perfecta estaba profetizada por Isaías,[37] en la figura del siervo doliente,[38] de quien dice que sería "despreciado, marginado, hombre doliente y enfermizo, como de taparse el rostro por no verle. Despreciable, un don nadie. ¡Y con todo eran nuestras dolencias las que él llevaba y nuestros dolores los que soportaba! Nosotros le tuvimos por azotado, herido de Dios y humillado. Él ha sido herido por nuestras rebeldías, molido por

---

[36] Jer 31.31.

[37] Is 53,3-5.

[38] *Idem.*

nuestras culpas. Él soportó el castigo que nos trae la paz y con sus cardenales hemos sido curados".

Recientemente se ha discutido el significado de la frase, en las palabras de consagración del vino, que dice que la sangre se derrama por "muchos", como afirman Marcos y Mateo, o que se derrama "por vosotros", es decir, por los discípulos. Por "muchos" puede entenderse la totalidad, pues la palabra aramea que significa "muchos" suele usarse también en el sentido de "todos".[39] Así lo entendió ya la comunidad cristiana de los primeros años, como lo demuestra la primera carta de Pablo a Timoteo,[40] que dice que Jesús es el único mediador entre Dios y los hombres, "que se entregó en rescate por todos".[41] También puede entenderse la palabra "muchos" en el sentido de que, si bien Jesús se entregó por todos, no todos aprovechan su salvación, sino muchos; en este sentido coincide con la expresión de que Jesús se entrega por "vosotros", esto es, por los discípulos, por quienes le siguen, si bien, invita a todos a seguirlo.

En la Última Cena, Jesús hace realidad la promesa que hizo en Cafarnaúm: "Yo soy el pan vivo que ha bajado del cielo". Lucas transmite la emoción que experimentó Jesús cuando iba a celebrar la cena, que se reflejaba en estas palabras: "Ardientemente he deseado comer esta Pascua con vosotros antes de padecer".[42] Con ella estableció, para provecho de toda la humanidad, el alimento para tener la vida eterna.

IV. Jesús, pan de vida eterna

En el discurso de Cafarnaúm, Jesús dice expresamente: "El que come mi carne y bebe mi sangre tiene vida eterna, y yo le resucitaré en el último día".[43] En la Última Cena transforma, con su sola palabra, el pan en su cuerpo y el vino

---

[39]   Véase Ratzinger II, pp. 160 y ss.

[40]   1 Tim 26.

[41]   También puede entenderse la palabra "muchos" en el sentido de que, si bien Jesús se entregó por todos, no todos aprovechan su salvación, sino muchos.

[42]   Lc 22,14.

[43]   Jn 6,54.

en su sangre, y los da a comer y beber. Se cumple la promesa de que su cuerpo es verdadera comida y pan para la vida eterna. Cabe preguntar ahora qué es lo que entiende Jesús por vida eterna y cuándo y cómo se adquiere.

A. Qué es la vida eterna

Jesús, el pan de vida, es pan de vida eterna, pero qué puede ser esa vida, según lo que Jesús enseñó. Él mismo, por boca de Juan da la respuesta: "Ésta es la vida eterna: que te conozcan a Ti, el único Dios verdadero, y a Jesucristo, a quien Tú has enviado".[44] Conocer al Padre y conocer a Jesús no es un acto meramente intelectual, como conocer un lugar, una ciudad, una montaña, una teoría o, incluso, una persona. Conocer, en los evangelios, tiene también el significado, de confiar, creer,[45] experimentar[46] y unirse por amor a otra persona.[47] Conocer a Dios es amarlo y experimentar su amor, unirse a Él y compartir su vida, que es vida eterna.[48]

Sólo Dios eterno tiene vida eterna. La vida eterna que Jesús da es participación en la única vida eterna, la de Dios. Jesús, el pan de vida, es el alimento por el que los hombres pueden participar en la vida eterna de Dios, conociendo al Padre y a Jesús, su enviado.

---

[44] Jn 17,3.

[45] Por ejemplo, cuando Juan dice en su Evangelio (1,10) que el mundo "no conoció" a Jesús, no dice que Jesús no fuera conocido entre sus contemporáneos, sino que muchos, o la mayoría, esto es, el "mundo", no confiaba en él, ni creía que sus palabras fueran verdaderas. En cambio, Pedro, hablando por los discípulos, dice: "Nosotros hemos 'conocido y creído' que tú eres el Santo de Dios (Jn 6,69).

[46] Así en el Evangelio de Marcos (5,30), cuando la mujer con flujo de sangre toca a Jesús, él "conoce", es decir, experimenta, que una fuerza ha salido de Él.

[47] Tal es el sentido de la expresión de Mateo, cuando dice que María, sin que José la "hubiera conocido" dio a luz a Jesús.

[48] Así lo afirma Jesús, en palabras transmitidas por Juan (17,26): Jesús ha dado a conocer el Padre a los discípulos, para que el amor con que el Padre ama a Jesús esté en los discípulos, y así ellos se sientan amados por el Padre. También, cuando les promete que el Espíritu Santo descenderá sobre ellos, dice a los discípulos que ellos ya lo conocen "porque permanece" a su lado y porque "está" en ellos (Jn 14,17).

Participar en la vida de Dios es tener parte, de una manera siempre muy limitada, en la sabiduría de Dios,[49] en el amor de Dios,[50] en el poder de Dios para hacer las obras de amor que Él quiere, y experimentar su amor, es decir, saberse amado eterna e indefectiblemente por Él.[51]

B. Cuándo se adquiere la vida eterna

"Vida eterna" es una expresión que aparece frecuentemente en los evangelios. En los sinópticos, la vida eterna aparece como algo futuro, algo que se puede alcanzar, y que de momento no se tiene. Así aparece en la pregunta del joven a Jesús acerca de qué debe hacer para alcanzar la vida eterna,[52] o cuando Jesús afirma que sus discípulos tendrán como premio la vida eterna,[53] o cuando dice que, en el día del juicio, quienes obraron el bien al prójimo reciben la vida eterna.[54]

En cambio, en el Evangelio de Juan, la vida eterna aparece como algo ya presente, algo de lo cual pueden disfrutar los discípulos aquí y ahora. Así, en el diálogo con Nicodemo,[55] o con ocasión de la disputa acerca de cuál bautizo era mejor, si el de Juan o el de Jesús,[56] o en un discurso posterior a la curación del ciego en sábado,[57] y en otros lugares, Jesús afirma que quien cree en Él y en quien le envió "tiene vida eterna". En el discurso eucarístico en Cafarnaúm repite que quien cree en Él tiene vida eterna, pero también añade que quien come su cuerpo y bebe su sangre "tiene vida eterna".

En esta perspectiva del cuarto Evangelio, la vida eterna coexiste con la vida natural, de modo que es una vida que los hombres pueden vivir ya en su tiempo

---

[49] Jesús enseñó a los apóstoles una sabiduría divina, que el Padre le había dicho que comunicara, y envió sobre ellos el Espíritu Santo: "Él os enseñará todo y os recordará todas las cosas que os he dicho". Véase Juan 14,26.

[50] Jn 14,23: "Si alguno me ama, guardará mi palabra, y mi Padre le amará, y vendremos a él y haremos morada en él".

[51] Jn 14,12: "En verdad, en verdad os digo: el que cree en mí, también él hará las obras que yo hago...".

[52] Mt 19,15; Mc 10,17; Lc 18,18.

[53] Mt 19,20; Mc 10,30; Lc 18,30.

[54] Mt 25,46.

[55] Jn 3,15 y16.

[56] Jn 3,36.

[57] Jn 5,24.

histórico, en coexistencia con su vida natural, y quienes perseveren en la fe y el camino de Jesús, la obtendrán plenamente, en la medida que a cada uno corresponda, después de su muerte. Es algo semejante y paralelo a lo que ocurre respecto del Reino de Dios: ya está presente, pero aún no se cumple plenamente.

C. Cómo se adquiere

La vida eterna es vida que Jesús da. Él se define como el buen pastor, que da a sus ovejas la vida eterna,[58] y afirma, en la oración sacerdotal, que recibió el mandato del Padre de dar la vida eterna a todos los que le encomendó.[59]

Jesús da por medio del alimento que nutre esa vida, que es su propio cuerpo y sangre.[60] Pero también la da por medio de sus palabras, pues como bien dijo Pedro, después del discurso de Cafarnaúm, cuando él preguntó a los discípulos si también querían dejarlo, y Pedro respondió: "A quién iremos, tú tienes palabras de vida eterna",[61] es decir, palabras que dan la vida eterna.

Aunque Jesús, de acuerdo con el mandato del Padre, da a todos la vida eterna, no todos la alcanzan, pues para recibirla es necesario, como Él mismo dijo a Nicodemo, creer en Él, y nadie cree sin libremente quererlo.[62] Jesús la da a todos, pero no todos la reciben, porque no todos creen en Él.

Además, de acuerdo con la tradición judía, que se refleja en la pregunta del joven rico a Jesús acerca de las obras que debe hacer para alcanzar la vida eterna, es necesario hacer obras para alcanzarla. Las obras son los actos conforme con lo que Jesús enseña. Por eso dice Jesús que quien cuide "su" vida, es decir, la vida centrada en el propio yo, la pierde, y el que la "pierde" viviendo como Jesús enseña, gana la vida eterna,[63] o que el segador, con su trabajo, recoge el fruto para la vida eterna.[64] La participación que cada uno pueda tener en la vida eterna, viviendo aquí, en la historia humana o tiempo, es siempre

---

[58] Jn 10,28.

[59] Jn 17,2.

[60] Jn 6,26.

[61] Jn 6,58.

[62] Jn 3,15: "Para que todo el que crea tenga vida eterna en él".

[63] Jn 12,25.

[64] Jn 4,36.

muy limitada. La máxima participación que cada uno pueda tener es la que obtendrá después de la muerte. De ahí que Jesús afirme que el premio de sus discípulos es la vida eterna.[65] En cualquier caso, será una participación limitada.

V. Epílogo

Jesús es el pan de vida, que se da como alimento de vida eterna, es decir, como alimento que hace participar, a cuantos creen en Él, en la vida de Dios, la única vida verdaderamente eterna. Es algo totalmente nuevo, y único, en la historia de las religiones: primero, que Dios se haga hombre y viva y sufra como un hombre común y corriente, y no como un "súper hombre". Y luego, todavía más inaudito, que se haga alimento y bebida para comunicar su vida a todos los que quieran, y sólo a los que quieran.

Gracias a esa participación en la vida eterna, se puede entender lo que anunciaba el profeta Jeremías acerca de la nueva alianza: "Pondré mi Ley en su interior y sobre sus corazones la escribiré, y yo seré su Dios y ellos serán mi pueblo".

---

[65] Mt 19,20 y par.

Capítulo 10

Su entrada final en Jerusalén
y el fin de su predicación pública

Sumario. Introducción. I. Su último viaje a Jerusalén. A. Hostilidad contra Jesús. B. Jericó y el ciego Bartimeo. C. La cena en Betania y la unción por María. II. Su entrada en Jerusalén. A. El acontecimiento. B. Significado del acto: cumplimiento de una profecía. III. La purificación del templo. A. Significado del acto. B. La autoridad de Jesús. IV. Las últimas enseñanzas de su ministerio público. A. Las últimas preguntas capciosas. B. La crítica contra los escribas. C. Enseñanza sobre la divinidad del Mesías y de Jesús. D. Último discurso público de Jesús. V. Los preparativos para aprehenderlo. VI. El discurso escatológico. A. La profecía del fin del templo y de la ruina de Jerusalén. B. El tiempo de los paganos. C. El fin de la historia, el regreso del Hijo del Hombre y el juicio universal.

Introducción

Jesús inició su ministerio público con el bautismo en el desierto de Judá. Luego estuvo unos meses en Judá y en Jerusalén para la Pascua del año 28. Después, y tras la noticia del encarcelamiento de Juan el Bautista, se va a Galilea, donde permanece unos 18 meses, salvo el viaje que hizo a Jerusalén para la Pascua, desde la primavera del año 28 hasta la víspera de la fiesta de los Tabernáculos, en el mes de septiembre del año 29.[1] Deja Galilea para ir a Jerusalén y acudir

---

[1] Sigo aquí la cronología que marca el Evangelio de Juan en sus capítulos 7 al 12.

a la fiesta de los Tabernáculos. Está en Jerusalén para la fiesta, luego viaja a regiones aledañas de Judea y Perea; se le ve de nuevo en Jerusalén, en el mes de diciembre, durante la fiesta de la Dedicación; pasada esa fiesta, se retira a las regiones aledañas, concretamente a la ciudad de Efraím[2] y vuelve a Jerusalén para la Pascua del año 30, en cuya víspera, el viernes 14 Nissan, será crucificado. Su enseñanza pública terminó dos o tres días antes, con los diálogos y discursos en el templo de Jerusalén, de los que nos informan los tres evangelios sinópticos y, más ampliamente, el de Juan.

En este capítulo se trata de ese último viaje a Jerusalén, su entrada en la ciudad, y sus últimas discursos y enseñanzas al pueblo congregado en el templo.

I. Su último viaje a Jerusalén[3]

Su ministerio público va a terminar en Jerusalén, donde Él sabía que lo iban a matar. En varias ocasiones había predicho a sus discípulos que moriría violentamente a manos de los dirigentes judíos y de los gentiles.[4] Ahora, mientras está en camino, por última vez, hacia Jerusalén, para acudir a la Pascua del año 30, vuelve a predecir su muerte, sólo a los doce, con estas palabras: "Mirad, subimos a Jerusalén, y el Hijo del Hombre será entregado a los príncipes de los sacerdotes y a los escribas, le condenarán a muerte, y lo entregarán a los gentiles para burlarse de él y azotarlo y crucificarlo, pero al tercer día resucitará".[5] A pesar de que sabe lo que le espera, está firmemente decidido a ir a Jerusalén

---

2   Jn 11,55.

3   Me referiré sólo a los últimos episodios previos a su entrada en Jerusalén.

4   La primera predicción ocurre en Galilea, después de que Jesús preguntara a sus discípulos quién pensaban que era él, y que Pedro respondiera que era el hijo de Dios. Jesús dice que él debe ir a Jerusalén, donde padecerá por causa de los dirigentes judíos, y será muerto a manos de ellos: Mt 16, 21; Mc 8,31; Lc 9,22; todos coinciden en el contenido del anuncio y el momento en que se produce, después de la confesión de Pedro. Hace un segundo anuncio en Galilea, en un momento posterior a su transfiguración Mt 17, 22-23; Mc 9,30-32; Lc 9,44-45; todos coinciden en que el anuncio ocurre después de la transfiguración, y en el contenido del anuncio, de que Jesús será entregado "en manos de los hombres"; Mateo y Marcos añaden el anuncio de la resurrección al tercer día.

5   Mt 20,18-19; Mc 10,332-33; Lc 18,31-32. Todos coinciden en el contenido del anuncio y en el momento en que se produce: camino a Jerusalén.

para la Pascua del año 30. Marcos lo describe así: "Iban de camino subiendo a Jerusalén, Jesús los precedía y ellos estaban sorprendidos; los que le seguían tenían miedo".[6]

A. Hostilidad contra Jesús

El conflicto de Jesús con los fariseos y los dirigentes judíos se había planteado desde los primeros días de su ministerio, a propósito de su poder de perdonar los pecados, de la observancia del sábado y del ayuno. La hostilidad de los dirigentes es como un contrapunto que siempre acompañó su ministerio. Crecerá hasta el punto en que los dirigentes deciden matarlo. De acuerdo con el Evangelio de Juan, fue la resurrección de Lázaro y las adhesiones a Jesús que ello causaba, el detonante para que los jefes de los judíos se reunieran y decidieran dar muerte a Jesús, siguiendo el consejo de Caifás, quien dijo que más vale que muera un hombre y no que perezca toda la nación.[7] Según el mismo Juan, los príncipes de los sacerdotes y los fariseos habían dado órdenes de que si alguien sabía dónde estaba Jesús, lo denunciarán para poderlo aprehender.[8]

Jesús caminaba a Jerusalén sabiendo lo que le esperaba. Aquí vale recordar su afirmación de que nadie le quita la vida, sino que él libremente la entrega.[9] En este último viaje lo acompañaban sus discípulos y una multitud que iba junto con él para celebrar la Pascua.

B. Jericó y el ciego Bartimeo

Al entrar en Jericó, el ciego Bartimeo, que se apostaba en el camino hacia Jerusalén, oyó el alboroto de la multitud que entraba, conoció que venía Jesús y comenzó a gritar, según refieren los tres sinópticos,[10] "Jesús, hijo de David" ten piedad de mí. Jesús hizo el milagro de devolverle la vista. Pero conviene ahora fijarse en el sentido mesiánico que tiene la exclamación de Bartimeo,

---

6   Mc 10,32.

7   Jn 11,45-57. Mateo (26,3) también da cuenta de esa reunión del Sanedrín, pero no precisa el tiempo, pero agrega que querían matarlo un día que no fuera el de la fiesta de Pascua.

8   Jn 11, 57.

9   Jn 10,18.

10   Mc 10,46 y Lc 18,38. Mt 20,30, aunque se refiere a dos ciegos.

"hijo de David". Es una proclamación pública de que Jesús es el esperado. En el Evangelio de Mateo hay varias referencias al Hijo de David en momentos anteriores, y en la genealogía que da de Jesús comienza con la afirmación de que Jesús es hijo de David.[11] Pero en estos últimos días del ministerio público de Jesús, el título de hijo de David será más usado. La exclamación mesiánica hecha por Bartimeo, seguida del milagro de su curación y del hecho de que el ciego curado se haya unido a la procesión rumbo a Jerusalén, fueron elementos que pudieron encender el entusiasmo de la multitud que peregrinaba con Jesús.

C. La cena en Betania y la unción por María

Al llegar a Betania se organizó en casa de Simón el Leproso, según Marcos y Mateo,[12] una cena en honor de Jesús, a la que acuden sus amigos, María, Martha y Lázaro, recién resucitado. Dice Juan[13] que tuvo lugar seis días antes de la Pascua, lo que permite fijar que la cena fue el sábado previo a la Pascua del año 30, que fue también en sábado.[14] Juan destaca que una gran multitud de judíos habían acudido por ver también a Lázaro, a quien Jesús había resucitado.[15]

Durante la cena, María,[16] la hermana de Martha y Lázaro se acercó a Jesús, con un frasco lleno de perfume de nardos, muy costoso, y derramó el perfume sobre la cabeza de Jesús; Juan agrega que primero lavó los pies de Jesús con el perfume y los secó con sus cabellos. Seguramente María obra movida, entre otras cosas, por gratitud por la resurrección de Lázaro, pero ¿qué significado tiene para ella ese acto? Es imposible saberlo con certeza porque no conocemos sus palabras, pero algo se puede conjeturar a partir de las acciones que

---

[11] Mt 1,1. Hay también la referencia a dos ciegos en Galilea que le piden compasión diciéndole "¡ten piedad de nosotros, Hijo de David!" (9,27): la opinión de quienes presenciaron el milagro de la expulsión de un demonio, que se decían "no será éste el Hijo de David" (12,23) y la exclamación de la mujer cananea que pide que cure a su hija, llamándole Hijo de David, la cual es especialmente interesante porque no era judía, lo que sugiere que ya era común llamarle así. En la genealogía que ofrece Lucas (3,37), también se afirma que Jesús es descendiente de David.

[12] Mc 14,3. Mt 26,6.

[13] Jn 12,1.

[14] Relatan esta cena: Mt 26,6-16; Mc 14,3-9 y Jn 12,1-11.

[15] Jn 22,9.

[16] Mc y Mt dicen "una mujer". Juan especifica que era María.

realiza. El acto de lavar los pies, que ordinariamente lo realizaban los esclavos, y que luego lo hará Jesús con sus discípulos, es una manera de indicar que reconoce a Jesús como su Señor, al que ella humildemente sirve. Al derramar el perfume sobre su cabeza, lo propone como alguien que debe ser honrado públicamente, pero no por ser un hombre rico o políticamente poderoso, sino, por ser Dios, el que hizo resucitar a Lázaro y que tiene un poder que prevalece sobre la muerte. Quizá las acciones de María signifiquen lo mismo que las palabras que dijo el apóstol Tomás al ver a Jesús resucitado: "Señor mío y Dios mío".

El acto de honrar públicamente a Jesús molestó a algunos de los presentes, y especialmente a Judas Iscariote,[17] quienes manifestaron su indignación por el derroche que representaba derramar un perfume tan costoso sin ningún provecho económico, diciendo que hubiera sido mejor venderlo por 300 denarios y repartir el precio entre los pobres, y por estas razones reclamaban a María por lo que había hecho.

Jesús responde a esas murmuraciones defendiendo a María, porque ha hecho una "buena obra conmigo".[18] Es decir, que Jesús acepta y agradece el honor que María le ha dado, y luego explica a los pobres los tendrán siempre entre ustedes, o sea que en cualquier tiempo podrán hacerles bien, pero a mí, a Jesús, no siempre me tendrán; con estas palabras, Jesús introduce el tema de su muerte próxima. Luego agrega que María, al derramar el perfume, se ha anticipado a embalsamar su cuerpo para la sepultura.[19] ¿Qué quiere decir con estas palabras, pues Jesús aún está vivo? Es quizá perfumar la víctima, el cuerpo de Jesús, que, como lo dirá en la consagración del pan en la Última Cena, va a ofrecerse por el perdón de los pecados. Quizá María no pensaba en la muerte próxima de Jesús, pues de las palabras que ella dijo y que recogen los evangelios, nada hay que induzca a pensar eso; lo que ella sabe sin duda es que Jesús es bueno, es su amigo,

---

[17]   Mateo dice (26,8) que los "discípulos" se indignaron, pero no se refiere específicamente a los doce; Marcos (14,4) se refiere a "algunos de los que estaban ahí", que podrían ser seguidores (discípulos) o no seguidores de Jesús. Juan (12,4-5), en cambio, tiene interés en destacar que Judas Iscariote fue uno de los que se indignaron, y quizá el primero que lo manifestó y atrajo a otros.

[18]   Lo dicen Mt 26,10 y Mc 14,6.

[19]   Los tres evangelistas que narran el acontecimiento, Mateo, Marcos y Juan afirman que Jesús entiende el acto como una preparación del cuerpo para la sepultura, es decir, como un acto de reconocimiento y de honor al cuerpo que va a morir y ser sepultado.

y que tiene un poder capaz de resucitar a los muertos. Es Jesús quien atribuye a la acción de María el significado de anticipar su embalsamamiento, de perfumar el cuerpo que va a entregarse en expiación por los pecados. De esta manera, Jesús descubre el significado completo que tiene el acto de María, que ella realiza con una intención quizá más limitada,[20] y profetiza que lo hecho por ella será recordado en todos los lugares donde se predique el Evangelio.

La unción de Jesús con el perfume de nardos y las palabras de Jesús producen un efecto extraño en Judas Iscariote. Se da cuenta de que Jesús es honrado públicamente, al menos, como un enviado de Dios, y que Jesús, en vez de aceptar eso como una preparación para la instauración definitiva de su reinado y el ejercicio pleno de su poder sobre todo el pueblo, lo asume como una preparación para su próxima muerte. Esto no es lo que se esperaría de un verdadero rey, de acuerdo con las experiencias humanas. Quizá Judas experimentó esa contradicción y dudó si seguir a Jesús fuera realmente algo bueno para él y para el pueblo, lo cual lo llevó a tomar la decisión de entregar a Jesús a los príncipes de los sacerdotes.[21]

---

[20] Un caso semejante de un acto realizado con una intención limitada, y que tiene un significado mayor oculto a su autor, es el de las palabras de Caifás de que "más vale que un hombre muera y no perezca toda la nación", con las que movió al Sanedrín para decidir la muerte de Jesús, pero con esas palabras, como apunta el evangelista Juan (11,50-52) estaba señalando la conveniencia de la muerte de Jesús para que el pueblo judío, y todos los pueblos, alcanzaran la redención.

[21] Mt 26,14; Mc 14,10 afirman, después de narrar la unción por María, que "entonces" Judas fue a ver a los príncipes de los sacerdotes; pero no precisan el momento en que lo hizo. El hecho de que hayan relacionado la unción de Jesús por María, con la traición de Judas, sugiere que entendieron que Judas cambió su comportamiento desde ese momento. Juan no hace referencia a la traición de Judas, al narrar la unción, pero sí destaca que Judas criticó el acto y explica que lo hizo "porque era ladrón", es decir, por codicia o ambición. Lucas, quien no narra la unción en Betania, afirma (22,1-4) que la entrevista de Judas con los príncipes de los sacerdotes tuvo lugar pocos días antes de la Pascua.

II. Su entrada en Jerusalén

A. El acontecimiento

Al día siguiente de la cena, Jesús reanudó su marcha a Jerusalén.[22] Lo acompañan los grupos de peregrinos que van allá, formado por los que lo acompañaban desde antes y quizá unos más que se agregaron en Betania.

La entrada en Jerusalén la narran los cuatro evangelios;[23] Juan de manera muy breve. Según dice Lucas,[24] Jesús caminaba al frente del grupo. Un poco antes de llegar a Jerusalén, al pasar por la aldea llamada Betfagé, junto al monte de los Olivos, Jesús se detiene y envía a dos discípulos a que entren en la aldea, con estas instrucciones: al entrar, encontrarán un burrito atado "en el que todavía no ha montado nadie", desátenlo y tráiganlo, y si alguien les pregunta por qué hacen eso, respondan "el Señor lo necesita" y luego lo devolverá aquí.[25] Ellos fueron a la aldea, encontraron el burrito atado que nadie antes había montado, lo desataron y lo llevaron a Jesús; unos (sus dueños, dice Lucas) les reclaman lo que hacen, ellos responden que el Señor lo necesita, y entonces les permiten llevárselo.[26]

Los enviados llevaron el burrito a Jesús.[27] Entonces se produjo una reacción espontánea entre los que lo acompañaban: algunos echaron sus mantos sobre el animal, para que Jesús se montara sobre ellos, otros echaban sus mantos al suelo para que Jesús pasara sobre ellos; otros cortaban palmas y ramas de árboles y las ponían en el suelo por donde él iba a pasar, y lo aclamaban. Hay ligeras diferencias sobre el contenido de las aclamaciones: Mateo dice que las "multitudes" que iban delante y detrás de Jesús lo aclamaban con estas palabras: "¡Hosanna al Hijo de David! ¡Bendito el que viene en nombre del Señor!

---

22   Juan 12,12 es quien da la referencia temporal "al día siguiente".

23   Mt 21,1-11; Mc 11,1-11; Lc 19,28-40.

24   Lc 19,28.

25   Mt 21,1-3 y Mc 11,1-3 coinciden en este relato.

26   Mc 11,5-6.

27   Mateo (21,7) dice que también llevaron la burra que lo había parido.

¡Hosanna en las alturas";[28] Marcos que decían: "¡Hosanna! ¡Bendito el que viene en nombre del Señor! ¡Bendito el reino que viene, el de nuestro padre David! ¡Hosanna en las alturas!";[29] Lucas: "¡Bendito el rey que viene en nombre del Señor! ¡Paz en el cielo y gloria en las alturas",[30] y Juan: "¡Hosanna! ¡Bendito el que viene en nombre del Señor, el rey de Israel![31] En estas aclamaciones está presente la idea de que Jesús es enviado de Dios, que es el hijo de David y que es rey o viene a instaurar su reino.

Esto ocurrió en el camino a Jerusalén. Lucas precisa que fue al acercarse a la entrada de Jerusalén, "ya en la bajada del monte de los Olivos",[32] cuando la muchedumbre comenzó a alabar a Jesús. Las multitudes que lo aclaman son inicialmente los peregrinos que le acompañaban, quizá la mayoría procedía de Galilea; no eran los habitantes de Jerusalén, ni son las mismas multitudes que después pedirán su sangre.

Mateo anota que: "Al entrar en Jerusalén, se conmovió toda la ciudad"; es una reacción de la ciudad igual a la que tuvo con la entrada de los Reyes Magos, y que hace ver la indiferencia general de los habitantes de Jerusalén, que se emocionan ante los acontecimientos, pero que no actúan; así como no acudieron a ver al Niño que los sabios venidos de Oriente buscaban, tampoco acuden a unirse a la procesión que aclama a Jesús como rey; el alboroto debió atraer algunos curiosos; dice Juan que muchos fueron atraídos por el testimonio de quienes decían que Jesús había resucitado a Lázaro.[33] Muy posiblemente, aunque los evangelios no lo dicen, acudieron algunos soldados para evitar algún desorden. Marcos dice que la procesión termina al entrar en el templo. Que Jesús "observa todo atentamente" y, como ya era tarde, se retira hacia Betania con los doce.

---

[28] Mt 21,9.

[29] Mc 11,9-10.

[30] Lc 19,39.

[31] Jn 12,14.

[32] Lc 19,37.

[33] Jn 12,18.

B. Significado del acto: cumplimiento de una profecía

Suele llamarse este acontecimiento la "entrada triunfal" de Jesús en Jerusalén. Pero si uno observa los hechos con atención, ve que es una entrada más bien modesta: son principalmente peregrinos, venidos para la fiesta de Pascua, que caminan adelante y atrás de Jesús quienes lo aclaman, ponen sus mantos y las palmas y ramas de árboles que cortan por el camino. No es un desfile preparado, sino totalmente improvisado; y el aclamado tiene una actitud humilde, que confirma con el gesto de montar un burrito. Qué diferencia con las entradas triunfales de los generales romanos, en las que desfilaba el ejército, los carros, la caballería, a veces también elefantes, los carros cargados del botín recogido, que eran toneladas de oro y objetos preciosos, los prisioneros capturados, entre los que solían ir los generales, reyes y miembros de la nobleza del pueblo enemigo, y luego en un gran carro previamente adornado, el general triunfador, rodeado de sus principales colaboradores. Los curiosos y los soldados, al ver la entrada de Jesús, quizá simplemente sonreían compasiva o irónicamente.

Juan dice que los discípulos, al principio, no comprendieron lo que hacía Jesús, pero que, luego de la resurrección, reflexionaron y recordaron los textos de las escrituras que se referían al acontecimiento. Él, lo mismo que Mateo, cita este texto del profeta Zacarías: "No temas, hija de Sion. Mira a tu rey que llega montado en un borrico de asna".[34] Mateo concluye que "esto sucedió para que se cumpliera lo dicho por el profeta".[35] Es de notar el detalle de que llega montado en un burrito o borrico, lo cual parece desproporcionado respecto de la pretensión de un rey,[36] pero la profecía es clara en el sentido de que quien entra montado así es el rey, un rey humilde, quien es rey, como lo dicen las bienaventuranzas, de los que también son mansos y humildes.

Desde la perspectiva de la realeza de Jesús, se entienden los actos que habían tenido lugar. La forma, extraña para nosotros, por la que Jesús se hace del burro que va a montar, corresponde al derecho que tenían los reyes, reconocido

---

[34] Zac 9,9.

[35] Mt 10,4.

[36] Si bien el rey David montaba una mula, para el tiempo de Jesús, el caballo ya se había convertido en signo del hombre poderoso, mientras que el burro era el animal de los humildes y pobres, véase Ratzinger II, p. 27.

generalmente por los pueblos de la antigüedad y en particular en el derecho romano, llamado *ius angariae* o derecho de requerir cabalgaduras para transportar cargas o personas que se encuentran en misión pública. Jesús actúa como rey, y por eso les dice a sus discípulos que si les piden explicaciones por tomar los animales, que digan: "el Señor los necesita".

El hecho de que Jesús se haya montado, o lo hayan hecho montar, como dice Lucas, recuerda el relato de la entronización de Salomón, el hijo de David, a quien, por orden del rey, los veteranos montaron sobre la mula de David y lo condujeron, en medio de aclamaciones, adonde estaban el sacerdote Zadoc y el profeta Natán, quienes lo ungieron como rey de Israel.[37] Echar los mantos al suelo en demostración del carácter regio de un personaje, como hicieron los discípulos, era un gesto en la tradición de la realeza davídica, como lo atestigua el relato de la entronización de Jehú.[38] Los peregrinos que acompañan a Jesús se contagian del entusiasmo de los discípulos y también arrojan sus mantos al suelo y cortan palmas y ramas que ponen en el suelo por donde pasará Jesús, y entonan una alabanza que se corresponde con las palabras del Salmo 118: "¡Hosanna, bendito el que viene en nombre del Señor!".[39]

Ese salmo era recitado durante la fiesta de los Tabernáculos. Al llegar al templo, los peregrinos gritaban "Hosanna", palabra que originalmente significaba una petición de salvación, y luego llegó a tener un significado de alegría por la salvación o ayuda recibida. Entre los peregrinos que acompañan a Jesús, la expresión puede tener varios significados: es un grito de alegría por la esperanza de que ha llegado la hora del Mesías, y a la vez una petición de que sea instaurado el esperado nuevo reino de David, como lo dicen expresamente las aclamaciones referidas por Marcos.[40]

La frase "bendito el que viene en nombre del Señor", en la liturgia de la fiesta de los Tabernáculos, la decían los sacerdotes a los peregrinos, y luego los bendecían. Con el tiempo, la expresión llegó a tener un significado mesiánico, que indicaba la llegada del Mesías, del que viene en nombre del Señor.

---

[37] 1 Reyes 1,33 y ss.

[38] 2 Reyes 9,13.

[39] Sobre el sentido de esta expresión, véase Ratzinger II, pp. 17-18.

[40] Mc 11,10.

Los que acompañan a Jesús la emplean como una alabanza a Jesús, a quien reconocen como el Mesías anunciado.

Las aclamaciones son un reconocimiento de que Jesús es el Rey de Israel, el descendiente de David que unificará las doce tribus, y a la vez, el Mesías anunciado y esperado, el que traerá la salvación a Israel y a todos los pueblos. Respecto de su descendencia de David, el mismo Jesús hizo una aclaración muy importante, que recogen los tres evangelios sinópticos.[41] Después de su entrada en Jerusalén, mientras está en el templo enseñando, Jesús pregunta a unos fariseos: "¿De quién es hijo el Mesías?", y ellos responden, "de David"; entonces repregunta Jesús, por qué David llama al Mesías Señor en el Salmo 22, donde dice: "Dijo el Señor [Dios] a mi Señor [el Mesías]: 'Siéntate a mi derecha, hasta que ponga a tus enemigos bajo tus pies' ", y Jesús agrega si David llama "Señor" al Mesías, "¿cómo va a ser hijo suyo". Con esa palabras indica que su descendencia de David no es por la sangre, lo cual concuerda con las genealogías de Mateo y Lucas, en las que se afirma que José era descendiente biológico de David, pero no afirman que María lo fuera. Jesús es descendiente de David en otro sentido, en el de que la promesa hecha a David se cumple en él, que obedeció a José, un descendiente de David, como a un padre.

A la vista del pequeño cortejo que acompañó a Jesús y que lo aclamó como Rey y Mesías, en contraste con la grandeza de la ciudad de Jerusalén y la mayoría de sus habitantes que permanecen indiferentes, se hacen presentes las palabras de Jesús a propósito del Reino que ha venido a instaurar: es como una semilla de mostaza, es como el poco de levadura que se añade a la masa.

Cabe notar que Jesús no es rey por las aclamaciones del pueblo. De acuerdo con la tradición de Israel, el rey tenía que ser ungido por un enviado del Señor. En la narración de la entronización de Salomón, arriba referida, primero lo conducen, montado en una mula y con manifestaciones de júbilo y respeto a donde están el profeta Natán y el sacerdote Zadoc, y es éste el que lo unge como rey.

Al final de su recorrido, Jesús llega al templo y ahí no se da la unción de Jesús. ¿Quién podría ungirlo? Marcos dice que, al llegar, Jesús entró en el

---

[41]   Mt 22,41-45. Mc 12,35-37. Lc 20,41-44.

templo, lo observó todo atentamente y, como ya era tarde, regresó hacia Betania con los doce.[42]

La unción de Jesús como rey ocurre en su muerte y resurrección. Lo anuncia Jesús, en su último discurso público, pronunciado en el templo, dos días antes de su muerte; dice: "Ha llegado la hora en que sea glorificado el Hijo del Hombre",[43] luego anuncia veladamente su muerte diciendo que si "el grano de trigo no muere al caer en tierra, queda infecundo; pero si muere, produce mucho fruto", e incluso señala el tipo de muerte que va a tener: "Y yo, cuando sea levantado de la tierra, atraeré a todos hacia mí". Lo vuelve a decir en su discurso de despedida a sus discípulos, después de la Última Cena, cuando dijo: "Ahora es glorificado el Hijo del Hombre y Dios es glorificado en él. Si Dios es glorificado en él, también Dios le glorificará a él en sí mismo; y pronto le glorificará".[44] Dios Padre es quien unge a Jesús, después de su obediencia perfecta hasta la muerte, como rey eterno del universo.

Hay un detalle que ocurrió al día siguiente de la aclamación a Jesús como Rey, que sólo transmite Mateo, que viene a completar el cuadro de lo que es el reino que Jesús instaura. Jesús estaba en el templo y unos niños lo aclamaban: "Hosanna al Hijo de David". Los príncipes de los sacerdotes y los escribas se indignan, y dicen a Jesús: "¿Oyes lo que dicen estos?", como si dijeran algo indebido que Jesús debería impedir. Pero él les responde con una cita de la Escritura: "De la boca de los pequeños y de los niños de pecho te preparaste una alabanza", con lo cual hace ver que el Reino lo reconocen los niños y los que se hacen como niños, es decir los "pequeños", los pobres de espíritu a quienes se refiere en las bienaventuranzas.[45]

Su Reino es uno que comienza siendo pequeño, al que ingresan los que son pequeños, que gobierna un rey humilde, sin violencia, el cual, sin embargo, una vez consumado, será un reino universal y eterno.

---

[42]   Mc 11,11.

[43]   Jn 12,22-36.

[44]   Jn 13,31-32.

[45]   Mt 11,15-16.

III. La purificación del templo

De acuerdo con la narración de Marcos, al día siguiente de la entrada en Jerusalén, Jesús con sus discípulos vuelve a Jerusalén, posiblemente desde el monte de los Olivos donde pudo haber pasado la noche, y entra en el templo. Entonces, "comenzó a expulsar a los que vendían y a los que compraban en el templo, y volcó las mesas de los cambistas y los puestos de los que vendían palomas".[46] Mateo relata esta acción casi con las mismas palabras,[47] y Lucas sólo dice que "expulsó a los que vendían. Y no permitía que nadie transportase cosas por el templo".[48] En su Evangelio, Juan afirma que Jesús, al inicio de su ministerio público, hizo una purificación del templo, la cual narra en términos muy semejantes: Jesús hizo un látigo con unas cuerdas, "arrojó" a todos los mercaderes del templo, con sus ovejas y bueyes, tiró las monedas de los cambistas y volcó las mesas.[49] Como las purificaciones suceden en momentos distintos, una al principio y la otra al fin del ministerio público, se ha planteado la duda de si son dos actos diferentes o dos narraciones de un mismo acto. Me parece que son dos actos ocurridos en tiempos distintos, aunque semejantes en su contenido, porque Juan no suele introducir en su Evangelio algo que ya fue dicho en los sinópticos, a menos que tenga algo nuevo que agregar; conforme a esa visión pudo añadir la purificación ocurrida al inicio del ministerio público, que no constaban en los sinópticos. Si en verdad hubo dos actos de purificación, uno al principio y otro al final del ministerio público, esto muestra el gran interés que tuvo Jesús en que el templo, el lugar donde habitaba Dios y donde se le daba culto, fuera un lugar digno, que se conservara para ese fin y no se contaminara y se convirtiera en un lugar donde se ocultaba la maldad de muchos con la apariencia de la religiosidad.

---

46 Mc 11,15.

47 Mt 21,12.

48 Lc 19,45.

49 Jn 3,13.

A. Significado del acto

La compra y venta de los animales necesarios para los sacrificios, así como el cambio de monedas extranjeras por la moneda de uso en el templo, eran actividades en sí mismas lícitas y convenientes, por lo que es necesario averiguar por qué Jesús se comporta así.

Algunos han interpretado el acto como una muestra de que Jesús era un "zelote", es decir, uno de aquellos que, movidos por el celo del cumplimiento de la ley, y a ejemplo de Matatías,[50] que mató al judío que siguiendo las órdenes del rey helenizado, intentaba hacer un sacrificio a los ídolos, eran partidarios de la violencia. Esos intérpretes entienden que Jesús actuó violentamente al derribar las mesas y expulsar a vendedores y compradores. Esta interpretación de la conducta de Jesús, que ha servido para fomentar teologías de la revolución, no tiene sustento al ponerla en contacto con los actos sucedidos antes y después. Jesús había entrado en Jerusalén como un rey humilde, no como un guerrero. Después de la expulsión de los vendedores, Jesús permanece en el templo enseñando, y no hace lo que haría un revolucionario, que sería apropiarse del espacio.

Jesús mismo, mientras tiraba los puestos y las mesas de los cambistas y comerciantes, explicó el significado de sus actos, con estas palabras, que contienen dos citas de la Escritura: "¿No está escrito: Mi casa será llamada casa de oración para todas las naciones?". Y la otra, que implica una acusación: "Vosotros, en cambio, la habéis convertido en una cueva de ladrones".

La primera cita es de Isaías, que habla de un futuro en el que, en la casa de Dios, todos los pueblos adorarán al único Dios.[51] La acción de Jesús tiende, de acuerdo con esta profecía, a eliminar todo lo que pueda impedir que el templo, que sólo tenía un patio para los gentiles, donde ellos podrían acercarse, sea un lugar de oración para todos los pueblos. En la visión de Jesús, el templo no es un lugar de culto exclusivo para Israel, sino un lugar donde todos los pueblos puedan encontrar a Dios. Y quizá las prácticas mercantiles de

---

[50] 1 Mac 2,22. Matatías era el padre de los Macabeos.

[51] Is 56,7.

cambio de moneda y venta de animales para el sacrificio convertía el templo en un lugar que parecía exclusivo para los judíos.

La otra cita a la que alude Jesús es de Jeremías, quien dice que han convertido el templo en una cueva de ladrones, en el contexto de una advertencia de Yahvé al pueblo, que no lleva una conducta justa ante Dios, sino que roba, mata, adultera, jura en falso, sigue a otros dioses, y luego va al templo, invoca el nombre de Dios, y se dice que con ir al templo está seguro, y al salir, vuelve a practicar su mala conducta.[52] Eso es lo que significa que han hecho del templo una "cueva de bandidos", un lugar donde se refugian, se sienten seguros y descansan, para luego reanudar sus tropelías. Jesús denuncia esa conducta hipócrita de quienes van al templo sin intención de poner por obra los preceptos de Dios, y sólo por sentirse seguros y creen que Dios está de su parte, y la de quienes van al templo sólo con el fin de hacer negocio, de modo que, en lugar de ayudar a la oración, explotan mercantilmente la piedad del pueblo.

Jesús, al actuar así, prepara un nuevo modo de orar, abierto a todos los pueblos y con rectitud de intención. El nuevo modo de adorar a Dios ya lo había mencionado en su diálogo con la samaritana, posiblemente en el primer año de su ministerio público. La mujer le cuestionó acerca del lugar donde se debe adorar a Dios, si es donde dicen los samaritanos, el monte Garizim, o donde dicen los judíos, el templo de Jerusalén. Jesús le recuerda que la salvación viene de los judíos -el mismo Jesús es judío- pero le anuncia que ha llegado la hora "en que los verdaderos adoradores adorarán al Padre en espíritu y en verdad", y no sólo por el interés de parecer buenos o recibir un favor.[53] Es decir, Jesús no precisó que hubiera un lugar donde se adoraría bien a Dios, sino que fija las condiciones del orante, que lo haga "en espíritu y en verdad".

Al entrar en Jerusalén montado en un burrito, Jesús actúa como rey, rey de paz; al purificar el templo, como profeta que enseña las condiciones para que la oración sea agradable a Dios.

---

[52] Jer 7,11.
[53] Jn 4,19-24.

B. La autoridad de Jesús

El templo, como un lugar público de reunión, máxime en tiempos de la Pascua, podía ser un lugar de disturbios, por lo cual existía una guardia militar a las órdenes de los sacerdotes encargados del templo. La acción de Jesús no provocó la intervención de los cuidadores del orden público, lo que puede significar que la hizo de modo tan contundente, con tanta fuerza en sus gestos y palabras que no despertó oposición entre los propios mercaderes expulsados.

Seguramente se conoció y difundió lo que hizo Jesús y, por eso, los sacerdotes luego le preguntaron: "Con qué potestad haces estas cosas". Los evangelistas nos transmiten dos respuestas de Jesús.[54] Los tres sinópticos dicen que Jesús respondió que él les contestaría si ellos respondían esta pregunta que Él les hace: "¿Con qué potestad bautizaba Juan el Bautista, con la de Dios o lo hacía por sí mismo?". Ellos no quisieron afirmar públicamente que el bautismo de Juan no era de Dios, porque temían a la muchedumbre que tenía a Juan por un profeta, por lo que respondieron: "No lo sabemos", y entonces Jesús les dijo, pues tampoco yo les digo con qué potestad actúo. En estas palabras de Jesús está implícita la idea de que él actúa, al igual que Juan el Bautista, con el poder de Dios.

La purificación del templo obrada por Jesús no es sólo una mejora del templo y del culto antiguo, sino la superación de éste por uno nuevo, que se da en la comunidad de sus discípulos, en torno al cuerpo y la sangre de Jesús.

En la narración de la purificación del templo, hecha por Juan, que ocurrió al comienzo de su ministerio público, la respuesta que da Jesús a quienes le preguntaban por su potestad para expulsar a los vendedores es enigmática, y refiere a estos últimos días previos a su muerte. Jesús dice a quienes le preguntan por un "signo" que acredite su potestad: "Destruid este templo y en tres días lo levantaré". Con estas palabras, Jesús indica el signo que le pedían acerca de su potestad para expulsar a los mercaderes del templo. Los que escucharon no comprendieron el significado y pensaron que se refería al templo que Herodes había construido a lo largo de cuarenta años, y se burlaron de su pretensión de reconstruirlo en tres días. De hecho, dos de los testigos falsos, que posteriormente se presentaron a declarar ante el Sanedrín, afirmaron que

---

[54]   Los sinópticos Mt 21,24; Mc 11,27-33; Lc 20,3-8, y la otra respuesta en Jn 2,19-21.

Jesús había dicho: "Yo puedo destruir el templo de Dios y edificarlo de nuevo en tres días",[55] para sostener la acusación de que pretendía destruir el templo; pero Jesús no dijo que destruiría el templo, sino que él lo reconstruiría, si alguien lo destruyera. En realidad, Jesús, como lo entendieron posteriormente los discípulos, no hablaba del edificio, sino de su cuerpo, que es el nuevo templo en el cual habita Dios; Jesús identifica el templo con su cuerpo; Él mismo es el templo. De acuerdo con esta interpretación de la palabra "templo", el signo que da de su poder es su muerte (destrucción del templo) y su resurrección (reconstrucción del templo), que indica un poder mucho mayor que la mera reconstrucción física de un edificio.

IV. Las últimas enseñanzas de su ministerio público

Después de su entrada en la ciudad, es decir, durante el lunes y martes, según nuestra cuenta de la semana, Jesús, "durante el día enseñaba en el templo y salía a pasar la noche en el monte llamado de los Olivos".[56] Muchos acudían al templo para oír sus enseñanzas.

A. Las últimas preguntas capciosas

Los evangelios sinópticos dan mucha información acerca de las enseñanzas de Jesús en esos días,[57] posiblemente dadas al día siguiente de la purificación del templo,[58] y tienen la característica de ser dichas en un clima de adversidad y de

---

[55] Mt 26,61. Mc 14, 58.

[56] Lc 21-37. Me parece más probable la afirmación de Lucas, que Jesús pasaba la noche de estos días posteriores a su entrada triunfal en el monte de los Olivos, que la que hacen Marcos y Mateo de que Jesús, al menos una noche, volvió a Betania, donde tuvo lugar la cena en que fue ungido por María; es más probable que esta cena tuviera lugar el sábado previo a la entrada de Jerusalén, como lo dice Juan, y que Jesús pasara las noches de esos días en el monte de los Olivos; esto también explicaría que Judas supiera que ahí iba a pasar la noche.

[57] Marcos en el capítulo 12, Mateo en el 21 y Lucas en el 20.

[58] Se suele conjeturar (véase J. C. Fillion III, *op. cit.*, p. 22-94) que la expulsión de los mercaderes ocurrió el lunes y que el siguiente día, martes, aparecen los emisarios de los dirigentes para cuestionar a Jesús, y que el miércoles, Jesús se retiró con sus discípulos, y reapareció el jueves para la Última Cena.

polémica. Los evangelistas sinópticos[59] informan que los dirigentes enviaron emisarios para cuestionar a Jesús en el templo, en presencia de la multitud que lo escuchaba, con el fin de hacerlo ver mal y poder aprehenderlo.

Según relatan los tres sinópticos, con ese fin los emisarios le preguntaron si era lícito pagar el impuesto a los romanos; era una pregunta comprometedora, porque si respondía que el impuesto debía pagarse, quedaban mal con el pueblo que veía el poder romano como opresor y causante de la pobreza de muchos, y si respondía que no era lícito, quedaba como enemigo del poder romano. La respuesta de Jesús, quien les pidió una moneda con la inscripción del César, y luego les dijo "dar a César lo que es de César y a Dios lo que es de Dios", los desconcertó y dejó a Jesús sin ningún daño, pues ni disgustaba al pueblo ni lo enemistaba con el poder romano. Sin embargo, este episodio será usado posteriormente por los enemigos de Jesús, quienes lo acusaron ante Pilatos de enseñar que no se debía dar tributo al César.[60]

Luego le hicieron otra pregunta para ridiculizar su doctrina, la de si era posible la resurrección de los muertos. Se la proponen como un caso imaginario sobre una mujer que enviudó y, de acuerdo con la ley, se casó, sucesivamente, con seis de los hermanos de su marido, y luego le cuestionan: "¿De quién será mujer cuando los muertos resuciten?". Jesús les responde que en la resurrección de los muertos no habrá matrimonio, por lo que su pregunta es absurda, y les recuerda que la resurrección de los muertos está prevista en la Escritura, en ese pasaje, muy conocido y central, en el que Dios se declara a Moisés como Dios de Abraham, Isaac y Jacob, y añade Jesús, Dios es un Dios de vivos y no de muertos.

Mateo y Marcos relatan una tercera pregunta, sobre cuál era el mandamiento más importante, en la que un escriba pretendía poner a prueba el conocimiento de Jesús sobre la ley;[61] pero parece más probable que esta pregunta se hiciera, como lo dice Lucas,[62] en otro momento, en un contexto no polémico,

---

[59] Mt 22,15; Mc 12,13 y Lc 20,20.

[60] Lc 23,2.

[61] Mt 22,37. Mc 22,29.

[62] Lc 10,25-28 presenta esa enseñanza en otro contexto, como una introducción a la parábola del buen samaritano. La pregunta fue cuál es el primer mandamiento, lo que era una cuestión muy disputada entonces por los escribas y los fariseos. Jesús responde que el primero es amar a Dios sobre todas las cosas, lo cual era algo que decían todos los judíos al rezar diariamente

porque el escriba que hace la pregunta no parece tener intención de atacar a Jesús, sino de aprender de Él y por eso la narración del episodio en los tres evangelios dice que el escriba aprobó públicamente la respuesta de Jesús.

B. La crítica contra los escribas

También en esos días Jesús pronuncia una crítica contra los escribas, de la que dan cuenta los tres sinópticos, en la que los denuncia por querer siempre los primeros puestos y aprovecharse de la debilidad de las viudas.[63] Y, como contraste, propone como ejemplo de generosidad a la viuda que dio una pequeña limosna al templo, que era todo lo que tenía, de la cual afirma Jesús que dio mucho más que los ricos que echaban grandes cantidades de dinero de lo que les sobraba.

C. Enseñanza sobre la divinidad del Mesías y de Jesús

Hay dos enseñanzas en estos días que se refieren directamente a quién es Jesús. Recientemente lo habían reconocido como el Mesías, cuando entró en Jerusalén y lo aclamaron como hijo de David. Él no rechaza ese título, pero hace una pregunta para que los oyentes disciernan mejor quién es él. Les pregunta: "Cómo es que dicen los escribas que el Mesías o el Cristo es el hijo de David, cuando el mismo David llama al Mesías 'Señor'; entonces, cuestiona Jesús, ¿cómo va a ser hijo suyo?".[64] La afirmación implícita es que el Mesías o Cristo es Dios, y si a Jesús lo reconocen como Mesías, entonces es Dios.

---

la *Shemá*, y que el segundo es amar al prójimo como a uno mismo. Ningún maestro de Israel había hecho antes de Jesús esta conjunción de los dos mandamientos del amor, ni la indicación de que uno es el primero y el otro el segundo. Es una respuesta que, por su claridad y evidencia, eliminó cualquier posibilidad de hacer una discusión, como hubiera ocurrido con cualquier otra respuesta. Véase Meier IV, *op. cit.*

[63] Mt 23,1-36; Mc 12,38-40 y Lc 20,46.

[64] Mt 22,41-46; Mc 12,35-37 y Lc 20,41-44.

D Último discurso público de Jesús

Juan, quien da pocas noticias sobre lo ocurrido en estos días, transmite un discurso de Jesús, en el que pone al descubierto sus pensamientos y emociones en estos últimos días.[65]

En la narración de Juan, este discurso es una respuesta indirecta de Jesús a unos "griegos" que querían verlo y pidieron al apóstol Felipe que les gestionara una entrevista; Felipe se lo dijo al apóstol Andrés, y ambos lo dijeron a Jesús. Éste responde: "Ha llegado la hora de que sea glorificado el Hijo del Hombre", que es una manera de anunciar su próxima muerte y posterior resurrección, como lo demuestra que luego de esa frase hable de que es necesario que el grano de trigo muera para así dar mucho fruto. Y revelando sus emociones añade: "Ahora mi alma está turbada", es decir, tiene miedo ante lo que sabe que viene, y añade: "Y ¿qué voy a decir: Padre, líbrame de esta hora? ¡Pero si para eso he venido a esta hora!". Esto es una clara manifestación de que, con libre voluntad y por amor al Padre y al mundo, acepta y enfrenta con fortaleza su pasión y muerte. Termina esa parte del discurso con la exclamación: "¡Padre, glorifica tu nombre!". Cuenta Juan que después de estas palabras se oyó una voz del cielo, que dijo: "Lo he glorificado y de nuevo lo glorificaré"; que algunos no entendieron la voz y sólo oyeron un trueno, y otros decían que había hablado un ángel. Jesús les dice que esa voz se ha oído, como un signo para los que estaban ahí. Y anuncia que ha llegado el momento de la derrota de Satanás, que sucederá cuando Él, Jesús, sea "levantado de la tierra" y atraiga hacia él a todos, y también a esos griegos que querían hablar con Él.

La expresión "ser levantado sobre la tierra" significaba que moriría crucificado. Parece que era una expresión usual, porque algunos de los asistentes objetaron que no era posible, si Jesús era realmente el Mesías, que fuera a morir en una cruz, pues todos sabían que el Mesías no moriría. Jesús les respondió que él es la "luz", que todavía estará algún tiempo con ellos, que crean en la luz, para que sean hijos de la luz, lo que implica que, si no creen en él, se hacen hijos de las tinieblas.

---

[65] Jn 12,20-36.

Según Juan, ese fue el último discurso público de Jesús y añade que después de decir esas cosas, "se marchó y se ocultó de ellos".[66] Algunos historiadores opinan que esto sucedió el martes por la tarde y que el miércoles Jesús lo pasó retirado con sus discípulos, posiblemente en Betania.[67]

V. Los preparativos para aprehenderlo

Los dirigentes judíos, después de la resurrección de Lázaro, se reunieron en casa de Caifás y tomaron la decisión de aprehenderlo y darle muerte.[68] La entrada de Jesús en Jerusalén y la expulsión de los mercaderes del templo exacerbaron el ánimo de los dirigentes, que buscaban con más ahínco la ocasión de aprehenderlo, pero con apariencias de legalidad para evitar el descontento del pueblo que lo seguía. El reclamo porque los niños lo alaban es una expresión de ese ánimo adverso, y todavía más la pregunta de con qué poder "haces estas cosas", es decir, con qué poder te consideras rey y rector del templo, pues los dirigentes, especialmente los miembros del Sanedrín, pensaban que ese poder les correspondía a ellos. Ven claramente en Jesús un adversario al que hay que eliminar.

Él conoce sus intenciones y las pone al descubierto con una parábola que dice en estos últimos días antes de morir. Es la parábola de los viñadores homicidas, que consta en los tres sinópticos que fue dicha en este tiempo.[69] Trata del dueño de una viña que la dio en arrendamiento a unos labradores para que la cultivaran, y cuando el dueño envía un emisario para cobrar la renta debida, los viñadores lo golpean y lo despachan sin pagarle, y lo mismo hacen con un segundo enviado y, finalmente, el dueño de la viña envía a su propio hijo, pensando que lo respetarán, pero los labradores, al darse cuenta que es el hijo, deciden matarlo, fuera de la viña, con la esperanza de quedarse con ella. Con esta parábola, Jesús descubre la intención de sus adversarios, que quieren matarlo, y al mismo tiempo el móvil de su conducta, que es la ambición de quedarse con

---

66   Jn 12,36.
67   Fillion III, *op. cit.*, p. 98.
68   Jn 11,47-53.
69   Mt 21,33-41; Mc 12,1-12 y Lc 20,9-19.

el pueblo elegido por Dios, como si fuera cosa propia de sus dirigentes. Relatan los tres evangelistas que, al oír la parábola, los príncipes de los sacerdotes, los escribas y los fariseos "comprendieron que se refería a ellos", pero no se atrevían a prenderlo por miedo a la multitud.[70]

Fue en estos días, el martes o miércoles, cuando Judas se entrevistó con los príncipes de los sacerdotes para convenir cuánto le darían a cambio de que él entregara a Jesús.[71] Llegaron al acuerdo de darle treinta monedas de plata si se los entregaba, y ellos se "alegraron".[72]

VI. El discurso escatológico

En estos días, posiblemente mientras caminaba Jesús con sus discípulos de Jerusalén al huerto de lo Olivos, les dio varias enseñanzas acerca del fin de los tiempos. A este conjunto de enseñanzas sobre el fin del mundo o fin de los tiempos se le llama "discurso escatológico". Es un discurso posiblemente compuesto de muchas locuciones de Jesús, dichas en diferentes momentos y luego agrupadas por los evangelistas sinópticos en un largo discurso. En opinión de Ratzinger, este discurso "ha de considerarse como el texto más difícil de los evangelios".[73]

Mateo y Marcos dicen que Jesús, en estos días finales de su ministerio público, al salir del templo y caminar hacia el huerto de los Olivos, como respuesta a la exclamación de uno de los discípulos que admiraba la grandeza del templo, les dijo: "En verdad os digo que no quedará aquí piedra sobre piedra

---

[70] Mt 21,45; Mc 12,12 y Lc 20,19.

[71] Jn 12,2 afirma que Judas criticó el acto de la unción de Jesús por María en Betania, y luego dice que, en la Última Cena, "el diablo ya había sugerido en el corazón de Judas" entregar a Jesús (Jn 13,2), por lo que cabe suponer que la entrevista con los príncipes de los sacerdotes tuvo lugar entre esos dos momentos. Mt 26,14 y Mc 14,10-11 afirman que ocurrió después de la unción en Betania, pero colocan este episodio uno o dos días antes de la cena, lo que no parece probable, pues Juan afirma con exactitud que ocurrió siete días antes de la Pascua. Lucas (22,4-5) parece más certero al afirmar que ocurrió cuando "se acercaba ya la fiesta de los ácimos", lo cual podría ser el martes o miércoles previos, pues el jueves, día de la Última Cena, Judas ya había tenido esa entrevista.

[72] Mt 26,16. Mc 14,11. Lc 22,5.

[73] Ratzinger II, p. 40.

que no sea derruida".[74] Ambos evangelistas dicen que luego, cuando Jesús estaba ya sentado, es decir, descansando, en el monte de los Olivos, algunos de sus discípulos, "a solas", le preguntaron cuando ocurriría la ruina del templo y cuando vendría el fin del mundo.[75] La respuesta de Jesús es el discurso escatológico que, como ya se dijo, parece haber sido compuesto de locuciones dichas en diferentes momentos, pero me parece muy probable que Jesús algo de ello hubiera dicho en ese momento, mientras descansaba en el monte de los Olivos, desde donde se tenía una magnífica vista del templo.

No se trata aquí de analizar todo el discurso, sino únicamente de señalar sus partes fundamentales e indicar brevemente el contenido de cada una. Sus partes son: A. La profecía del fin del templo y la ruina de Jerusalén. B. La predicción del tiempo de los gentiles o tiempo de la Iglesia. C. La profecía apocalíptica que contiene el anuncio del fin del mundo, del retorno del Hijo del Hombre y del juicio universal.[76]

A. La profecía del fin del templo y de la ruina de Jerusalén

Antes de que Jesús hubiera comunicado a sus discípulos la profecía de la destrucción del templo, ya había aludido a ella cuando se lamentó de la dureza del pueblo que no aceptaba su mensaje, con estas palabras: "¡Jerusalén, Jerusalén!, que matas a los profetas y lapidas a los que te son enviados. Cuántas veces he querido reunir a tus hijos, como la gallina reúne a sus polluelos bajo las alas, y no quisiste. Mirad, vuestra casa se os va a quedar desierta".[77] Con esas palabras manifiesta Jesús su amor por Jerusalén, en la cual se representa el pueblo judío, y hace ver que su misión podía haber tenido otro desarrollo si el conjunto del pueblo hubiera aceptado su mensaje. Pero sabe que no ha sido así, por lo que repite una profecía de Isaías, quien la había dicho prediciendo la ruina del

---

[74] Los evangelios de Mateo y Marcos se suelen considerar como fuentes independientes. Mt 24,1-2. Mc 13,1-2.

[75] Lucas transmite el discurso escatológico (21,5 y ss), como pronunciado en los últimos días del ministerio público, pero sin precisar el lugar.

[76] Sigo en esto el análisis de Ratzinger II, p. 37 y ss.

[77] Mt 23-37-39. Mateo afirma que Jesús, mientras estaba en el templo en estos últimos días, hizo este lamento. Lc 13,34-35 lo sitúa en el mismo tiempo, pero mientras Jesús caminaba hacia Jerusalén.

templo de Salomón: "Tu casa quedará vacía". Es una manera de decir que el rechazo de Jesús traerá como consecuencia que el templo de Jerusalén quedará vacío. No es únicamente la profecía de la destrucción del templo, sino también del fin del culto en el templo, que ya no será la casa de Dios, sino una casa vacía que se ha vuelto inútil.

Cuando los discípulos piden a Jesús que dé algunas señales para saber que se avecina la destrucción del templo, les dice que habrá una gran tribulación y que cuando vean "la abominación de la desolación erigida en el lugar santo" que entonces huyan a los montes.[78]

La guerra judía comenzó el año 66 con la expulsión del procurador romano Gesio Floro y la defensa eficaz de los judíos ante el ataque romano. Nerón encargó a Vespasiano la campaña contra Jerusalén; éste la sitió, pero suspendió las operaciones militares por la muerte de Nerón, el año 68, ya que él mismo fue proclamado emperador, regresó a Roma y encargó a su hijo Tito el ataque a Jerusalén, quien llegó a Jerusalén en el periodo de las festividades de la Pascua del año 70, cuarenta años después de la crucifixión de Jesús. No fue sólo una guerra contra los romanos, sino también una guerra entre las diferentes facciones judías que se disputaban el control del templo y se mataban entre sí.

En un momento determinado, los judeocristianos creyeron ver cumplida la señal predicha, la "abominación de la desolación" en el templo, y huyeron a la ciudad de Pella. Es un hecho histórico, atestiguado por escritores cristianos y también por Flavio Josefo, que los judeocristianos no participaron en la defensa de Jerusalén ni en las guerras internas entre sus habitantes.

La destrucción del templo ocurrió en varias etapas.[79] La primera fue la suspensión de los sacrificios regulares, con lo que el templo quedó reducido a ser una fortaleza. Luego el incendio del templo causado por la guerra interna, que provocó la mayor destrucción, y finalmente el desmantelamiento de lo que quedaba del templo, una vez que los romanos tomaron la ciudad.

Jerusalén fue tomada y destruida el año 70. Las historias antiguas hablan de un gran número de muertos. Flavio Josefo dice que fueron un millón cien

---

[78]   Mt 24,15. Mc 13,14.

[79]   Ratzinger II, p. 44.

mil; Tácito, seiscientos mil. Actualmente se ha calculado que fueron 80 mil. Como dice Ratzinger:[80] "Quien lee por entero los informes y toma conciencia de la cantidad de homicidios, matanzas, saqueos, incendios, hambre, ensañamiento con los cadáveres y la destrucción del entorno (deforestación total en un radio de 18 km alrededor de la ciudad)" entenderá las palabras de Jesús: "Aquellos días habrá una tribulación como no la hubo igual desde el principio de la creación que hizo Dios hasta el presente ni la volverá a haber".[81]

B. El tiempo de los paganos

Lucas señala que Jesús predijo que, entre la destrucción del templo y el fin del mundo, habría un tiempo, el "tiempo de los gentiles".[82] También hacen referencia a ese tiempo Mateo, quien dice que entonces se predicará el Evangelio en "todo el mundo", para dar testimonio a "todas las gentes",[83] y Marcos quien dice que antes del fin del mundo es necesario que el Evangelio haya sido predicado "a todos los pueblos".[84] Después de este tiempo de predicación a todos los pueblos vendrá el fin, es decir, la culminación de la historia humana, que es también la consumación de la obra de Jesús.

El entusiasmo apostólico de los primeros cristianos se explica porque tienen ese motivo de cumplir una tarea para que la historia humana llegue a su culminación. Algunos se equivocaron en el cálculo del tiempo, que pensaban que era breve, pero claramente asumieron la evangelización como una tarea urgente. Por eso san Pablo decía: "Ay de mí si no evangelizara".

Pablo relaciona este tiempo de los gentiles con la conversión final de Israel. Dice que "el endurecimiento de una parte de Israel durará hasta que entren todos los pueblos; entonces, todo Israel se salvará".[85] Es decir, que al final del tiempo de los gentiles sucederá la conversión de Israel y luego será el fin de la historia.

---

[80]   *Ibid.*, p. 45.

[81]   Mc 13,19.

[82]   Lc 21,24.

[83]   Mt 24,14.

[84]   Mc 13,10.

[85]   Rom 11,25.

Jesús anuncia a los discípulos que, durante este tiempo, y aun antes de la destrucción del templo, se presentarán muchos falsos profetas y mesías, que realizarán señales y prodigios para engañarlos,[86] y, por eso, los invita a estar vigilantes y a practicar la justicia. Teniendo en cuenta esta advertencia, se ve claramente que algunas de las parábolas que dijo Jesús, como la del Siervo Fiel, que Mateo inserta en medio del discurso escatológico, se refieren a ese tiempo.[87]

También advierte Jesús a sus discípulos que, en ese tiempo, serán perseguidos: "Os entregarán a los tribunales, y seréis azotados en las sinagogas, y compareceréis por causa mía ante los gobernadores y reyes, para que deis testimonio ante ellos";[88] Mateo añade: "Os odiarán a causa de mi nombre".[89]

C. El fin de la historia, el regreso del Hijo del Hombre y el juicio universal

Ratzinger hace notar que Jesús, en su discurso apocalíptico, usa expresiones tomadas del Antiguo Testamento, principalmente de los libros de Daniel, pero también de Ezequiel e Isaías, y comenta: "El hecho de que Jesús no hable de las cosas futuras con palabras propias, sino que se refiera a ellas de manera nueva con antiguas palabras proféticas, tiene un sentido más profundo".[90]

Según Mateo, las palabras de Jesús fueron estas: "Después de la tribulación de aquellos días [por la destrucción del templo y de Jerusalén], *el Sol se oscurecerá y la Luna no dará su resplandor, y las estrellas caerán* del cielo y las *potestades de los cielos* se conmoverán. Entonces aparecerá en el cielo la señal del Hijo del Hombre, y en ese momento *todas las tribus de la tierra romperán en llantos*. Y verán *al Hijo del Hombre que viene sobre las nubes del cielo* con gran poder y gloria. Y enviará a sus ángeles que, con trompeta clamorosa, reunirán a sus elegidos desde los cuatro vientos, de un extremo a otro de los cielos".[91]

---

[86] Mt 24,23-26.

[87] Mt 24,45-51.

[88] Mc 13,9.

[89] Mt 24,10.

[90] Ratzinger II, p. 65.

[91] Mt 24,29-31. Coinciden, con variantes de redacción, Mc 13,24-27 y Lc 21,25-28.

Las palabras antiguas acerca de la venida del Hijo del Hombre proferidas por el profeta Daniel, unos 600 años antes, son ahora dichas por alguien que afirma que él es el Hijo del Hombre, y con esas palabras anuncia que volverá posteriormente. Al decir esas palabras, Jesús demuestra que Él es el futuro, Él es el que vendrá y, por lo tanto, lo verdaderamente importante es que Él ya es. El centro de la profecía no es el futuro que aún no llega, sino el mismo Jesús, el Hijo del Hombre, que es y que vendrá. Esta interpretación de la profecía como un futuro que ya es se confirma con la frase final del discurso apocalíptico: "El cielo y la tierra pasarán, mis palabras no pasarán".[92] Los discípulos ya tienen lo que necesitan, las palabras de Jesús que, a pesar de los cataclismos cósmicos que pudieran sobrevenir al final de los tiempos, son palabras que "no pasarán", no dejarán de ser verdad.

Lucas, después de transmitir el discurso apocalíptico, pone en boca de Jesús estas palabras cargadas de esperanza: "Cuando comiencen a suceder estas cosas, erguíos y levantad la cabeza porque se aproxima vuestra redención".[93] Es el final de los tiempos o final de la historia, el glorioso día en que se lleva a plenitud la redención de la humanidad y de toda la creación.

El discurso apocalíptico también anuncia un juicio cuando dice que el Hijo del Hombre reunirá a sus elegidos. Mateo se refiere a ese juicio con estas palabras de Jesús: "Cuando venga el Hijo del Hombre en su gloria y acompañado de todos los ángeles, se sentará entonces en el trono de su gloria, y serán reunidas ante él todas las gentes; y separará a los unos de los otros, como el pastor separa las ovejas de los cabritos, y pondrá las ovejas a su derecha, los cabritos en cambio a su izquierda".[94] El mismo Jesús declara el criterio de juicio o ley conforme al cual juzgará: las obras de caridad en favor del prójimo y de Jesús mismo.

Respecto de la fecha o tiempo en que ocurrirá el retorno de Jesús no hay una indicación precisa, pues el mismo Jesús declara que no tiene el mandato del Padre de revelarlo.[95] Además resulta ocioso preguntar eso, porque lo

---

[92]   Mc 13,31.

[93]   Lc 21,28.

[94]   Mt 25,31 y ss.

[95]   Mt 35,36 y par.

verdaderamente importante es que las palabras de Jesús no pasarán, y por eso él aconseja estar en todo tiempo vigilantes, esperando el momento del encuentro con Él.

Capítulo 11

Su pasión y muerte

Introducción

La pasión y muerte de Jesús comprenden los actos y acontecimientos ocurridos entre la noche del jueves posterior a la entrada en Jerusalén y la mañana y tarde del viernes. De acuerdo con la cronología de Juan, que es la que he seguido, comentada a propósito de la fecha de la Última Cena, la Pascua cayó en sábado, de modo que Jesús fue aprehendido el jueves, murió el viernes, el mismo día en que se sacrificaban los corderos para la cena pascual, el día 14 del mes Nissan, día que era llamado la Parasceve.

Los cuatro evangelios dan noticias abundantes sobre lo ocurrido en estos pocos días.[1] Los principales acontecimientos fueron los siguientes: la Última Cena, de la cual se analizarán los actos distintos de la institución de la Eucaristía, ya tratados en el capítulo sobre el pan de vida, que son: el lavatorio de los pies, el anuncio de la traición de Judas, el discurso de despedida y la oración sacerdotal. Luego ocurrió el prendimiento de Jesús en el monte de los Olivos, que condujo al juicio, en diversas etapas, a la condena y a la muerte de Jesús.

I. La cena

Tuvo lugar en un recinto reservado, donde sólo acudieron Jesús y los discípulos, como comensales, aunque quizá estuvieron presentes algunas mujeres encargadas de la preparación de los alimentos y del servicio.[2] Seguiré la narración de Juan (capítulo 13) que, como no habla de la institución de la Eucaristía, refiere otros acontecimientos que no mencionan los sinópticos.

Dice Juan que Jesús "sabía que había llegado su hora de pasar de este mundo al Padre, habiendo amado a los suyos que estaban en el mundo, los amó hasta el fin".[3] La "hora" de Jesús, según esto, consiste en su retorno al Padre después de haber amado a los suyos hasta el extremo. Retorna al Padre, porque descendió de Él para hacerse hombre y acercarse a los suyos; retorna, después de dar la vida por los suyos, es decir, cuando ha cumplido su misión, y retorna sin despojarse de su humanidad, para que todos los suyos puedan también llegar al Padre.

---

[1]   Mateo les dedica los capítulos 26 y 27 completos; Marcos, los capítulos 14 y 15; Lucas, los capítulos 22 y 23, y Juan, el que la trata con más detalle, los capítulos 13 al 19.

[2]   La venerable María de Jesús de Agreda dice que la virgen María comandaba el grupo de mujeres que atendieron la cena.

[3]   Jn 13,1.

A. El lavatorio de los pies[4]

Comenzó la cena, y de pronto se levanta Jesús, se quita su manto, toma una toalla y se la ciñe (como si fuera un mandil), después, pone agua en una jarra y comienza a lavar los pies de cada uno de los discípulos.[5] Es un acto simbólico. El servicio que presta Jesús es una obra propia de los esclavos de la casa. Juan quiere destacar esta humildad de Jesús señalando que ese mismo que lava los pies sabía que "había salido de Dios y a Dios volvía". Al llegar con Pedro, éste protesta, pues le cuesta entender que Jesús desempeñe ese trabajo, como le costó entender, cuando Jesús hizo el primer anuncio de su pasión, que Jesús sería entregado en manos de los hombres; tenía la idea de que Jesús debería prevalecer sobre todos, de modo que esta humildad de lavar los pies, le parece que no va de acuerdo con esa dignidad. Sus palabras son tajantes: "No me lavarás los pies jamás". Jesús responde con palabras que denotan el significado del acto: "Si no te lavo, no tendrás parte conmigo". El lavatorio de los pies es un signo de la purificación que Jesús obra en el hombre y lo capacita para tener parte con Dios. Ante esa advertencia, Pedro replicó: "Entonces, Señor, no sólo los pies, sino también las manos y la cabeza", palabras que demuestran su intenso amor a Jesús. Éste aprovecha para dar otra explicación de su acto: "El que se ha bañado no tiene necesidad de lavarse más que los pies, porque todo él está limpio. Y vosotros estáis limpios, aunque no todos". Hay, pues, una limpieza general, que debe ser previa a la purificación que está obrando Jesús,[6] una limpieza que ya tienen todos los discípulos, salvo el traidor.

Jesús se arrodilla ante los discípulos y lava sus pies sucios para que sean dignos de participar en el banquete que van a recibir, comer su cuerpo y beber su sangre. El tema de la purificación es una constante en la historia de las religiones, y era muy importante en la religión judía, que contenía muchas normas

---

[4] Jn 13,1-20.

[5] Este lavatorio de los pies recuerda el lavatorio de los pies de Jesús, que hizo la pecadora en la cena que ofreció un fariseo, Lc 7,36-38.

[6] Antes de la purificación, vienen el arrepentimiento y el perdón; sin ellos, no hay purificación. El perdón equivale al pago de la deuda; es un medio para volver a empezar. La purificación o santificación capacita para las obras buenas que siguen, en primer lugar, la expiación y reparación del mal cometido y luego todas las demás obras buenas para el recto servicio de Dios y del prójimo.

sobre la pureza que todos debían observar en su vida cotidiana. La purificación parte de la distinción, que el hombre concibe espontáneamente, entre la santidad de Dios y la oscuridad propia del ser humano, y que le hace ver que para acercarse a Dios tiene necesidad de purificarse, de liberarse de la suciedad u oscuridad que lo oprimen y limitan. Ante las prescripciones de la ley y de la tradición judía acerca de la pureza ritual, Jesús había manifestado su posición, afirma que no son las prácticas rituales lo que purifica, sino que la pureza o impureza tiene lugar en el corazón del hombre.[7] Surge entonces la pregunta ¿cómo se purifica el corazón del hombre? Pedro, ante los judeocristianos que exigían que los convertidos procedentes del paganismo debían someterse a todas las prescripciones de la ley, afirma que el Espíritu Santo no ha hecho distinción entre judíos y paganos, y a estos les "ha concedido el mismo don que a nosotros por haber creído en el Señor Jesucristo";[8] esto significa que la purificación se obtiene por la fe en Jesucristo, y como Judas había dejado de creer en él, ya no estaba limpio. El lavatorio de los pies es signo de que es Jesús quien purifica a los discípulos, a quienes "amó hasta el fin".[9] Años después Pablo también dirá que Jesús es quien purifica a los discípulos, cuando afirma somos "justificados por su sangre".[10]

Al terminar el lavatorio, Jesús les dice: "Os he dado ejemplo para que, como yo he hecho con vosotros, también lo hagáis vosotros".[11] Es el ejemplo del servicio humilde que los discípulos deben practicar con todos los hombres; ellos ya son capaces de hacerlo gracias a que sus corazones han sido purificados por la fe en Jesús. Por eso dirá Jesús un poco después durante la cena: "El que cree en mí, también él hará las obras que yo hago".[12]

---

[7]   Mc 7, 14-23.

[8]   Hch 11,15-18.

[9]   Jn 13,1. "Hasta el fin" parece decir hasta morir o hasta la muerte.

[10]   Rm 5,9.

[11]   Jn 13,15.

[12]   Jn 14,12.

B. La traición

Siguiendo con el relato de Juan sobre la cena, después del lavatorio de los pies y, posiblemente después de que Jesús y sus discípulos hubieran comido el plato principal de la cena, Jesús hace el anuncio de que uno de los presentes lo traicionará. Juan destaca que al decir esto "Jesús se turbó en su espíritu".[13] Los discípulos se inquietan y comienzan, naturalmente, a preguntarse quién podría ser el traidor. Mateo dice que todos le preguntaban a Jesús: "¿Acaso seré yo el traidor?", y que Jesús le respondió a Judas, "tú lo has dicho";[14] seguramente lo dijo de modo que no lo oyeran todos, pues de otro modo habría habido una reacción colectiva. Juan narra que Pedro le dijo a él, que estaba recostado junto a Jesús, que le preguntara quién era el traidor, y que Jesús, al recibir la pregunta, le dijo a Juan que era aquél a quien Jesús daba un bocado de pan, fue a Judas Iscariote;[15] esta respuesta de Jesús tampoco señalaba ni denunciaba públicamente al traidor. Poco después, Jesús le dijo a Judas: "Lo que vas a hacer, hazlo pronto"; con estas palabras, hizo entender a Judas que sabía lo que estaba tramando, pero no lo delataban ante los demás discípulos, y estos, dice Juan, no entendieron "con qué fin" las dijo.[16]

En todo el relato, Juan deja claro, en primer lugar, que Jesús sabía quién lo iba a traicionar, y también que Jesús no lo delató públicamente, con lo cual le daba la oportunidad de desistirse. Dice Juan, que cuando Judas salió del cenáculo ya "era de noche",[17] lo cual puede entenderse también en sentido simbólico de la noche en el alma de Judas. La decisión de traicionar se consuma durante la cena, pero Judas ya había concebido la idea desde el banquete en Betania, cuando María ungió los pies de Jesús, y Él anunció que su muerte estaba próxima. Es posible que la entrevista que Judas tuvo con los sacerdotes y

---

[13] Jn 13,21.

[14] Mt 26,25.

[15] Jn 13,24-26.

[16] Jn 13,27.

[17] Jn 13,30.

jefes judíos, en la que convino entregar a Jesús a cambio de treinta monedas de plata, ocurriera el martes o miércoles por la tarde.[18]

Ninguno de los evangelistas refiere qué hizo Judas después de que salió del cenáculo. Simplemente Judas desaparece de la escena y vuelve cuando se presenta, con un grupo de gente armada, para aprehender a Jesús.

La traición de Judas es un misterio del corazón humano. Por qué rechazó a Jesús quien había sido uno de sus discípulos especialmente elegidos, uno que oyó su predicación y la aceptó, que vio sus milagros y convivió con Él durante muchos meses. Lo que se puede sacar de la narración evangélica es que no fue un sólo acto de rechazo, sino que primero fue una intención de rechazarlo, que no fue superada, y luego se puso por acto en varias etapas. Es muy conocido el fin de Judas: al saber que Jesús había sido condenado a muerte, se arrepintió de haberlo entregado, fue a ver a los príncipes de los sacerdotes, a quienes les dijo "he pecado entregando sangre inocente", y ellos le respondieron, sin ninguna compasión, "a nosotros ¿qué nos importa?; tú verás".[19] Judas se arrepintió, pero no se le ocurrió que Jesús pudiera perdonar sus pecados; fue un arrepentimiento sin esperanza de perdón. Los actos siguientes los relata Mateo de una manera muy escueta: "Y después de arrojar las monedas de plata en el templo, fue y se ahorcó".

La traición de Judas es una parte importante de la pasión de Jesús, quien sufrió al ver que su amigo, quien compartía el pan con él, lo ha traicionado, como ya estaba predicho en el Salmo 41,10: "Hasta mi amigo íntimo en quien yo confiaba, mi compañero de mesa, me ha traicionado". Dice Ratzinger que Jesús, al sufrir la traición de Judas, "ha tomado sobre sus hombros la traición

---

[18]   Entrevista que refieren los cuatro evangelistas. Jn 12,2 afirma que Judas criticó el acto de la unción de Jesús por María en Betania, y luego dice que en la Última Cena, "cuando el diablo ya había sugerido en el corazón de Judas" entregar a Jesús (Jn 13,2), por lo que cabe suponer que la entrevista con los príncipes de los sacerdotes tuvo lugar entre esos dos momentos. Mt 26,14 y Mc 14,10-11 afirman que tuvo lugar después de la unción en Betania, pero colocan este episodio uno o dos días antes de la cena, lo que no parece probable, pues Juan afirma con exactitud que ocurrió siete días antes de la Pascua. Lucas (22,4-5) parece más certero al afirmar que la entrevista ocurrió cuando "se acercaba ya la fiesta de los ácimos", lo cual podría ser el martes o miércoles previos, o el mismo jueves por la mañana.

[19]   Mt 27,3-5. Los demás evangelistas no narran este episodio.

de todos los tiempos, el sufrimiento de todas las épocas por el ser traicionado, soportando así hasta el fondo las miserias de la historia".[20]

Parece verosímil que Judas hubiera salido después de haber terminado de cenar, es decir, después de haber comido el plato principal, y que luego tuviera lugar la cena eucarística, la consagración y comunión del pan y del vino. Después de esto vendrían el discurso de despedida y la oración sacerdotal.

C. El discurso de despedida

Lo transmite únicamente Juan. Está en los capítulos 13 (del versículo 33 en adelante), 14, 15 y 16 de su evangelio. Es largo y rico en contenido, por lo que aquí únicamente se hará una exposición general.

1. *Anuncio de su muerte y diálogo con Pedro, Tomás, Judas y Felipe.*[21] Jesús dice que debe irse, que de momento no podrán seguirlo, y que les da un mandamiento nuevo, que luego desarrollará, que se amen como él los ha amado. El anuncio de su partida genera un diálogo con los discípulos, que inicia Pedro, y pregunta por qué no puede seguirlo si está dispuesto a dar la vida por Jesús. Jesús les anuncia que Pedro lo negará esa noche. Luego pregunta Tomás: "¿A dónde vas, no sabemos el camino?, y Jesús responde: "Yo soy el Camino, la Verdad y la Vida". Luego Felipe le dice: "Muéstranos al Padre", y Jesús le contesta: "¿Es que todavía no me conoces?" Y finalmente Judas Tadeo pregunta: "¿Por qué te manifiestas a nosotros y no al mundo?". Jesús responde: "Si alguno me ama, guardará mi palabra, y mi Padre le amará, y haremos morada en él". Terminado el diálogo, Jesús dice: "Levántense, vámonos de aquí", lo cual cabe entender como un cambio de habitación en la misma casa donde cenaron, porque será hasta el final de la oración sacerdotal cuando Juan indica que salieron de la casa hacia el monte de los Olivos. El cambio de habitación pudo ser para que las mujeres que sirvieron la cena, capitaneadas por María, recogieran la mesa.

---

[20] Ratzinger II, p. 86.
[21] Jn 13,33-4,31.

2. *La ley del amor*. Después del diálogo, Juan transmite una serie de enseñanzas de Jesús de gran importancia, que son como lo que él más quiere que los discípulos aprendan.

En el preámbulo del diálogo de Jesús con los discípulos, les había dicho: "Un mandamiento nuevo os doy: que os améis unos a otros. Como yo os he amado, amaos también unos a otros".[22] Ahora, en este otro momento, lo reitera: "Este es mi mandamiento nuevo: que os améis unos a los otros como yo os he amado". El "como yo los he amado" no es solamente la indicación de un máximo nivel de exigencia en el amor al prójimo, sino que se refiere sobre todo a la calidad del amor; Él mismo dice cómo es su amor con estas palabras: "Como el Padre me amó, así os he amado yo",[23] es decir, que Jesús nos ama con el amor de Dios Padre, en unión con el Padre, y lo que pide en este mandamiento es que los discípulos amen unidos a él y, por su medio, unidos al Padre. Esto hace entender la parábola de la vid y los sarmientos, que Juan coloca inmediatamente antes del nuevo mandamiento, en el sentido de que es el amor del discípulo (el sarmiento) unido a Jesús (la vid) el que da mucho fruto.

Advierte Jesús a sus discípulos que serán odiados por el "mundo",[24] como el mundo lo ha odiado a Él, al grado de darle muerte con la apariencia de hacer algo justo. Y que lo mismo hará el mundo con ellos. La palabra "mundo" se refiere aquí al conjunto de los que no han querido conocer a Jesús,[25] los que lo rechazan y terminan odiando a Jesús y al Padre.[26] Es una gran paradoja que haya quien rechace, incluso violentamente, a quien predica amar como Dios ama. Jesús explica que esa actitud ya estaba anunciada en los libros santos, donde se dice: "Me odiaron sin motivo".[27]

---

22 Jn 13,34.

23 Jn 14,9.

24 Jn 15,18.

25 Jn 16,3.

26 Jn 15,23.

27 Sal 35,19: En una petición que un hombre sufriente hace a Dios dice: "Que no se alegren a mi costa mis enemigos alevosos, ni guiñen el ojo los que sin razón me odian". Sal 69,5, en una petición semejante se dice: "Más que los pelos de mi cabeza son los que me odian sin motivo… mis enemigos mentirosos".

3. *La promesa del Espíritu Santo.* Jesús dice a los discípulos que los "expulsarán de las sinagogas" y que llegará la hora "en la que todo el que os dé muerte pensará que hace un servicio a Dios". Esto corresponde plenamente a la conducta de Pablo, antes de su conversión, cuando, movido por un erróneo amor a Dios, perseguía y daba muerte a los cristianos. Jesús dice a los discípulos que les advierte de esto, no para que se "escandalicen", sino para que sepan, cuando les suceda, que es algo que él ya les había anunciado.[28]

Después del anuncio de las persecuciones, Jesús les da la buena noticia de que les enviará el Espíritu, el Paráclito, el cual moverá los corazones para que los hombres crean en él y en la vida eterna que les aguarda, y no se dejen fascinar por los bienes terrenales.[29] Añade que ese Paráclito es el "Espíritu de la verdad", el que los guiará "hacia toda la verdad". La verdad a la que se refiere Jesús no es un invento del Espíritu, pues dice que "no hablará por sí mismo, sino que dirá todo lo que oiga" y "anunciará lo que va a venir". ¿Qué es lo que oye y anuncia el Espíritu? Lo que Jesús ha dicho, que es también lo que el Padre ha querido que él anunciara.[30]

4. *Anuncio de su muerte y resurrección.* Después de la promesa del envío del Espíritu, Jesús dice a sus discípulos: "Dentro de un poco ya no me veréis, y dentro de otro poco me volveréis a ver".[31] Los discípulos se preguntaban qué significaban esas palabras. Jesús interviene y les hace ver que se refieren a su muerte, pero les pide que no estén tristes, porque luego los "volverá a ver", es decir, predice su resurrección, y entonces "se os alegrará el corazón, y nadie os quitará vuestra alegría".[32] Ellos afirman que ya entienden, y que creen que Él

---

[28] Jn 16,1-4.

[29] Jn 16,8-11, que dice que el Espíritu "acusará al mundo de pecado, de justicia y de juicio"; de pecado "porque no creen en él", en Jesús; de justicia, "porque voy al Padre", y de juicio, "porque el príncipe de este mundo ya está juzgado".

[30] Jn 16,13-15. Dice Jesús que el Espíritu "me glorificará porque recibirá de lo mío y os lo anunciará". Y añade: "Todo lo que tiene el Padre es mío. Por eso dije: 'Recibe de lo mío y os lo anunciará' ". En Jn 13,26, como parte del diálogo de Jesús con sus apóstoles después de cenar, les dice que "el Paráclito, el Espíritu Santo... os enseñará todo, os recordará todas las cosas que os he dicho".

[31] Jn 16,16.

[32] Jn 16,22.

ha "salido de Dios". Jesús les predice que lo abandonarán, pero los consuela diciendo que confíen, porque él ha "vencido el mundo".[33]

D. La oración sacerdotal

Después de presentar el discurso de despedida, Juan relata la oración sacerdotal: "Jesús, después de pronunciar estas palabras, elevó sus ojos al cielo y dijo...".[34]

Según Ratzinger es una oración que se entiende considerando la liturgia de la fiesta judía de la expiación (*Yom Kakkipurim*).[35] El rito que seguía la fiesta está descrito en el Levítico.[36] Se ofrecen en sacrificio dos machos cabríos, un carnero para el holocausto y un novillo. El sacerdote lo ofrece por sí mismo, por su "casa", es decir, el grupo sacerdotal, y por todo el pueblo. La finalidad del día de la expiación es restituir a Israel su carácter de pueblo santo, limpiándolo de las transgresiones del año anterior y encausándolo de nuevo para que sea el pueblo de Dios.

Jesús, retomando esa liturgia, se ofrece a sí mismo en sacrificio y hace la triple petición de la oración judía, ruega por sí mismo, por los apóstoles y por todo el pueblo. La oración sacerdotal de Jesús es la puesta en práctica del día de la expiación, pero sustituye el sacrificio de animales por la entrega voluntaria de su propio cuerpo, de su propia vida. En esta entrega, Jesús se muestra semejante al siervo doliente que describe Isaías: el siervo de Dios que carga con la iniquidad de todos, que se ofrece a sí mismo como expiación, y que lleva el pecado de muchos.[37]

---

[33] Jn 16,33.

[34] Jn 17,1.

[35] Ratzinger II, p. 96.

[36] Lev 16,1-34 y 23,26-32.

[37] Is 53,6: "Todos nosotros andábamos errantes como ovejas, cada uno seguía su propio camino, mientras el Señor cargaba sobre él [el siervo doliente] la culpa de todos nosotros"; 10: "Dispuso el Señor quebrantarlo con dolencias. Puesto que dio su vida en expiación, verá descendencia, alargará los días y, por su mano, el designio del Señor prosperará"; y 12: "Por eso, le daré muchedumbres como heredad y repartirá el botín con los fuertes; porque ofreció su vida a la muerte y fue contado entre los pecadores, llevó los pecados de las muchedumbres e intercede por los pecadores".

1. *La petición por sí mismo.*[38] Jesús pide al Padre: "Glorifica a tu Hijo", pero hace esa petición no para disfrutar la gloria, sino "para que tu Hijo te glorifique" y para que "dé la vida eterna a todos los que Tú le has dado", es decir, para que tenga lugar la salvación del mundo. Explica que la vida eterna consiste en "que te conozcan a Ti, el único Dios verdadero, y a Jesucristo, a quien Tú has enviado".[39] Unos momentos antes había dado a sus discípulos el pan de vida eterna. Conforme a estas palabras de Jesús, la vida eterna no significa sólo la vida después de la muerte. Es una vida que ya viven los discípulos. Es la vida verdadera (*zōē*), la vida de unión con Dios, que se distingue de la vida meramente biológica (*bios*). Esa vida se adquiere por medio del conocimiento de Dios y de su enviado, lo cual permite que el ser humano se relacione personalmente con Dios.

Jesús pide al Padre que lo glorifique porque "ha terminado la obra" que le ha encomendado que hiciera",[40] y la gloria que pide no es algo nuevo, sino "la gloria que tuve junto a Ti antes de que el mundo existiera".[41]

2. *La petición por los discípulos.*[42] Dice Jesús que ha "manifestado" el nombre de Dios a los hombres.[43] Conocer el nombre de Dios es saber que Él, aun siendo absolutamente trascendente, puede ser llamado, invocado por los hombres. Moisés había preguntado a Dios por un nombre, en el episodio de la zarza ardiente, y Dios le había respondido que su nombre es Yo Soy, Yahvé. Con ese nombre, los judíos sabían que Dios estaba presente entre ellos. Cuando Jesús afirma que da a conocer el nombre de Dios no es que invente una palabra nueva con la cual llamarlo, sino que afirma que Dios tiene una presencia nueva entre los hombres, encarnada en Jesús mismo; por eso él afirmaba en el discurso de despedida: quien me ve a mí, ve al Padre. Eso es lo que Jesús enseñó

---

38 Jn 17,1-5.

39 Jn 17,3.

40 Jn 17,4.

41 Jn 17,5.

42 Jn 17,6-19.

43 Jn 17,6. Al hacer la petición por todos los que en lo sucesivo creerán vuelve a decir (Jn 17,26): "Les he dado a conocer y les daré a conocer tu nombre, para que el amor que me tenías esté con ellos, como también yo estoy con ellos".

a los discípulos, que invocándolo invocan al Padre, porque él es el Emanuel, el Dios con nosotros, y eso es lo que seguirá enseñando a todos los que crean.

Jesús pide al Padre por aquellos que "han recibido" [44] las palabras que les dio, y así "han conocido verdaderamente que yo salí de Ti, y han creído que Tú me enviaste".[45] Aclara Jesús "ruego por ellos, no ruego por el mundo",[46] es decir, que ruega por los que han creído, lo cual todos pueden libremente hacerlo, pero no ruega por la constitución de un mundo sin Dios, que es lo que pretenden los que se niegan a creer, los que siguen al maligno, los que han odiado a Jesús y odiarán a sus discípulos.[47]

Pide al Padre que los cuide, para que los discípulos "sean uno como nosotros",[48] es decir, pide que estén unidos con una unidad semejante a la que hay entre el Padre y Jesús. Aclara que no pide sacarlos del mundo, sino que los guarde del maligno, porque ellos, lo mismo que Jesús, "no son del mundo".[49]

Luego pide al Padre: "Santifícalos en la verdad. Lo mismo que Tú me enviaste al mundo, así los he enviado yo al mundo. Por ellos yo me santifico, para que también ellos sean santificados en [la] verdad".[50] ¿Qué es lo que esto significa?

La santidad, en estricto sentido, es atributo exclusivo de Dios. Sólo Él es santo. Se habla de santificar cuando se traspasa una cosa o persona, se saca de su entorno natural, para dedicarla al servicio y a la unión con Dios, pero, al mismo

---

[44] Como Jesús está hablando a los once apóstoles, parecería que estas palabras se refieren expresamente a ellos, pero podrían referirse a todos los que han creído en él, a los discípulos.

[45] Jn 17,8.

[46] Jn 17,9.

[47] El significado de "mundo" como los que no creen en Jesús y lo odian, se colige de lo que dice más adelante: que los discípulos "no son del mundo", como Jesús mismo no es "del mundo", y que el "mundo" los ha odiado (versículo 14). En sus palabras, Jesús distingue entre estar en el mundo y "ser del mundo". Jesús, ante la inminencia de su muerte dice (versículo 11) que "ya no estoy en el mundo", y de los discípulos dice que "están en el mundo". Jesús advierte que sus discípulos "no son del mundo", pero no pide al Padre (versículo 15) que los "saque del mundo", sino que "los guarde del maligno", lo que implica que los que "son del mundo" son los que siguen al maligno.

[48] Jn 17,11.

[49] Jn 17,15-16. En estos versículos es muy clara la distinción entre "estar" en el mundo y "ser" del mundo. Los discípulos están en el mundo, pero no son del mundo.

[50] Jn 17,17-19.

tiempo, esa cosa o persona Dios la destina al servicio de los hombres. Por eso "se-gregación y misión forman una única realidad completa".[51] Jesús, en el discurso dicho en los días de la fiesta de la Dedicación en Jerusalén, unos meses antes de morir, dijo de sí que era aquél a quien "el Padre santificó y envió al mundo".[52] En la oración sacerdotal Jesús habla de otras dos consagraciones y misiones. Dice al Padre: "Lo mismo que Tú me enviaste al mundo, así los he enviado yo al mun-do".[53] Jesús, cumpliendo la misión encomendada por el Padre y dando su vida por los hombres, se santifica, es decir, permanece unido al Padre y, por eso, dice: "Por ellos yo me santifico". También pide al Padre que los discípulos que Jesús ha enviado al mundo permanezcan unidos a la verdad, esto es, permanezcan unidos a Jesús que es la verdad, y así "sean santificados en la verdad".

3. *Petición por todos los que creerán y por la unidad de todos los discípulos.* Le pide al Padre: "No ruego sólo por estos, sino por los que van a creer en mí por su palabra: que todos sean uno; como tú, Padre, en mí, y yo en Ti, que así ellos estén en nosotros, para que el mundo crea que Tú me has enviado".[54]

Es impresionante que Jesús, en vísperas de su muerte, esté pensando en aquellos que van a creer en él, gracias a las palabras de sus discípulos, y que incluso se refiera a que toda la humanidad, "el mundo", pueda creer en él.

La unidad de todos los discípulos, los actuales y los futuros, por la que ruega Jesús es análoga a la unidad de Él con el Padre: ruega para que los discí-pulos estén unidos a Él, como Él está unido al Padre. La unión de Jesús con el Padre se muestra en la obediencia total de Jesús a la voluntad del Padre: vi-vió como quiso el Padre,[55] predicó lo que el Padre le dijo que predicara,[56] hizo

---

[51] Ratzinger II, p. 106.

[52] Jn 10,36. La primera consagración de Jesús tuvo lugar cuando fue encarnado en el seno de María: ahí permanece unido al Padre y ya está enviado para servicio de los hombres y del mundo en general.

[53] Jn 17,18.

[54] Jn 17, 20-21.

[55] Nació en una familia pobre, sufrió inmediatamente la persecución de Herodes, creció en Na-zaret como el hijo de un artesano y vivió ahí treinta años, y el día señalado acudió para ser bautizado por Juan el Bautista e iniciar el ministerio público.

[56] Él mismo dice, Jn 7,16, que la doctrina no es suya, sino del Padre.

los milagros que el Padre quería,[57] y aceptó morir como el Padre lo pedía.[58] Él pide a sus discípulos una obediencia semejante, la cual los unirá, por medio de Jesús, con el Padre.

La unidad de los discípulos con Él sirve, como lo dice dos veces,[59] para que el mundo conozca que Jesús es enviado de Dios. Es una unidad que permite que los no creyentes reconozcan el origen divino de Jesús, es, por tanto, una unidad visible, reconocible y de tal naturaleza que quien la percibe puede concluir que Jesús es el Enviado por el Padre para salvar el mundo. Jesús, dirigiéndose al Padre, dice: "Lo mismo que Tú me enviaste al mundo, así los he enviado yo al mundo".[60] La misión de Jesús y la de sus discípulos es una sola, conforme con lo que el Padre quiere. Para que el mundo pueda reconocer que Jesús es enviado del Padre, los discípulos deben ser los enviados de Jesús y predicar lo mismo que predicó Jesús.

Para procurar la unidad entre sus discípulos, Jesús tomó medidas mientras vivía: nombró personalmente a sus apóstoles y les dio poderes para cumplir su misión. Después de la muerte de Jesús, los apóstoles nombraron sucesores y les compartieron los poderes recibidos de Jesús, con lo cual comenzó la sucesión apostólica, que garantiza la unidad de los discípulos con lo misión que recibió y cumplió Jesús, que prosiguieron los apóstoles y la continúan sus sucesores. La sucesión apostólica es la garantía de que la misión de Jesús continúa con sus discípulos, quienes siguen enseñando lo mismo que Jesús: el advenimiento del Reino de Dios en el mundo.

La unidad de la misión exige necesariamente la unidad en la doctrina. Jesús predica lo que el Padre le dijo y envía a los discípulos a predicar lo que Él predicó. Los discípulos, que en el momento de la cena todavía no conocen bien la doctrina de Jesús, podrán conocerla y entenderla cabalmente, como les prometió Jesús, con la ayuda del Espíritu Santo, quien los guiará "hasta la

---

[57] No cayó en la tentación de hacer otros milagros, como se lo pedía el demonio al tentarlo, o como le pidieron varias veces los dirigentes judíos que querían que exhibiera ante ellos su poder de hacer milagros.

[58] Como se muestra en la oración en el huerto de los Olivos.

[59] Jn 17,21 y 23.

[60] Jn 17,18.

verdad completa".[61] La acción del Espíritu en la primitiva comunidad llevó a la definición de dos resultados externos que aseguran la unidad de la fe: la definición del canon de la Escritura, por la que se precisa cuáles son los libros que contienen la doctrina de Jesús, y la formación de la "regla de fe", es decir, de una fórmula breve en las que se condensan las verdades esenciales, y que hoy conocemos como el "credo".

La narración de Juan sobre la oración sacerdotal termina con estas palabras: "Dicho esto, salió Jesús con sus discípulos al otro lado del torrente Cedrón, donde había un huerto en el que entraron él y sus discípulos".[62]

II. El juicio de Jesús

A partir del momento en que Jesús entra en el huerto de los Olivos, Él parece, ya no el sacerdote que pide por todos, sino la víctima que se ofrece en sacrificio y que deja que los demás hagan con él lo que quieran, sin oponer resistencia. Primero se le ve rezando en agonía, luego vendrá su aprehensión, a la que no opone resistencia, y finalmente el juicio, que sufre pacientemente.

Los tres evangelios sinópticos transmiten la oración de Jesús en el huerto de los Olivos,[63] cuyo contenido ya se trató en el capítulo de la "Oración de Jesús", y que en resumen es la petición de Jesús de hacer la voluntad del Padre, a pesar de que ello le trae inmensos dolores y una muerte espantosa.

Dicen Mateo y Marcos que Jesús entró en el huerto de los Olivos o Getsemaní con todos sus discípulos, que se paró en un cierto lugar, les dijo que lo esperaran ahí, pero se llevó consigo a Pedro, Santiago y Juan a otro lugar; a estos les pide que se queden ahí y que permanezcan despiertos y lo acompañen; él se separa un poco de ellos, entra en agonía ante la perspectiva de lo que le espera, y pide insistentemente al Padre que lo libre de esa hora, pero reitera

---

[61] La unidad de la fe se garantiza posteriormente por medio de la definición del canon de la escritura, es decir, el juicio acerca de cuáles son exclusivamente los libros revelados que constituyen la Escritura Santa, y por la formulación.

[62] Jn 18,1.

[63] Mt 26,36-46; Mc 14,32-42 y Lc 22,39-46.

que está dispuesto a cumplir su voluntad. Pasado un rato, Jesús regresa donde están sus discípulos más cercanos y los encuentra dormidos, los despierta y les pide que velen y oren con Él, y nuevamente se separa de ellos para hacer su oración sin distracciones; poco después, vuelve a buscar a sus discípulos cercanos y otra vez los encuentra dormidos; entonces los despierta y les avisa que ya vienen por él.

A. Prendimiento[64]

Los cuatro evangelios dan noticias de este suceso. Todos coinciden en que viene Judas, el traidor, con un grupo de hombres armados, seguramente proporcionados por los sacerdotes de entre sus servidores y la guardia del templo; Juan dice que eran los servidores de los sacerdotes y una cohorte romana capitaneada por un tribuno.[65]

Los sinópticos, quizá para destacar la conducta de Judas, dicen que se acercó a Jesús para saludarlo, como era la costumbre, con un beso, y que ese gesto era la señal para que el grupo armado aprendiera a Jesús. Lucas dice que Jesús le dijo: "Judas, ¿con un beso entregas al Hijo del Hombre?".[66]

Juan hace ver un detalle de la aprehensión que pone de relieve la majestad de Jesús y la libertad de su entrega.[67] Quizá después del beso de Judas, se acerca el grupo armado y Jesús pregunta: "¿A quién buscan?". Y ellos responden: "A Jesús Nazareno". Él les dice: "Soy yo", y lo dice de tal modo que el grupo se detiene y muchos de los que venían detrás del grupo tropiezan y caen. Me parece que es una manifestación de su majestad semejante a la que hizo cuando expulsó a los mercaderes y cambistas del templo. Jesús les vuelve a preguntar: "¿A quién buscan?". Ellos repiten que buscan a Jesús, quien les dice de nuevo que es Él, y agrega que, si lo buscan a Él, dejen ir a sus discípulos, con lo cual demuestra el cuidado que tiene por ellos.

---

[64]   Mt 26,47-56; Mc 14,43-52; Lc 22,47-53; Jn 18,1-12.

[65]   Jn 18,12.

[66]   Lc 22,48.

[67]   Jn 18,4-8.

Los cuatro evangelistas relatan la violenta reacción de Pedro, aunque sólo Juan dice su nombre;[68] desenvainó la espada, atacó e hirió a uno de los siervos de los sacerdotes, y le cortó una oreja. Jesús apacigua a Pedro, cura al herido y declara que su aprehensión ocurre para que se cumpla la Escritura.[69] También los cuatro evangelios consignan que Jesús reprochó a sus captores que vinieran a aprehenderlo de noche, como a un ladrón, en vez de detenerlo en el templo o en los lugares públicos donde él predicaba. Todos los discípulos, en ese momento, huyeron y lo abandonaron, no obstante que sabían que Jesús los protegía. Lucas termina su narración con esta frase que Jesús dirige a sus captores: "Ésta es vuestra hora y el poder de las tinieblas".[70] Los soldados lo prendieron y ataron.[71]

B. Interrogatorio preliminar ante Anás[72]

Juan es el único evangelista que relata que los soldados condujeron a Jesús "primero", ante Anás, el suegro de Caifás, que era entonces el sumo sacerdote, porque Anás era un personaje importante, había sido sumo sacerdote, y luego había influido para que se nombrara sumo sacerdote a Caifás, su yerno.[73] A la misma casa llegó Juan, que era conocido de Anás, y entró e hizo entrar a Pedro; ambos lo habían seguido de lejos.[74]

Anás, a quien Juan llama "sumo sacerdote", aunque sabe que no estaba en ejercicio, fue el primero que interrogó a Jesús. Le pregunta por su doctrina y sus discípulos, a lo que Jesús respondió que él había predicado públicamente, y que todos los que le habían oído podían dar testimonio de lo que él había enseñado. Sagazmente eludió la pregunta sobre sus discípulos, a fin de no comprometerlos. Al oír la respuesta, uno de los criados, creyendo que era una respuesta irrespetuosa, abofeteó a Jesús, y él le dijo: si he hablado mal, dime

---

68 Jn 18,10.
69 Mt 26,54; Mc 14,49.
70 Lc 22,53.
71 Jn 18,12.
72 Jn 18,13-24.
73 Jn 18,13.
74 Jn 18,16.

en qué, y si no, por qué me pegas; de esta manera puso en evidencia su inocencia y el trato abusivo que recibía. Juan no da más noticia de este interrogatorio, pero hace ver que las negaciones de Pedro comenzaron en casa de Anás, cuando la portera, que le franqueó la puerta por petición de Juan, le dijo: "¿No eres también tú de los discípulos de este hombre?",[75] a lo que Pedro respondió: "No lo soy". Juan termina el relato de este interrogatorio y dice que Anás envió a Jesús "atado" a Caifás, el sumo sacerdote en turno.

C. Interrogatorio ante Caifás[76]

Marcos y Mateo, que no relatan el breve interrogatorio de Anás, narran el que hizo Caifás, el cual lo omiten Lucas y Juan. Dicen que, en casa de Caifás, el sumo sacerdote en turno, se habían reunido los escribas, ancianos y príncipes de los sacerdotes, entre los cuales había muchos de los integrantes del Sanedrín. Tienen ya la intención de condenar a muerte a Jesús, de acuerdo con la decisión que habían tomado días antes, por lo que lo enfrentan con testigos falsos para encontrar un pretexto que justifique la condena; los testigos lo acusan de diversas cosas, entre otras, de querer destruir el templo, pero los testigos se contradicen y los dirigentes no encuentran el pretexto que buscaban. Entonces Caifás intenta provocar a Jesús para que hable y conteste las acusaciones contra él, pero Jesús guarda silencio antes las acusaciones falsas. Caifás dice: "Te conjuro por Dios vivo a que nos digas si tú eres el Mesías, el Hijo del Bendito". Jesús no puede callar y responde: "Yo soy, y 'veréis al Hijo del Hombre sentado a la diestra del Poder y venir sobre las nubes del cielo'".[78] Con esta respuesta afirma que él es el Mesías y que es Dios, como lo había dicho uno o dos días antes en su último discurso en el templo.

La respuesta de Jesús da a Caifás lo que esperaba, un pretexto para condenarlo a muerte. La respuesta le parece una blasfemia porque se ha negado a creer que Jesús sea Dios y el Mesías. Se rasga entonces las vestiduras y concluye

---

[75] Jn 18,17.

[76] Mt 26,57-68; Mc 14,53-65; Lc 22,66-71; Jn 18,13-24.

[77] Estas palabras son la profecía de Daniel (7,13) sobre el Hijo del Hombre.

[78] Mc 14,61-62. Mt 26,69-75.

que Jesús es reo de muerte, porque la ley castiga así la blasfemia.[79] Todos los concurrentes asienten a la condena. La decisión que toman no es todavía una sentencia, pues el Sanedrín no ha sido constituido en tribunal. Esto sólo era posible durante el día. El interrogatorio practicado en la noche había servido para preparar el juicio que tendrá lugar la mañana del día siguiente.

Después de interrogarlo, Caifás ordena que encierren a Jesús en alguna prisión de la casa. Los soldados y guardias encargados de vigilar y custodiar a Jesús a partir de ese momento lo tratan cruelmente, se burlan, le escupen en la cara, le vendan los ojos y lo golpean al tiempo que le preguntan "profetiza quien te pegó". En ese ambiente pasó Jesús la noche del jueves y la madrugada del viernes.

D. El juicio ante el Sanedrín

Sólo lo relata Lucas.[80] Marcos simplemente menciona que el Sanedrín se reunió por la mañana. La decisión ya había sido tomada varios días antes;[81] el pretexto se había encontrado la noche anterior. Ahora es necesario, desde el punto de vista de respeto a la legalidad, formalizar la sentencia, por medio de una decisión del Sanedrín, legítimamente convocado y en una sesión durante el día. El Sanedrín se reunió en la mañana y, sin llamar testigos, simplemente le preguntaron a Jesús si él era el Hijo de Dios, a lo cual respondió que sí, y todos concluyeron que blasfemaba, lo que implicaba que merecía morir. El juicio del Sanedrín es que Jesús merece la pena de muerte porque afirma que es el Hijo de Dios.

Aunque la sentencia del Sanedrín era formalmente válida e inapelable, ese tribunal no podía ejecutar la pena de muerte, porque eso estaba reservado al poder romano. Por lo tanto, llevaron a Jesús atado ante el procurador romano, ante Pilatos, para que ordenara la ejecución de la sentencia.

---

79   Lev 24,16: "Quien blasfeme el nombre de Yahvé, será muerto; toda la comunidad lo apedreará. Sea forastero o nativo, si blasfema el Nombre, morirá".

80   Lc 22,66-71. Los relatos del juicio son una buena muestra de la complementariedad de los evangelios. Juan relata el interrogatorio por Anás; Mateo y Marcos, el interrogatorio nocturno por Caifás, y Lucas, el juicio diurno ante el Sanedrín.

81   Cuando se difundió la noticia de que Jesús resucitó a Lázaro, el Sanedrín decidió darle muerte, Jn 11,53.

E. El juicio ante Pilatos

Lo relatan los cuatro evangelistas y cada uno aporta alguna información propia que no está en los otros.[82] En lo general, seguiré el relato de Juan, quien fue testigo presencial.

1. *Primer interrogatorio por Pilatos.* Juan dice que los jefes de los judíos, "muy temprano", llevaron a Jesús al pretorio, la residencia oficial de Pilatos, introdujeron a Jesús, pero ellos no entraron, para no contaminarse y poder cenar la Pascua.[83] Sale Pilatos y les pregunta qué acusación tienen contra Jesús; ellos dicen que lo han condenado a muerte, pero como no les es lícito ejecutar la muerte, acuden ante él. Ninguno de los evangelistas dice que los judíos informaron a Pilatos que lo habían condenado por decir que era el Hijo de Dios; posiblemente se daban cuenta de que esa acusación no tendría ninguna importancia para el procurador romano. Lucas dice que los judíos lo acusan de amotinar al pueblo y hacerse pasar por rey.[84] Muy posiblemente, Pilatos había sido informado de la entrada de Jesús en Jerusalén, así que esa acusación podría parecerle verosímil. Al entrar Pilatos al pretorio, interroga a Jesús si acaso él es rey. Jesús responde que lo es, pero explica que su reino no es como los de este mundo, y que él ha sido constituido rey para dar testimonio de la verdad. Pilatos irónicamente pregunta, como lo haría un intelectual de hoy: "Qué es la verdad",[85] y, sin esperar respuesta, abandona a Jesús, sale a ver a los acusadores y les dice que no encuentra culpa alguna en Jesús, pues se da cuenta de que no es un revolucionario que quiera hacerse violentamente del poder terrenal. Los judíos insisten en su acusación y dicen que inició su movimiento subversivo en Galilea y lo ha continuado en toda Judea.

2. *Remisión a Herodes.* Al oír el nombre de Galilea, Pilatos vio la oportunidad de librarse de ese juicio molesto y congraciarse con Herodes, tetrarca de Galilea, que en ese momento estaba en Jerusalén, quizá para asistir a la Pascua, y decidió enviárselo.

---

[82] Mt 27,11-26. Mc 15,1-15. Lc 23,1-25. Jn 18,28-19,16.

[83] Esta reserva de los judíos a entrar al pretorio confirma que el día que murió Jesús no era el día de la Pascua, sino el día anterior, cuando se hacía la cena pascual.

[84] Lc 23,2.

[85] Jn 18,38.

Sólo Lucas narra este episodio.[86] Herodes se alegró mucho al recibir a Jesús, pues quería conocerlo, porque había oído hablar mucho de él. Se lo presentaron atado, y le hizo muchas preguntas, pero Jesús nada respondió. Herodes, fastidiado por el silencio de Jesús, se burló de él, al igual que sus soldados, quienes le pusieron un vestido blanco ridículo, y lo devolvió a Pilatos.

3. *Intentos de Pilatos para liberar a Jesús*. Pilatos, por haber enviado a Jesús ante Herodes, mejoró su relación con éste, pero no se libró del cargo de juzgar el caso. Al ver que Herodes tampoco encuentra culpable a Jesús, vuelve a presentarlo ante los acusadores, les dice que considera que es inocente y que Herodes también lo juzgó así. Pero ellos insisten en sus acusaciones, a las que Jesús nada respondió, lo que causaba admiración en Pilatos.

Recuerda el procurador romano que es privilegio suyo, como gobernador de la provincia, otorgar la amnistía, y en Judea se había hecho costumbre que, en relación con la fiesta de la Pascua, se concediera la amnistía al preso que el pueblo quisiera. Pensó Pilatos que podía conceder la amnistía a Jesús, si el pueblo se lo pedía, por lo que preguntó a la multitud congregada si quería que soltara a Jesús.[87] Pero la multitud había sido reunida, seducida y sobornada por los propios acusadores, así que estos la instruyeron para que pidiera la libertad de Barrabás, un preso detenido por homicidio y sedición, y pidiera la crucifixión de Jesús. Con este intento de liberar a Jesús, con el apoyo popular, lo único que obtuvo fue que la multitud definiera el tipo de muerte que se aplicaría a Jesús, la más dolorosa e infamante, la crucifixión.[88]

4. *La flagelación y la coronación de espinas*. Dado que Pilatos no pudo liberar a Jesús con el ofrecimiento de concederle amnistía por la fiesta, lo

---

[86] Lc 23,6-12.

[87] Según dice Mateo (27,19), es posible que este intento de soltarlo fuera movido por la petición que hizo Pilatos a su esposa, quien le dijo: "No te mezcles en el asunto de ese justo; porque hoy en sueños he sufrido mucho por su causa".

[88] En el derecho romano, la pena de muerte podía cumplirse por decapitación (con un hacha, una segur o una espada), por ahogamiento (arrojar al condenado al mar o a un río metido en un saco), por combustión (atar al condenado a un poste y prender fuego a la leña que estaba a sus pies). En tiempos del principado, la crucifixión era la pena aplicada preferentemente a los esclavos, por eso era especialmente deshonrosa, pero también podía aplicarse a personas libres. Véase Mommsen, *Derecho penal romano (Römisches Strafrecht*, Leipzig, 1899), traducido por P. Dorado, Santa Fe de Bogotá, Themis, 1999 (reimpresión), p. 567.

entregó a los soldados para que lo flagelaran, que no era lo usual respecto de los reos condenados a la muerte por crucifixión.[89] Los evangelistas no dan detalles sobre este castigo, únicamente dicen que los soldados lo flagelaron, lo que permite suponer que lo harían de la manera acostumbrada, esto es, desnudándolo y atándolo a una pilastra de poca altura, para que estuviera inclinado hacia el suelo y ofreciera su espalda a los verdugos.

Marcos, Mateo y Juan cuentan que los soldados, después de haber azotado a Jesús, por propia iniciativa, idearon una manera de burlarse de él. Dice Marcos: "Los soldados lo condujeron dentro del patio, es decir, el pretorio, y convocaron a toda la cohorte. Lo vistieron de púrpura y le pusieron una corona de espinas que habían trenzado. Y comenzaron a saludarlo: —Salve, Rey de los Judíos. Y le golpeaban la cabeza con una caña, le escupían e hincandos se postraban ante él. Después de reírse de él, lo despojaron de la púrpura y le colocaron sus vestiduras".[90] Esta burla de la realeza de Jesús pone de manifiesto que, para los soldados y en general los paganos, la causa de la condena era el hacerse pasar por rey de los judíos.

Los soldados llevaron a Jesús nuevamente ante Pilatos. Él pensó que, si presentaba a Jesús en el estado en que se encontraba, la multitud tendría compasión, y aceptaría que lo liberara. Lo mostró a la multitud en el estado en que se hallaba, sangrado por la flagelación, con una túnica de burla y la corona de espinas, y dijo una vez más que él no veía en Jesús culpa alguna. Según Juan fueron los "príncipes de los sacerdotes y los servidores" quienes respondieron gritando: "¡Crucifícalo, crucifícalo!".[91] Pilatos se enoja y les dice crucifíquenlo ustedes porque yo no encuentro culpa en él, pero los judíos replican que, según su ley, Jesús es reo de muerte "porque se ha hecho Hijo de Dios".[92]

5. *La sentencia de Pilatos.* Pilatos entró de nuevo al pretorio con Jesús, con el recuerdo de las palabras que los jefes de los judíos decían de Jesús: se hace Hijo de Dios, y por eso le pregunta ¿de dónde vienes?, aunque ya sabía que

---

89   Si el condenado era un esclavo, lo usual era azotarlo previamente, pero no si era un hombre libre, como Jesús. Mommsen, *op. cit.*, p. 564.

90   Mc 15,16.

91   Jn 19,6.

92   Jn 19,7.

era galileo, por lo que aquí le pregunta por su origen, pero Jesús nada responde, lo que impacienta a Pilatos, quien hace sentir a Jesús el poder que tiene sobre él, diciéndole que es incorrecto que no responda, porque él tiene el poder de condenarlo o de soltarlo. Entonces Jesús le hace ver su propia majestad diciendo a Pilatos que no tendría poder sobre él si no lo hubiera recibido de "lo alto", y además lo juzga, diciéndole que es menos responsable que aquellos que le entregaron.[93] Pilatos se asusta y "buscaba como soltarlo",[94] pero los judíos lo apremiaban y le dieron una razón política convincente: si lo sueltas traicionas al César, pues Jesús ha pretendido ser rey sin estar sometido al César. Entonces Pilatos, se sienta en el tribunal, trae a Jesús, y posiblemente es en este momento[95] cuando se lava las manos y dice que él es inocente de la sangre de este justo;[96] luego, se burla de los judíos y les dice que va a crucificar a *su rey*, pero "los príncipes de los sacerdotes respondieron: No tenemos más rey que el César".[97] Precisa Juan que era como la hora sexta, del día anterior a la Pascua o Parasceve, cuando Pilatos condenó a Jesús y lo entregó para que lo crucificaran.

El juicio condenatorio de Jesús fue por razones distintas en cada tribunal. Para el Sanedrín, Jesús era responsable de blasfemia, porque se hacía igual a Dios. Para Pilatos, Jesús era responsable de sedición, por querer ser rey sin estar sometido al César; ésta fue la causa de la condena que Pilatos ordenó poner en la cruz: "Jesús de Nazaret, Rey de los Judíos".[98]

Los sanedritas conocieron la verdad, que Jesús afirmó que es Hijo de Dios, pero la rechazaron. Pilatos sabía que la acusación de sedición era falsa, pero mantuvo la mentira como si fuera verdad. ¿Quién es más responsable: el que rechaza la verdad o el que afirma la mentira? Jesús le había dicho a Pilatos que era mayor la culpa de quienes lo habían entregado a él.

---

[93] Jn 19,11.

[94] Jn 19,12.

[95] Dice Juan que era el día previo a la Pascua (la Parasceve), "más o menos la hora sexta".

[96] Mt 27,24, quien no precisa el momento en que Pilatos se lavó las manos.

[97] Jn 19,15. Es interesante la precisión que hace Juan de que fueron los príncipes de los sacerdotes, y no la multitud, quienes dijeron que no tenían más rey que César, es decir, quienes debían reconocer, mejor que nadie, la realeza de Dios, son los que muestran su sumisión al poder terreno.

[98] Jn 19,19.

III. La muerte

A. El camino con la cruz

Salió Jesús del pretorio con la cruz a cuestas rumbo al lugar de la ejecución, el Calvario.[99] Iba en un grupo que, según la costumbre, encabezaba el "centurión encargado del suplicio", como lo llamaba Séneca;[100] detrás vendría un heraldo que proclamaba el motivo de la condena, le seguía el que iba a ser crucificado (*cruciarius*), es decir, Jesús, rodeado de los cuatro soldados verdugos, encargados de crucificarlo y custodiarlo hasta su muerte; junto o detrás de él, vendrían los otros dos condenados, rodeados de sus cuatro soldados, y cerraba el cortejo otro grupo de soldados para evitar desórdenes. Lo seguían y acompañaban muchos discípulos, también los judíos que habían promovido su muerte y algunos curiosos. Se tienen pocas noticias documentadas de lo que ocurrió en el camino; las estaciones del *Via Crucis* son tradiciones antiguas; de todas ellas, sólo dos relatan los evangelios, el auxilio que Simón de Cirene se vio forzado a dar a Jesús, ayudándole a cargar la cruz,[101] y el consuelo que da Jesús a las mujeres de Jerusalén, quienes al ver pasar a Jesús lloran por la injusticia que presencian y su incapacidad para corregirla; a ellas, Jesús les dice, que mejor lloren y se arrepientan de sus pecados y cuiden de sus hijos, porque se avecinan días difíciles.

B. La crucifixión

Los cuatro evangelistas sólo dicen que lo crucificaron en el monte Calvario o Gólgota. Los relatos de la pasión de Jesús no precisan que fuera atado o clavado en la cruz, ni si lo pusieron en la cruz, cuando ésta yacía sobre el suelo y luego la levantaron, o si lo sujetaron a la cruz que ya estaba de pie.[102] Sin embargo,

---

[99] Los evangelios no precisan si llevaba a cuestas la cruz completa o, lo que parece más verosímil, sólo el palo transversal.

[100] Citado por Fillion III, *op. cit.*, p. 204, n. 204.

[101] Mt 27,32. Lc 23,28.

[102] La costumbre romana (según Mommsen, *op. cit.*, p. 566) era que al crucificado se le ponía una horca (*furca*) en el cuello, se le ataban los dos brazos al travesaño y luego se le subía a la cruz, se insertaba la horca en el palo vertical y se le ataban los pies al madero principal.

en el Evangelio de Juan hay un indicio de que Jesús fue clavado en la cruz,[103] cuando el apóstol Tomás, que no quería creer el anuncio de la resurrección, dijo: "Si no veo en sus manos la señal de los clavos, y no meto mi dedo en el lugar de los clavos" no creeré.[104] Los relatos de la pasión de los cuatro evangelistas también dicen que junto a Jesús crucificaron a dos ladrones, uno a la derecha y el otro a la izquierda.

C. El reparto de sus vestiduras

Los cuatro evangelistas también relatan que los soldados despojaron a Jesús de sus vestiduras y se las repartieron entre ellos.[105] Era la costumbre que el crucificado estuviera desnudo (*nudi crucifiguntur*), pero existía la usanza judía de envolver con un lienzo la cintura de la víctima.[106] Juan precisa la forma del reparto: que dividieron sus ropas en cuatro partes, quizá cortando algunas, pero que la túnica, como era de calidad, de una sola pieza, decidieron no partirla sino sortearla entre ellos. Todos los evangelios hacen referencia a que este acto estaba anunciado en las Escrituras, concretamente en el Salmo 22,19, que dice: "Partieron mis vestiduras y echaron a suerte mi túnica".[107]

D. Los asistentes

Junto a la cruz están los soldados encargados de hacer y vigilar la crucifixión. También se encuentran los jefes de los judíos que promovieron la crucifixión, así como algunos integrantes de la multitud que exigió su muerte. Seguramente se sumarían algunos curiosos y también estaban algunos discípulos y simpatizantes y destacadamente, su madre. Tuvo dos compañeros de suplicio, dos ladrones. Cada grupo tuvo alguna interacción con Jesús en la cruz.

---

[103] Jn 20,25. Hay también una alusión en el Salmo 22,17 donde dice: "Han taladrado mis manos y mis pies".

[104] En Nuestra Señora de París, se conserva un clavo de la Pasión, que tiene 9 cm de largo; en la basílica de Santa Cruz de Jerusalén, en Roma, hay otro que tiene 12 cm de largo y 8 mm de grueso en su parte más ancha, y hay otro, de las mismas medidas en la catedral de Thier (Treveris), que se dice que santa Elena donó al obispo del lugar.

[105] Mt 27,35; Mc 15,24; Lc 23,34, y Jn 19,23-24.

[106] Recogida en el Talmud: *Bab. Sanhedr.* 6,5, cit. por Fillion III, *op. cit.*, p. 210.

[107] Es este el Salmo que empieza: "Dios mío, Dios mío, por qué me has abandonado", y que Jesús recita desde la cruz.

1. *Los soldados.* Se encontraban los cuatro soldados que lo crucificaron y repartieron sus vestiduras y los otros que crucificaron a los dos ladrones y quizá algunos más de guardia. Al frente de ellos estaba un centurión. Los soldados, según la costumbre, ofrecieron a Jesús un narcótico, una mezcla de vino y mirra, que servía para mitigar el dolor; Jesús lo probó, pero no quiso beberlo.[108] Cuando, después de pasado un rato en la cruz, Jesús dice "tengo sed", los soldados le acercan a la boca una caña con vinagre, y Jesús, después de beber un poco, dice: "Todo está consumado".[109] En los últimos momentos de su agonía, Jesús rezaba el Salmo 22, que comienza con las palabras "*Elí, Elí*", y los soldados se burlaron de él y decían: "Está llamando a Elías, veamos si viene a rescatarlo". El centurión que estaba al frente de todos los soldados tuvo una reacción especial, pues al ver el comportamiento de Jesús al sufrir el suplicio, tan diferente de lo que había observado en otros ajusticiados, dijo de Jesús "verdaderamente era el hijo de Dios"; de ello dan testimonio los tres sinópticos.[110]

2. *Los enemigos.* Los jefes que promovieron la muerte de Jesús y los integrantes de la multitud que exigieron su muerte asistían a la crucifixión para ver cómo se cumplía su deseo. Querían la muerte de Jesús, y ahora veían que su propósito se cumplía. Algunos de ellos continúan con las burlas y los sarcasmos. Los que "pasaban" frente a la cruz lo injuriaban y le decían tú que destruyes el templo y lo edificas en tres días "sálvate a ti mismo; si eres Hijo de Dios baja de la cruz".[111] Además, "los príncipes de los sacerdotes"[112] junto con los escribas y los ancianos, es decir, los dirigentes judíos, también se burlaban de él y decían que salvó a otros, pero a sí mismo no puede salvarse, o que si es el rey de Israel que baje de la cruz y creerán en él, o que si Dios lo quiere de verdad, que lo salve. Todas estas burlas consideran que el predominio del poder humano sobre Jesús es prueba suficiente de que no es un enviado de Dios, ni el hijo de Dios, porque consideran que la muerte es definitiva e insalvable. Jesús, como lo había hecho durante el juicio, no contestó ninguna de esas injurias,

---

[108] Mt 27,34; Mc 15,23.

[109] Mt 27,48; Mc 15,36; Lc 23,36; Jn 1929.

[110] Mt 27,54 y Mc 15,39. Lc 23,47: "Verdaderamente este hombre era justo".

[111] Mt 27,40; Mc 15,29.

[112] Mt 27,41-43, Mc 15,31.

pero sí dijo respecto de sus enemigos estas palabras: "Padre, perdónalos porque no saben lo que hacen".[113]

3. *Los dos ladrones crucificados junto a Él.* Mateo y Marcos dicen que los ladrones crucificados junto a Él "lo insultaban de la misma manera".[114] Lucas hace un relato más detallado;[115] dice que uno de los ladrones también lo injuriaba y le decía más o menos lo mismo que los enemigos: si tú eres el rey, sálvate y sálvanos; el otro ladrón, en cambio, reprendió al que injuriaba, le dijo que ellos dos recibían su merecido, pero que Jesús no había hecho ningún mal, y luego se dirigió a Jesús y le pidió: "Acuérdate de mí cuando llegues a tu Reino", a lo cual le respondió Jesús: "Hoy" estarás conmigo "en el paraíso".

4. *Sus discípulos.* Marcos y Mateo dicen que muchas mujeres observaban desde lejos lo que pasaba en la cruz, entre las que mencionan a María Magdalena, María, la madre de Santiago el menor y José, y la "madre de los hijos de Zebedeo (Mateo) y a Salomé (Marcos).[116] Lucas añade un dato interesante: que también observaban, desde lejos, lo que pasaba en la cruz "todos los conocidos de Jesús", entre los que cabe suponer que estaban los apóstoles y otros discípulos que lo habían abandonado al ser aprehendido en el monte de los Olivos.[117]

Juan da una noticia ligeramente diferente pues dice que estaban "junto a la cruz de Jesús", no mirando desde lejos, María, la madre de Jesús, María Magdalena y María de Cleofás, hermana de su madre, que debe ser la madre de Santiago y José, y el mismo Juan.[118] Pudo ser que estas mujeres y Juan, en un momento determinado, se acercaron hasta llegar junto a la cruz, lo cual podían haber permitido los soldados por compasión hacia la madre de Jesús. Esta cercanía permitió un diálogo de Jesús con su madre y con el apóstol Juan, que la acompañaba. Él relata que cuando Jesús vio a su madre y al discípulo predilecto, le dijo a ella: "Mujer ahí tienes a tu hijo", y a éste le dijo: "Ahí tienes a

---

[113] Lc 23,34.

[114] Mt 27,44; Mc 15,32.

[115] Lc 23,39-43.

[116] Mt 27,55-56; Mc 15,40-41.

[117] Lc 23,49.

[118] Jn 19,25-27.

tu madre". Jesús muestra así su preocupación por su madre y por los discípulos, representados en Juan; a una y a otro pide que se cuiden recíprocamente.

E. La muerte de Jesús

1. *El momento de la muerte.* Marcos dice que crucificaron a Jesús a la "hora tercia",[119] es decir, tres horas después del amanecer;[120] sin embargo, Juan, quien parece querer corregir un dato inexacto, dice que a la "hora sexta" Pilatos entregó a Jesús para que lo crucificaran;[121] parece más creíble la hora que da Juan, pues fue un testigo muy cercano de todos estos acontecimientos. Hacia la hora sexta, que según Juan fue la hora en que entregaron a Cristo para que lo crucificaran, toda la tierra se cubrió de tinieblas hasta la hora nona, según afirman los tres evangelistas sinópticos.[122] Mateo[123] y Marcos[124] dan la hora precisa de la muerte de Jesús: fue hacia la hora nona. Esto indica que Jesús pasó tres horas en la cruz y la tierra estaba cubierta de tinieblas.

El momento de la muerte lo narran los evangelistas con ciertas diferencias de perspectiva. Según narra Mateo, Jesús dijo con una fuerte voz *"Elí, Elí ¿lema sabachtaní?"* es decir, "Dios mío, Dios mío, ¿por qué me has abandonado?", que son palabras del Salmo 22, un Salmo que profetiza ese momento y que posiblemente Jesús rezaba; en contraste, uno de los soldados con burla decía que llamaba a Elías, y mojó una esponja con vinagre y se la acercó a la boca con una caña; los soldados seguían con la burla y decían que iban a ver si Elías venía a salvarlo; el momento de la muerte lo relata con toda sencillez, dice: "Pero Jesús, dando de nuevo una fuerte voz, entregó el espíritu".[125] Marcos coincide totalmente

---

[119] Mc 15,25.

[120] Según nuestra cuenta horaria, si el amanecer ocurrió a las 6 de la mañana, la "hora tercia" equivale a las 9 de la mañana.

[121] Jn 19,14: "Era la Parasceve de la Pascua, hacia la hora sexta". Juan insiste en afirmar que la crucifixión ocurrió el día anterior a la Pascua, llamado Parasceve, para corregir el dato de que la Última Cena había sido el día anterior a la Pascua; quizá pretenda corregir la hora de la crucifixión.

[122] Mt 27,45; Mc, 15,33; Lc 23,44.

[123] Mt 27,46.

[124] Mc 15,39.

[125] Mt 27,50.

con esa narración.[126] Lucas coincide con la hora, pero omite decir que Jesús rezaba y que le dieron a beber vinagre, y pone la muerte a continuación del diálogo con los dos ladrones; además, precisa el contenido de lo que dijo Jesús con fuerte voz en el momento de morir: "Padre, en tus manos encomiendo mi espíritu".[127] Juan, después de narrar el diálogo con María y el propio discípulo, dice que Jesús, para que se cumpliera la Escritura, dijo "Tengo sed", y uno de los soldados le acercó una esponja con vinagre, lo cual era evidentemente una crueldad innecesaria; sin embargo, Jesús probó el vinagre y dijo: "Todo está consumado", luego, "inclinando la cabeza, entregó el espíritu".[128]

Lo sucedido mientras Jesús estaba en la cruz, la piedad popular lo ha resumido en las "Siete Palabras" que pronunció Jesús en ese momento.[129]

2. *Efectos inmediatos de la muerte de Jesús.* Los evangelios sinópticos afirman que el cielo se oscureció desde la hora sexta, tiempo de la condena de Jesús por Pilatos, hasta la hora nona, el momento de la muerte de Jesús. Cuando sucede la muerte, Mateo afirma que el velo del templo se rasgó en dos, de arriba hacia abajo;[130] esto también lo afirma Marcos, y se ha interpretado como un signo de que Yahvé abandonó el templo, pues ya no era necesario resguardar con un velo el lugar donde habitaba el Altísimo. Mateo, quien vivió esa experiencia, también afirma que la tierra tembló y que las piedras se partieron. De esto nada dicen los otros evangelistas, quizá porque es un dato circunstancial que no afecta el mensaje de Jesús.

Añade Mateo otro dato, que sólo Él transmite, que "se abrieron los sepulcros, y muchos cuerpos de los santos, que habían muerto, resucitaron. Y saliendo de los sepulcros, después de que Él resucitara, entraron en la Ciudad

---

126 Mc 15,33-37.

127 Lc 23,46.

128 Jn 19,28-30.

129 La primera palabra fue: "Padre, perdónalos porque no saben lo que hacen"; la segunda, la que dijo al buen ladrón: "Hoy estarás conmigo en el paraíso"; la tercera, la dicha a su madre: "Ahí tienes a tu hijo" y luego al apóstol Juan: "Ahí tienes a tu Madre"; la cuarta: "Dios mío, Dios mío, ¿por qué me has abandonado?"; la quinta: "Tengo sed"; la sexta: "Todo está consumado", y la séptima: "Padre, en tus manos encomiendo mi espíritu".

130 Mt 27,51.

Santa y se aparecieron a muchos".[131] Es una noticia que, como el propio Mateo lo indica, tiene que ver más que con la muerte de Jesús que con su resurrección ("después de que él resucitara"), por lo que parece mejor interpretarla en ese otro contexto.

Hay otro efecto que se da, no sobre la naturaleza física, sino sobre los corazones de los asistentes, y que transmiten los tres evangelistas sinópticos, esto es, el arrepentimiento de muchos de los que presenciaron la muerte de Jesús. Mateo dice que el centurión y los soldados que hacían guardia se llenaron de gran temor y dijeron para sí, verdaderamente este hombre era hijo de Dios;[132] Marcos lo dice sólo del centurión,[133] y Lucas lo dice también del centurión, pero añade que todos los que integraban la multitud que presenció la muerte regresaron a sus casas golpeándose el pecho.[134]

3. *La certificación de su muerte.* Juan es quien da esta noticia.[135] Los jefes de los judíos piden a Pilatos que ordene a los soldados quebrar las piernas de los crucificados, con lo cual se aceleraba su muerte, y luego retirar los cuerpos, para que no estuviesen expuestos al día siguiente que sería la fiesta de Pascua. Los soldados fueron al Gólgota, quebraron las piernas de los dos ladrones, pero al ver a Jesús que ya estaba muerto, no quebraron las suyas, pero le atravesaron el costado con una lanza, y de la herida manó sangre y agua. Juan da mucha importancia a este acontecimiento, que le parece una prueba importante para creer en Jesús, y por eso declara formalmente lo siguiente: "El que lo vio da testimonio, y su testimonio es verdadero; y Él sabe que dice la verdad para que también vosotros creáis.[136] Esto ocurrió para que se cumpliera la Escritu-

---

131 Mt 27,52.

132 Mt 27,54.

133 Mc 15,39.

134 Lc 23,47 y 48.

135 Jn 19,31-35.

136 Jn 19,34-37.

ra: no le quebrantarán ni un hueso.[137] Y también otro pasaje de la Escritura dice: "Mirarán al que traspasaron".[138]

La muerte de Jesús ocurrió, de acuerdo con nuestro sistema de contar el tiempo, hacia las tres de la tarde del viernes previo a la Pascua, el año 30 de la era común, el décimo séptimo año del reinado del emperador Tiberio.[139] De pocos personajes de la historia antigua se puede tener una noticia tan precisa de su muerte. Flavio Josefo también da noticia de su muerte, lo mismo que Tácito, quienes la ubican en el tiempo en que Poncio Pilatos era gobernador de Judea.

---

[137] El día de la muerte de Jesús era la Parasceve, esto es, el día anterior a la Pascua, el día en que se sacrificaban los corderos para la cena pascual; estaba previsto (Ex 12,46) que al cordero pascual "no le quebrarán ningún hueso". El que los soldados no hubieran quebrado las piernas de Jesús, así como su muerte el día de la Parasceve, hacen ver que Jesús, como lo dijo Juan el Bautista al apóstol Juan, es el "Cordero de Dios que quita el pecado del mundo" (Jn 1,29).

[138] Alude a Zach 12,10: "Sobre la casa de David y sobre los habitantes de Jerusalén derramaré un espíritu de gracia y de plegaria para que fijen en Mí la mirada. Por el que traspasaron, por él harán duelo con el llanto por el hijo único…". Puede ser que la conversión del centurión, de la que hablan los sinópticos, se diera cuando vio al soldado que traspasaba con su lanza el costado de Jesús.

[139] La "hora nona", según afirman los tres sinópticos.

Capítulo 12

La Resurrección

Sumario. Introducción. I. La sepultura. II. Los testimonios en forma de narración. A. El día de la Resurrección. B. El sepulcro vacío. 1. El sepulcro vacío visto por las mujeres. 2. Lo visto por Pedro y Juan. 3. Lo dicho por los discípulos de Emaús. C. Los encuentros con Jesús resucitado. 1. Los encuentros en Jerusalén: a) el encuentro con las mujeres; b) el encuentro con María Magdalena; c) primer encuentro con los discípulos; d) el encuentro con los discípulos de Emaús; e) el encuentro con Tomás y los demás discípulos. 2. Los encuentros en Galilea: a) el encuentro en el monte; b) el encuentro en el lago. 3. El encuentro con Pablo en el camino hacia Damasco. III. Los testimonios en forma de confesión. A. De los discípulos reunidos. B. De san Pablo en la Carta a los romanos. C. De san Pablo en la Carta a los corintios. IV. Epílogo: A. La Resurrección como acontecimiento histórico. B. La Resurrección como inicio de una nueva vida.

Introducción

Parece cosa imposible que se pueda proponer el estudio de la resurrección de Jesús como un hecho histórico, porque es algo que está completamente fuera de la experiencia común de toda la humanidad. Y es que no se trata simplemente de la reanimación de un cadáver, cosa que el propio Jesús hizo con el hijo de la viuda de Naím, la hija de Jairo, y con su amigo Lázaro. Los testimonios de la resurrección de Jesús señalan que se trata del punto de partida de una vida, en el cuerpo humano, muy diferente de la anterior, sobre la cual la muerte ya no tiene imperio, es decir, es resurrección a una vida sin fin.

¿Cómo puede considerarse la historicidad de un hecho así de trascendente? Recordando el punto de partida que tomamos al principio de esta serie de reflexiones sobre la historia de Jesús, se puede afirmar que la historicidad de ese hecho se puede conocer, como cualquier otro hecho histórico, por la variedad de los testimonios de quienes lo presenciaron y la coherencia entre ellos. El historiador puede constatar el contenido de esos testimonios, juzgar la congruencia o incongruencia entre ellos, valorar la fiabilidad de los testigos y acreditar que los testigos tienen tal hecho como efectivamente ocurrido, pero cada persona que conoce esos testimonios debe juzgar si son creíbles o no.

Podría alguien pensar que los testimonios de la resurrección de Jesús son necesariamente falsos porque refieren un hecho que está por encima de todas las leyes físicas, químicas y biológicas que rigen y han regido al ser humano y al conjunto de los seres corpóreos. Podría pensar, en otras palabras, que es un testimonio incompatible con el contenido de la ciencia contemporánea. A esa persona habría que preguntarle si acaso no es posible un nuevo modo de ser que el que actualmente conocemos. ¿No podría estar organizada la materia y los seres vivos, incluido el ser humano, de modo diferente? Tal posibilidad no puede rechazarse, porque el ser humano no es el autor del orden de la naturaleza, sino que él mismo se encuentra regido por ese orden. Si él fuera el autor del orden, podría decir que un orden diferente sería imposible, mientras él mismo no quiera alterarlo; pero no es el autor del orden. La cuestión es entonces si podría el autor del orden natural generar un orden nuevo y entonces la respuesta es afirmativa: el Creador puede recrear la naturaleza, y eso es lo que pone de relieve el hecho de la Resurrección de Jesús: Él entra a vivir del modo nuevo que anunció que venía a instaurar y al cual tienen acceso todos los que creen en Él.

La novedad de la Resurrección es tan grande y tan fuerte que los apóstoles la tienen como el fundamento de la fe. De nada hubiera servido la predicación, los milagros y la muerte de Jesús si hubiera acabado como los demás hombres, víctima del poder político injusto y de la muerte que entró por el pecado. Por eso dice bien san Pablo: "Y si Cristo no ha resucitado, inútil es nuestra predicación, inútil es también la fe de ustedes".[1]

La resurrección de Jesús fue entendida por los discípulos como un acontecimiento que les afectaba a ellos y a todos los demás que creyeran. Vieron que no era simplemente que Jesús resucitaba y Él, sólo Él, entraba en una vida nueva. Desde un principio entendieron que Jesús era el primero, no el único, que entraba en ese nuevo modo de ser humano. Por eso Pablo vincula la resurrección de Jesús con la resurrección de todos y dice: "Cristo ha resucitado de entre los muertos, como primer fruto de los que mueren",[2] y luego explica que así como por un hombre vino la muerte para todos, por otro hombre, vino la resurrección para todos.

Jesús había predicho su muerte y resurrección varias veces, pero los discípulos no entendían ni la una ni la otra. La muerte infamante en la cruz les había quitado por completo la idea de un mesías triunfante al modo humano. Cuando ven a Jesús resucitado, entienden la resurrección como triunfo del mesías, pero también como una novedad que no es fácil de asimilar. La fe de Israel incluía la fe en la resurrección de los muertos, que ocurriría al final del mundo. Ahora, los discípulos ven y hablan con Jesús resucitado, de modo que comprenden que la resurrección ya se está dando en su tiempo presente. Ellos ven a Jesús, hablan y comen con Él, pero no están plenamente con Él, que permanece en una dimensión diferente, aunque actual y cognoscible. Los discípulos tienen que asimilar y comprender armónicamente dos acontecimientos inauditos, la muerte en la cruz y la resurrección. La dificultad de entender lo que está pasando se manifiesta en los mismos testimonios de la resurrección.

Conforme a lo dicho, se analizará el hecho de la resurrección considerando los diferentes testimonios que tenemos sobre ella. Se han distinguido dos tipos de testimonios de acuerdo con su forma literaria. Existen testimonios, los más conocidos, en los que se relatan acontecimientos y encuentros de los discípulos con Jesús, a los que se llama testimonios en forma de narración, y se incluyen en los

---

[1]   1 Co 15,14.

[2]   1 Co 15,20.

cuatro evangelios.[3] Otros, que son declaraciones que afirman la resurrección de Jesús, se les llama testimonios en forma de confesión, que son muy numerosos y se encuentran principalmente en otros textos del Nuevo Testamento.

Antes de resucitar, fue preciso que muriera y fuera sepultado. Por eso, antes de analizar los testimonios de la Resurrección, debe considerarse el hecho de la sepultura del cuerpo de Jesús.

I. La sepultura

Los cuatro evangelios dan cuenta de ella.[4] Todos dicen que ocurrió el mismo día de la crucifixión y muerte, y después de que Pilatos se había cerciorado de que Jesús estaba muerto. Enterrar a los difuntos eran un acto de piedad, conforme a la ley mosaica. La iniciativa de dar sepultura a Jesús fue de José de Arimatea, un hombre rico, miembro del Sanedrín, que era discípulo de Jesús y que no había consentido su muerte. Se presentó a Pilatos y le pidió el cuerpo. Marcos destaca que José actuaba valientemente, audazmente, porque manifestar simpatía o piedad por un condenado que había muerto de manera tan ignominiosa era poner en riesgo su posición social. Pilatos le concedió lo que pedía, y fue José, acompañado de Nicodemo,[5] a recoger el cuerpo y ambos lo descolgaron, lo envolvieron en una sábana y le pusieron los ungüentos y aromas que había traído Nicodemo;[6] dice Juan que embalsamaron el cuerpo "como es costumbre entre los judíos".

---

3   El Evangelio de Marcos presenta una dificultad porque según los manuscritos más importantes la narración termina en el versículo 16,8, que relata el regreso de las mujeres que vieron el sepulcro y regresaron corriendo a Jerusalén, llenas de espanto "y no dijeron nada a nadie del miedo que tenían"; no se explica por qué el texto termina así, toda vez que Marcos ya estaba informado, por 1 Cor 15,3-8, redactado unos veinte años antes que su Evangelio, de las apariciones a Pedro y a los doce. En el siglo II se ha añadido, en los versículos 9 al 20 del capítulo 16, un relato sintético de las más importantes tradiciones sobre la resurrección. Véase Ratzinger II, pp. 304-305.

4   Mt 27,57-66; Mc 15,42-47; Lc 23,50-56; Jn 19,31-42.

5   Jn 9,39 es el único que menciona a Nicodemo.

6   Sábana que compró José de Arimatea, según dice Mc 15,46.

Los cuatro evangelistas dicen que el cuerpo fue depositado en un sepulcro; Juan menciona que el sepulcro estaba en un huerto, cercano al Calvario;[7] Mateo cuenta que era de José de Arimatea; Mateo, Marcos y Lucas dicen que el sepulcro había sido excavado en una roca;[8] Lucas y Juan señalan un detalle interesante, que en ese sepulcro nadie había sido sepultado antes, lo cual tendrá importancia cuando el sepulcro vacío sea un indicio de la resurrección.[9] Después de colocar el cuerpo embalsamado en el sepulcro, dicen Mateo y Marcos que lo cerraron haciendo rodar una gran piedra que tapó la entrada.[10] Todos los evangelistas afirman que María Magdalena y María la madre de José vieron lo que se hacía y dónde estaba el sepulcro. Esto ocurrió la misma tarde y noche del viernes, que era la Parasceve, el día previo a la Pascua. Es interesante observar que los cuatro testimonios, en este punto tan concreto, se complementan sin contradecirse.

Las mujeres aprovecharon el tiempo previo al sábado para preparar aromas y ungüentos para, una vez pasado el sábado, honrar el cuerpo de Jesús, y luego descansaron, es decir, observaron el descanso sabático.[11]

Como toda muerte humana, la muerte de Jesús consistió en que el alma se separó del cuerpo. Durante el sábado, el cuerpo de Jesús siguió en el sepulcro. En el discurso de Pedro, el día de Pentecostés,[12] dice que Dios ha resucitado a Jesús, porque "era imposible que la muerte lo dominara",[13] y cita el salmo que dice: "Por esto se alegró mi corazón, y exultó mi lengua y hasta mi carne descansará en la esperanza. Porque no abandonarás mi alma en el infierno, ni consentirás que tu Santo vea la corrupción". Por su parte Pablo, en el discurso que dijo a la comunidad judía en Antioquía de Pisidia, también afirma que la resurrección de Jesús se demuestra porque fue predicha por ese salmo profético.[14]

---

7   Jn 19,41.

8   Mt 27,59; Mc 15,46; Lc 23,53.

9   Lc 23,53; Jn 19,41.

10   Mt 2,60 y Mc 15,46.

11   Lc 23,56.

12   Hch 2,24-27.

13   Pedro ya entiende que la resurrección es un hecho y que era imposible que la muerte dominara a Jesús; la mentalidad ha cambiado: lo que parecía imposible, la resurrección, es verdad; y lo que parecía verdad, la muerte de Jesús, es imposible.

14   Hch 13,35.

Según esos dos testimonios, el cuerpo de Jesús no se corrompió en el sepulcro, lo cual los teólogos lo han explicado diciendo que el cuerpo era vivificado por la persona del Hijo, por el Verbo.

Por otra parte, el alma de Jesús, como la de todos los justos fue al *sheol*; ahí, según dice Pedro,[15] Jesús anunció a los muertos la Buena Nueva, es decir, su liberación del estado de privación de la visión de Dios, y su elevación a la nueva vida de unión con Dios.[16] Luego, por la fuerza de la resurrección, el alma de Jesús se unió de nuevo a su mismo cuerpo.

Relata Mateo que el día siguiente de la sepultura, es decir, el sábado de Pascua, los príncipes de los sacerdotes y los fariseos se presentaron ante Pilatos y le pidieron que pusiera una guardia en el sepulcro para evitar que los discípulos sacaran el cuerpo, pues como Jesús había dicho que al tercer día resucitaría, los discípulos podrían intentar llevarse el cuerpo para luego, al mostrar el sepulcro vacío, engañar a los crédulos diciéndoles que Jesús había resucitado. Pilatos les concedió lo que pedían, y ellos fueron, con la guardia de soldados, a "asegurar el sepulcro sellando la piedra y poniendo una guardia", que se quedó, desde el sábado, custodiando el sepulcro.[17]

II. Los testimonios en forma de narración

Los cuatro evangelistas dan testimonio de la resurrección de Jesús y, si bien lo hacen con palabras y detalles diferentes, todos coinciden en lo esencial: el día en que resucitó, que el sepulcro estaba vacío, que nadie vio el momento en que Jesús resucitó, y que se dejó ver por varios discípulos, que habló, comió y bebió con ellos.

---

[15] 1 P 4,6. Esto lo había profetizado Jesús, según lo que narra Jn 5,25: "Los muertos oirán la voz del Hijo de Dios; y los que la oyeren vivirán".

[16] La liberación es sólo para los justos, es decir, para los que esperaban y confiaban en Dios; como enseña la parábola de Lázaro. Había un abismo entre los justos y los condenados, y estos no pueden aprovecharse de la salvación que trajo Cristo. Cfr. CEE, § 633.

[17] Mt 27,62-66.

A. El día de la Resurrección

Los cuatro evangelistas dicen que ocurrió el día posterior al sábado.[18] Luego, entre los primeros cristianos se pasará a decir que ocurrió el "tercer día", que, contando el viernes como primero y el sábado como segundo, sería el día siguiente al sábado, el que hoy llamamos día del Señor o Domingo.

B. El sepulcro vacío

Un primer indicio de la resurrección de Jesús fue el sepulcro vacío; no es una prueba definitiva, pero sí un indicio importante, porque si el cuerpo de Jesús estuviera en el sepulcro, entonces no habría resucitado. Las diversas narraciones de los cuatro evangelistas hacen referencia al sepulcro vacío.

1. *El sepulcro vacío visto por las mujeres.* Mateo dice que María Magdalena y la otra María, la madre de Santiago y José, fueron muy de mañana al sepulcro.[19] Mientras iban de camino, afirma Mateo que hubo un temblor de tierra y un ángel removió la piedra que cerraba el sepulcro; él es el único de los evangelistas que da esta noticia, que le parece necesaria para explicar la reacción de los guardias del sepulcro que habían colocado los judíos, quienes dicen que al ver lo ocurrido se quedaron "como muertos".[20] Cuando llegan las mujeres, el ángel les dice que no tengan miedo, que Jesús ha resucitado y que vean el lugar donde yacía el cuerpo; luego les dice que vayan con los discípulos, que les digan que Jesús ha resucitado "de entre los muertos" y que lo podrán ver en Galilea.

Marcos coincide en todo lo que dice Mateo, pero omite contar el temblor de tierra y que el ángel removió la piedra.[21] Pero sí dice que un ángel les habla y les dice que Jesús resucitó, las invita a ver el lugar donde estaba el cuerpo

---

18 Mt 28,1; Mc 16,1; Lc 24,1, y Jn 20,1.

19 Mt 28,1-7.

20 Mt 28,4. Luego dirá que algunos de los guardias fueron a ver a los sacerdotes, les contaron lo sucedido, y éstos, después de deliberar, dieron una cantidad de dinero importante a los soldados para que dijeran que los discípulos se habían robado el cuerpo. Mateo es el único que da la noticia de que se puso una guardia de soldados, y él completa esa noticia con su reacción ante la apertura del sepulcro y luego el aviso que dieron a los sumos sacerdotes y jefes de los judíos.

21 Mc 16,1-8.

y les pide que regresen con los discípulos a decirles que Jesús ha resucitado y que lo verán en Galilea.

Lucas igualmente coincide en lo dicho por los otros dos,[22] pero añade que el ángel les recuerda que Jesús había predicho su resurrección, y da el nombre de otra mujer que estuvo presente, Juana, pero deja entrever que pudieran ser más mujeres las que vieron al ángel y el sepulcro vacío.[23]

Juan hace un relato diferente; dice que muy de mañana, cuando todavía estaba oscuro, fue María Magdalena al sepulcro, y al ver la piedra removida, corrió de regreso a avisar a Pedro, con quien estaba Juan, y les dijo que se habían llevado el cuerpo del Señor del sepulcro.[24] Puede entenderse que ella se asomó al sepulcro y lo vio vacío o que, por ver el sepulcro abierto, supone que se han robado el cuerpo.

Se han podido conciliar las dos narraciones sobre lo visto por las mujeres. Suponiendo que María Magdalena fue la primera que llegó al sepulcro, y regresó inmediatamente, y poco después llegaron las otras mujeres que tuvieron el diálogo con el ángel, vieron el sepulcro vacío y regresaron para contar a los apóstoles lo que habían visto.

2. *Lo visto por Pedro y Juan*. El evangelista Juan relata que al oír Pedro y Juan lo dicho por María Magdalena, corrieron al sepulcro; llegó primero Juan, se asomó sin entrar y vio plegados los lienzos que habían cubierto el cuerpo de Jesús; luego llegó Pedro, entró al sepulcro, vio los lienzos plegados y el sudario, que cubría la cabeza, enrollado en un sitio aparte; luego entró Juan, quien dice de sí mismo, que "vio y creyó". En esta narración, el signo, además del sepulcro vacío, es el hecho de que los lienzos están plegados y el sudario enrollado y en lugar aparte, lo que hace pensar que al resucitar, el cuerpo de Jesús atravesó los lienzos, de modo que quedaron plegados tal como estaban alrededor del cuerpo, pero el sudario, Jesús mismo se lo quitó y lo enrolló y puso en un lugar aparte; no puede saberse lo que ocurrió, pero Juan destaca que la vista de los lienzos y el sudario fue lo que le hizo creer.

---

[22]   Lc 24,1-6.

[23]   En el versículo 10 dice que había otras mujeres con esas tres que también contaban a los discípulos "estas cosas".

[24]   Jn 20,1-10.

Lucas hace una breve mención de esta vista del sepulcro, pero únicamente menciona a Pedro, de quien dice que, al oír el relato de María Magdalena, se echó a correr rumbo al sepulcro, y que ahí vio "sólo los lienzos".[25] Hay dos coincidencias de detalle muy interesantes: en ambos relatos se dice que Pedro corre y que vio no el "sepulcro vacío", sino los lienzos.

3. *Lo dicho por los discípulos de Emaús.* De acuerdo con la narración de Lucas, esos discípulos mientras caminan de Jerusalén a Emaús, conversan con uno que se les ha acercado en el camino –que luego reconocerán que es Jesús– y le dicen que "algunas mujeres" fueron al sepulcro de madrugada, no encontraron el cuerpo de Jesús y regresaron donde estaban los discípulos "diciendo que habían tenido una visión de ángeles, que les dijeron que [Jesús] está vivo". Que después fueron "algunos" de los discípulos al sepulcro, y lo hallaron como dijeron las mujeres "pero a él no lo vieron".[26] Es interesante que este relato coincida en lo esencial con lo que los cuatro evangelios dicen acerca de la visión del sepulcro vacío: lo ven primero las mujeres, quienes dicen haber visto ángeles, luego lo ven otros discípulos, y todos coinciden en que el sepulcro no guardaba el cuerpo de Jesús. Pero estos caminantes hacia Emaús no encuentran sentido en esos testimonios que conocen y que repiten, por una sola razón: porque no han "visto" a Jesús.

C. Los encuentros con Jesús resucitado

Los cuatro evangelios narran diversas apariciones de Jesús resucitado a sus discípulos. En todos los evangelios las apariciones de Jesús no son simplemente una visión que tienen los discípulos, como si fuera una mera imagen suya. Los relatos describen que Jesús habla a los discípulos, se deja tocar, para que tengan la certeza de que es un cuerpo y no sólo una imagen, y además come con ellos. Por eso es mejor que hablar de apariciones, referirse a encuentros, que tienen todos en común el ser hechos por iniciativa de Jesús. Él es quien va en busca de sus discípulos, y no son ellos quienes lo invocan.

---

[25] Lc 24,12.
[26] Lc 24,13-35.

No parece posible ordenar con precisión los diversos encuentros cronológicamente, pero se pueden distinguir por el lugar donde ocurren, Jerusalén o Galilea.

1. *Los encuentros en Jerusalén.* Son los más numerosos.

a) El encuentro con las mujeres. En el relato de Mateo, las mujeres que habían ido al sepulcro, entre las que estaban María Magdalena y María, la madre de José y de Santiago, se afirma que cuando caminan de regreso para dar a los discípulos el aviso que los ángeles les habían confiado, Jesús "les salió al encuentro y las saludó";[27] ellas se acercaron, "abrazaron sus pies y lo adoraron", es decir, lo reconocieron como Dios. Jesús les dice que no tengan miedo y que vayan a decir a los discípulos que los encontrará en Galilea. Ni Marcos ni Lucas mencionan este encuentro, pero Juan hace una precisión importante.

b) El encuentro con María Magdalena. Como Juan hace referencia únicamente a María Magdalena y no al grupo de mujeres, así como relata que ella llegó primero al sepulcro y, al verlo vacío, corrió de regreso a avisar a Pedro, cuenta el encuentro que ella sola tuvo con Jesús: que regresó al sepulcro y estaba llorando, que se asomó al sepulcro y vio a dos ángeles, donde había estado el cuerpo de Jesús, quienes le preguntaron por la causa de su llanto, y después de responderles, volvió la vista atrás, quizá por haber oído algún ruido, y vio a Jesús, sin reconocerlo, quien le pregunta qué es lo que está buscando; ella dice que busca el cuerpo de Jesús, entonces él la llama por su nombre, María, y ella lo reconoce y lo abraza. Jesús le pide que lo suelte, porque aún no ha "subido a su Padre", y que vaya con los discípulos a anunciarles que Jesús sube ahora a su Padre. Ella fue con los discípulos y les dijo: "¡He visto al Señor!, y me ha dicho estas cosas",[28] frase en la cual da testimonio de haberlo visto y de haber hablado con Él.

c) Primer encuentro con los discípulos. Juan inicia este relato con una indicación cronológica precisa: "Al atardecer de aquel día, el siguiente al sábado", Jesús "se presentó en medio" de los discípulos que estaban reunidos en un lugar con las puertas cerradas, detalle que hace ver que Jesús resucitado no está limitado por los muros ni por las puertas. Dice Juan que les mostró las manos

---

[27] Mt 21,9.
[28] Jn 20,18.

y el costado, es decir, sus heridas, con lo cual quedaban ciertos que Jesús resucitó con el mismo cuerpo que había sufrido la crucifixión y muerte. Que dio la paz a los discípulos y, así como el Padre lo había enviado, él los envía a predicar el Reino, y les infunde el Espíritu Santo para que ellos tengan el poder de perdonar los pecados. El evangelista hace notar que el apóstol Tomás no estaba presente.[29]

Lucas narra posiblemente este mismo encuentro de los discípulos con Jesús. Lo ubica el mismo día, pero después de que llegaron los discípulos de Emaús. Coincide con el relato de Juan en que Jesús se presenta "en medio de ellos", y que les muestra las manos y los pies para cerciorarlos de que es Él mismo; añade Lucas que, ante el estupor de los discípulos, que no acaban de entender que es Jesús en su propio cuerpo, les pide algo de comer, le ofrecen un pescado asado y come con ellos. Luego, añade Lucas, que les explica las Escrituras en las que constaba que el Cristo debía padecer y resucitar, y que ahora ellos deben predicar, en nombre de Jesús, la conversión y el perdón de los pecados a todos los pueblos, comenzando desde Jerusalén. Les recuerda que ellos son testigos y que recibirán el Espíritu que el Padre ha prometido.[30]

d) El encuentro con los discípulos de Emaús. Es un encuentro que únicamente relata Lucas. Se trata de dos discípulos que, desilusionados por la muerte de Jesús, se van de Jerusalén, camino a Emaús; Jesús sale a su encuentro, pero no lo reconocen; les pregunta de qué hablan y ellos manifiestan su desilusión por la muerte de Jesús, no obstante, el testimonio de las mujeres. Entonces Jesús les dice que era "necesario" que el Cristo padeciera todas esas cosas para que luego entrara en su gloria, y les explicó las Escrituras. Al llegar a la aldea donde iban a pasar la noche, le piden a Jesús que se quede con ellos; se sientan a cenar, Jesús toma el pan, lo parte y lo da; ellos lo reconocen en ese momento, pero Jesús desaparece. Dice Lucas que los discípulos "al instante se levantaron y regresaron a Jerusalén", donde estaban los once reunidos con otros discípulos, a quienes contaron lo que les había sucedido.

---

[29]   Jn 20,19 y ss.
[30]   Lc 24,36 y ss.

e) El encuentro con Tomás y los demás discípulos. Juan relata que "a los ocho días" del primer encuentro con ellos, estaban reunidos de nuevo los discípulos, en un lugar cerrado, y Tomás estaba entre ellos. Entonces se presenta Jesús "en medio de ellos", les da el saludo de la paz y le dice a Tomás que vea y toque las llagas de las manos y del costado de Jesús para que así crea. Tomás creyó inmediatamente, sin necesidad de tocar, y dijo: "Señor mío y Dios mío". Jesús respondió que serán bienaventurados los que creen sin haber visto.[31]

Después de narrar algunos de los encuentros de Jesús con sus discípulos en Jerusalén, agrega Juan que Jesús resucitado hizo muchos otros milagros en presencia de sus discípulos, pero que no han sido escritos en su libro.[32]

2. *Los encuentros en Galilea.* Las mujeres que encontraron el sepulcro vacío oyeron de los ángeles que fueran a decir a los discípulos, no exclusivamente a los once, que fueran a Galilea, porque ahí los encontraría Jesús, y lo mismo oyeron de Jesús, cuando les salió al encuentro mientras iban de regreso a Jerusalén. Este mensaje debió de producir efecto en la comunidad de discípulos, y seguramente muchos fueron a Galilea.

a) El encuentro en el monte. Mateo, quien no relata otro encuentro en Jerusalén que el que tuvieron las mujeres, dice que los once discípulos "marcharon a Galilea, al monte que Jesús les había indicado".[33] La precisión del lugar de Galilea, un determinado monte, que sólo la afirma Mateo, era necesaria porque sin ella el mensaje sería vago.

Mateo hace una muy breve narración de lo ocurrido en Galilea. Dice que "en cuanto lo vieron", se entiende que en el monte que Jesús había señalado, "lo adoraron"; que Jesús, después de afirmar que se le "ha dado toda potestad en el cielo y en la tierra", les da el mandato de predicar en todos los pueblos y bautizar a los convertidos en el nombre del Padre, del Hijo y del Espíritu Santo, y les asegura que Él estará con ellos "todos los días hasta el fin del mundo".[34]

b) El encuentro en el lago. Juan relata otro encuentro en Galilea, en las orillas del lago. Pedro se encontraba en Galilea, en un lugar cercano al lago, con

---

[31] Jn 20,26-29.

[32] Jn 20,30. Por el contexto, se entiende que habla de Jesús resucitado.

[33] Mt 28,16-20.

[34] Mt 28,18.

Tomás, Natanael, Santiago y Juan, y otros dos discípulos, no necesariamente de los once; se puede suponer que habían ido a Galilea, siguiendo las instrucciones de Jesús, y que estarían esperando un encuentro con Él. Mientras están en ese compás de espera, Pedro les propone salir a pescar y ellos acceden. Subieron a la barca, bogaron toda la noche y nada pescaron. Mientras volvían con la barca vacía, ven alguien en la orilla que les pregunta si han conseguido algo para comer, y ellos dicen que no; él les dice que echen las redes a la derecha y algo pescarán; le hicieron caso, la red se llenó de peces, y entonces Juan lo reconoció y le dijo a Pedro: "¡Es el Señor!". Pedro se arrojó al agua para llegar pronto con Él. Los demás, maniobraron la barca, que arrastraba la red con los peces, llegaron a la orilla y vieron que Jesús había preparado unas brasas y había puesto encima un pez y unos panes, y les pidió que trajeran algunos de los que habían pescado. Pedro sacó a tierra la red, que contenía, dice Juan, 153 peces grandes. Después de que sacaron los peces, Jesús les dijo "vengan a comer", entonces distribuyó el pan y el pescado entre todos.[35] Dice san Juan que ésta fue la "tercera vez" que Jesús se apareció a sus discípulos después de resucitar.[36]

Cuando terminaron de comer, según relata Juan, se da un diálogo entre Pedro y Jesús. Éste pregunta a Pedro, por tres veces, si lo ama. Pedro responde afirmativamente la primera y la segunda vez, y Jesús le dice "pastorea mis ovejas". La tercera vez, Pedro se siente apesadumbrado de que Jesús no crea que lo quiere, y le responde: "Señor, tú lo sabes todo. Tú sabes que te quiero". Jesús le vuelve a decir "apacienta mis ovejas", y luego profetiza que Pedro, cuando envejezca, será llevado adonde no quisiera ir, extenderá sus manos y otro lo sujetará, lo cual dice Juan, era una profecía del tipo de muerte que tendría. Luego da Jesús una orden a Pedro: "Sígueme".

3. *El encuentro con Pablo en el camino hacia Damasco.* Éste es un encuentro diferente de los anteriores, del cual hay tres relatos en el libro de los *Hechos*

---

[35] Jn 21,1-24.

[36] Jn 21,13. Esta "tercera vez" se conforma con las narraciones que ha hecho Juan: la primera fue la aparición, al día siguiente del sábado, a los apóstoles, cuando no estaba Tomás; la segunda, es la aparición a los discípulos con Tomás. No toma en cuenta las apariciones a las mujeres (él mismo narra la aparición a María Magdalena), porque está considerando únicamente las hechas a sus "discípulos", expresión que en estos contextos parece designar únicamente a los apóstoles.

de los Apóstoles.[37] Ocurre tres o cuatro años después de la muerte de Jesús, fuera de Judea o Galilea, en el camino hacia Damasco, y Jesús se manifiesta, no en forma corporal, sino como una gran luz y una voz.[38] El relato cuenta que Pablo se dirigía a Damasco, posiblemente a caballo, con el intento de detener a los cristianos; mientras iba de camino, y ya cerca de Damasco, "lo envolvió una luz venida del cielo, cayó en tierra y oyó una voz...".[39] En este encuentro, Jesús se manifiesta como una luz muy potente, de modo semejante a lo que ocurrió en su transfiguración, pero se identifica por la voz, que pregunta a Pablo: "Por qué me persigues"; Pablo replica: "Quién eres", y entonces Jesús se revela: "Yo soy Jesús,[40] a quien tú persigues".

Quienes iban con Pablo perciben un acontecimiento extraordinario: ellos oían la voz, pero no veían nada, dice el primer relato; o bien, vieron la luz, pero nada oyeron, como dicen el segundo y el tercer relato, en todo caso, resulta que los acompañantes no entienden lo que sucede y sólo podrían dar testimonio de que ocurrió algo extraordinario.

Así como en los encuentros de Jesús con sus discípulos, Él les confía una misión, en este encuentro con Pablo, le confía otra misión semejante, que se describe con detalles en el tercer relato: "Me he aparecido ante ti para constituirte servidor y testigo tanto de las cosas que de mí has visto como de las que te manifestaré". Y luego continúa la instrucción con palabras del Antiguo Testamento: te envío a los gentiles para que les abras los ojos, para que se conviertan de las tinieblas a la luz.[41] Por el resplandor de la luz, Pablo quedó ciego, tuvo que ser llevado por sus acompañantes hasta Damasco, donde Jesús le dijo que debía ir para que ahí se le dijera lo que tendría que hacer.

---

[37] El primero en 9,3-9 es narrado por Lucas, en estilo objetivo; los otros dos, 22,6-11, y 26,12-18, son narrados en estilo subjetivo, como si fueran palabras del mismo Pablo; el primero de estos fue dicho ante los judíos que lo hicieron apresar en Jerusalén; el segundo, ante el rey Agripa y el procurador Festo.

[38] Hacia los años 33 o 34.

[39] Hch 9,3 y 4.

[40] En la segunda narración, la respuesta es: "Yo soy Jesús Nazareno, a quien tú persigues".

[41] Son palabras que Isaías (Is 42,6-7) reproduce como destinadas al profético "Siervo de Yhavé", es decir, a Jesús mismo, y se aplican a Pablo, porque él continúa la misión de Jesús.

III. Los testimonios en forma de confesión

Son testimonios que simplemente afirman que Jesús resucitó, y son muy frecuentes, sobre todo en las cartas del Nuevo Testamento, porque constituyen a la vez una confesión de la propia fe y de la identidad de los cristianos. Se proponen aquí sólo tres ejemplos, que Ratzinger considera como muy significativos.[42]

A. De los discípulos reunidos

El primero es el que dan los apóstoles reunidos, cuando se presentan los dos discípulos que venían de Emaús, a quienes reciben con esta palabras: "El Señor ha resucitado realmente y se ha aparecido a Simón".[43] La expresión afirma el hecho de la Resurrección y además menciona un testigo presencial, Simón Pedro. Como de acuerdo con la narración de Lucas, el retorno de los discípulos de Emaús ocurrió el primer día después del sábado, esa aparición a Pedro debió ocurrir el mismo día, antes de que ellos volvieran.

B. De san Pablo en la Carta a los romanos

Otro testimonio es la carta de san Pablo a los romanos, donde dice; "Si tus labios profesan que Jesús es el Señor y tu corazón cree que Dios lo resucitó, te salvarás". Se trata de un anuncio dirigido a los cristianos de Roma, que contiene dos afirmaciones, la primera es que Jesús es el Señor, lo cual es una afirmación de su divinidad, y la segunda es que "Dios lo resucitó". La aceptación del hecho de la Resurrección se pone como manifestación de la identidad cristiana y requisito para la salvación.

C. De san Pablo en la Carta a los corintios

El tercer testimonio, el más importante es el que da el mismo Pablo en su primera carta a los fieles de Corintio.[44] Ahí les dice que él les ha transmitido lo mismo que él recibió, con lo cual él se presenta como uno de los eslabones de una cadena de testigos que reciben y transmiten un mensaje, que es éste: "Que

---

[42] Ratzinger II, p. 289 y ss.

[43] Lc 24,34.

[44] 1Cor 15,3-8.

Cristo murió por nuestros pecados, según las Escrituras; que fue sepultado y que resucitó al tercer día, según las Escrituras;[45] que fue visto por Cefas, y después por los doce. Posteriormente se dejó ver por más de quinientos hermanos a la vez, de los cuales muchos viven todavía,[46] y algunos ya han muerto. Luego le vio Santiago, y después todos los apóstoles".[47] Finalmente, añade Pablo, "se me apareció a mí también".

En este testimonio, Pablo da noticias coincidentes con las que relatan los evangelistas, y otras diferentes: la aparición a Pedro la menciona san Lucas igualmente; la aparición posterior a los doce coincide con las relatadas por Lucas y Juan. De la aparición a quinientos hermanos a la vez no se tiene otra noticia, pero cabe suponer que tuvo lugar en Galilea, en algún lugar apartado de las ciudades y poblados, por ejemplo, en el "monte" que menciona Mateo; tampoco se tiene otra noticia de la aparición a Santiago.

IV. Epílogo

A. La Resurrección como acontecimiento histórico

La Resurrección es un acontecimiento suficientemente atestiguado. Conocemos los nombres de once testigos, los once apóstoles; dos de los evangelios fueron escritos por testigos directos de la resurrección: Mateo y Juan. Hubo muchos otros testigos, los quinientos discípulos de que habla san Pablo, quienes, cuando él predicaba, hacia los años 40 y 50, daban testimonio de la resurrección. El mismo Pablo es otro testigo, pues él también vio y oyó a Jesús resucitado. La predicación de

---

[45] Estos tres versículos (3-5) transmiten una profesión de fe, que Pablo dice haber recibido: que Cristo murió por los pecados, que fue sepultado y que resucitó al tercer día, según las Escrituras. Se ha intentado averiguar dónde y de quién la recibió; posiblemente fue en Damasco, en el año de su conversión, y la recibió de quienes le instruyeron en la fe, que le transmiten una fórmula de fe de los primeros años.

[46] Esta carta la escribió san Pablo en la primavera del año 57, cuando apenas habían pasado un poco más de 20 años de la muerte y resurrección de Jesús.

[47] La palabra "apóstoles" tiene aquí un significado amplio, que no se limita a los "doce", que Pablo menciona previamente.

los apóstoles tuvo como elemento fundamental la afirmación de que Jesús resucitó, y ellos no lo negaron, aunque por ello perdieron la vida. No se puede explicar el entusiasmo y el arrojo con que los apóstoles predicaron a Jesús, en un ambiente adverso y hostil, si no hubieran tenido la experiencia de verlo resucitado.

La Resurrección es sin duda un acontecimiento histórico, en el sentido de que está suficientemente sustentado por varios testigos directos, cuyos testimonios son congruentes y que nos han llegado fielmente. Pero es un acontecimiento extraordinario que va en contra de toda la experiencia común y es, por eso, algo que parece fuera de la historia. La resurrección implica un nuevo modo de ser, que afecta a todos los hombres y a todas las cosas, en suma, a toda la creación. Es el ser en unión perfecta con Dios. Es el ser definitivo, al que tiende toda la historia.

Cabe preguntar, como hizo el apóstol Judas Tadeo, por qué Jesús no ha manifestado su Resurrección a todos los hombres de manera apabullante, sino solamente a unos cuantos testigos, de suerte que los demás hombres la podemos conocer sólo mediante el testimonio de aquellos que vieron a Jesús resucitado. No es posible dar una respuesta suficiente, pero sabemos que ése es el modo de obrar de Dios en la historia humana: escoge a un hombre, a Abraham, para que sea padre de muchos pueblos; escoge luego a un pueblo, a Israel, para que de él nazca el Salvador, escoge a una mujer pobre, María, para que sea la madre, y a otro hombre pobre, José, para que sea el padre que cuida del Salvador. Anuncia su nacimiento a unos cuantos, y luego permite que el Salvador sea perseguido, desde niño, y que luego muera a manos del poder humano. Pudo hacerlo de otra manera, pero ha querido hacerlo así, de modo que el hombre crea libremente, libremente agradezca, y libremente se salve y se una a la tarea de salvación.

B. La Resurrección como inicio de una nueva vida

La Resurrección de Jesús es más que volver a vivir la misma vida. En sus encuentros con los discípulos, Jesús muestra que su vida es distinta de la que tenía antes. De pronto se aparece en un cuarto que tiene las puertas cerradas, y de pronto desaparece. No obstante, tiene un cuerpo que se puede tocar y que puede comer. Tiene su mismo cuerpo que conserva las heridas de los clavos en sus manos y la de la lanza en su costado. Sin embargo, no es fácilmente reconocible, como lo experimentaron María Magdalena, los discípulos de Emaús, e incluso Pedro y Juan, que se tardaron en reconocerlo, cuando lo vieron a la orilla del lago de Galilea.

La nueva vida que implica la resurrección se manifiesta claramente en el hecho de su ascensión a los cielos. Es un hecho que sólo relata Lucas en su Evangelio y en los *Hechos de los Apóstoles*. Combinando los dos relatos se pueden precisar estos hechos: que Jesús se apareció vivo a sus discípulos, durante cuarenta días (quizá el número cuarenta sea simbólico, pero sin duda indica un período limitado), en los que les dio muchas pruebas y les habló de las cosas del Reino de Dios. Que un día que estaba a la mesa con ellos les dijo que permanecieran en Jerusalén, porque les enviaría el Espíritu, que el Padre había prometido, y que ellos recibirían el bautizo en el Espíritu Santo y luego deberían ir a predicar a todos los pueblos.[48] Dicho esto,[49] los hizo salir del lugar donde estaban y los llevó a un lugar en el monte de los Olivos,[50] "cerca de Betania"; ahí, levantó sus manos, los bendijo "y comenzó a elevarse al cielo", hasta que una nube lo ocultó a su vista.[51] Los discípulos lo adoraron,[52] y recibieron el anuncio, por unos ángeles,[53] que Jesús volvería, lo cual implicaba afirmar que seguía vivo, y regresaron a Jerusalén, "con gran alegría".

La Ascensión de Jesús marca el fin de su etapa, el fin de la historia de Jesús como uno más entre nosotros, y marca el fin de estas consideraciones sobre la historia de Jesús de Nazaret.

Como la Ascensión marca también el inicio de la predicación por los discípulos de la vida y palabras de Jesús, parece conveniente terminar estas consideraciones sobre la historia de Jesús de Nazaret, con un epílogo sobre el inicio de la historia de los cristianos y una reflexión final sobre la veracidad de la historia narrada en los evangelios.

---

[48] Hch 1,3-5.

[49] Lc 24,50.

[50] Hch 1,12.

[51] Hch 1,9.

[52] Lc 24,52.

[53] Hch 1,10-11.

Capítulo 13

La difusión del cristianismo en los cuarenta años posteriores a la muerte de Jesús de Nazaret

Sumario. Introducción. I. La ascensión y Pentecostés. A. La Ascensión. 1. Jesús está donde está Dios, fuera del tiempo y del espacio. 2 Jesús está sentado a la derecha del Padre. 3. Habrá de volver para llevar su Reino a la consumación. B. Pentecostés. 1. La elección de Matías. 2. La venida del Espíritu Santo. 3. Primer discurso apostólico y formación de la tradición apostólica. II. La comunidad de discípulos en Jerusalén. A. Crecimiento de la comunidad y oposición del Sanedrín. B. Organización de la comunidad. C. Nueva persecución promovida por Herodes Agripa. D. Guerra civil y destrucción de Jerusalén. E. Los primeros cuarenta años de la comunidad de Jerusalén. III. La predicación del cristianismo en el imperio romano. A. La expansión a Samaria. B. La apertura a los gentiles. C. La conversión de Pablo (año 34-36). D. Crecimiento de la comunidad de Antioquía. E. El Concilio de Jerusalén (año 49). F. Los viajes apostólicos de Pablo. 1. Primer viaje apostólico de Pablo y Bernabé (años 45-48). 2. Segundo viaje de Pablo (años 49-52). 3. Tercer viaje (años 53-58). 4. El cuarto viaje como prisionero, de Jerusalén a Roma (años 59-63). 5. Últimos viajes de Pablo (años 63 a 67) y su muerte en Roma (año 67). G. La predicación de Pedro. H. La persecución de los cristianos en el imperio. I. Síntesis de la difusión del cristianismo en el imperio romano. IV. Conclusión general.

Introducción

En este capítulo se presenta, a manera de consecuencia de la vida y predicación de Jesús de Nazaret, la difusión que tuvo su doctrina en los primeros cuarenta años posteriores a su muerte. Comienza con los relatos de la ascensión y de Pentecostés, que son hechos sobrenaturales que preceden la difusión del cristianismo y que dan fuerza y sentido a la actividad apostólica de los primeros cristianos; difícilmente se puede entender la predicación que ellos hicieron, a pesar de las dificultades y graves desventajas que tenía el hacerlo, si no se tiene en cuenta que sabían que su apostolado era querido y respaldado por Jesús, a quien consideran Dios y Señor. Luego se narra la actividad apostólica de los cristianos en esos primeros cuarenta años, tanto en Jerusalén como en el imperio romano, pero con una limitación importante. La única fuente confiable para conocer esta predicación es el escrito de Lucas denominado *Hechos de los Apóstoles*, que puede complementarse con lo que afirman algunas cartas de san Pablo y otras fuentes externas. Por eso, la exposición se limita a lo que dice el libro de Lucas, que habla principalmente de la actividad de Pedro y de Pablo. No obstante esa limitación, se puede obtener una idea clara de lo que fue la actividad apostólica en esos años y de los resultados que se obtuvieron.

I. La ascensión y Pentecostés

Son dos hechos sobrenaturales que tuvieron una importancia decisiva en la expansión del cristianismo.

A. La ascensión

El relato de la ascensión de Jesús a los cielos se consideró en el capítulo anterior, como el fin de la historia de Jesús de Nazaret. Ahora conviene analizarlo como un punto de partida de la predicación apostólica. Bajo esta perspectiva, hay algunos puntos que merecen considerarse.

El primero es que Jesús, antes de irse, les recuerda que recibirán el Espíritu Santo y que tienen la misión de predicar a todos los pueblos. La donación del Espíritu Santo se da en orden a la misión de predicar a todos los pueblos.

El segundo punto es el significado de la ascensión: que Jesús vive en una dimensión diferente de la del tiempo y del espacio, en la dimensión donde vive Dios; que desde ahí, ejerce la soberanía de Dios sobre todo espacio, y que volverá a esta dimensión, la de la historia humana, para llevar su Reino a la consumación. Conviene explicar este significado

1. *Jesús está donde está Dios, fuera del tiempo y del espacio.* Eso es lo que significa el incidente de que una "nube" cubrió a Jesús mientras ascendía. En varios lugares de los evangelios aparece una nube, como símbolo de la presencia de Dios: en la anunciación a María, el arcángel le dice que el poder del Altísimo la "cubrirá con su sombra",[1] y en el relato de la transfiguración aparece una nube que cubre a los discípulos y de la cual salió una voz que dijo: Éste es mi Hijo muy amado, escúchenlo;[2] también hay referencias a la nube como símbolo de la presencia de Dios en el libro del Éxodo, en el que se dice que Dios, bajo la forma de una nube, guiaba a su pueblo durante su peregrinar por el desierto. Estas referencias hacen pensar que cuando Jesús asciende, la nube que aparece y que les impide seguir viendo a Jesús, es signo de la presencia de Dios, de suerte que cuando Jesús entra en la nube se dice que ha entrado en la presencia de Dios, y por eso ya no lo pueden ver.

Con su ascensión, no es que Jesús haya entrado en un lugar remoto en el cosmos, donde ningún hombre puede llegar, sino que ha entrado en el ámbito de lo divino, que está fuera de cualquier lugar, porque Dios, creador del mundo y del espacio, está fuera del espacio. Ahí es donde está Jesús, de modo que no está lejos, pues ya no está en un determinado lugar del mundo, en Galilea o en Judea, sino que, unido enteramente a Dios, está, como Dios mismo, presente en todo lugar.

La conciencia que tienen los apóstoles de que Jesús vive unido permanentemente a Dios Padre, que participa de su soberanía, y que desde esa vida

---

[1] Lc 1,35. Parece aludir a la sombra que produce la nube.

[2] Mt 17, 5.

está cercano a los hombres, como lo anunció en varios momentos, es lo que explica la frase final del relato en el Evangelio de Lucas, que dice que los discípulos, una vez que Jesús desapareció de su vista, regresaron "con gran gozo" a Jerusalén. Ordinariamente las despedidas generan cierta tristeza o nostalgia, pero los discípulos experimentaron lo contrario, porque se dieron cuenta de que Jesús, unido eternamente a Dios, sentado a su derecha, estaba próximo a ellos y que ellos mismos, siendo humanos como Jesús, podrían tener un final semejante.

2. *Jesús está sentado a la derecha del Padre.* La posición de Jesús en la presencia de Dios se describe en varios textos del Nuevo Testamento con estas palabras: está "sentado a la derecha del Padre" o a la "derecha de Dios", expresión que, por la frecuencia con que aparece en diversos textos del Nuevo Testamento,[3] parece haber sido uno de los temas de la predicación apostólica. Jesús mismo lo había dicho cuando Caifás le pregunto si él era el Mesías, el Hijo de Dios, Jesús respondió que lo era y además que llegará el momento en que lo verán "sentado a la diestra del Poder y venir sobre las nubes del cielo".[4]

Puesto que Jesús está unido a Dios en una dimensión más allá del tiempo y del espacio, ¿qué significado tiene decir que está sentado a su derecha? Dice Ratzinger que ello significa "participar en la soberanía propia de Dios sobre todo espacio".[5] Esto es congruente con lo que dice el capítulo quinto del Apocalipsis, donde Juan describe la visión que tuvo: vio a Dios Padre en figura de un personaje imponente sentado en un trono, al que todos los seres adoraban, quien, en su mano derecha, tenía un libro que nadie podía abrir, hasta que aparece un cordero, "como degollado", quien toma el libro, y todos los seres en derredor del trono cantan un "canto nuevo, diciendo: Eres digno de tomar el libro y de abrir sus sellos, porque has sido degollado y con tu sangre has rescatado para Dios hombres de toda raza, lengua, pueblo y nación, y los has hecho reino y sacerdotes para

---

3   Lo afirma Pedro en su primer discurso, después de Pentecostés, Hch 2,33, en el que luego cita el Salmo 110,1: "Dijo el Señor a mi Señor: siéntate a mi diestra, hasta que ponga a tus enemigos por escabel de tus pies", y se repite en muchos otros lugares como Hch 5,31, Hebr 1,3; 10,13: 12,2; 1Pe 3,22. Es también una afirmación en el Credo de los Apóstoles.

4   En su respuesta a Caifás, durante el juicio, Jesús mismo afirma que verán "al Hijo del Hombre sentado a la diestra del Padre", Mt 26,64 y pasajes paralelos.

5   Ratzinger II, p. 328.

nuestro Dios, y reinarán sobre la tierra";[6] luego, en la visión de Juan, todos los seres que estaban alrededor del trono de Dios decían: "Al que está sentado sobre el trono y al Cordero, la bendición, el honor, la gloria y el poder por los siglos de los siglos".[7] Jesús, el Cordero en la visión, aparece a la derecha de Dios, como el fundador y cabeza del Reino que aglutina a todos los hombres de todos los pueblos, como el único digno de abrir el libro de la historia, y al que toda la creación adora como a Dios.[8] La ascensión de Jesús es así su entronización como Rey del Reino de Dios que vino a instaurar.

3. *Habrá de volver para llevar su Reino a la consumación.* En el relato de la ascensión, se dice que, mientras los apóstoles veían al cielo cómo desaparecía Jesús de su vista, se les aparecieron dos hombres vestidos de blanco, presumiblemente ángeles en esa apariencia, quienes les dicen que ese Jesús, así como lo han visto irse al cielo, volverá. La ascensión de Jesús al cielo marcó el fin de la primera etapa de Jesús en la tierra, que transcurrió desde la Encarnación y su nacimiento hasta la ascensión. Es la etapa en la que Jesús instaura el Reino de Dios en la historia. El anuncio de los ángeles sobre el retorno indica el comienzo de otra etapa en la vida de Jesús, la de la consumación del Reino. Entre esas dos etapas hay una intermedia, la etapa que comenzaron a vivir los discípulos, y que se da entre su ascensión y su retorno; se puede decir que es la etapa en que el Reino de Dios se va desarrollando en la historia, por medio de la Iglesia, cuya cabeza es Jesús, pero que está integrada también por seres humanos pecadores, por lo que en su evolución hay avances y retrocesos, como lo explicó Jesús en la parábola del trigo y la cizaña.

B. Pentecostés

Antes de ascender al cielo, Jesús les había dicho a los discípulos que permanecieran en Jerusalén, porque ahí recibirían el Espíritu Santo.

---

[6] Ap 5,8.

[7] Ap 5,13.

[8] El *Catecismo de la Iglesia católica* (párrafos 668-669) expresa así el significado de la Ascensión: "Significa su participación, en su humanidad, en el poder y en la autoridad de Dios mismo. Jesucristo es Señor: posee todo poder en los cielos y en la tierra [...] Como Señor, Cristo es también la cabeza de la Iglesia, que es su Cuerpo. Elevado al cielo y glorificado, habiendo cumplido así su misión, permanece en la tierra en su Iglesia".

Los once obedecieron, volvieron a Jerusalén, al lugar donde vivían, que, según Lucas, era la estancia superior de una casa, que se ha conjeturado que era de la madre de Marcos, también llamada María, y que fue en una habitación de esa casa, a la que se suele llamar el cenáculo, donde tuvo lugar la Última Cena. Dice Lucas que ahí, todos ellos "perseveraban en la oración, con un mismo espíritu", en compañía de María, la madre de Jesús, algunas otras mujeres y algunos parientes (¿o discípulos?) de Jesús.[9]

1. *La elección de Matías.*[10] Un día, Pedro propuso a los "hermanos" ahí reunidos, que eran, dice Lucas, unos 120, que eligieran un sucesor en el ministerio que Judas había abandonado. Es un dato interesante que se haya elegido un nuevo apóstol con el fin de completar el número 12; no hay ninguna otra razón, por eso cabe conjeturar que Pedro y la comunidad entendió que era voluntad de Dios que hubiera ese número de apóstoles. Pedro propuso que el nuevo apóstol se eligiera de entre aquellos discípulos que estuvieron con Jesús desde su bautismo y hasta su ascensión al cielo. La asamblea propuso dos candidatos: José Barsabás, llamado el "justo" y Matías. Luego, todos los discípulos hicieron oración pidiendo a Dios que les hiciera saber a quién había Él elegido y para averiguarlo hicieron lo que era usual en la tradición de Israel,[11] echaron suertes, y resultó electo Matías.

2. *La venida del Espíritu Santo.* Después de narrar la elección de Matías, Lucas dice que "al llegar el día de Pentecostés", es decir, el día en que se celebraba la "Fiesta de las Semanas" en el calendario judío, pasados cincuenta días de la fiesta de Pascua,[12] estaban "todos" reunidos en un mismo lugar,[13] presumiblemente en el cenáculo, y de repente se oyó un ruido, proveniente del cielo, como de un viento impetuoso que llenó toda la casa, y se aparecieron unas

---

[9] Hch 1,13.

[10] Hch 1,15-26.

[11] Por ejemplo, el rey Saúl echó suertes para saber quién era culpable de la desgracia del pueblo, si Saúl o su hijo Jonatán; véase 1S 14,41.

[12] La fiesta de Pentecostés era originariamente una fiesta de la cosecha de cereales, pero se había convertido en fiesta de conmemoración de la promulgación de la Ley dada por Dios a Moisés, es decir, en fiesta de la renovación de la Alianza, véase 2 Cro 15,10-13.

[13] Hch 2,1. "Todos" parece significar los apóstoles y demás discípulos, pues en el relato previo de la elección de Matías, dice Lucas que estaban reunidos unos 120 discípulos y no sólo los apóstoles.

lenguas de fuego que se dividieron y "se posaron sobre cada uno de ellos".[14] Los dos elementos, ruido y fuego, estuvieron presentes también en la promulgación de la ley dada por Dios a Moisés en el monte Sinaí. A continuación, "todos se llenaron del Espíritu Santo, y se pusieron a hablar en diversas lenguas, según el Espíritu les concedía expresarse".[15] A causa del estruendo, acudieron al lugar muchas personas que estaban en Jerusalén para la fiesta, procedentes de diversas naciones. Los que llegaban se quedaban asombrados porque cada uno oía hablar a los discípulos en su propia lengua.

3. *Primer discurso apostólico y formación de la tradición apostólica.* Dada la concurrencia, Pedro se puso de pie, junto con los otros once apóstoles, y tomó la palabra para pronunciar su primer discurso apostólico,[16] en que hacía un resumen de la vida de Jesús, con estas palabras: "A Jesús Nazareno, hombre acreditado por Dios ante vosotros con milagros, prodigios y señales que Dios realizó por él en medio de vosotros, como vosotros mismos sabéis; a éste, conforme al consejo y presciencia divina, después de entregarle le suspendisteis en la cruz, por manos de los impíos; pero Dios lo ha resucitado, librándole de los dolores de la muerte, porque era imposible que ésta lo dominara". Luego reiteraba: "Dios resucitó a este Jesús" y añadía: "De lo cual todos nosotros somos testigos". Ese día, dice Lucas, se unieron a los discípulos cerca de tres mil hombres.

La inclusión de los nuevos discípulos planteaba la necesidad de instruirlos en la vida y las palabras de Jesús. Por eso, desde ese primer discurso de Pedro se va formando la tradición apostólica, la segunda etapa en la configuración de los evangelios, por la cual se va anunciando e instruyendo a los nuevos discípulos en el conocimiento de Jesús.

Comenzó así la difusión del cristianismo, precedida por dos intervenciones directas de Dios en la historia humana: la ascensión de Jesús, que indica el final de la historia humana de Jesús con el anuncio de su retorno, y el descenso del Espíritu Santo sobre los discípulos, que indica que Dios actúa en los

---

[14] En la narración de Lucas no se especifica que las lenguas de fuego se posaron exclusivamente sobre los doce.

[15] Hch 2,4.

[16] Hch 2,14 y ss. Aquí sí precisa Lucas que se pusieron de pie: "Pedro con los once", como para manifestar su preeminencia en la comunidad de los discípulos.

discípulos para la predicación del mensaje de Jesús, lo que es lo mismo pero desde otro punto de vista, que ellos, al predicar el mensaje, participan ya de la vida divina o vida eterna.

II. La comunidad de discípulos en Jerusalén

La primera comunidad de discípulos la formaron los que vivían en Jerusalén. Al frente de ella estaba el colegio de los doce. Lucas resume la vida de esta primera con estas palabras: "Perseveraban en la doctrina de los apóstoles y en la comunión, en la fracción del pan y en las oraciones";[17] luego aclara que iban a rezar al templo y "partían el pan", es decir, celebraban la Eucaristía, en sus casas; compartían sus bienes y comían juntos.[18]

A. Crecimiento de la comunidad y oposición del Sanedrín

Un milagro obrado por Pedro, en "el nombre de Jesucristo Nazareno", la curación de un paralítico que diariamente pedía limosna en una de las puertas del Templo, causó conmoción en el pueblo y reunió una multitud frente a Pedro y Juan. Pedro pronunció entonces otro discurso, en el que vuelve a hablar de la vida, muerte y resurrección de Jesús, y muchos de los que escuchaban se convirtieron, de modo que el número de los discípulos, según dice Lucas, llegó a ser de unos cinco mil, cuando solamente habrían pasado unos cuantos meses después de la muerte de Jesús.[19]

El mismo Sanedrín que había condenado a Jesús veía con recelo la predicación de los apóstoles. La curación del paralítico y el discurso de Pedro ante un grupo numeroso fue el detonante para iniciar la oposición abierta contra la predicación. Pedro no pudo terminar su discurso porque él y Juan fueron aprehendidos por la guardia del templo, comandada por los sacerdotes y los saduceos, y los encarcelaron. Al día siguiente, se reunió el Sanedrín, que encabezaban Anás y Caifás, y los interrogaron "con qué poder o en nombre de quién

---

[17] Hch 2,42.

[18] Hch 2,45 y 46.

[19] Hch 4,4.

habéis hecho esto".[20] Pedro respondió que lo hacían en nombre de Jesús, a quienes ellos habían dado muerte, y que Dios hizo resucitar. El Sanedrín se retiró a deliberar y, viendo que no podían negar el milagro, que era evidente y reconocido por el pueblo, ni tampoco castigar a los apóstoles, decidió soltarlos pero les prohibió que hablaran o enseñaran en el nombre de Jesús. Pedro y Juan respondieron que no es justo obedecer al Sanedrín antes que a Dios, y que ellos no podían "dejar de hablar lo que hemos visto y oído".[21]

La comunidad de creyentes seguía creciendo. Dice Lucas que los apóstoles obraban muchos milagros y que se agregaban muchos hombres y mujeres e incluso algunos provenientes de ciudades vecinas.[22] Esto dio lugar a un nuevo ataque del Sanedrín.[23] El sumo sacerdote y los saduceos ordenaron la aprehensión de los doce apóstoles y su detención en la "cárcel pública".[24] Por la noche, un ángel los liberó y les dijo que siguieran predicando y ellos, desde muy temprano, se presentaron en el templo y seguían enseñando.

A la mañana siguiente, se reunió el Sanedrín y cuando sus integrantes se enteraron de lo sucedido ordenaron que se volviera a detener a los apóstoles, pero sin usar fuerza, porque temían el alboroto del pueblo. Cuando los tuvieron ante sí, les recriminaron por no haber obedecido la orden que les dieron de no predicar en el nombre de Jesús. Pedro volvió a responder que no es lícito obedecer a ellos antes que a Dios. Entonces se puso de pie un fariseo, llamado Gamaliel, quien dijo al Sanedrín que si lo que predicaban los apóstoles no era obra de Dios, pronto se disolvería por sí mismo, como se habían disuelto otros levantamientos populares después de la muerte de su fundador, pero que si era obra de Dios, no podrían ellos, ni debían, impedirlo; este consejo los movió a soltar a los apóstoles, pero antes los mandaron azotar.

---

[20] Hch 4,5.

[21] Hch 4,20.

[22] Hch 5,15.

[23] Hch 5,17-42.

[24] Este dato de la cárcel pública quizá indique que el Sanedrín contaba con la autorización del procurador romano.

Como "aumentaba considerablemente el número de discípulos en Jerusalén y gran cantidad de sacerdotes obedecían la fe",[25] la tensión con el Sanedrín se hacía más fuerte, lo que llevó a otro incidente con consecuencias más graves.[26] Unos fariseos, por medio de insidias apoyadas en testigos falsos, hicieron detener al diácono Esteban y lo llevaron ante el Sanedrín. Lo acusaron de predicar el nombre de Jesús, quien pretendió destruir la ley y el templo. Esteban se defendió con un largo discurso que contenía como una síntesis de la historia de Israel conforme con las Escrituras, y concluía con la indicación de que los miembros del Sanedrín ordenaron la muerte de Jesús, como antes otros habían ordenado y dado muerte a los profetas. Luego dijo Esteban que veía "los cielos abiertos y al Hijo del Hombre de pie, a la diestra de Dios".[27] Al oír esto, quienes lo escuchaban "clamaron a voz en grito, taparon sus oídos y se lanzaron a una contra él y, sacándolo fuera de la ciudad, lo lapidaron".[28] No hubo una sentencia del Sanedrín que condenara a Esteban, su muerte fue causada por los asistentes al juicio. Dice Lucas que por "los testigos",[29] que seguramente actuaban con la complacencia del Sanedrín, que no hizo nada para evitar la muerte de Esteban. Esto ocurría hacia el año 33 o 34. La muerte de Esteban marcó el inicio de una persecución contra la comunidad de Jerusalén, que hizo que los cristianos se dispersaran por Judea y por Samaria. Y Saulo, que consintió la muerte de Esteban, era quizá el más feroz perseguidor.[30]

B. La organización de la comunidad

Los discípulos que había en Jerusalén eran judíos palestinos o judíos helenistas, es decir, procedían de familias que habían vivido fuera de Palestina y que estaban más imbuidos de la cultura helenística. Esta diferencia llegó a provocar ciertos roces, como lo demuestra el incidente, narrado por Lucas, de que los judíos helenistas se quejaban de que no se atendía adecuadamente a sus viudas en el reparto de alimentos. Con motivo de esa disputa, los doce convocaron a

---

[25] Hch 6,7.

[26] Hch 6,8 y ss.

[27] Hch 7,56.

[28] Hch 7,57-58.

[29] Hch 7,58.

[30] Hch 8,1 y 3.

la multitud de discípulos y les anunciaron que para atender mejor el servicio de reparto de alimentos, sin que los apóstoles descuidaran la predicación de la palabra, era conveniente que eligieran siete hombres de buena fama y llenos del Espíritu y sabiduría, para que atendieran ese servicio. La asamblea eligió a siete hombres, entre ellos a Esteban, y así quedó constituido un nuevo grupo de personas al servicio de la comunidad, el grupo de los diáconos, claramente diferenciado del grupo de los apóstoles.

No hay noticias ciertas[31] de cuándo surgió el tercer grupo, el de los presbíteros, pero cuando se realiza el primer concilio ecuménico, el Concilio de Jerusalén, en el año 49, Lucas dice que se reunieron a deliberar "los apóstoles y los presbíteros", lo cual indica que para ese año ya estaba constituido ese tercer grupo, de suerte que, para ese tiempo, la comunidad de discípulos la integraban los fieles sin un encargo público específico, más los integrantes de los tres grupos constituidos para el servicio de la comunidad, el de los apóstoles, constituido por Jesús mismo, y los grupos de los presbíteros y los diáconos, constituidos por los apóstoles.[32]

C. Nueva persecución general, promovida por Herodes Agripa

La persecución que se produjo a la muerte de Esteban hizo que muchos salieran de Jerusalén, pero la comunidad en conjunto ahí seguía y Pedro la presidía. En los días previos a la Pascua del año 44, el rey Herodes Agripa (nieto de Herodes el Grande y sobrino de Herodes Antipas), quien había obtenido del emperador Calígula el reino de Judea el año 37, inició una nueva persecución contra la iglesia de Jerusalén.[33] Aprehendió y dio muerte al apóstol Santiago, el hermano de Juan (conocido como Santiago el Mayor) y, al ver que perseguir a los cristianos agradaba a los judíos dirigentes, aprehendió y metió en la cárcel a Pedro el mismo día de los ácimos (el día previo a la Pascua) con el objeto de juzgarlo y ejecutarlo una vez que pasara la fiesta. La noche previa a su

---

[31] Se ha conjeturado que el grupo de presbíteros pudo haberse formado a partir de los setenta y dos discípulos que Jesús envió a predicar o a partir de los sacerdotes judíos que se convirtieron al cristianismo. Véase José Orlandis Rovira, *Historia de la Iglesia* I, capítulo I, epígrafe 2.

[32] Hch 15,6.

[33] Hch 12,1-9.

comparecencia, Pedro fue milagrosamente liberado por un ángel, y luego se fue de Jerusalén hacia "otro lugar".[34]

D. Guerra civil y destrucción de Jerusalén

Al frente de la iglesia de Jerusalén se quedó el otro apóstol Santiago, el primo del Señor (conocido como Santiago el Menor). La iglesia de Jerusalén continuó y ahí se celebró el primer concilio ecuménico, el año 49.

Los cristianos de Jerusalén seguían acudiendo al templo para orar y predicar, y continuaba la oposición del Sanedrín. Éste condenó a muerte a Santiago, el primo de Jesús, y lo mataron a pedradas hacia el año 58.[35]

Cuando estalló la guerra civil entre los judíos, después de que una facción expulsó al procurador romano, los cristianos se refugiaron en la ciudad de Pella, al otro lado del Jordán y no participaron ni en la guerra civil ni en la resistencia contra los romanos ni presenciaron la destrucción de Jerusalén el año 70.

Después de esa fecha, quedaron pocos cristianos en Palestina. Y al frente de la iglesia de Jerusalén quedó otro primo de Jesús, el apóstol Simón, según lo afirma Eusebio de Cesarea.[36]

E. Los primeros cuarenta años de la comunidad de Jerusalén

El período de cuarenta años posteriores a la muerte de Jesús en la comunidad de Jerusalén podría resumirse, en líneas muy generales, como un tiempo de crecimiento inicial continuo, con la oposición constante del Sanedrín; la cual produjo el martirio de tres personajes notables, Esteban y dos apóstoles, Santiago el Mayor y Santiago el Menor, y la dispersión de muchos de sus integrantes por regiones vecinas causada por las persecuciones y, al final, el cumplimiento de la profecía de Jesús sobre la destrucción del templo y de Jerusalén, y la

---

[34] Hch 12,17. Se ha conjeturado que ese lugar fue Roma; más adelante se describe la actividad de Pedro.

[35] Así lo afirma Flavio Josefo en el libro XX de sus *Antigüedades judaicas*, citado por Eusebio, *Historia eclesiástica*, libro II, capítulo 23, párrafo 21 y ss.

[36] Eusebio, *Historia*, libro III, capítulo 11, párrafo 1.

subsistencia de una comunidad cristiana reducida, al frente de la cual quedó otro apóstol, Simón, el primo de Jesús.

Además de Jerusalén, el cristianismo se difunde en otras poblaciones de Judea, Galilea y Samaria. En esos años ya se había publicado el Evangelio de Mateo en arameo (alrededor del año 50), que seguramente fue un instrumento importante para la conversión de muchos judíos.

III. La predicación del cristianismo en el imperio romano

Lo poco que sabemos acerca de este proceso es básicamente lo que está contenido en el libro de los *Hechos de los Apóstoles*, el cual sólo refiere la actividad apostólica de Pablo y Pedro. No tenemos noticias confiables de la actividad de los demás apóstoles. Es posible que Juan, después de permanecer en Palestina, emigrara a Éfeso ante las dificultades que planteaba la guerra civil judía, y desde ahí presidiera, después de la muerte de Pablo, las comunidades de la provincia de Asia, a las que se refiere en el Apocalipsis.[37] Las noticias de la actividad de los demás apóstoles, por ejemplo la de que Tomás predicó en Persia y luego en la India, o que Andrés predicó, junto con Pedro, en la provincia del Ponto (al sur del Mar Negro) o que Mateo predicó en Etiopía, son leyendas medievales, que no parecen provenir de una fuente cercana a los hechos narrados. Es más probable la noticia de que Marcos predicó en Egipto, y que fue la cabeza de la iglesia de Alejandría.

Para comprender el proceso de expansión del cristianismo en los primeros años posteriores a la muerte de Jesús, tenemos que limitarnos a exponer lo que narran los *Hechos de los Apóstoles*, complementado con otras noticias que provienen de las cartas de san Pablo. A partir de lo que hicieron Pedro y Pablo es posible inferir cómo se pudo propagar el cristianismo en el imperio romano, que era el ámbito más adecuado, dado que constituía una comunidad política con cierta estabilidad y paz, buenas comunicaciones, rutas comerciales y otros medios que facilitaban la comunicación y los viajes. No quiere decir que

---

[37] Se sabe que fue desterrado por Domiciano, a la isla de Patmos, donde escribió el Apocalipsis y sus cartas, y que murió hacia el año 100 cuando contaba con casi una centena de años.

el cristianismo no se extendiera fuera de los límites del imperio, como lo sugieren las noticias de que se predicó en Persia o en Etiopía, pero sí que el imperio proporcionaba un marco adecuado para su predicación.

Se expondrá a continuación la expansión del cristianismo, según lo que narra el citado libro de Lucas. Primero la expansión a Samaria y otras ciudades de la costa de Judea, luego la actividad de Pablo y finalmente la de Pedro. Luego se intentará inferir cómo pudo difundirse el cristianismo en otros lugares.

A. La expansión a Samaria

Después de la muerte de Esteban y de la consiguiente persecución, muchos cristianos salieron de Jerusalén y comenzaron a predicar en otras regiones. Los *Hechos* refieren que el diácono Felipe se fue a Samaria a predicar,[38] donde hizo exorcismos y curaciones milagrosas y muchos recibieron la fe y se bautizaron.[39]

Al tener noticias en Jerusalén de las conversiones en Samaria, la comunidad envió a Pedro y a Juan. Ellos fueron y confirmaron a los discípulos, que sólo habían recibido el bautismo, imponiéndoles las manos para que recibieran el Espíritu Santo.[40] Sucedió entonces que un mago, de nombre Simón, que había recibido el bautismo de Felipe, quiso comprar a Pedro y a Juan el poder de infundir el Espíritu Santo mediante la imposición de las manos,[41] pero fue inmediatamente rechazado por Pedro, quien le dijo: "No tienes parte ni herencia alguna en esta empresa, porque tu corazón no es recto ante Dios".[42] De regreso a Jerusalén, Pedro y Juan evangelizaron en muchos poblados de Samaria.

El diácono Felipe, después de ayudar a la conversión de un funcionario etíope, quien se encaminaba de regreso a Etiopía por el camino que sale de Gaza, estuvo evangelizando en la costa de Judea, en la ciudad de Azoto, y de ahí se fue hacia el norte hasta llegar a Cesarea (en Samaria).

---

[38] Los *Hechos de los Apóstoles* no precisan si fue el apóstol Felipe o el diácono Felipe. Eusebio dice que fue el diácono, en *Historia eclesiástica*, libro I, capítulo 1, párrafo 10.

[39] Hch 8,5.

[40] Hch 8,14.

[41] Por el nombre de este mago Simón, se ha llamado "simonía" el pecado de intentar comprar los poderes divinos dejados a los apóstoles.

[42] Hch 8,21.

B. La apertura a los gentiles

Después de la persecución que siguió a la muerte de Esteban, dice Lucas que la "iglesia gozaba de paz por toda Judea, Galilea y Samaria. Se consolidaba y caminaba en el temor del Señor y crecía con el consuelo del Espíritu Santo".[43] Pedro iba a visitar los lugares donde había discípulos y llegó a Lida (en el occidente de Judea, cerca de la costa), donde, en nombre de Cristo Jesús, curó a un paralítico que tenía ocho años postrado en la cama,[44] y muchos se convirtieron. Cerca de ahí estaba la ciudad de Joppe, en la costa, donde murió una discípula de nombre Tabita; los discípulos llamaron a Pedro, quien acudió pronto y, al llegar donde estaba la difunta, se puso de rodillas y oró, luego se dirigió a la difunta y dijo: "Tabita, levántate"; ella abrió los ojos y se incorporó; muchos creyeron y Pedro se detuvo ahí algunos días.

Mientras tanto, un hombre de Cesarea, un centurión llamado Cornelio, hombre piadoso, tuvo una visión en que se le decía que enviara a traer a Pedro de Joppe, para que le hablara de parte de Dios.[45] Por su parte, Pedro tuvo otra visión en la que se le decía que todos los alimentos eran puros y, mientras cavilaba sobre el sentido que ello tendría, recibió la visita de los enviados del centurión, quienes le pidieron que fuera con ellos a Cesarea para ver a Cornelio.[46] Al día siguiente marchó hacia Cesarea y entró en la casa de Cornelio, donde lo esperaban él y muchas otras personas reunidas. Pedro les dijo que un judío tiene prohibido juntarse o reunirse con extranjeros, pero que Dios le ha enseñado "a no llamar impuro o profano a ningún hombre",[47] y que por eso se reúne con ellos.[48] Cornelio le dice que ellos se han reunido para escuchar lo que el Señor le ha ordenado decir a Pedro. Éste les dice que Jesús fue enviado a los hijos de Israel, que pasó su vida haciendo el bien y sanando a los oprimidos por el diablo, que lo mataron y crucificaron, pero Dios lo resucitó al tercer día, de lo cual "nosotros somos testigos", y que Jesús les mandó predicar al pueblo que

---

[43]   Hch 9,31.

[44]   Hch 9,32.

[45]   Hch 10,1-8.

[46]   Hch 10,9-23.

[47]   Hch 10,28.

[48]   Hch 10,23-33.

él "ha sido constituido por Dios juez de vivos y muertos", que todos los profetas dan testimonio de él, y que quien cree en él "recibe, por su nombre, la remisión de los pecados".[49]

Mientras Pedro estaba hablando, descendió visiblemente el Espíritu Santo sobre todos los que estaban escuchando, lo cual causó admiración entre los judeo-cristianos ("los fieles de la circuncisión") que venían con Pedro y que pensaban que el bautismo de Jesús era sólo para los judíos. Pedro dijo entonces que no se podía negar el bautismo a los gentiles que lo escuchaban, puesto que ellos han recibido el mismo Espíritu "igual que nosotros" y mandó que los bautizaran "en el nombre de Jesucristo", y se quedó algunos días con ellos.[50]

La noticia de la presencia de Pedro en casa de un gentil llegó a la comunidad de Jerusalén, y cuando regresó Pedro, los "fieles de la circuncisión" le reprocharon por haber entrado en casa de hombres incircuncisos y haber comido con ellos. Pedro les contó lo sucedido, les hizo ver que el Espíritu Santo descendió sobre esos gentiles que lo escuchaban y que no podía negarles el bautizo oponiéndose a Dios. Con estas palabras, los cristianos de Jerusalén se tranquilizaron y dijeron: "Luego también a los gentiles les ha concedido Dios la penitencia que lleva a la vida".[51] Fue el mismo Pedro quien abrió la Iglesia a los gentiles.

C. La conversión de Pablo (año 34-36)

La predicación del cristianismo tiene un momento muy importante cuando Pablo se convierte a Jesús. La importancia de la conversión de Pablo la manifiesta el libro de los *Hechos de los Apóstoles*, en que hay tres relatos de ella.[52] Es conocido que cuando Pablo viajaba de Jerusalén a Damasco, con orden del Sanedrín de aprehender a los cristianos que ahí hubiera, se convirtió a Jesús y cambió su vida. Obedeciendo lo que Jesús le dijo, siguió su viaje a Damasco y ahí permaneció tres días sin comer ni beber y sin poder ver, en una casa en

---

[49] Hch 10,34-43.

[50] Hch 10,44-48.

[51] Hch 11,18.

[52] Hch 9,1-9; 22,5-16, y 26,10-18.

la calle llamada Recta, de un tal Judas.[53] Ahí lo fue a ver un discípulo llamado Ananías, que le hizo recobrar la vista y lo bautizó.[54]

Después de su bautismo, Pablo, según lo cuenta él mismo, se retiró a Arabia,[55] donde pasó unos tres años (34 a 36) y luego volvió a Damasco,[56] se reunió con los discípulos y predicaba en las sinagogas que Jesús es el Hijo de Dios, el Mesías.[57] Su predicación generó la oposición de los judíos, quienes decidieron matarlo, pero Pablo, ayudado por los discípulos, pudo escaparse y se fue a Jerusalén.[58]

En Jerusalén quería ver a Pedro y conocer si su predicación se ajustaba a la tradición apostólica.[59] Cuando llegó (año 36 o 37), los discípulos le temían y no lo recibían, hasta que Bernabé lo presentó y explicó su conversión. Pablo pasó quince días con Pedro, y vio al apóstol Santiago, el hermano de Jesús. Predicó en Jerusalén y disputaba con los judíos helenistas, que llegaron a intentar matarlo, por lo que los discípulos lo llevaron a Cesarea y de ahí lo enviaron a Tarso, su ciudad natal, donde predicó por cinco años (37-42).

D. Crecimiento de la comunidad de Antioquía

Algunos de los discípulos que salieron de Jerusalén por la persecución que siguió a la muerte de Esteban llegaron a Antioquía de Siria, donde predicaban exclusivamente a los judíos, pero algunos de los judeocristianos helenistas, originarios de Chipre y Cirene, comenzaron a dirigirse a los no judíos, es decir, a los gentiles o griegos, y un gran número de ellos se convirtió.[60]

Cuando llegaron a Jerusalén noticias del creciente número de conversiones en Antioquía, la comunidad apostólica envió a Bernabé. Éste, al comprobar las muchas conversiones que había y el trabajo que ello representaba,

---

[53] Hch 9,11.

[54] Hch 9,18.

[55] Gal 1,17.

[56] Gal 1,18.

[57] Hch 9,19-22.

[58] Hch 9,23-25. La fuga la relata Pablo en 2 Cor 11,32 y ss.

[59] Gal 1,18.

[60] Hch 11,19-21.

fue a Tarso por Saulo, y ambos predicaron e instruyeron a los nuevos discípulos durante un año en Antioquía (año 42-43).

Luego sobrevino en el imperio (en tiempo del emperador Claudio) una gran escasez de alimentos, por lo que la comunidad de Antioquía, próspera entonces, hizo una colecta y enviaron los recursos a Jerusalén por medio de Bernabé y Pablo (año 44).

E.   El concilio de Jerusalén (año 49)

La predicación y bautizo de los gentiles, que Pedro ya había iniciado en Cesarea con el centurión Cornelio y sus familiares y amigos, recibió un fuerte apoyo con la decisión que tomó el primer concilio apostólico, que tuvo lugar en Jerusalén el año 49.

El problema que trató fue si los cristianos de origen no judío tenían que someterse a las prescripciones rituales de la ley de Moisés, y especialmente si debían circuncidarse.

El problema se suscitó cuando algunos judeocristianos llegaron a Antioquía y enseñaban que los gentiles que se convertían al cristianismo debían circuncidarse y cumplir las demás prescripciones de la ley. Esto generó una fuerte discusión con Pablo y Bernabé. La comunidad de Antioquía decidió que Pablo y Bernabé y algunos más fueran a Jerusalén para tratar la cuestión allá con los apóstoles y los presbíteros.[61]

El concilio se reunió en Jerusalén y, después de una larga deliberación, Pedro se levantó y dijo que ya habían visto que el Espíritu Santo, cuando descendió sobre Cornelio y sus familiares en Cesarea, no hizo diferencia entre cristianos judíos y cristianos procedente de la gentilidad, por lo tanto no se debía imponer a los gentiles que cumplieran la ley. Todos los asistentes callaron y luego Pablo y Bernabé contaron lo que Dios había hecho entre los gentiles. El apóstol Santiago, el primo de Jesús, apoyó la opinión de Pedro y únicamente pidió que se les advirtiera a los gentiles conversos que se abstuvieran de ciertas prácticas que podían resultar escandalosas para los cristianos. El concilio decidió y emitió un decreto en el que dicen: "Hemos decidido el Espíritu Santo y nosotros no

---

[61]   Hch 15,6. Ahí se mencionan las intervenciones de Pedro y de Santiago, pero pudieron estar prresentes otros apóstoles; Pablo dice (Gal 2,8) que también estuvo presente Juan.

imponeros más cargas que las necesarias: abstenerse de lo ofrecido a los ídolos, de la sangre, de los animales estrangulados y de la fornicación".[62]

El decreto lo llevaron a Antioquía algunos enviados por la comunidad de Jerusalén, entre ellos Judas Barsabás y Silas, junto con Pablo y Bernabé. El decreto dejaba libre el camino para la predicación a los gentiles.

F. Los viajes apostólicos de Pablo

Entre los años 45 y 67 (año de su muerte) Pablo hizo varios viajes de misión, que pueden contarse como cinco viajes, de los cuales los *Hechos* narran cuatro, y el último puede inferirse de otras fuentes.

1. *Primer viaje apostólico de Pablo y Bernabé (años 45-48).* La comunidad de Antioquía decidió enviar a Bernabé y a Pablo en su primer viaje de misión.[63] Fueron primero a Chipre y luego a las regiones de Panfilia, Pisidia, Cilicia y Galacia. En Chipre, predicaron en Salamina y Pafos, de ahí se embarcaron hacia tierra firme, llegaron a Perge y de ahí caminaron a Antioquía de Pisidia, donde predicaron primero a los judíos y luego a los gentiles. Salieron huyendo y fueron a Iconio, de donde también tuvieron que huir para ir a Listra, donde los recibieron bien, por un milagro que obró Pablo, pero luego llegaron unos judíos procedentes de Iconio y generaron una revuelta popular contra Pablo, al que apedrearon y arrastraron fuera de la ciudad creyéndole muerto, pero Pablo, rodeado de los discípulos, se levantó y pasó la noche en la ciudad. Al día siguiente, Pablo y Bernabé fueron a Derbe, donde hicieron muchos discípulos, y se volvieron a Listra, Iconio y Antioquía, y de ahí de nuevo a Perge.[64] Dice Lucas que "ordenaban presbíteros en cada iglesia". De Perge salieron para Atalía, y de ahí se embarcaron de regreso a Antioquía de Siria.

---

[62] Hch 15,28-29. Consumir carne de animales ofrecidos a los ídolos podía interpretarse como una manera de participar en el culto idolátrico. Comer sangre les estaba prohibido a los judíos, porque la sangre de los animales víctimas se ofrecía a Dios en expiación por los pecados (Lev 17,11-12), y por la misma razón no comían la carne que no hubiera sido previamente desangrada; la abstención de la fornicación se refería a todo tipo de uniones ilícitas, de las que habla detalladamente el Levítico (Lev 18, 6 y ss.).

[63] Hch 13,1-3.

[64] Hch 13,4-14,27.

2. *Segundo viaje de Pablo (años 49-52)*. Con el campo abierto por la resolución del concilio, Pablo y Bernabé decidieron ir a visitar las comunidades que habían fundado, pero Bernabé quiso que los acompañe Marcos, a lo cual se opuso Pablo porque en el primer viaje los había abandonado. Decidieron que Bernabé fuera, con Marcos, a ver las comunidades de Chipre, y Pablo, acompañado de Silas y luego de Timoteo y Lucas, fuera a las comunidades fundadas en el continente.[65] Llegó a Derbe y luego a Listra, donde había un discípulo de nombre Timoteo, de buena fama entre los discípulos, y Pablo le pidió que le acompañara;[66] en todas las comunidades que visitaban entregaban una copia del decreto del concilio de Jerusalén.

Pablo no se limitó a visitar las comunidades fundadas, sino que siguió caminando hacia el norte, atravesó Frigia, Galacia, luego llegó a Misia y fue a Tróade, ciudad costera, desde la cual pudo pasar a Macedonia y a Acaya.[67]

Llegaron a Filipos, la ciudad de Macedonia más cercana a Tróade, que también era colonia romana habitada por veteranos del ejército romano; ahí se bautizó una mujer de nombre Lidia, comerciante en púrpura, y toda su familia, la cual ofreció hospedaje a Pablo. En cierto día, Pablo expulsó el demonio que poseía a una joven esclava, la cual, con sus artes adivinatorias, generaba ganancias para sus dueños, y éstos organizaron un motín contra Pablo y Silas, los acusaron ante los magistrados romanos porque "predican costumbres que a nosotros romanos no nos es lícito aceptar ni practicar".[68] Los magistrados romanos ordenaron azotarlos y meterlos en la cárcel. Mientras estaban encerrados, Pablo y Silas cantaban alabanzas a Dios y de pronto un terremoto hizo que se abrieran las puertas de la cárcel y se soltaran las cadenas de todos los presos; el carcelero, temiendo la fuga de todos y la responsabilidad que le sobrevendría por ello, quería matarse, pero Pablo le gritó que no se hiciera daño, que los presos seguían ahí; el jefe de la prisión sacó a Pablo y a Silas y les preguntó: "¿Qué debo hacer para salvarme?";[69] ellos le contestaron: "Cree en el Señor Jesús y te

---

65   Hch 15,36-40.

66   Hch 16,1-3.

67   Hch 16,6-8.

68   Hch 16,21.

69   Hch 16,30.

salvarás tú y tu casa".[70] Entonces Pablo y Silas le predicaron la palabra del Señor al carcelero y a su familia, y se bautizaron él y todos los de su casa. El carcelero los invitó a cenar a su casa, y luego Pablo y Silas regresaron a la cárcel; a la mañana siguiente, los magistrados ordenaron que dejaran salir a Pablo y Silas, pero Pablo, aduciendo que era ciudadano romano, les dijo que era indigno que los hubieran azotado sin un juicio previo y que ahora los dejaran salir, que esperaban que vinieran los magistrados y ellos los sacaron de la cárcel, y estos, asustados al saber que Pablo era ciudadano romano, hicieron lo que les pedía.

Llegaron a Tesalónica, donde había una sinagoga, en la cual Pablo predicó durante tres sábados y logró que algunos judíos se convirtieran, así como "un gran número de griegos que adoraban a Dios", es decir, prosélitos del judaísmo, y "no pocas mujeres de la nobleza".[71] Los hospedó un discípulo llamado Jasón. Los judíos organizaron un motín popular en contra de ellos y los llevaron, junto con otros discípulos, ante los magistrados acusándolos de alborotar al pueblo y de actuar "contra los decretos del César". Los magistrados, después de recibir una garantía de parte de Jasón y otros discípulos, los dejaron libres. Por la noche, los discípulos sacaron a Pablo y Silas y los enviaron a Berea.

Al llegar a Berea, Pablo y Silas fueron a la sinagoga y ahí predicaron. Los judíos recibieron bien la palabra y "creyeron muchos de ellos, así como mujeres griegas distinguidas y no pocos hombres". Al conocer esto, los judíos de Tesalónica fueron a Berea para alborotar, pero los discípulos enviaron a Pablo a Atenas. Timoteo y Silas se quedaron en Berea aguardando el momento para reunirse con Pablo en Atenas.[72]

En Atenas, Pablo dialogaba con los judíos y prosélitos en la sinagoga los sábados, pero todos los días acudía al ágora donde hablaba con los que llegaban ahí, entre otros, algunos filósofos epicúreos y estoicos, y estos, intrigados por conocer más la doctrina que Pablo predicaba, que les parecía extraña y obra de un charlatán, lo llevaron al Areópago, para que ahí la expusiera. Pablo comenzó hablándoles del "dios desconocido", que ha constituido un hombre que va a juzgar la tierra con justicia, y al cual, para que fuera reconocido por todos, lo

---

[70]   Hch 16,32.

[71]   Hch 17,4.

[72]   Hch 17,10-15.

ha resucitado de entre los muertos. Al oír lo de la resurrección de un muerto, unos se reían y otros despreciaban las palabras de Pablo. Sin embargo, "algunos hombres se unieron a él y creyeron", entre ellos Dionisio el Areopagita y una mujer llamada Dámaris.[73]

Después se fue a Corinto, donde conoció a un judío de nombre Aquila y a su mujer, Priscila, que habían sido expulsados de Roma por el decreto del emperador Claudio que ordenó que todos los judíos salieran de Roma. Como Pablo tenía el mismo oficio que ellos, el de tejedor de carpas, vivió y trabajó con ellos. Todos los sábados iba a la sinagoga y discutía con judíos y griegos prosélitos. Cuando llegaron Silas y Timoteo, Pablo se dedicó de lleno a la predicación, y como en la sinagoga se le oponían, les avisó que los dejaba y que se iría a predicar a los gentiles, y entró en la casa de un prosélito llamado Tito Justo, donde predicaba. Creyó el jefe de la sinagoga, Crispo, con "toda su casa" y también "muchos corintios" que recibían el bautismo. Permaneció ahí un año y seis meses. Los judíos de la ciudad se amotinaron contra Pablo y lo llevaron ante el tribunal, cuando Galión era el procónsul de Acaya, y ante él lo acusaron de actuar en contra de la ley de Moisés. Galión les dijo que él no era competente para juzgar esos asuntos y se negó a juzgar. Después Pablo se despidió de los hermanos y se embarcó hacia Siria, e iban con él Aquila y Priscila.[74]

Llegaron a Éfeso, donde se quedaron Aquila y Priscila, y Pablo entró en la sinagoga donde dialogaba con los judíos; ellos le rogaron que se quedara ahí más tiempo, pero él dijo que volvería en otra ocasión, y zarpó hacia Cesarea. De ahí fue a Jerusalén "a saludar a la iglesia" y regresó a Antioquía.

3. *Tercer viaje (años 53-58).* Después de pasar unos meses en Antioquía, Pablo emprendió su tercer viaje, que tuvo como sede principal Éfeso, capital de la provincia de Asia, una ciudad próspera. Primero visitó las comunidades previamente fundadas en Galacia y Frigia y luego llegó a Éfeso. Allí predicó en una sinagoga durante tres meses, pero la oposición de los judíos hizo que dejara la sinagoga y se fuera a enseñar en "la escuela de Tirano", que posiblemente era una escuela de filosofía, donde enseñó diariamente durante dos años,

---

[73] Hch 17,32-34.

[74] Hch 18,1-18.

de modo que "todos los habitantes de Asia, judíos y griegos oyeron la palabra del Señor".[75]

Dice Lucas que en Éfeso, Dios obraba milagros por medio de Pablo, hasta el grado que los pañuelos y ropas que habían tocado el cuerpo de Pablo, se los ponían a los enfermos y quedaban curados y expulsaban los espíritus malignos.[76] Algunos exorcistas ambulantes, al hacer sus exorcismos, comenzaron a invocar a Jesús, diciendo que invocaban a "ese Jesús a quien Pablo predica", pero el espíritu maligno les replicó que ellos no tenían el poder de invocarlo y los hizo huir. La noticia del suceso se difundió rápidamente y muchos de los que creían en prácticas supersticiosas se arrepintieron y trajeron sus libros de magia y los quemaron delante de todos.[77]

Entonces Pablo tuvo la inspiración de ir a Jerusalén, después de visitar las comunidades de Macedonia y Acaya, y envió a Macedonia a dos de sus colaboradores, a Timoteo y Erasto, y él permaneció un tiempo en Asia. Desde Éfeso parece ser que viajó a predicar a las ciudades circunvecinas, como Laodicea, Filadelfia, Hierápolis y Colosas.

La difusión del Evangelio en la región afectó los intereses económicos de los plateros que fabricaban reproducciones en plata del famoso templo de Diana que había en Éfeso. Uno de los plateros, de nombre Demetrio, convocó a sus colegas y les dijo que la predicación de Pablo, quien enseña que no son dioses los que se fabrican por manos humanas, ha hecho que muchos dejen el culto de Diana, y eso hace que sus ventas bajen y que aun el mismo templo de Diana esté en riesgo. Los convocados se enfurecieron, comenzaron a gritar: "Grande es la Diana de los efesios", y aprehendieron a dos compañeros de Pablo, de origen macedonio, Gayo y Aristarco. La turba fue creciendo. Pablo quiso hablarle, pero los discípulos, y algunos magistrados de la ciudad, le aconsejaron que no lo hiciera. Uno de los magistrados logró calmar a la turba y hablarle; dijo que todos sabían que Éfeso era el guardián del templo de la gran Diana y de su estatua "bajada del cielo"; que si Demetrio y los plateros tenían acusaciones

---

[75]   Hch 19,10.

[76]   Hch 19,11-12.

[77]   Hch 19,17-20.

contra Pablo y sus discípulos, que presentaran una acusación formal, y con esto se disolvió el grupo.

Cuando pasó el alboroto, Pablo partió para Macedonia, visitó las comunidades que había fundado, luego fue a Grecia y, parece, que pasó el invierno en Corintio, donde permaneció tres meses. Pensaba embarcarse en Corintio para ir a Siria, pero como supo que los judíos habían preparado una emboscada contra él, decidió regresar por Macedonia, y en Filipos se embarcó hacia Tróade, donde lo esperaban algunos de sus compañeros de viaje que se habían adelantado, y ahí permanecieron unos siete días y Pablo predicaba. De Tróade, Pablo marchó hacia Asso, y de ahí se embarcó hacia Mileto, pues no quiso detenerse en Éfeso, porque quería llegar a Jerusalén el día de Pentecostés.[78]

Desembarcó en Mileto y desde ahí envió un mensaje a "los presbíteros de la iglesia",[79] que se entiende que eran todos los presbíteros de las comunidades de Asia, principalmente los de Éfeso y ciudades circunvecinas que no estaban lejos de Mileto. Una vez llegados a Éfeso, Pablo les hizo un discurso de despedida en el que les anunciaba que el Espíritu Santo le había hecho saber que debía ir a Jerusalén, donde le esperaban "cadenas y tribulaciones",[80] y que ya no volverían a ver su rostro. Después del discurso, "se puso de rodillas y oró con todos ellos".[81]

Luego se embarcó hacia Cesarea, pero la nave debía hacer escala en Tiro para dejar una carga, y en esa ciudad visitó a los discípulos y permaneció ahí siete días. Los discípulos lo acompañaron para llegar al puerto y ahí se pusieron de rodillas y oraron y se despidieron. El viaje siguió hacia Tolemaida (puerto de Galilea), donde Pablo y sus acompañantes, entre ellos Lucas, pasaron un día. De nuevo se embarcaron y al día siguiente llegaron a Cesarea.

En esa ciudad se hospedaron en casa del diácono Felipe, quien había evangelizado Samaria. Llegó luego un profeta de Judea, de nombre Agabo, quien profetizó que Pablo sería aprisionado en Jerusalén. Los discípulos trataban de disuadir a Pablo de ir a Jerusalén, pero él les respondió que estaba dispuesto a

---

[78]   Hch 20,16.

[79]   Hch 20,17.

[80]   Hch 20,23.

[81]   Hch 20,36.

morir por el nombre de Jesús. Después de pasar unos días, hicieron el viaje a Jerusalén, acompañados de unos discípulos de Cesarea, que los condujeron a la casa de Mnasón, chipriota y antiguo discípulo, y ahí se hospedaron.

Al día siguiente, Pablo y sus compañeros fueron a casa de Santiago, que entonces era quien presidía la comunidad de Jerusalén, y acudieron "todos los presbíteros".[82] Pablo les contó "lo que había obrado Dios en los gentiles" y ellos se alegraron mucho. Luego le dijeron que "miles de judíos" han recibido la fe y "todos son celosos seguidores de la ley", pero que han oído que Pablo enseña a los judíos que habitan entre los gentiles a que se aparten de la ley y, para superar esos rumores, le aconsejan que haga un acto en el templo, conforme con las prescripciones de la ley. Pablo aceptó el consejo y fue al templo, pero unos judíos venidos de Asia le vieron ahí y azuzaron a la multitud con gritos de que ése era el hombre que por todas partes predicaba contra la ley y el templo. La multitud cogió a Pablo, lo arrastró fuera del templo y pretendía matarlo; enterado de lo que sucedía, el tribuno de la cohorte romana se presentó con algunos soldados, tomó a Pablo y ordenó encadenarlo y llevarlo al cuartel. Antes de entrar ahí, Pablo pidió al tribuno que le permitiera hablar a la multitud, a lo cual accedió. Pablo les habla de su origen judío, de su celo por la ley, de su conversión en el camino de Damasco, de su primera predicación en Jerusalén, y que mientras estaba haciendo oración en el templo entendió que el Señor le decía que saliera de Jerusalén, porque ahí no recibirían su testimonio, y que fuera a predicar a los gentiles. En ese momento la multitud lo interrumpió, y pedía su muerte. El tribuno ordenó que lo metieran al cuartel y ahí lo interrogaran e iban a azotarlo, pero estando Pablo ya atado para que lo pudieran hacer, le preguntó al centurión que comandaba el grupo si era lícito azotar a un ciudadano romano antes de haberlo juzgado; el centurión se retractó de su propósito y lo comunicó al tribuno, quien se preocupó al saber que Pablo era ciudadano romano.

El tribuno, quería saber de qué acusaban a Pablo, convocó al Sanedrín y llevó a Pablo para que lo enfrentara. Pablo pronunció un discurso en su defensa, y como sabía que en el Sanedrín había fariseos y saduceos, les dijo que él era fariseo, hijo de fariseos, y que lo juzgan porque tiene esperanza en la resurrección

---

82 Hch 21,17.

de los muertos. La asamblea se dividió y hubo un gran alboroto, por lo que el tribuno ordenó sacar a Pablo y llevarlo al cuartel. "En esa noche se le apareció el Señor y le dijo: Mantén el ánimo, pues igual que has dado testimonio de mí en Jerusalén, así debes darlo también en Roma."[83]

4. *El cuarto viaje, como prisionero, de Jerusalén a Roma (años 59-63)*. Estando Pablo retenido en el cuartel de la cohorte romana en Jerusalén, un grupo de judíos, más de cuarenta, se comprometió, bajo juramento, a matar a Pablo. Este grupo pidió al Sanedrín que solicitara al tribuno que les presentara a Pablo, con el pretexto de que querían seguir examinando el caso, y los conjurados aprovecharían el traslado de Pablo del cuartel al lugar donde se reunía el Sanedrín para matarlo. De ello se enteró un sobrino de Pablo (hijo de su hermana) y le avisó a Pablo, y éste pidió al centurión que lo custodiaba que llevaran al joven ante el tribuno porque tenía algo que decirle. Al enterarse de la conjura, el tribuno ordenó que un grupo nutrido de soldados sacara a Pablo durante la noche para llevarlo a Cesarea ante el gobernador Félix, y así llegó prisionero a esa ciudad, que entonces era residencia del gobernador romano.

Félix convocó al Sanedrín para que presentaran su acusación, y llegó a Cesarea un grupo de judíos, con el sumo sacerdote Ananías a la cabeza, y un abogado de nombre Tértulo, quien presentó la acusación contra Pablo. Lo acusó de ser un provocador de alborotos entre los judíos de todo el mundo, de ser uno de los jefes principales de la "secta de los nazarenos" y que lo apresaron porque intentaba profanar el templo. Pablo se defendió y dijo que él sirve al Dios de sus padres, según el camino que sus acusadores llaman "secta", que cree todo lo que está escrito en la ley y los profetas, y que apenas hace doce días que llegó a Jerusalén y no ha causado ningún alboroto, y que lo detuvieron cuando intentaba presentar una ofrenda en el templo. Félix, que según dice Lucas era "buen conocedor de lo referente al camino",[84] es decir, a la doctrina de Jesús, decidió posponer el juicio hasta que hubiera hablado con el tribuno Lisias, el que aprehendió a Pablo, y dijo al centurión encargado de cuidar a

---

[83]   Hch 23,11.
[84]   Hch 24,22.

Pablo que le permitiera algunas libertades y no impidiera que lo asistieran sus amigos. Así pasó dos años (58-60) como prisionero en Cesarea.

Cuando llegó el sucesor de Félix, Porcio Festo, después de pasar unos días en Cesarea, fue a Jerusalén, donde los dirigentes judíos volvieron a presentar sus acusaciones contra Pablo. Festo les dijo que fueran a Cesarea y ahí presentaran sus acusaciones. Los dirigentes judíos fueron y volvieron a acusar a Pablo, sin poder probar sus acusaciones, y Pablo se defendió y dijo que nada había hecho ni contra el templo ni contra la ley, ni contra el César. Festo le preguntó que si quería ir a Jerusalén para ser juzgado allá, pero Pablo dijo que, como era ciudadano romano, apelaba al César, y Festo decidió enviarlo a Roma.

El viaje fue por mar, y accidentado. Los guardianes, Pablo y otros prisioneros se embarcaron en Cesarea y llegaron a Creta, donde anclaron en un puerto, que no pareció seguro al capitán, por lo que, contra el consejo de Pablo, decidió buscar uno mejor en la misma isla, pero los sorprendió una tempestad y los marineros perdieron el control de la nave; ésta navegó a la deriva durante catorce días, hasta que finalmente encalló en la isla de Malta. Ahí los recibieron los habitantes y pasaron tres meses, durante los cuales Pablo obró el milagro de la curación del padre de uno de los hombres principales de la isla, Publio, el cual los había hospedado. De ahí se embarcaron nuevamente con destino a Roma; llegaron al puerto de Pozzuoli y de ahí caminaron hacia Roma; en el camino, salieron a su encuentro algunos cristianos venidos de Roma.

En Roma, se permitió a Pablo habitar en una casa particular, custodiado, pero con libertades. Ello le permitió convocar a los judíos principales de la ciudad y hablarles del Reino de Dios, y unos lo aceptaron, otros no. Luego Pablo se dedicó principalmente a los gentiles que acudían a él.

Lucas termina su libro con estas palabras sobre Pablo: "Predicaba el Reino de Dios y enseñaba lo relativo al Señor Jesucristo con toda libertad y sin ningún estorbo".[85] Pablo llegó a Roma hacia el año 61 y fue absuelto de la acusación y liberado el año 63.

5. *Últimos viajes de Pablo (años 63 a 67) y su muerte en Roma (año 67).* Los *Hechos de los Apóstoles* no dan noticia de sus últimos viajes, pero se conocen

---

[85]   Hch 28,31.

parcialmente por lo que dicen las cartas de Pablo a Tito y a Timoteo. Pablo había anunciado en la Carta a los romanos que quería ir a España.[86] Pero una vez absuelto, antes de ir a España, viajó a Creta, acompañado de Tito, donde constituyó otra comunidad y como cabeza de ella dejó a Tito, con el encargo de ordenar presbíteros.[87] Es posible que de ahí viajara a Éfeso, donde dejó a Timoteo como cabeza la comunidad, y que desde ahí se embarcara hacia España, haciendo una parada en Marsella, donde visitó a los hermanos.[88] Pudo haber estado en España un tiempo entre los años 63 y 65; su estancia en esa región la afirma Clemente de Alejandría en el siglo I.[89]

A su regreso de España, hacia el año 66, Pablo aparentemente visita de nuevo Creta, y posiblemente va a Éfeso, a Mileto, Tróade y visita las comunidades de Macedonia.[90] Planeaba pasar el invierno en Nicópolis, en el sur de la costa adriática, en el Epiro, adonde llegó Tito a acompañarlo.[91] Es posible que desde ahí fuera a Roma, en la primavera del año 67 y ahí fue otra vez aprisionado, acusado como uno de los jefes cristianos que se suponía eran responsables del incendio de Roma.[92] En esta segunda prisión, encadenado, en un lugar estrecho y húmedo, escribió su última carta, la segunda a Timoteo, en la que cuenta cómo superó la primera etapa del juicio que le hicieron, y ve que está próxima su muerte. Fue condenado y degollado en el otoño del año 67.

G. La predicación de Pedro

Como los demás apóstoles, Pedro permaneció en Palestina y en Jerusalén, hasta que fue encarcelado por Herodes Agripa. Después de su milagrosa liberación, dice Lucas que "partió hacia otro lugar". Desde antiguo se ha conjeturado que

---

86 Rom 15,24.

87 Tit 1,5.

88 J. Holzner, *San Pablo*, España, Herder, 1995, p. 483.

89 Carta de san Clemente a los corintios 5,6. También el Fragmento Muratori.

90 1Tim 1,3.

91 2Tim 4,10.

92 Holzner, *op. cit.*, p. 493.

ese lugar fue Roma, adonde Pedro pudo haber llegado hacia el año 45 (bajo el imperio de Claudio).[93]

Pedro vuelve a aparecer en Jerusalén para el concilio del año 49,[94] y desde ahí pudo ir a Antioquía, donde tuvo la famosa discrepancia con Pablo, en la que éste le reprendió porque dejó de comer con los cristianos de origen no judío, cuando llegaron a Antioquía algunos cristianos de origen judío, a quienes posiblemente Pedro no quería escandalizar. Pablo temía que la conducta de Pedro diera lugar a pensar que los cristianos de origen gentil eran de segunda categoría, pues los cristianos de origen judío no debían comer con ellos.[95] Pedro estuvo algún tiempo en Antioquía,[96] se dice que pasó siete años ahí, y luego marchó hacia las regiones del Ponto, Galacia, Capadocia, Asia y Bitinia, a las comunidades a las que posteriormente dirigirá su primera carta.[97] También parece haber predicado en Corintio. Vuelve a Roma en tiempos que regía Nerón (54-68), y ahí morirá mártir, por la persecución contra los cristianos desatada por Nerón, el año 64.[98]

H. La persecución de los cristianos en el imperio

El imperio romano tenía una posición tolerante hacia las diversas religiones que eran previamente aceptadas por el Senado. La religión judía había sido aceptada y podía practicarse en el imperio. Las primeras comunidades cristianas pudieron ser vistas como derivaciones o partes del judaísmo y, por consecuencia, ser públicamente toleradas.

---

[93] Hophan, *op. cit.*, p. 75 y ss. La carta de Pablo a los romanos (Rom 1,8 y ss. y 15,20) atestigua que en Roma ya existía una comunidad cristiana organizada y floreciente, que presuntamente fue fundada por Pedro.

[94] Hch 15,7.

[95] Esta discrepancia la narra Pablo en 2 Gal 2,11 y ss.

[96] No hay pruebas de que haya sido el primer obispo de Antioquía, pues san Ignacio Mártir, que fue el segundo obispo de Antioquía, afirma que el primero fue Evodio. Eusebio de Cesarea dice que Pedro se detuvo en Antioquía para echar los cimientos de la comunidad, lo cual pudo dar a entender que fue obispo de esa ciudad. Véase Hophan, *op. cit.*, p. 76.

[97] 1 P 1,1.

[98] Hophan, *op. cit.*, p. 77 y ss.

No obstante, en los relatos de las comunidades fundadas por Pablo hay varios episodios de conflictos con los magistrados de las ciudades. En la mayoría de las veces, los conflictos fueron promovidos por las comunidades judías que se sentían ofendidas por la predicación de Pablo, como sucedió en Iconio, en Listra, Tesalónica y en otras ciudades. Pero también hay conflictos promovidos por los habitantes de las ciudades que vieron afectados sus intereses económicos, como los orfebres de Éfeso que veían mermadas sus ganancias económicas por la baja de ventas de sus figuras de plata, o los habitantes de Filipos afectados porque Pablo exorcizó a una esclava adivina que generaba muchos ingresos a sus dueños. En estas ocasiones, los magistrados representantes del imperio romano actúan no por iniciativa propia ni contra los cristianos como tales, sino por denuncia y para calmar un alboroto colectivo.

La situación va a cambiar radicalmente con la persecución de los cristianos ordenada por el emperador Nerón, el año 64. Los apóstoles Pedro y Pablo predicaban a los cristianos el respeto y obediencia a las autoridades constituidas del imperio, pero llegó un momento en que el emperador ordenó la persecución de los cristianos. ¿Cómo explicarla?

El propio emperador ordenó incendiar Roma, como lo afirman los mismos historiadores romanos. Cuando el pueblo romano se dio cuenta de que el incendio había sido provocado y pedía castigar a los culpables, el emperador decidió arrojar la culpa a los cristianos y así la persecución pasaba como el castigo merecido a quienes habían causado tan gran mal al pueblo romano. En esa persecución fue muerto Pedro y muchos cristianos más, según lo afirma Tácito, a los que se les dio muerte con tormento: fueron crucificados, arrojados a las fieras o incendiados.

Pero el efecto más duradero de esta persecución fue la calumnia que cayó sobre los cristianos, a los que desde entonces se les vio con recelo y sospecha. Tácito, a principios del siglo II, dice que el cristianismo es una "superstición detestable" y que los cristianos son "enemigos del género humano". La voz popular les atribuía conductas nefandas: infanticidios, canibalismo, desórdenes sexuales. Por esa fama, cuando había cualquier calamidad pública, se les hacía responsables de ella y se les perseguía.

No hubo una ley especial de Nerón contra los cristianos, pero se les exigía acatar las antiguas leyes y participar en los cultos de la religión romana tradicional. Como ellos se negaban, se fue creando una tensión entre los cristianos y el poder imperial, que aumentó a medida que crecía el culto al emperador.

La situación jurídica de los cristianos en el siglo II quedó definida por un rescripto de Trajano, en respuesta a una consulta que le hacía Plinio el Joven, gobernador de Bitinia, acerca de la manera de tratar a los cristianos; el emperador decía que los magistrados no debían perseguir a los cristianos por su propia iniciativa ni admitir denuncias anónimas contra ellos; pero que si hubiera una denuncia en regla, se les debía aprehender y procesar: si los cristianos detenidos se retractaban de ser cristianos y daban culto a los dioses romanos, se les dejaba en libertad; pero si se confesaban cristianos y no ofrecían sacrificio a los dioses romanos, se les castigaba con la muerte. Esta política permitió que en cualquier lugar del imperio se pudieran hacer denuncias, perseguir y dar muerte a los cristianos. Las denuncias se hacían esporádicamente y en determinados lugares, de modo que había una alternancia de paz y persecución, focalizada en ciertos lugares. Lo que esa disposición viene a castigar es que el cristiano persevere en su fe, eso es un delito que se castiga con la muerte.

Esa fue la situación de los cristianos en la segunda mitad del siglo I y durante el siglo II. Las persecuciones sistemáticas se darán en la segunda mitad del siglo III. Las más fuertes con Diocleciano. Luego vendrá el edicto de tolerancia de Constantino (314), y cien años después el cristianismo se declara religión oficial, por orden de Teodosio II.

En el siglo I, ser cristiano no era una posición políticamente correcta, ni sensata desde el punto de vista de los intereses temporales.

I. Síntesis de la difusión del cristianismo en el imperio romano

Sólo tenemos noticia cierta de lo que narran los *Hechos de los Apóstoles*. Los apóstoles van fundado comunidades, pero éstas son de pocos miembros, quizá unas centenas. No hay, fuera de Jerusalén, conversiones masivas. El cristianismo se va propagando poco a poco, por goteo. El modo como Pablo funda sus comunidades puede ser el modo ordinario de hacerlas. Se presentaba en una comunidad y primero predicaba en la sinagoga, que era un lugar a propósito para dirigirse a un público que podía interesarse; luego predicaba en otros lugares públicos, en las plazas, en casas que le ofrecen o en establecimientos educativos. La comunidad se formaba con los que aceptaban la predicación y se bautizaban. Los bautizados seguían reuniéndose para recibir la doctrina de Jesús, para hacer oración en común y para la fracción del pan. Cuando el apóstol partía dejaba al frente de la comunidad unos presbíteros. Ese pudo ser el modo como un discípulo de Pablo, Epafras, formó la comunidad de Colosas.[99]

Tomando en cuenta lo que narran los *Hechos* y completan algunas otras fuentes del Nuevo Testamento, se encuentra que en los cuarenta años posteriores a la muerte de Jesús, existían comunidades cristianas en 35 poblaciones ubicadas en 21 regiones del imperio,[100] casi todas ubicadas en la parte oriental del imperio. Evidentemente no son todas las comunidades cristianas existentes en ese tiempo, sino sólo aquellas de las que tenemos una noticia confiable. Entre ellas, destacan las de grandes ciudades, aparte de Jerusalén, como Antioquía de Siria, Filipos, Atenas, Corintio y Roma. Es un resultado parcial porque no considera las comunidades formadas por otros apóstoles y discípulos.

Sin embargo, es un resultado notable que demuestra la fuerza expansiva de la doctrina de Jesús que pronto se difundió y fue aceptada en una zona extensa del imperio, y más destaca su fuerza si se tiene en cuenta que el cristianismo no estaba apoyado por ningún poder político ni económico, antes bien, el ser cristiano constituía una desventaja práctica importante porque a los cristianos tanto en Jerusalén como en el imperio se les consideraba como enemigos, al menos, enemigos potenciales.

---

[99] Col 1,5-7.

[100] Sin pretender hacer una cuenta pormenorizada de las poblaciones con comunidades cristianas mencionadas en los *Hechos*, pueden considerarse las siguientes: Azoto, Lida, Joppe, Cesarea (en Samaria), Damasco y Antioquía (en Siria), Tarso, Derbe, Listra, Iconio (Cilicia), Salamina y Pafos (Chipre), Perge (Panfilia), Antioquía (Pisidia), Tróade, Asso (Misia), Filipos, Tesalónica, Berea (Macedonia), Atenas (Beocia), Corintio (Acaya), Éfeso, Mileto (Asia), Tiro (Fenicia), Tolemaida (Galilea), Isla de Malta, Roma. Además habría que considerar las comunidades conocidas por otras fuentes: las citadas en el Apocalipsis: Esmirna, Sardes, Hierópolis, Colosas, Filadelfia, Laodicea, Tiátira; en la Carta a Tito: alguna población de Creta y, de acuerdo con la carta de Clemente a los corintios, las comunidades en Hispania, posiblemente en Tarragona. En su primer carta, Pedro se dirige a las comunidades, cuyo nombre no precisa, de otras regiones: Ponto, Galacia, Capadocia y Bitinia.

IV. Conclusión general

Durante los cuarenta años posteriores a la muerte de Cristo (años 30 a 70), que podrían considerarse los de la primera generación de cristianos, el cristianismo se ha difundido notablemente en muchas poblaciones de la tierra de Jesús, en Judea, Galilea, Samaria y también en muchas ciudades de la parte oriental del imperio y en algunas de la parte occidental. La difusión, como lo predijo Jesús, viene acompañada de persecuciones desde los primeros años. En ese periodo nos consta el martirio de tres de los apóstoles que formaban el grupo de los doce: Santiago el Mayor, Santiago el Menor y Pedro, el que hacía cabeza; el martirio del gran apóstol de los gentiles, Pablo, el del diácono Esteban, el primer mártir en el año 34, y el martirio de un gran número de discípulos que fueron víctimas de la persecución de Nerón, el año 64.

La comunidad de discípulos aparece ya organizada con la distinción de los tres órdenes de personas que están dedicados al servicio de la comunidad: los que estaban al frente de cada comunidad, que luego se les denominará regularmente obispos, los presbíteros y los diáconos.

Para la predicación, los apósteles cuentan ya con la ayuda de los evangelios escritos de Mateo (versión aramea y griega), Lucas y Marcos. Existen ya también las catorce cartas de Pablo, las dos de Pedro, la de Santiago y la de Judas Tadeo. Es decir que para entonces ya están redactados y publicados todos los escritos que conforman el Nuevo Testamento, salvo los escritos de Juan: su evangelio, el Apocalipsis y sus tres cartas.

La difusión y el progreso del cristianismo en esos años no puede explicarse ni por causas económicas ni por causas políticas. Parece explicarse mejor por el hecho de que el cristianismo ofrece un nuevo modo de vida, que si bien contrasta con el modo ordinario de vivir entonces, se presenta como un modo de vida superior, conformado según el Espíritu de Dios, y ordenado a alcanzar, como premio por los trabajos de esta vida, una vida eterna plena, sin injusticias, sin dolor, sin enfermedad, sin muerte, tal como la que tiene Jesús de Nazaret, después de su resurrección y ascensión al cielo. Por eso, la difusión del cristianismo en esos años es también el testimonio de todos los creyentes acerca de la vida, muerte y resurrección de Jesús.

Veracidad de la historia de Jesús de Nazaret narrada por los evangelios

Introducción

Considerada la historia de Jesús de Nazaret, narrada por los cuatro evangelios, así como las consecuencias que tuvo su predicación en los cuarenta años posteriores a su muerte, conviene ahora, para terminar, atender esta pregunta: ¿Es verídica la historia de Jesús narrada por los evangelios?

Con la metodología histórica que hemos empleado se responde la pregunta y se considera la fiabilidad de los evangelios desde el punto de vista de su crítica externa e interna.

I. Consideraciones de crítica externa

Son las que toman en cuenta la identificación de los autores, el idioma en que fueron escritos originalmente, el lugar y fecha de composición, su transmisión textual y su encuadre dentro de la historia de Israel y de la historia mundial.

A. Los autores

Los escritos evangélicos surgen a partir de la tradición oral conformada por la predicación de Jesús y por la de los apóstoles. De esa tradición participaba la multitud de discípulos de Jesús que existían cuando Él murió y que estos podían dar testimonio de lo que habían visto y oído, y los nuevos discípulos que se van agregando a partir de la predicación de los apóstoles. Esta tradición oral se ordena y purifica, como consecuencia de la transmisión de la doctrina a los nuevos discípulos, durante los primeros veinte años que siguieron a la muerte de Jesús, y luego dará como frutos los evangelios escritos.

Dos evangelios, los de Mateo y Juan, fueron escritos por testigos directos de los hechos que narran. Marcos, quien posiblemente fue un discípulo muy joven de Jesús, pudo ser testigo presencial de algunos acontecimientos, pero para componer su Evangelio se informó principalmente de lo que conoció mediante otro testigo directo, del apóstol Pedro, de modo que su testimonio es también acerca de lo que el propio Marcos o el propio Pedro vieron y oyeron.

Lucas es el único evangelista no judío, que no conoció a Jesús, pero está en contacto con muchos discípulos que sí lo vieron y oyeron, especialmente con Pablo, quien no conoció personalmente a Jesús mientras vivió, aunque seguramente había oído muchas cosas acerca de él, y luego tuvo la experiencia peculiar de verlo resucitado y convertirse a él. Pablo confrontó su predicación con la de los otros apóstoles, quienes le confirmaron que predicaba lo que Jesús había enseñado. Lucas tuvo la precaución de informarse cuidadosamente de lo que "transmitieron quienes desde el principio fueron testigos oculares y ministros de la palabra",[1] de modo que su testimonio está fundado en testigos directos.

Los autores de los evangelios no escriben por motivos económicos o políticos. No se puede presuponer que tengan una intención oculta. Lo que ellos declaran es que escriben para fomentar la fe en Jesús; Lucas dice que lo hace para que los creyentes conozcan la firmeza de la doctrina que han recibido;[2] Marcos titula su escrito de manera que manifiesta su intención, pues dice que es el Evangelio de Jesucristo, Hijo de Dios, lo que implica que quiere demostrar que Jesús es el Hijo de Dios. Juan dice que ha escrito para que los lectores crean que Jesús es el Cristo, el Hijo de Dios, y que creyendo tengan la vida que Jesús les da.[3]

La vida de los cuatro autores fue coherente con lo que afirmaban en sus respectivos escritos. Todos dedicaron su vida a propagar el conocimiento de

---

[1]   Lc 1,2.

[2]   Lc 1,4.

[3]   Jn 2,31.

Jesús de Nazaret, de sus actos y palabras. Y aparentemente tres de ellos, Mateo, Marcos y Lucas, murieron mártires, y Juan fue perseguido en vida por el emperador Domiciano. La coherencia de la vida de todos ellos con el mensaje que transmiten indica que ellos creen que es verdad aquello que predican.

B. Transmisión de los evangelios

Los evangelios de Marcos, Lucas y Juan nos han llegado en su idioma original, el griego denominado *koiné*. De ese idioma se han traducido a muchísimos otros, lo que ha permitido que se difunda en todos los países. Pero el hecho de que tengamos los documentos originales constituye una garantía de que las traducciones pueden ser revisadas por los especialistas y confrontadas con los textos originales, y así poder juzgar acerca de su fidelidad al texto griego.

No ha sobrevivido el texto original, en arameo, del primer Evangelio. Pero contamos con una versión griega, que lo más probable es que haya sido hecha en la segunda mitad del siglo I, es decir, poco tiempo después de que se escribió el original arameo. Además, la versión griega fue autorizada, como los otros tres, como un escrito auténtico, conforme con la tradición oral de la Iglesia, a principios del siglo II.

Es cierto que no contamos con lo que podríamos llamar las primeras ediciones de los evangelios, que lo más probable es que hayan sido escritas en papiros, que es un material que no resiste el paso del tiempo, salvo en climas muy secos. Existen, sin embargo, muchos papiros que contienen fragmentos de los evangelios, que han sido muy valiosos para corroborar los textos de los evangelios que se nos conservan en pergaminos, a partir del siglo III.

Los textos completos de los evangelios se nos conservan en códices o manuscritos en pergamino de los siglos III y IV. El pergamino es un material muy resistente, por lo que conservamos hoy muchos pergaminos que contienen el texto de algún Evangelio o de todos los evangelios y demás escritos del Nuevo Testamento. Ello nos da la confianza de que el texto que recibimos es conforme con los originales.

Además, como la vivencia y predicación de los evangelios ha sido una experiencia continua, ininterrumpida, existen escritos de los autores cristianos de los siglos I y II que citan y reproducen partes de los evangelios que coinciden con los textos de los pergaminos que se nos han conservado,

La fecha de composición de los evangelios, que podría considerarse en general, como la segunda mitad del siglo I, es otro abono a la fiabilidad que merecen, porque son escritos cercanos en el tiempo a la historia que narran.

II. Consideraciones de crítica interna

Se refieren al contenido de los evangelios y tienen que ver, principalmente, con el entendimiento de aquello que afirman. Se trata de saber qué es lo que dicen los evangelios, averiguar si hay contradicciones entre ellos o cómo se relacionan entre sí, y el encuadramiento de su contenido respecto de lo que dicen otras fuentes de la historia universal y de la historia de Israel.

A. El contenido

Quien lee cualquiera de los cuatro evangelios percibe inmediatamente que narra una historia extraordinaria. No es el relato de los actos y palabras que suelen ejecutar y pronunciar los hombres, sino el relato de lo que dice y hace un hombre, de quien se afirma que es también Dios, no un dios, sino el único Dios. El relato es que Dios se hace hombre, en el seno de una virgen, que concibe por obra del mismo Dios (del Espíritu Santo). Este Dios que se hace hombre es Jesús, quien, no obstante que fue anunciado por los ángeles como el salvador del mundo, y que de Él dijera el anciano Simeón que es gloria de Israel y luz de las naciones, vive una vida ordinaria en Nazaret, una aldea rústica de menos de dos mil habitantes, como hijo de un artesano, y luego como el hijo que provee a su madre viuda. No tiene ninguna preparación especial, sino muy modesta, ni influencia social, económica o política.

Cuando tiene unos treinta y cuatro años, inicia una actividad pública, que durará dos años y medio, en la que anuncia que ha llegado el Reino de Dios, realiza milagros, principalmente curaciones y exorcismos, que son signos de que ha llegado el Reino que Él anuncia; predica una doctrina que es continuación de las tradiciones religiosas de Israel y, a la vez, su perfeccionamiento o culminación; forma discípulos, a quienes envía a predicar lo mismo que Él predica. Antes de morir, mientras cenaba con sus discípulos, toma un pan, lo bendice y dice a los discípulos que ese pan es su cuerpo, que coman de Él; y lo mismo hace con el vino, lo bendice y lo da a beber, diciéndoles que es su sangre; de esa manera cumple una promesa que había hechos unos meses antes, que era la de darles a comer su cuerpo y a beber su sangre como alimentos para una vida nueva, para la vida eterna, que es la vida de aquellos que entran en el Reino de Dios.

Muere de manera injusta y terrible, por sentencia de los dirigentes judíos, del Sanedrín, que lo condena porque juzga que es una blasfemia que Él diga que es verdaderamente el Hijo de Dios. La sentencia fue aprobada y ejecutada por el procurador romano.

Los cuatro evangelios afirman que Jesús, después de haber muerto, resucita al tercer día, se deja ver por algunos de sus discípulos y da a los apóstoles poder para perdonar los pecados y para confeccionar el pan de vida eterna. Después de convivir unos días con los discípulos, asciende a una vida nueva, en la que participa del poder de Dios sobre el mundo, con la promesa de que retornará para establecer definitivamente su Reino.

Con sólo dos años y medio de predicación pública, Jesús logró, después de su muerte y por medio de sus discípulos, que su doctrina y su mensaje se expandieran ampliamente. Cuarenta años después de su muerte, sus discípulos han predicado y formado comunidades de discípulos, no sólo en Palestina, sino en más de treinta poblaciones del imperio romano. Sufrieron, desde los primeros años de predicación, persecuciones por parte de los gobernantes judíos y de los gobernantes romanos; cuatro apóstoles sufrieron el martirio y muchos discípulos más. Sin embargo, su doctrina siguió extendiéndose.

La historia de Jesús de Nazaret, en su conjunto, no es comparable con ninguna historia humana ni tampoco con mito ninguno. Es realmente una historia extraordinaria.

Pero es también una historia congruente: si Jesús es el Hijo de Dios, se entiende que pueda perdonar los pecados, obrar milagros, infundir en sus discípulos un espíritu que los hace continuar la obra de Jesús, a pesar de todo tipo de dificultades, que pueda resucitar de entre los muertos y prometer la vida eterna a los que acepten y practiquen su doctrina. No hay contradicción interna en el relato de la vida de Jesús. Si simplemente hubiera muerto, como cualquier ser humano, sería falsa la afirmación de que es Hijo de Dios. Pero si, como lo afirman los cuatro evangelios, resucitó de entre los muertos, es creíble que se diga de Él que es el Hijo de Dios. Pedro, después de haber visto a Jesús resucitado, está tan convencido de que es el Hijo de Dios, que en su primer discurso apostólico, dice que "era imposible" que la muerte lo retuviera.[4]

B. Coincidencia de las fuentes entre sí

Los cuatro evangelios son cuatro testimonios de la vida y palabras de Jesús de Nazaret. Se observa que en los tres evangelios sinópticos hay párrafos o frases que son comunes a dos de ellos o a los tres, lo que da lugar a pensar que uno es copia de otro; es posible que se dieran ese tipo de traslados de un texto a otro, o que dos o los tres evangelios sinópticos tengan fuentes comunes, lo cual también explicaría sus coincidencias. Pero también es cierto que cada uno de los tres sinópticos tiene afirmaciones peculiares que no están en los otros dos; cada evangelista, además de compartir fuentes comunes a todos, tiene sus propias fuentes, o toma de las fuentes comunes algo que no ha interesado a los otros. Por eso se debe reconocer que cada Evangelio es una fuente distinta, un testimonio de su propio autor.

Respecto del Evangelio de Juan, siempre se ha reconocido como característica propia su originalidad, pues da noticias que no vienen en los sinópticos, aunque también narra acontecimientos narrados en los otros evangelios.

Los cuatro evangelios, que son cuatro fuentes distintas, coinciden en el contenido de la historia de Jesús. No hay ninguno que niegue que es el Hijo de Dios; por el contrario, todos lo afirman. No hay ninguno que niegue o contradiga su poder de hacer milagros o de perdonar los pecados. Todos coinciden, incluso en detalles, en las circunstancias de su muerte. Y todos afirman su resurrección.

No hay entre ellos ninguna contradicción en aspectos esenciales de la vida y las palabras de Jesús. Contienen afirmaciones e informaciones diferentes, que

---

[4]   Hch 2,24.

son complementarias, por ejemplo, respecto del juicio de Jesús, del cual Juan informa de una primera presentación ante el influyente sacerdote Anás. Mateo y Marcos hablan de la presentación de Jesús durante la noche ante el Sanedrín. Y Lucas se refiere al juicio que pronuncia el Sanedrín de día y al interrogatorio que hizo Herodes. O las informaciones de Juan sobre el ministerio de Jesús en Judea, de lo cual no tratan los sinópticos. Hay algunas divergencias de detalle, como la afirmación de que el sermón que pronunció Jesús acerca de las bienaventuranzas fue en una montaña o en un llano, o la narración de la expulsión de los mercaderes del templo, que dice Juan que ocurrió al principio del ministerio público, y los sinópticos afirman que fue al final; pero son todas divergencias explicables, que no contradicen lo esencial.

C. Inclusión de la historia de Jesús en la historia universal y en la historia de Israel

La historia de Jesús narrada en los evangelios no es un mito, que no se sabe dónde ni cuándo ocurre. Se puede encuadrar perfectamente en la historia universal de la humanidad, en un momento determinado, y también en la historia de Israel.

1. *En la historia universal.* Jesús nace en un lugar determinado, en Belén de Judea, que era parte de la región denominada Palestina y que estaba bajo el dominio político del imperio romano. Nace cuando Octavio Augusto era emperador de Roma, y cuando Herodes el Grande era tetrarca de Galilea. Su nacimiento ocurrió antes de la muerte de Herodes, quien murió el año 4 a. C., de acuerdo con el calendario actual, que equivalía al año 750 del calendario romano, por lo que Jesús debió nacer entre los años 7 y 5 a. C. Inició su vida pública el decimoquinto año del reinado del emperador Tiberio, que corresponde al año 28 de la era actual, y fue muerto el año 30, cuando reinaba el mismo emperador y cuando Poncio Pilatos gobernaba Judea por encargo directo de Roma. Fuentes históricas ajenas a los evangelios, principalmente las *Antigüedades judías*, de Flavio Josefo, y los *Anales*, de Tácito, confirman que Jesús vivió y murió en el tiempo, en el lugar y en el modo que dicen los evangelios.

La historia de Jesús es un acontecimiento en la historia universal, muy modesto al principio, pero con el paso del tiempo se propondrá como un parteaguas en la historia universal, que queda dividida en dos grandes períodos o eras, antes y después de Cristo.

2. En la historia de Israel. Es muy impresionante que los evangelistas, principalmente Mateo y Juan, presentan acontecimientos de la vida de Jesús como cumplimiento de antiguos oráculos que constaban en las sagradas escrituras de Israel.

Mateo afirma que la concepción de Jesús en el seno de una virgen estaba predicha por el profeta Isaías, siete siglos antes de que ocurriera.[5] Que su nacimiento en Belén estaba predicho por el profeta Miqueas, y también estaban profetizado su establecimiento en Nazaret.

Que Jesús hiciera milagros era también cumplimiento de antiguas profecías, en las que se presentaban las curaciones milagrosas de cojos, ciegos y sordos como señales que haría el Mesías anunciado.[6]

También estaban predichas su pasión y su muerte, ofrecidas a Dios como expiación por los pecados de los hombres,[7] por profecías que hasta señalaban detalles específicos, como el de que se repartirían sus vestiduras y sortearían su túnica.[8] Así mismo, estaba predicha su resurrección en el Salmo 16, que dice que Dios no permitirá que su justo sufra la corrupción.[9]

Y no sólo los acontecimientos principales de la vida de Jesús estaban predichos, sino la propia persona de Jesús. Él es el Mesías esperado, como lo reconocieron sus primeros discípulos, Andrés y Juan;[10] Él es el Ungido del Señor, como lo hizo ver el mismo Jesús al comentar una profecía de Isaías en la sinagoga de Nazaret;[11] Pedro lo reconoció como el Cristo (el Ungido) y el Hijo de Dios vivo;[12] fue aclamado como el Hijo de David por la multitud que lo acompañaba cuando entró por última vez en Jerusalén.[13] Y Jesús decía de sí que era

---

[5]   Mt 1,22; 2,6 y 23.

[6]   Is 35,5-6.

[7]   Is 53,1 y ss.

[8]   Ps 24.

[9]   Ps 16,10.

[10]   Jn 1,41.

[11]   Lc 4,18.

[12]   Mt 16,16.

[13]   Mt 21,9.

el Hijo del Hombre, que estaba mencionado en una profecía de Daniel como aquel a quien Dios le dio el dominio eterno sobre todos los pueblos.[14]

La historia de Jesús se encuadra perfectamente en la historia de Israel, como una historia anunciada por los profetas y esperada por el pueblo fiel; su historia es el cumplimiento de las Escrituras.

D. Las profecías de Jesús

El cumplimiento de lo que Jesús predice es directamente una prueba de la veracidad de sus palabras e, indirectamente, de la veracidad de su historia. Jesús predijo la destrucción del templo y la ruina de Jerusalén, lo cual ocurrió a los cuarenta años después de su muerte, el año 70. Predijo que sus discípulos serían perseguidos por causa suya, no obstante lo cual, el Evangelio se difundiría por el mundo, y sufrieron persecuciones desde el primer año que predicaron y el mensaje se extendió.

Hay una predicción que todavía no se cumple y es la de su retorno glorioso para consumar su reino. Esta profecía está en los tres evangelios sinópticos y en los *Hechos de los Apóstoles*;[15] constaba también en el libro de Daniel.[16] El cumplimiento de esta profecía hará evidente, a todos los hombres de todos los pueblos, la verdad de la persona, vida y mensaje de Jesús. Mientras no se cumpla esa profecía, subsiste el problema de la credibilidad de la historia de Jesús.

III. Credibilidad de la historia de Jesús

Las consideraciones de crítica externa y crítica interna permiten afirmar que la historia de Jesús es creíble, de acuerdo con nuestras posibilidades de conocer los hechos del pasado por medio de testimonios.

Sin embargo, como es una historia extraordinaria, cuyo personaje principal se presenta como hombre y como el único Dios, sólo puede aceptarse como verdadera por quien previamente acepte estas dos verdades fundamentales: que

---

[14]   Dan 7,13 y ss.

[15]   Mt 16,27 y 24,30; Mc 13,26 y Lc 21,27. Hch 1,11.

[16]   Dan 7,13.

existe un único Dios, creador de todo el universo y del ser humano, y que tal Dios ama a todos los hombres y todo el universo. Éstas son dos verdades fundamentales que existían en la tradición de Israel, que era el único pueblo de la Antigüedad que aceptaba un Dios único, creador del universo, y que reconocía que Dios lo protegía, y que incluso estaba obligado a protegerlo porque había celebrado una alianza con el pueblo.

Y son dos verdades al alcance de cualquiera que se pregunte por el origen del universo y la finalidad de la propia vida y del universo. No es difícil reconocer, como lo hacían Platón o Aristóteles, que el origen y el fin es Dios, y así lo hicieron muchos miles de hombres y mujeres no judíos que creyeron en Jesús de Nazaret, a quien Pablo lo presentaba como principio y fin de todo lo creado, el Alfa y Omega.

Aceptar la veracidad de la historia extraordinaria de Jesús tiene una consecuencia importante que afecta la vida personal, cosa que no ocurre cuando se acepta la veracidad de la historia de cualquier otro personaje. La consecuencia es la de conformar la propia vida de acuerdo con las palabras de Jesús, lo que implica hacer un cambio de vida.

Esa última condición para aceptar la veracidad de la historia de Jesús de Nazaret hace que no sea fácil aceptarla, aunque se reúnan las condiciones intelectuales necesarias. Por eso, la Teología Católica ha enseñado que para creer plenamente en Jesús es necesario que Dios mismo ayude al hombre a creer, y que Él nunca niega esa ayuda a quien se la pide.[17]

En conclusión, existen suficientes argumentos históricos en favor de la veracidad de la historia de Jesús, los cuales, junto con la reflexión personal y la ayuda divina, permiten que cualquier persona puede aceptarla. La razón de ser de la historia de Jesús la explicó él mismo, en su diálogo en Jerusalén con Nicodemo, con estas palabras: "Tanto amó Dios al mundo que le entregó a su Hijo Unigénito, para que todo el que crea en él no perezca, sino que tenga vida eterna".[18]

---

[17] *Catecismo de la Iglesia católica*, párrafos 153 y ss.

[18] Jn 3,16.

Referencias

Notas: todas las citas a libros de la Biblia en castellano de los evangelios y otros textos del Nuevo Testamento se hacen conforme a la versión castellana de la edición de la Sagrada Biblia hecha por la Universidad de Navarra, especialmente los tomos del Nuevo Testamento de los Santos Evangelios (2a. edición, tomos I al IV, Pamplona, EUNSA, 1985) y los tomos V al XII. Las citas de libros del Antiguo Testamento se toman de la Biblia latinoamericana de la Universidad de Navarra (Pamplona, EUNSA, 1997-2016).

Las indicaciones de los libros bíblicos se hacen como están en dicha edición de la Biblia, con las letras iniciales del título del libro, sin punto y en letras redondas.

Se enlistan aquí las obras principalmente utilizados para preparar este libro. Si alguien quisiera tener más referencias bibliográficas puede ver las obras de J. Meier aquí citadas, que tienen una muy amplia información bibliográfica.

CASCIARO, José María, *Jesús de Nazaret*, 4a. ed., Murcia, Alga Editores, 1994.

Fillion, Louis Claude, *Vida de Nuestro Señor Jesucristo*, I. *Infancia y Bautismo*, II. *Vida Pública*, III. *Pasión, Muerte y Resurrección*. Edición a cargo de Antonio García Moreno (Trad. Victoriano María Larraízar, 1924), Madrid, Rialp, 2000.

HOLZNER, Josef, *San Pablo. Heraldo de Cristo*, Trad. José Montserrat y Manuel de Montoliu, Barcelona, Herder, 1953.

MARÍA DE JESÚS DE AGREDA, *Mística Ciudad de Dios. Vida de María*, editor Celestino Solaguren, Madrid, Imprenta Fareso, 1970 (reimpr. 1992).

MEIER, John, *A marginal Jew. Rethinking the historical Jesus*, vols. I. The roots of the problem and the person, Yale University Press, New Heaven y Londres, 1991. II. Mentor, Message and Miracles, The Ancor Bible Reference Library, Nueva York–Londres–Toronto–Sidney–Auckland, 1994. III. Companions and Competitors, The Ancor Bible Reference Library, Nueva York–Londres–Toronto–Sidney–Auckland, 2001. IV. Law and Love, The Ancor Bible Reference Library, Nueva York–Londres–Toronto–Sidney–Auckland, 2009.

OCARIZ, Fernando, Mateo Seco, Lucas F. y Riestra, José Antonio, *El misterio de Jesucristo*, 4a. ed., Pamplona, EUNSA, 2010.

ORLANDIS, José, *Historia de la Iglesia* I. La Iglesia Antigua y Medieval, Madrid, Palabra, 2012.

RATZINGER J., *Jesús de Nazaret*, primera parte, *Desde el bautismo a la transfiguración*, Trad. Carmen Bas Álvarez, México, Planeta, 2007. Segunda parte, Desde la entrada en Jerusalén hasta la resurrección, Trad. J. Fernando del Ríos, Madrid, Encuentro, 2011.

RATZINGER, J., *La infancia de Jesús*, Trad. J. Fernando del Ríos, México, Planeta, 2012.

Sagrada Biblia. *Comentario*, Pamplona, Facultad de Teología de la Universidad de Navarra, 2010. Se trata del comentario incluido en la edición de la Biblia de la Universidad de Navarra (en introducciones y notas a pie de página) publicado de manera independiente.

Este libro se imprimió en la Ciudad de México,
el 21 de noviembre de 2021,
Solemnidad de Cristo Rey del Universo,
en Litográfica Ingramex, S. A. de C. V.
Centeno 162-1, Granjas Esmeralda, Iztapalapa,
C. P. 09810, Ciudad de México, México